U0587988

公共转移支付、私人转移支付与反贫困

Public Transfer Payments, Private Transfer Payments and Anti-Poverty

解 垩 著

经济管理出版社
ECONOMY & MANAGEMENT PUBLISHING HOUSE

图书在版编目（CIP）数据

公共转移支付、私人转移支付与反贫困/解垩著.—北京：经济管理出版社，2022.6
ISBN 978-7-5096-8484-9

Ⅰ.①公…　Ⅱ.①解…　Ⅲ.①财政支出—研究—中国 ②国民收入分配—研究—中国　Ⅳ.①F812.45 ②F126.2

中国版本图书馆 CIP 数据核字(2022)第 099564 号

组稿编辑：宋　娜
责任编辑：宋　娜
责任印制：黄章平
责任校对：张晓燕

出版发行：经济管理出版社
（北京市海淀区北蜂窝 8 号中雅大厦 A 座 11 层　100038）
网　　址：www. E-mp. com. cn
电　　话：（010）51915602
印　　刷：唐山玺诚印务有限公司
经　　销：新华书店
开　　本：720mm×1000mm/16
印　　张：30
字　　数：492 千字
版　　次：2024 年 5 月第 1 版　　2024 年 5 月第 1 次印刷
书　　号：ISBN 978-7-5096-8484-9
定　　价：98.00 元

第十批《中国社会科学博士后文库》编委会及编辑部成员名单

《中国社会科学博士后文库》
出版说明

为繁荣发展中国哲学社会科学博士后事业，2012 年，中国社会科学院和全国博士后管理委员会共同设立《中国社会科学博士后文库》（以下简称《文库》），旨在集中推出选题立意高、成果质量好、真正反映当前我国哲学社会科学领域博士后研究最高水准的创新成果。

《文库》坚持创新导向，每年面向全国征集和评选代表哲学社会科学领域博士后最高学术水平的学术著作。凡入选《文库》成果，由中国社会科学院和全国博士后管理委员会全额资助出版；入选者同时获得全国博士后管理委员会颁发的“优秀博士后学术成果”证书。

作为高端学术平台，《文库》将坚持发挥优秀博士后科研成果和优秀博士后人才的引领示范作用，鼓励和支持广大博士后推出更多精品力作。

《中国社会科学博士后文库》编委会

本书获国家社科基金重大项目“构建以反贫困为核心的面向家庭和个人公共转移支付制度研究”（项目编号：18VSJ071）、国家社科基金重大项目“解决相对贫困的扶志扶智长效机制研究”（项目编号：20&ZD169）、国家社科基金重点项目“建立解决相对贫困长效机制的财税政策研究”（项目编号：20AZD078）、国家自然科学基金面上项目“面向家庭和个人的公共转移支付减贫效应研究”（项目编号：71673167）及国家自然科学基金面上项目“相对贫困的财税治理研究”（项目编号：72073081）资助。

摘　要

西方国家的社会福利制度比较健全，私人转移支付数量与公共转移支付数量相比处于微不足道的地位，所以，国外文献对发达国家转移支付减少贫困和不平等效应的评估研究主要集中在公共转移支付方面。然而发展中国家对个人支付的社会福利制度安排还不尽完善，私人转移支付在社会中扮演着重要角色，可能会减少贫困与不平等，发挥安全网或再分配功能。本书的目的是比较分析中国公共转移支付和私人转移支付对贫困、不平等的影响。

全书共分七章，第一章是绪论；第二章是中国城乡家庭贫困；第三章是中国特殊群体的贫困；第四章是转移支付间的关系与反贫困；第五章是私人转移支付与反贫困；第六章是公共转移支付与反贫困；第七章是结论与政策含义。

通过上述研究，本书得到了如下主要结论：

中国城乡家庭贫困存在着多维剥夺、贫困陷阱、代际贫困、能源贫困等多种表现形式。多维剥夺可分为剥夺程度最轻、剥夺程度中等、剥夺程度最重三个类别，随着时间的推移，剥夺程度最轻、剥夺程度最重的比例上升，剥夺程度中等的比例下降，农村剥夺程度最严重的是城市的四倍以上，城乡多维剥夺差异在一定程度上是由城乡间的不同初始状态导致的。收入贫困与多维剥夺相关性较强，慢性贫困、暂时贫困会恶化多维剥夺。从资产贫困与贫困陷阱来看，农村并不存在贫困陷阱，但是凹性的农村家庭资产积累曲线说明处于均衡点以下的家庭其资产积累速度较低，达到均衡点的时间可能比较漫长。在能源贫困上，家庭做饭燃料、家电服务的贡献率稳步下降，照明的贡献率不足1%，娱乐/教育维度的贡献率呈现V形，通信维度的贡献率稳步上升且近年来远高于其他维度，农村多维能源贫困指数均高于城市多维能源贫困指数，东部地区的多维能源贫困指数显著低于中西部地区的多维能源贫困指数。从代际贫困来看，童年期贫困显著地增加了成年贫困概率，教育作为中介变量在贫困代际传递中起着重要作用，且存在城乡异质性。城镇化显著减少了农村贫困，但随着时间的推移，减贫贡献逐渐减弱且存在地区异质性，城镇化通过农村土地渠道、非农就业渠道及技术和市场的溢出效应渠道减少了农村贫困，汇款机制调节作用有限。

从特殊群体的贫困来看，进入21世纪以来，自雇者间的收入不平等出现了持续上升的态势，将该趋势分解为组内效应和组间效应后，熟练劳动力的回报相对上升、地区差异和行业差异构成了该趋势变化的主要成因，对组内不平等而言，教育和地区对收入不平等上升的贡献较大，非熟练劳动力、中西部自雇者和服务行业的相对贫困上升是导致自雇群体总相对贫困上升的决定因素。从多维剥夺来看，城乡老人消费维度剥夺状况均有所改善，健康维度则呈现小幅度的恶化，在信心维度上，城市老人剥夺状况改善，而农村老人的剥夺状况持续恶化，农村老人消费、健康、信心贫困比城市老人严重。老年家庭的经济脆弱性高于贫困，户主特征和家庭变量不同程度地影响到了经济脆弱性及贫困，超过24%的非贫困家庭是经济脆弱性家庭。期望效用的脆弱性（VEU）方法表明，不平等虽然减少了脆弱性，但其影响经济脆弱性的力量最小，不可解释的风险是最重要的因素，异质性风险和协同性风险的力量居中。

私人转移支付发出方的动机是交换动机，公共转移支付只是增加了私人转移支付的可能性，并不影响私人转移支付数量，私人转移支付动机并不是非线性的，生产性和生活性公共转移支付对净私人转移支付数量均无影响。将两种转移支付纳入统一框架考察时，公共转移支付对贫困没有影响，私人转移支付有效地减少了贫困，两种转移支付绝大部分流向了非贫困家庭，私人转移支付增加了不平等，而公共转移支付影响不平等的作用微弱。

从私人转移支付来看，收入水平较高的子女给予父母经济帮助和时间帮助的概率都较高，空间距离越远，时间帮助和经济帮助概率越低，兄弟姐妹数量对两种私人转移支付均无影响；两代居住同一社区中的老人社会服务“挤入”了私人的时间帮助。私人转移支付对老年家庭的经济脆弱性没有作用。

从公共转移支付反贫困来看，直接税筹资模拟后的不平等指标下降程度比间接税筹资模拟后的不平等指标下降程度大，直接税筹资方式的减贫效应大于间接税筹资方式的减贫效应。中国90%以上的再分配效应通过公共转移支付来实现，税收和社会保障缴费在再分配中的作用不到10%。转移支付和税费系统整体上是累进的，减少了农村不平等和贫困，五保户补助、无保障老人补助、低保、特困户补助及退耕还林补助的瞄准较好，减贫效率相对较高，溢出效应相对较小。更改贫困概率门槛值会影响低保的贫困瞄准结果，在贫困率给定的条件下，随着受益比率的增加，低保贫困瞄准的精确性在提高，但低保对农村家庭的食品消费、非食品消费及总消费均无显著影响。新农保对总消费及耐用品消费增长有正向作用，对老年人劳动供给决策、劳动供给时间没有影响，新农保和城居保对老年人多维贫困、不平等及贫困脆弱性均没有影响。

关键词：公共转移支付；私人转移支付；贫困；不平等；贫困脆弱性

Abstract

In western countries, private transfer payment have not been the main interest in welfare state research and poverty research, mainly because they are not significant income sources compared to public transfer payment. While private transfers between households are an important institution in many developing countries. Private transfer payment may act as an effective safety net and also effectively redistribute income. The purpose of this book is to compare the impact of public transfer payment and private transfer payment on poverty and inequality in China.

There are seven chapters in this book. Chapter 1 is introduction; Chapter 2 is poverty in China's urban and rural households; Chapter 3 is the poverty of special groups in China; Chapter 4 is relationship between transfer payment and anti-poverty; Chapter 5 is private transfer payment and anti-poverty; Chapter 6 is public transfer payment and anti-poverty; Chapter 7 is conclusion and policy suggestions.

Through the above-mentioned studies, this book has drawn the main conclusions as follows:

There are many forms of poverty in China, such as multidimensional deprivation, poverty trap, intergenerational poverty and energy poverty. Multidimensional deprivation can be divided into three categories. The proportion of least deprivation and the most severe deprivation increased, while the proportion of moderate deprivation decreased over time. The most severe deprivation in rural areas is more than four times that in urban areas. The multidimensional deprivation difference between urban and rural areas is caused by the different initial states to some extent. The correlation between income poverty and multidimensional deprivation is strong. Chronic poverty and temporary poverty will aggravate multidimensional deprivation. There is no poverty trap in rural areas, but the concave asset accumulation curve of rural households indicates that households below the equilibrium point have a slower rate of asset accumulation, and it may take a long time to reach the equilibrium point. In terms of energy poverty, the contribution of cooking fuel and home appliance service declines steadily, the contribution of lighting is less than 1%, and the contribution of entertainment/education has a V shape. The contribution of communication has shown a steady upward trend, and in recent years, the contribution of communication is larger than that of other dimensions. The multidimensional energy poverty index (MEPI) of rural is higher than that of the urban. The MEPI in the eastern region is lower than that in the central and western regions. In terms of intergenerational poverty being poor in childhood significantly decreases the level of income in adulthood and increases the average probability of being poor. We find that education plays a substantial role as intermediate variable in intergenerational poverty, and there is heterogeneity between urban and rural areas. Urbanization significantly reduces rural poverty but the effect of urbanization on the poverty rate tends to be smaller over time. The mechanism of urbanization to reduce rural poverty is the channel of rural land channels, non-agricultural employment channels, technology and market spillover effects. The role of remittances is limited.

In terms of the poverty of special groups in China, inequality among the self-employed increased since 2000. As the inequality and poverty indices are decomposed into within-group effects and between-group effects, rising returns to skilled labor, regional differences and industry differences in employment are important factors in explaining the trends of inequality and poverty indices. For within-group inequality, education and region are main contributors to the inequality of income. The vise in the relative poverty of unskilled labor, self-employed people from middle-western areas and the service industry is the decisiuo factor leading to the vise of relative poverty among self-employed groups. In terms of multidimensional deprivation, the deprivation of consumption has declined for both urban and rural older people, while the deprivation of health has increased. In terms of confidence, the deprivation of confidence has declined for urban older people, but increased for rural ones. Rural older people' s consumption, health and confidence poverty are more serious than urban older people. Older peoples' multidimensional poverty is more serious than that of urban ones. Vulnerability of elderly household is higher than poverty. The characteristics of householder and household variable have different effects on vulnerability and poverty. There is 24% of the households observed to be non-poor are vulnerable to poverty. The velnerability expected utility approach (VEU) shows that inequality decrease vulnerability, but inequality account for the smallest share, unexplained risk account for the largest share, whereas that from idiosyncratic and covariate risks is moderate.

The predominant motive for sending private transfer payments is exchange. The public transfer payments just increase likelihood of private transfer payments. There is not non-monotonic transfer payments motives in private transfer payments. Productibility and survivability of public transfer payments does not affect the net of amount of private transfer payments, too. When both private and public transfer payments are considered, public transfer payments has no effect on poverty, while private transfer payments reduce poverty significantly. Most public and private transfer payments went to non-poor households, private transfer payments have increased inequality, public transfer payments have no effect on inequality at all.

The probability of both financial and time assistance increases as adult children have a higher level of income (there is no evidence that rich children substitute between proving time and money) . Child far away from parents decrease two kinds of assistance simultaneously. Siblings is not significantly related to the size and probility of either monetary or time transfers. Community social services have crowding out effect on private time assistance. Private transfer payments have little impact on economics vulnerability of elderly household.

From the perspective of anti-poverty of public transfer payments, the decline degree of the inequality index after direct tax financing simulation is greater than that after indirect tax financing simulation, and the poverty reduction effect of direct tax financing mode is greater than that of indirect tax financing mode. More than 90% of China's redistributive effect is achieved by public transfer payments while no more than 10% by personal income tax and social security contributions. The tax and fees and transfer payment system as a whole is progressive, reducing rural inequality and poverty. Wubaohu subsidies, Pension subsidies, Dibao subsidies, Tekunhu subsidies and Reforestation subsidies are better targeted to poor households, allowing greater poverty reduction and lower spillover effects. Changing the cut-off of poverty probability will affect the targeting outcome of Dibao subsidies. Given the poverty rate, the accuracy of poverty targeting is increasing as the beneficiary shares (inclusion rate) increases. Dibao subsidies have no significant effects on rural household food consumption and non-food consumption and total consumption. New rural pension scheme increases total consumption and consumption of durable goods. In additon, New rural persion scheme does not appear to have an effect on overall labor-force participation or hours worked. New rural pension scheme and Urban residents' pension not only have no significant effect on multidimensional poverty and multidimensional inequality of the elderly, but also have no significant effect on vulnerability of poverty.

Key Words: Public Transfer Payments; Private Transfer Payments; Poverty; Inequality; Vulnerability

目　录

Contents

第一章　绪　论

第一节　研究背景

贫困与反贫困是世界各国都十分关注的发展问题。作为曾经拥有 7.7 亿贫困人口的国家，自改革开放 40 多年来，从开发式扶贫到精准扶贫，中国始终将反贫困问题放在国家发展的重中之重，在反贫困事业中取得了举世瞩目的成就，实现了消除绝对贫困的历史性目标。

反贫困任务之所以艰巨，不仅仅是因为贫困人口数量的巨大，更是因为贫困表现形式和贫困发生原因的复杂多样，使得脱贫攻坚难上加难。贫困问题在本质上是由不平等导致的，收入贫困是最常见的贫困表现形式，收入分配的不平等是贫困发生的重要原因，因收入数据容易获得，大多数国家也常常将收入贫困线作为锚定贫困人口的重要标准。后来学界开始逐渐关注多维贫困（Kangas and Ritakallio，1998；Atkinson，1970；Alkire and Santos，2014；Ferreira，2011；Ravallion，2011；Thorbecke，2011；Vijaya et al.，2014），认为仅仅用收入水平衡量贫困程度过于简单，收入贫困只是多维贫困的一个重要方面（Renuka and Hoang，2016），现实中贫困人口在教育、健康、医疗、住房、资产、能源、就业等方面往往存在着多维剥夺（Halleröd and Larsson，2008；Machado et al.，2009），通过多维角度对贫困人口的贫困程度进行测度更为准确和真实。贫困是一种状态，根据贫困持续时间的不同，贫困可以分为慢性贫困和暂时性贫困，一些贫困家庭由于家庭资产积累匮乏、负担不起最低消费等脱贫能力不够，往往还会陷入贫困陷阱（Azariadis，2004；Barrett，2007；Amare et al.，2012；Bezu et al.，2012；Dasgupta，1997），加剧了长期贫困的风险，同时家庭贫困会对子女成长带来深远影响，产生代际贫困（Duncan and Brooks-Gunn，1997；Duncan et al.，1994；Haveman and Wolfe，1994；Korenman et al.，1995；Mcleod and Shanahan，1993；宋扬和刘建宏，2019）。随着经济与社会的发展，一些特殊群体的贫困问题开始显现，如城市自雇者和老年群体（李实和宋锦，2010；杨立雄，2011），均是未来贫困发生的高危人群。因此，准确把握我国的贫困问题现状，厘清贫困发生的机制，是解决贫困问题的前提，在此基础上，针对各种贫困问题，采取怎样的反贫困政策是我们应该重点关注的另一大问题。

转移收入是减少贫困和不平等的潜在有效工具。在结构性贫困、耦合性贫困、极度贫困三种贫困中，第一种贫困只有通过经济增长来缓解，第二种和第三种贫困则分别需要暂时性转移收入和永久性转移收入来减弱（Lal and Myint，1996）。转移收入如果使接受者摆脱流动约束的困扰，投资于健康、教育等生产性活动，往往还能产生收入的放大效应，转移收入对接受者的生活水平起到了提升作用。与此同时，转移收入的保护作用则表现为降低贫困家庭的多元化投资需要，避免其陷入极度贫困。当然，这种转移收入可能不会使收入和投资持续增长。转移收入并不能全部到达真正的贫困者手中。公共转移支付的瞄准目标往往是在正规部门就业的人群，没有覆盖真正的弱势群体和贫困人群，贫困者接受的公共转移支付可能低于中间收入者和高收入者（Howe and Longman，1992）。即使针对贫困者的特定公共转移支付项目，有时也会覆盖一些不合格的高收入者，公共转移支付存在漏损。即使贫困家庭收到转移支付，其对贫困的影响也可能是不确定的，原因在于：第一，转移收入数量太小不能使接受者脱离贫困；第二，收入的增加量小于转移支付数量，转移收入有时会使接受者的工作努力程度降低，导致非转移性收入下降。

西方国家的社会福利制度比较健全，私人转移支付数量与公共转移支付数量相比处于微不足道的地位，所以，国外文献对发达国家转移支付减少贫困和不平等效应的评估研究主要集中在公共转移支付方面。然而发展中国家对个人支付的社会福利制度安排还不尽完善，家庭间的私人转移支付在社会中扮演着重要角色，家庭间私人转移支付的作用就变得尤为显著。

目前把我国的财政转移支付和代际间私人转移支付纳入同一个分析框架，进而分析两种转移支付对减少贫困、贫困脆弱性和不平等效应的研究较为缺乏。本书试图填补这一研究空白，对如下问题进行探讨：财政转移支付和私人转移支付对接受者的福利产生了什么样的影响？转移支付在缩小接受者和非接受者的福利差距方面发挥了什么作用？两种转移支付之间是否存在“挤入”或“挤出”关系？哪种转移支付对减少贫困、贫困脆弱性及不平等更有效？贫困脆弱性的根源是什么？转移支付的瞄准性如何？减贫瞄准机制如何完善？

本书把公共转移支付、私人转移支付和城乡反贫困问题纳入同一个分析框架，系统地刻画公共转移支付和私人转移支付对贫困和不平等的影响方向、程度，并探讨其内在机理。本书不仅对中国反贫困理论有很强的学术价值，而且对改进面向家庭的扶贫瞄准方法也有很强的实践意义。

第二节 研究框架

本书的第一章是绪论；第二章研究中国城乡家庭贫困状况；第三章分析中国特殊群体的贫困；第四章对公共转移支付和私人转移支付之间的关系进行探讨，比较分析公共转移支付和私人转移支付在减少贫困、不平等中的效力大小；第五章是对私人转移支付与反贫困的研究，包括对私人转移支付模式决定因素和其影响贫困脆弱性效应的考察；第六章是对公共转移支付与反贫困的研究，包括瞄准性、反贫困和贫困脆弱性效应，以及反贫困效率的研究；第七章是结论与政策建议。本书的研究框架如图 1-1 所示。

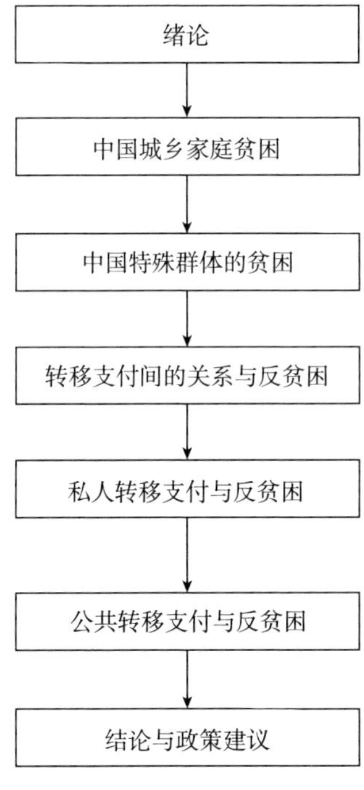

图 1-1　本书的研究框架

资料来源：笔者自绘。

第三节　研究方法

本书采用的研究方法如下：

第一，规范分析与实证分析相结合的研究方法。本书采用规范分析与实证分析相结合的研究方法，在规范分析中采用数理经济模型，对转移支付对贫困的影响、公共转移支付和私人转移支付之间的关系、私人转移支付模式的决定因素等问题进行理论分析，为实证分析提供理论基础，使研究的逻辑更加规范和科学。在实证分析中运用面板数据分析、可行的广义最小二乘法三阶段多层次分解模型、倾向值匹配方法、双重差分法、工具变量法等计量经济学方法构建回归模型，有效解决内生性问题，对公共转移支付和私人转移支付对贫困的影响进行研究。同时利用不平等与贫困指数分解、指标测算等方法对两种转移支付的反贫困进行实证研究。

第二，局部均衡与一般均衡相结合的研究方法。本研究不仅注重财税政策对个体当前相对贫困状态的影响，即局部均衡情况，还重视财税政策对个体相对贫困的长期影响，即一般均衡情况，并利用可计算一般均衡与微观模拟相结合（CGE-MS）的方法对公共转移支付的反贫困作用进行分析。局部均衡分析与一般均衡分析相结合更有利于构建反贫困的转移支付体系，防止贫困个体和家庭返贫现象的发生。

第三，比较分析方法。我们不仅比较公共转移支付与私人转移支付对减少贫困与不平等的效力大小，在一些具体的问题分析中，注意了城乡之间、地区之间的比较分析，还通过将国内国外相关问题对比，借鉴国外经验，为我国转移支付与反贫困问题提供有价值的参考。

第四，历史分析法。在对我国城乡家庭贫困状况、公共转移支付对贫困影响等具体研究过程中，对我国城镇化政策的发展、农村社会养老保险制度的变迁历程等进行梳理和回顾分析，可以把握制度特点与阶段性，更好地对研究问题进行考察。

第四节 研究创新与研究展望

一、研究创新

在研究视角的创新上，本书采取宏微观视角相结合的方法，把私人转移支付、公共转移支付与中国贫困、贫困脆弱性及不平等问题纳入同一个分析框架，考察转移支付对家庭和个人的贫困、贫困脆弱性及不平等的影响，私人转移支付模式的决定因素，新农保等公共转移支付对个体行为的影响等问题，并单独对自雇群体和老年群体的贫困问题进行分析，弥补了该领域研究的空白，具有较强的原始创新性。

在研究方法上，综合运用公共经济学、社会学和计量经济学等多学科理论和方法，全面考察公共转移支付和私人转移支付对贫困、贫困脆弱性及不平等的影响。具体表现在：一是在考察城乡家庭多维贫困时，使用了潜类别模型（Latent Class Model，LCM）把多维剥夺划分成剥夺程度最轻、剥夺程度最重、剥夺程度居中三个类型；二是采用 CGE-MS 方法对公共转移支付的反贫困进行了系统分析；三是通过对贫困和不平等的分解，细致考察了税收—转移支付体系中各类细项对贫困和不平等的贡献；四是利用财政流动、指数测算等方法，首次对公共转移支付的动态减贫效应、垂直支出效率、溢出效率、减贫效率、贫困距效率进行了分析；五是在考察低保瞄准性中，基于代理工具测试模型（Proxy Means Testing，PMT）并通过 ROC 方法（Receiver Operating Characteristics）对低保扶贫瞄准进行了分析。

二、研究展望

针对本书在研究中存在的不足和问题，以及我国反贫困现状的时代要求，未来有关转移支付与反贫困的研究可以从以下六个方面开展：

第一，完善多维贫困、多维剥夺的测度。囿于资料限制，本书没有在多维剥夺中加入社会排斥、歧视等如此类的非物资指标，使用非物资指标与物资指标结合测度多维剥夺无疑更具有完整性。在考察家庭多维贫困时，如果放松潜类别模型的条件独立性假设，结论是否依然稳健，也是将来研究多维剥夺的一个方向。

第二，突破数据局限性，关注特殊群体的贫困和代际贫困问题。当前同时包含转移支付和贫困研究要素的数据库较为缺乏，限制了对一些贫困问题的研究，如本书在研究老年人多维贫困问题和贫困脆弱性时，未能考虑老年人的居住安排、健康状况等变量，而这些变量可能会影响到老年家庭的福利水平，在计算贫困脆弱性时，也没有考虑到社区因素的影响。在研究代际贫困时，本书并未考虑家庭和社会环境对儿童价值观产生的影响，这些可能会影响儿童对未来工作、健康和家庭的态度，构成了未来的研究内容，需要在未来数据可得时进行完善。

第三，多视角、多角度考察转移支付反贫困问题。首先，要注重宏观、中观和微观视角的结合，从宏观经济制度环境、中观社区因素以及微观个体特征和行为范式等视角对转移支付的反贫困效应进行研究，如考察社区因素、家庭和个体特征在缓解贫困和贫困脆弱性中的作用。其次，要注重转移支付工具间的相互作用，进一步考察私人转移支付与公共转移支付、公共转移支付内部以及税收和公共转移支付之间的互动对最终减贫效应的影响。再次，要关注转移支付的直接或间接溢出影响，如转移支付接受者可能用这笔资金进行投资或放贷，会给整个经济或其他家庭带来间接影响，这需要结合宏观数据进一步研究。最后，要从时间维度考察转移支付减贫的长期动态效应，借助长期数据进行多维贫困和多维不平等的长期反贫困效应研究，分析转移支付的滞后性影响。

第四，改进研究方法，推进研究科学性。选取合理的计量模型，解决实证研究中的内生性问题，本书在分析两种转移支付的相互影响过程以及城镇化对减贫的影响中，对选取工具变量或其他减少内生影响的方法上还有不足，在未来的研究中有待解决。此外，书中有关转移支付对贫困影响的一些研究结论是否稳健也需要在进一步的研究中予以考察。

第五，随着绝对贫困的全面消除，解决相对贫困问题成为下一步研究的重点内容，增强家庭和个人的内生动力是重要途径，以此为核心需进一步探寻更多科学且有效的长效减贫机制。

第六，巩固脱贫攻坚成果，与乡村振兴有效衔接，加快实现共同富裕，是未来重要研究方向，除完善转移支付外，其他财税政策、公共政策均发挥重要作用，因此后续研究需进一步强化政策间的融合分析，使各项政策为提高居民福利发挥更强劲的效应。

第二章　中国城乡家庭贫困

第一节　家庭多维剥夺与收入贫困

一、研究背景与文献综述

“十三五”时期，我国脱贫攻坚成果举世瞩目，五千多万农村贫困人口实现脱贫。但反贫困具有持久性特征，绝对贫困的消除不等于扶贫工作的终结，如何进一步巩固脱贫成果值得深思。收入贫困聚焦个体收入是否能够满足最基本的生活需求，多维剥夺更多具有相对贫困的特征，反映一种相对剥夺。解决收入贫困问题是否就意味着多维剥夺的消除？抑或两者根本就是两个不同的问题？解答上述问题不仅为理解巩固拓展脱贫攻坚成果提供了新的视角和思路，也为公共政策制定提供了有益指导。

如何识别哪些个体或家庭为贫困是贫困定量研究中的基本问题，如果识别不恰当，所有后续分析都存在问题。广义贫困指处于福利分布的底端，因此，贫困与不平等密切相关，但两者并不等同，即如果一个社会是平等的，但整个社会的生活水平低下，那么社会中的每个个体都是穷人，而不是没有贫困。Creedy（1998）认为福利分布的底端之所以受到关注，是因为人们相信如果福利低于某个水平，个体或家庭将会遭受剥夺，这也是贫困线（或称贫困门槛值、贫困截断点）概念在贫困定义及贫困测度研究中居于中心位置的缘由。贫困测度研究可分为三个阶段（Ringen，1985）。绝对贫困研究构成第一个发展阶段的主要内容，Rowntree（1901）进行了贫困测度的开创性研究，他将贫困定义为最低限度的生活，测度方法使用绝对贫困线，即购买最低必需品的收入。最低必需品只包括最简单的饮食及最低的衣着、住房、取暖需求，那些没有足够的收入来满足最低必需品的家庭被视为贫困。在 20 世纪 70 年代，贫困测度进入被称为相对贫困研究的第二个阶段，Townsend（1979）把相对贫困定义为缺乏物资资源来维持充足的生活方式。随着社会复杂程度的提高，贫困测度第一阶段研究中的必需品也变得较为复杂，如家用轿车对日常购物和儿童接送而言成为必需，在一个富裕的社会里，对于什么是最低生活水平会有新的期望。从绝对贫困过渡到相对贫困，一种新的贫困概念虽然被引入，但收入贫困线依然作为其主要衡量方法存在。与此同时，相对贫困对必需品构成要求较为“慷慨”，贫困线高于最低生活水平。Moisio（2004）指出贫困定义与衡量贫困的指标之间在逻辑上有分歧，换言之，贫困衡量的是物资资源的缺乏程度，而贫困的定义则指生活水平，这种矛盾引致了对相对贫困测度的批评，尤其是一些研究表明相等的物资资源并不必然导致相同的福利，物资资源并不必然是福利的函数，福利可能与健康、工作条件、社会参与、闲暇等非物资资源相关联。Ringen（1985）认为贫困程度应直接反映对生活条件的剥夺情况，贫困研究开始转向多维剥夺研究方向。Berghman（1995）指出贫困和剥夺是静态的结果，两者的区别在于剥夺是多维的，缺少物资资源的贫困则是单维的，所以，贫困与剥夺之间尽管不是完全排斥的，但两者仍有差异，剥夺可视为贫困的表征，贫困则是剥夺中的一个维度。

不同学派历经几十年关于贫困定义及测度的争论，多维剥夺研究发展为贫困研究的总趋势（Kangas and Ritakallio，1998；Atkinson et al.，1995；Alkire et al.，2014）。收入无疑是多维剥夺的一个重要方面，因为收入可购买商品和服务以满足个体基本需求。Renuka 和 Hoang（2016）认为减少单维度的收入贫困固然必要，但并不足以实现持续发展和增长，这对已经成功减少收入贫困的发展中国家而言尤其如此，为此需要重新审视收入扶贫政策，这些政策是否应该被取代？或者是特定人群需要扶贫瞄准吗？出于政策实施效果评估的需要，国外学者对多维剥夺和收入贫困之间的关系进行了研究，但答案仍未明确，两者之间的关系更多地取决于实证结果，比如对欧盟的研究（Ayala et al.，2011）、对美国的研究（Mayer and Jencks，1989），这些国别和地区研究结论表明收入贫困与多维剥夺之间只有较弱的关联。解释收入贫困与多维剥夺之间缺少统计显著性的努力一般建立在两类互补论点基础上（Goni et al.，2011），第一类注重每种方法下个体福利成分的差异，第二类则暗示从动态视角来正确理解两者可能的关系。收入贫困定义为暂时缺乏收入，而多维剥夺更多地与永久收入有关。持久贫困可以通过三个渠道来决定多维剥夺：持久贫困使得满足基本需求的必要资源与可用资源之间差异增加；持久贫困使得满足基本需求的长期能力产生缺陷；持久贫困引致更加不稳定的收入。然而，由于测量误差等问题，分离收入贫困和多维剥夺这两种现象的关系并不容易，尽管如此，欧盟、美国等发达国家和地区实证结果表明收入贫困与多维剥夺之间存在较弱的关联，只有一小部分脱离了贫困的个体也摆脱了多维剥夺。

实证检验发展中国家收入贫困与多维剥夺之间的关系尤为必要，因为资源所限，发展中国家较难同时实施既减少收入贫困又减少多维剥夺的政策，政策制定者希望寻找经验证据来支持这样一种理念：减少收入贫困的政策也能同时减少多维剥夺。Klasen 等（2000）利用南非的相关资料分析表明，消费支出和表征剥夺水平中的一些指标之间有较强的关联，但这种关联在穷人那里却变得十分微弱。Renuka 和 Hoang（2016）基于越南的截面数据分析结果显示，收入贫困与多维剥夺之间有很强的相关性，因此，他们提出越南没有必要采用单独的方案分别应对收入贫困与多维剥夺，这对资源、时间、规划而言是一个巨大的节省。中国相关研究主要集中在三个方面：其一，多维剥夺的测度（郭熙保和周强，2016；王小林和 Alkire，2009）；其二，多维剥夺的影响因素分析（陈国强等，2018）；其三，多维贫困持续性（姚树洁和张璇玥，2020）。这些文献都丰富和发展了中国的多维剥夺研究内容，但对收入贫困与多维剥夺之间关系的研究仍显不足。

本节的边际贡献在于：其一，使用潜类别模型把多维剥夺划分成剥夺程度最轻、剥夺程度最重、剥夺程度居中三个类型。选择潜类别模型可以克服临界值的随意性等问题，如通过贫困线截断点方法把人群只划分为“贫困”“非贫困”两种，而不考虑“接近贫困”（或称脆弱性贫困）的第三种情形。其二，采用 Ordered Probit 模型分析了收入贫困与多维剥夺之间的联系。本节分析表明收入贫困与多维剥夺之间有很强的相关性，应对收入贫困的公共政策也能解决多维剥夺。

二、实证方法与数据介绍

多维剥夺的构成指标选择范围较广，在 Townsend（1979）的研究之后有很多文献对权重的选择进行了探讨。Mack 和 Lansley（1985）倾向于给多维剥夺中的组成部分以相等的权重，该方法的缺点是组成部分之间缺乏分化，各组成部分对总多维剥夺的贡献明显不同。一个较为直观的方法是从观测频率中提取权重。当已有信息与社会对组成项目需求的看法不一致时，一些研究提出应使用替代性结构的方法。基于多元统计技术构建加权方案对多维剥夺的测度方法较多，主要包括：主成分分析、模糊集方法、集群分析法、序数分析方法、信息理论方法、公理化方法、效率方法、潜变量方法①。

正如 Ayala 等（2011）在分析西班牙的多维剥夺时所言，多维剥夺是一个潜在的不可直接观测的现象，所以应使用潜类别模型测度多维剥夺，该方法相对其他方法而言具有先进性（Moisio，2004），该模型能使研究者理解不可观测的“真正”的剥夺与捕获这一复杂现象不同方面的一系列指标

① 潜变量方法根据潜变量及构成指标的类型不同而区分为四种：因子分析类型（Factor Analysis，潜变量及构成指标均为连续型）、潜特征类型（Latent Trait Models，潜变量为连续型、构成指标为分类型）、潜轮廓类型（Latent Profile Analysis，潜变量为分类型、构成指标为连续型）、潜类别类型（Latent Class Models，潜变量与构成指标均为分类型）。

之间的关系。此外，潜类别模型还可以通过一些统计工具（似然比、卡方、Gamma 值）检验来确定数据中的适当类别或适当水平。潜类别模型是对数线性模型，它把分类别的潜变量和非连续或称分类的指标关联起来，因为构造多维剥夺的指标本身测度存在一些问题，那么作为潜变量的多维剥夺与指标之间的关系就是非确定性的，需要控制可能出现的测量误差（Hagenaars，1990）。潜类别模型中指标被分成一个或多个潜在类别或水平的计算依据是估计潜在的条件概率。

基于潜类别模型对多维剥夺的测度研究也多集中于发达国家和地区。Whelan 和 Maitre（2005）利用 13 个欧洲国家的数据及潜类别模型探索了人群潜在子组易遭受经济排斥的情形，使用物资匮乏、收入贫困和经济拮据这三个经济排斥指标对潜在子组进行预测，并用于回归模型拟合，结果表明：体力劳动者更有可能成为经济排斥阶层的一部分，上层阶级和潜在经济排斥群体之间存在负相关。Halleröd 和 Larssonn（2008）使用八个指标的潜类别模型分析了瑞典人口的异质性问题，研究显示，福利在三个潜在子组中存在显著差异，第一子组几乎没有福利问题，第二子组可能遭受健康和失业问题，第三子组的福利问题最多。该研究在第二步使用了多项选择模型（Multinomial Logistic）对每个子组进行预测。Moisio（2004）基于芬兰、荷兰和英国数据使用潜类别模型分析了衡量多维剥夺一系列指标的有效性和可靠性。最近的文献研究则使用更为复杂的方法来分析多维剥夺，如 Machado 等（2009）使用贝叶斯潜类别模型从动态角度考查了葡萄牙的多维剥夺，在包含住房、耐用品、经济拮据、社会关系四个指标基础上，比较了 1995~2001 年四个潜类型的多维剥夺变化，发现四个潜类型在剥夺的严重程度、可能被剥夺的项目之间存在差异。Pirani（2013）利用随机效应潜类别模型分析了欧洲的社会排斥情况，该研究识别出六个子组和四个区域集群。

假设 x_i 代表具有 K 个类别或水平的潜变量（即多维剥夺），潜变量可由 J 个指标测度出来，y_i 代表第 i 个家庭或个人在 J 集合中的数值，个体归属于 K 类别中的某个类别可由下式的特定类别概率计算得到：

$$f(y_i)=\sum_{k=1}^{K} P(x_i=k)f(y_i \mid x_i=k)=\sum_{k=1}^{K} P(x_i=k) \prod_{j=1}^{J} f_k(y_{ij} \mid x_i=k) \quad (2-1)$$

式（2-1）中，f（y_i）是特定潜类别下 y_i 的概率密度函数，P（$x_i=k$）是属于一个类别的概率值。式（2-1）中的第二项可写为对数线性模式。

$$\ln f(y_i \mid x_i=k)=\alpha+\alpha_x+\sum_{j=1}^{J} \alpha_j^{y_i}+\sum_{j=1}^{J} \alpha_j^{x,y_i} \quad (2-2)$$

式（2-2）中包含一个回归模型中的常数项（α）、潜变量的主效应（α_x）、指标值（$\alpha_j^{y_i}$）、潜变量与每个指标的交叉值（$\sum_{j=1}^{J} \alpha_j^{x,y_i}$）。上述模型可用最大似然方法估计，在潜类别模型中，一些个体或家庭之所以被归入同一类别或水平是基于在贝叶斯理论下他们的反应服从同样的分布，即个体或家庭被归入某一类别或水平是因为其后验概率最高。模型计算从一系列的最大预期迭代开始，利用 Newton-Raphson 算法寻找最终解。

通过潜类别模型计算的多维剥夺能将家庭划分为不同程度的剥夺状态。现实世界中，贫困或多维剥夺并非严格的非此即彼，可能会存在其他或第三种状态，如“接近于贫困”“容易变为贫困（贫困脆弱性）”等。潜类别模型计算出的多维剥夺状态也为后续探讨其与收入贫困之间的关系奠定了较为客观的基础，因为非此即彼的贫困划分会掩盖待检查关系的强度。同时，这对强化公共政策的针对性也不无裨益。

国家统计局只发布了按当年价 2300 元农村贫困线标准衡量的贫困发生率情况*，如在该贫困线标准下 1978 年、1980 年、1985 年、1990 年、1995 年、2000 年、2005 年农村贫困发生率均超过三成，分别为 97.5%、96.2%、78.3%、73.5%、60.5%、49.8%、30.2%，2010～2017 年农村贫困发生率则从 17.2%稳步下降到 3.1%。为反映城乡、地区分组贫困变动的历史演进轨迹及时效性，本节基于中国健康与营养调查（CHNS）和中国家庭追踪调查（CFPS）数据计算了全部样本、城乡及地区分组样本在贫困线为 1.25 $ PPP 标准下的 1989～2018 年贫困发生率情况，具体结果如表 2-1 所示。

---

* 数据来源于国家统计局 2018 年 9 月 3 日公布的《扶贫开发成就举世瞩目　脱贫攻坚取得决定性进展》。

表 2-1　1989~2018 年贫困发生率情况

年份	全部样本（%）	城市（%）	农村（%）	东部（%）	中部（%）	西部（%）
1989	30	11	39	25	32	34
1991	30	15	37	23	29	41
1993	29	17	35	23	34	31
1997	21	14	24	16	22	23
2000	19	11	22	13	24	17
2004	16	10	19	9	19	20
2006	15	10	17	9	17	18
2009	9	7	10	6	11	11
2011	8	7	9	4	11	11
2015	8	7	9	4	11	11
2018	3	2	5	3	3	4

资料来源：1989~2015 年计算数据来自 CHNS 数据库，2018 年计算数据来自 CFPS 数据库。

表 2-1 显示，1989~2018 年，无论总样本还是分组样本的贫困发生率均呈现稳步下降态势，如总样本的贫困发生率从 1989 年的 30%下降到 2018 年的 3%；在 2006 年以前，农村贫困发生率与城市贫困发生率相差较大，2009~2015 年，城市和农村的贫困发生率基本上相同，差异并不是太大，但 2018 年城乡的贫困发生率差异出现扩大态势；东部地区的贫困发生率低于中部和西部，在 2004 年以前，中部地区和西部地区的贫困发生率互有高低，而在 2004~2015 年，中部地区和西部地区的贫困发生率则基本上相同，2018 年东、中、西部地区的贫困发生率都基本维持在 3%左右，东、中、西部地区贫困发生率均与总样本的贫困发生率基本相同。

下文实证分析选择了中国健康与营养调查 3 个年份（2009 年、2011 年、2015 年）、中国家庭追踪调查 3 个年份（2014 年、2016 年、2018 年）的调查数据。对于慢性贫困和长期贫困的定义，现存文献并没有对此达成一致意见，本节使用面板数据来定义慢性贫困和长期贫困，在三次调查中，只有一次或两次出现收入贫困则定义为暂时性贫困，调查年份均为收入贫困则定义为慢性贫困。需要指出的是，下文实证分析中主要使用 CHNS2015 年及 CFPS2018 年的截面数据进行对照分析，在稳健性分析中主要使用 CHNS 和 CFPS 两个调查数据库的 3 次调查的面板数据。

考虑数据可获得性和可比较性，潜类别模型中的因子载荷（Factor Loadings）在 CHNS 数据库选取了 11 个指标、CFPS 数据库选取了 6 个指标，CHNS 数据库选取的 11 个指标分别是饮用水方式、厕所类型、居室周围粪便、拥有汽车、拥有彩色电视机、拥有洗衣机、拥有冰箱、拥有空调、拥有电话、拥有电脑、拥有手机。CFPS 数据库选取的 6 个指标为：做饭用水（桶装水/纯净水/过滤水、自来水、井水、其他，因子载荷为 0.3234）；做饭燃料（电、天然气/管道煤气、罐装煤气/液化气、其他，因子载荷为 0.8467）；室内空气净化（因子载荷为-0.1797）；家庭藏书量大于 0（因子载荷为-0.2237）；家庭持有金融产品（因子载荷为-0.177）；拥有汽车、电脑、家电、电视等耐用品（因子载荷为-0.17）。较高的因子载荷表明潜变量与该指标之间的关联较强，正（负）值代表潜变量（多维剥夺）与指标之间的关系为正（负）向。

三、收入贫困与多维剥夺的关联

潜类别模型可以预测家庭或个体落入三个类别或水平中的哪一个类别或水平，这三个类别或水平可以排序，其中，水平 1 代表剥夺程度最轻，水平 3 代表剥夺程度最重，水平 2 则代表剥夺程度中等。这种借助潜类别模型客观地测度多维剥夺的方法，一方面消除了人为赋予权重的主观方法的随意性，另一方面也避免了反贫困研究中贫困类别任意划分为非此即彼的二分法的缺点。此外，多维剥夺潜类别测度也为下文探析收入贫困与多维剥夺两者之间的关联奠定了科学基础。全部样本、城乡分组样本、东中西部分组样本的多维剥夺和收入贫困的比较如表 2-2 所示。

从表 2-2 中可以看出，在全部样本中，2015 年和 2018 年剥夺程度最轻、剥夺程度最重的比例上升，剥夺程度中等的比例下降；2015 年有近 18%的非收入贫困家庭遭受了最重的多维剥夺，有近 41%的非收入贫困家庭

表 2-2　多维剥夺和收入贫困的分布

2015 年				2018 年			
多维剥夺	收入贫困		合计	多维剥夺	收入贫困		合计
	非贫困	贫困			非贫困	贫困	
全部样本	91.69	8.31	100.00	全部样本	96.83	3.14	99.97
水平 1	33.25	1.19	34.44	水平 1	45.39	0.89	46.28
水平 2	40.50	3.90	44.4	水平 2	26.56	0.56	27.12
水平 3	17.94	3.22	21.16	水平 3	24.88	1.69	26.57
城市	93.27	6.73	100.00	城市	98.38	1.60	99.98
水平 1	56.57	1.53	58.10	水平 1	60.57	0.65	61.22
水平 2	33.49	3.52	37.01	水平 2	27.67	0.41	28.08
水平 3	3.21	1.68	4.89	水平 3	10.14	0.54	10.68
农村	91.08	8.92	100.00	农村	95.12	4.87	100.00
水平 1	24.30	1.06	25.36	水平 1	28.45	1.15	29.60
水平 2	43.19	4.05	47.24	水平 2	25.46	0.74	26.20
水平 3	23.59	3.81	27.40	水平 3	41.21	2.98	44.19
东部	98.42	5.07	103.49	东部	97.16	2.83	100.00
水平 1	42.24	0.78	43.02	水平 1	42.24	0.76	43.00
水平 2	43.15	2.21	45.36	水平 2	36.51	0.80	37.31
水平 3	13.03	2.08	15.11	水平 3	18.41	1.27	19.68
中部	90.12	9.88	100.00	中部	96.85	3.15	100.00
水平 1	33.77	1.51	35.28	水平 1	44.26	1.02	45.28
水平 2	38.85	5.08	43.93	水平 2	29.36	0.64	30.00
水平 3	17.50	3.29	20.79	水平 3	23.23	1.49	24.72
西部	89.96	10.04	100.00	西部	96.47	3.53	100.00
水平 1	19.13	1.14	20.27	水平 1	49.83	0.95	50.78
水平 2	40.72	4.17	44.89	水平 2	13.24	0.25	13.49
水平 3	30.11	4.73	34.84	水平 3	33.40	2.33	35.73

注：家庭人均收入贫困线为 1.25 $ PPP；水平 1、水平 2、水平 3 分别代表剥夺程度最轻、剥夺程度中等、剥夺程度最重。

接近遭到多维剥夺，2018 年则有近 25%的非收入贫困家庭遭受了最重的多维剥夺，有近27%的非收入贫困家庭接近遭到多维剥夺，即非收入贫困家庭接近遭受多维剥夺、遭受最重多维剥夺的比例各为1/4左右，随着时间的推移，虽然非收入贫困家庭接近遭受多维剥夺的比例下降，但非收入贫困家庭遭受最重多维剥夺的比例却在上升。在以收入衡量的贫困发生率大幅下降背景下，非收入贫困家庭遭受最重多维剥夺的比例上升这种现象值得关注，这也说明多维剥夺这种相对贫困是“后扶贫时代”亟须解决的问题。分组样本显示，随着时间的推移，城乡、东中西部地区多维剥夺程度最重的比例均呈现上升态势。城乡比较表明，农村的多维剥夺程度远高于城市，如2015年农村剥夺程度最严重的比例为27.40%，城市为4.89%，农村剥夺最严重的程度是城市的5.6倍，2018年农村剥夺程度最严重的比例上升到44.19%，城市为10.68%，农村剥夺最严重的程度是城市的4倍多。在城市内部，2015年剥夺程度最轻（水平1）是剥夺程度中等（水平2）的1.69倍，2018年剥夺程度最轻（水平1）是剥夺程度中等（水平2）的2.19倍，而2015年、2018年农村内部该数值分别仅为0.56倍、1.12倍，这又从另一个侧面说明农村的多维剥夺程度远高于城市。2015年农村的非收入贫困家庭遭受的剥夺态势与全部样本基本相同，而城市则显著地与全部样本有很大差异，2018年城市及农村的非收入贫困家庭遭受的剥夺态势都与全部样本的表现有较大不同。东、中、西部比较中，西部剥夺程度高于东部、中部，如2015年西部、中部、东部剥夺最严重的比例分别为34.84%、20.79%、15.11%，西部剥夺最严重程度分别是中部、东部地区的1.68倍、2.30倍，2018年西部、中部、东部剥夺最严重的比例分别为35.73%、24.72%、19.68%。上述结果表明解决多维剥夺巩固脱贫攻坚成果的重点仍需持续关注农村地区和西部地区。

接下来本节纳入影响多维剥夺的变量后考察收入贫困与多维剥夺之间的联系，影响多维剥夺的采用下式的Ordered Probit模型。

$$p_i^* = F(z_i,\ income_i) \quad (2-3)$$

式（2-3）中，p_i^* 代表家庭i在潜在类别或水平中的排序结果，z_i 代表与排序结果有关的变量，$income_i$ 代表家庭人均收入水平。首先，本节需要检验多维剥夺和家庭人均收入之间是否存在内生性问题，Durbin-Wu-Hausman 检验拒绝了两者之间是外生的假设，表明式（2-3）有内生性问题，这可能由双向因果及遗漏重要变量导致。包含家庭人均收入的工具变量的方程如式（2-4）所示（为简化计算，代表每个家庭个体的 i 略去）：

$$p^* = \sum_{j=1}^{m} \beta_j z_j + income + \mu_1 \tag{2-4}$$

式（2-4）中，$income = constant + \sum_{j=1}^{n} \gamma_j v_j + \mu_2$　　（2-5）

式（2-5）中 v 为家庭人均收入的工具变量，工具变量选择依据主要是考虑到户主是“面包挣取者”“带回家面包的人”（农村男性户主尤其如此），本节把家庭户主的收入占家庭总收入的比重、户主的受教育程度（小学毕业为对照组）作为家庭人均收入的工具变量。使用 Hansen-J 对下文实证分析中的表 2-3、表 2-4、表 2-6 进行检验，结果表明工具变量比较合理。

四、实证分析

1. 社会经济特征、收入贫困及多维剥夺

表 2-3 是 2018 年基于 Instrumented Ordered Probit 的多维剥夺的回归结果，其中，慢性贫困、暂时性贫困的基础组为非贫困组。

表 2-3　2018 年多维剥夺决定因素

变量		全部样本	城市	农村
		系数	系数	系数
Chronicpoverty	慢性贫困	0.104 (3.44)	0.293 (2.88)	0.080 (1.56)
Transientpoverty	暂时性贫困	0.460 (4.19)	0.347 (3.88)	1.220 (1.11)
Middle	中部	0.009 (4.65)	-0.097 (-0.80)	0.017 (4.33)

续表

变量		全部样本	城市	农村
		系数	系数	系数
West	西部	0. 011 (4. 76)	-0. 252 (-0. 93)	0. 021 (3. 13)
Urban	城市	-0. 048 (-3. 66)	—	—
Age	户主年龄	0. 003 (3. 25)	0. 002 (1. 59)	0. 003 (3. 08)
Marital	在婚	-0. 448 (-6. 12)	-0. 765 (-4. 55)	-0. 113 (-3. 37)
Kids	18 岁以下人员数量	-0. 080 (-3. 83)	-0. 111 (-0. 87)	-0. 030 (-3. 28)
Gender	户主为女性	-0. 127 (-3. 83)	-1. 590 (-1. 08)	-0. 080 (-3. 50)
Income	家庭人均收入	-0. 422 (-5. 53)	-0. 480 (-4. 59)	-0. 330 (-16. 60)
Headincome	户主收入占家庭总收入比重	-0. 162 (-3. 12)	-0. 497 (-3. 28)	-0. 120 (-3. 04)
Edu 2	户主受教育程度初中以上	0. 182 (3. 75)	0. 265 (0. 56)	0. 124 (2. 21)
Edu 3	户主受教育程度高中以上	0. 365 (3. 85)	0. 493 (1. 55)	0. 232 (2. 33)
Edu 4	户主受教育程度大专以上	0. 662 (3. 88)	0. 880 (6. 16)	0. 562 (3. 54)

注：括号内为 Z 值；东、中、西部的基础组为东部地区，受教育程度的基础组为小学毕业组。

从表 2-3 中可以看出，在全部样本及城乡分组样本中，家庭人均收入对多维剥夺均表现出非常强的负向作用，说明随着家庭人均收入的提高，多维剥夺显著减轻。收入贫困与多维剥夺两者之间彼此偏离较少、覆盖较广，该结果与欧盟、美国等发达国家和地区的实证结果并不相同，发达国家和地区的研究结论表明收入贫困与多维剥夺之间存在较弱的关联，只有一小部分脱离了收入贫困的个体也摆脱了多维剥夺。与发达国家和地区不完全相同，我国多维剥夺形成可能主要由于收入低下，改水、改厕、改用清洁能源等降低多维剥夺的公共政策可能并不比单独增加收入的政策更优，这也说明无论收入贫困程度如何，增加收入对降低多维剥夺非常重要，增加城乡人均收入的政策是非常恰当的。在资源有限的现实国情条件下，增加收入的反贫困策略也能减少多维剥夺，这无疑是一个利好消息。对全部样本和城市样本而言，慢性贫困、暂时性贫困都对多维剥夺起到了显著的恶化作用。比较有趣的是，农村样本的慢性贫困、暂时性贫困系数虽然均为正，但统计并不显著（慢性贫困的 Z 值更大一些），这是否由农村的收入波动较高进而会减少一些困难（如年景好时获得更多的资源来应对不测）所致？与东部地区相比，生活在中部、西部地区的农村家庭更易遭受多维剥夺，而生活在中部、西部地区的城市家庭则没有显示出不同。相比于生活在农村的家庭而言，城市家庭的多维剥夺程度显著降低。在婚家庭的多维剥夺程度显著降低，可能的原因在于夫妻双方的资源相比于单独一方而言较多，而且，另一方也可以承担起照顾家庭或改善家庭生活境况的责任，该结论与已有文献中的婚姻对个体的福利增进有益的结论一致（Dewilde，2004）。老年人和儿童这些家庭成员劳动参与率低下、赚取收入的能力较弱，降低了家庭的总劳动供给，这两类人还需要家庭中其他处于劳动年龄的成员照顾，使得其他家庭成员不能全职工作，进而会对收入（消费）有负向影响，本节全部样本和农村样本家庭中 18 岁以下人员数量增加对多维剥夺产生显著的负向影响，这可能是农村有些地区的青少年较早进入了劳动力市场所致，还可能是家庭消费规模经济所致，未成年人数量增多并不必然伴随家庭设施的增加。在女性户主的家庭贫困研究文献中存在两种截然不同的观点，Buvinic 和 Gupta（2001）认为女性户主的收入水平和消费水平比男性户主低，实证结论表明女性贫困是一个较为突出的问题，而 Lipton 和 Ravallion（1995）则发现户主为女性的家庭明显优于男性户主家庭，并不存在女性贫困问题。为此，在本节分析中控制了户主的性别变量。回归结果表明，全部样本和农村样本中户主为女性家庭的多维剥夺程度减少，其原因可能在于这样的家庭需要积累社会资本构筑社会网络以应对更多的生产、生活不测，进而激发家庭生产效率脱离被剥夺，这对农村家庭而言尤其如此。在全部样本及农村样本中，户主年龄增加，其多维剥夺程度也在显著地增加。

表 2-4 是 2018 年 CFPS 调查加入政府补助公共政策后的 Instrumented Ordered Probit 多维剥夺回归结果。

表 2-4 2018 年加入公共政策后多维剥夺回归结果

变量		全部样本	城市	农村
		系数	系数	系数
Chronicpoverty	慢性贫困	0. 103 (3. 54)	0. 295 (2. 95)	0. 090 (1. 66)
Transientpoverty	暂时性贫困	0. 450 (4. 23)	0. 312 (3. 67)	1. 110 (1. 09)
Welfare	政府补助	0. 467 (4. 44)	0. 655 (2. 99)	0. 314 (3. 04)
Middle	中部	0. 010 (4. 66)	-0. 010 (-1. 40)	0. 020 (4. 48)
West	西部	0. 014 (4. 85)	-0. 280 (-1. 23)	0. 022 (2. 08)
Urban	城市	-0. 051 (-3. 76)	—	—
Age	户主年龄	0. 003 (3. 35)	0. 003 (2. 99)	0. 002 (2. 26)
Marital	在婚	-0. 451 (-6. 02)	-0. 745 (-4. 45)	-0. 170 (-4. 11)
Kids	18 岁以下人员数量	-0. 090 (-3. 52)	-0. 101 (-0. 74)	-0. 040 (-3. 39)
Gender	户主为女性	-0. 126 (-3. 99)	-1. 640 (-1. 61)	-0. 070 (-2. 60)

续表

变量		全部样本	城市	农村
		系数	系数	系数
Income	家庭人均收入	-0.444 (-6.12)	-0.400 (-4.49)	-0.380 (-15.70)
Headincome	户主收入占家庭总收入比重	-0.166 (-3.22)	-0.488 (-3.31)	-0.110 (-3.35)
Edu 2	户主受教育程度初中以上	0.188 (3.77)	0.264 (0.76)	0.134 (2.45)
Edu 3	户主受教育程度高中以上	0.389 (3.14)	0.503 (1.88)	0.249 (2.67)
Edu 4	户主受教育程度大专以上	0.682 (3.97)	0.790 (6.45)	0.555 (3.21)

注：括号内数据为Z值；东、中、西部的基础组为东部地区，受教育程度的基础组为小学毕业组。

在全部样本和城乡分组样本中，家庭人均收入系数均在1%的统计水平上显著，这仍说明收入是多维剥夺的重要决定因素。除农村样本外，对全部样本和城市样本而言，慢性贫困、暂时性贫困都对多维剥夺起到了显著的恶化作用。与东部地区相比，生活在中部、西部地区的农村家庭更易遭受多维剥夺，生活在中部、西部地区的城市家庭则没有这种差异。相比于农村家庭，城市家庭的多维剥夺程度显著减轻。政府补助这个变量的系数均为显著的正值，表明政府转移支付反而加剧了多维剥夺。公共转移支付之所以对多维剥夺产生正向推动，可能是由于社会救助系统缺乏透明性使得受益者的选择机制被扭曲，导致瞄准失效：一方面，受益者个体有意识地选择符合社会救助条件的活动，养成福利依赖的习惯；另一方面，会对非贫困人口劳动供给行为激励产生负向效应，进而使得非贫困人口丧失了获取其他收入的机会。如果不重构社会救助的瞄准机制，这个问题可能将随着公共转移支付数量的增加而变得愈加严重。加入公共政策变量后，户主年龄、婚姻状况、性别、家庭未成年人数量等这些人口社会学变量对多维剥夺影响的结论基本没有变化。

2. 收入贫困及多维剥夺的分解

传统的潜类别模型的外显变量多为两个选项的（如有无、是否）二分类变量。如果外显变量为水平个数多于两个的顺序变量，在进行潜变量估计时，模型的参数就多了强度关系的信息，如前文所述的顺序型潜类别模型就是指具有顺序关系量度的外显变量所构成的潜变量模型，这种包含一些有序潜变量的模型被称为离散因子。为深刻揭示收入贫困与多维剥夺之间的关联，本节进行城乡间收入贫困、多维剥夺的分解计算。为此，本节对 CHNS 及 CFPS 多维剥夺指数构成中的非两个选项的指标如饮用水方式、厕所类型、居室周围粪便、做饭燃料类型等进行了重新分类，即划分为是否是室内自来水、是否是室内马桶、居室周围是否没有粪便、做饭燃料是否是清洁能源。根据 L2 统计量、P 值、参数个数等信息，潜变量模型中的多维剥夺被分为两个类型。

分解计算的雏形一般基于 Blinder-Oaxaca 方法对工资差异的分解模型，该模型假设工资差异主要由两个因素造成：其一为特征因素的平均差异；其二为劳动力市场特征的回报差异。但该分解方法因为其线性特征而受到制约，所以 Biewen 和 Jenkins（2004）对 Blinder-Oaxaca 方法进行了修改，A、B 两组的贫困率（P_0）差异分解如下：

$$
\begin{aligned}
P_A^0-P_B^0 &= F(X'_{iA}\beta_{iA})-F(X'_{iB}\beta_{iB}) \\
&= \underbrace{F(X'_{iA}\beta_{iA})-F(X'_{iB}\beta_{iA})}_{\text{characteristics}}+\underbrace{F(X'_{iB}\beta_{iA})-F(X'_{iB}\beta_{iB})}_{\text{coefficients}} \qquad (2-6)
\end{aligned}
$$

式（2-6）中，$P_j^0=F(X'_{ij}\beta_{ij})$ 是 j 组（j 代表 A 组或 B 组）的贫困率，由 j 组中贫困的平均概率计算得出，X_{ij} 是 j 组中的个体 i 的人口社会学变量，β_{ij} 则是相应的系数向量，等号右边前两个式子代表收入贫困及多维剥夺的城乡特征差异，等号右边最后两个式子代表收入贫困及多维剥夺的城乡同样特征变化带来的系数效应。除了这些效应，本节还使用 Ayala 等（2011）的方法分析了人口社会学、受教育程度等变量对城乡收入贫困及多维剥夺差异的贡献率。

CHNS 及 CFPS 分解结果显示，城乡收入贫困的差异为 0.021，特征部分即可解释部分为 0.129（特征部分解释的比重为 602%），系数部分即不可解释部分为-0.108（系数部分解释的比重为-502%）。城乡多维剥夺的差异为0.455，特征部分即可解释部分为0.263（特征部分解释的比重为57.9%），系数部分即不可解释部分为0.192（系数部分解释的比重为42.1%），这说明城乡多维剥夺差异在一定程度上是由城乡间的不同初始状态导致。城乡收入贫困差异、多维剥夺差异中可解释部分的比重均大于不可解释部分的比重。表2-5汇报的是类似于Ayala等（2011）考查的人口社会学变量、受教育程度变量等因素在收入贫困和多维剥夺分解中的贡献情况。

表2-5　各因素在收入贫困和多维剥夺分解中的贡献

变量	收入贫困		多维剥夺	
	特征	系数	特征	系数
Kids	0.003	-0.020	0.003	-0.020
Edu 1	0.020	0.010	0.060	0.060
Edu 2	0.005	0.003	0.020	0.020
Edu 3	—	0.01	0.010	0.020
Edu 4	—	0.000	—	0.000
Constant	—	-0.161	—	-0.166

表2-5表明，收入贫困和多维剥夺是相同的现象，这主要是因为人口社会学变量、受教育程度变量等因素在城乡多维剥夺差异与收入贫困差异中贡献的符号、程度基本上相同。通过常数项表现出来的其他不可观测变量的贡献不容忽视。

3. 稳健性分析

本节使用CFPS调查2014年、2016年、2018年的面板数据进行稳健性检验，固定效应回归结果如表2-6所示，在全部样本和城乡分组样本中，家庭人均收入增加会促使多维剥夺显著地下降，这再次说明收入是多维剥夺的显著影响因素。政府补助这一变量的系数无论在全部样本还是城乡分组样本中仍均为显著的正值，这也说明公共政策的瞄准方式或受益条件制定需要改善。其他变量对多维剥夺的影响结论与截面分析结论基本上相同。

表 2-6　2014~2018 年面板数据多维剥夺回归结果

变量		全部样本	城市	农村
		系数	系数	系数
Welfare	政府补助	0.331 (3.92)	0.543 (2.34)	0.207 (3.33)
Middle	中部	0.008 (6.64)	-0.005 (-1.53)	0.010 (6.39)
West	西部	0.011 (4.25)	0.020 (2.17)	0.003 (2.07)
Urban	城市	-0.046 (-3.84)	—	—
Age	户主年龄	0.002 (1.48)	0.002 (0.87)	0.001 (2.43)
Marital	在婚	-0.238 (-6.54)	-0.732 (-4.67)	-0.160 (-4.81)
Kids	18 岁以下人员数量	-0.080 (3.55)	-0.090 (-0.64)	-0.070 (-3.89)
Gender	户主为女性	-0.116 (-4.02)	-1.540 (-1.41)	-0.080 (-2.40)
Income	家庭人均收入	-0.410 (-6.03)	-0.500 (-4.60)	-0.320 (-13.80)
Headincome	户主收入占家庭总收入比重	-0.150 (-1.43)	-0.460 (-3.23)	-0.090 (-3.77)
Edu 2	户主受教育程度初中以上	0.170 (3.65)	0.240 (0.66)	0.120 (2.43)
Edu 3	户主受教育程度高中以上	0.374 (3.56)	0.470 (1.74)	0.220 (2.80)
Edu 4	户主受教育程度大专以上	0.674 (4.02)	0.650 (7.54)	0.430 (4.11)

注：括号内为 Z 值；东、中、西部的基础组为东部地区，受教育程度的基础组为小学毕业组。

如果继续对多维剥夺指数构成中的非两个选项的指标饮用水方式、厕所类型、居室周围粪便及做饭燃料进行重新分类，即划分为是否是室内自来水、是否是室内马桶、居室周围是否没有粪便、做饭燃料是否是清洁能源。根据 L2 统计量、P 值、参数个数等信息，潜变量模型中的多维剥夺被划分为两个类型，全部样本及城乡分组的各观测指标的条件反应概率表明，类别 1、2 的峰点在 CHNS、CFPS 中表现有所不同，CHNS 数据库出现于拥有彩色电视机，CFPS 数据库则出现于拥有耐用品。CHNS 数据库中室内自来水、室内马桶、居室周围粪便这些指标在类别 1 中出现的概率高于类别 2，其他指标在类别 2 中出现的概率则高于类别 1。然而 CFPS 数据中使用新风系统、拥有藏书这些指标在类别 1 中出现的概率高于类别 2，其他指标在类别 2 中出现的概率则高于类别 1。CHNS 和 CFPS 数据中城市样本各指标的条件反应概率则与总样本有较大不同，比如，CHNS 数据中室内自来水、室内马桶、居室周围粪便这些指标在类别 1 中出现的概率低于类别 2，其他指标在类别 2 中出现的概率则低于类别 1。农村样本各指标的条件反应概率大体上与总样本相同。

CHNS 数据中 2009~2015 年城乡收入贫困差异为 0.043，其中，特征部分为 0.115（即可解释部分的比重为 266.6%），系数部分为-0.072（即不可解释部分的比重为-166.6%）；城乡多维剥夺差异为 0.534，其中，特征部分为 0.324（即可解释部分的比重为 60.7%），系数部分为 0.21（即不可解释部分的比重为 39.3%）。人口社会学、受教育程度等因素在城乡多维剥夺、收入贫困差异中的贡献符号、程度基本相同，CFPS 数据中 2014~2018 年的分解结果大体相同，这再次说明收入贫困和多维剥夺是相同的现象。CHNS、CFPS 中的截面回归及分解分析结果也大致相同。综上所述，本节的结论具有稳健性特点。

五、小结

本节首先利用潜类别模型（Latent Class Model，LCM）把家庭的多维剥夺划分成不同类别，然后使用工具变量的 Ordered Probit 模型分析了收入贫困和多维剥夺之间的关联，并对城乡之间的收入贫困差异、多维剥夺差异进行了分解分析。结果显示，中国的多维剥夺可分为剥夺程度最轻、剥夺程度中等、剥夺程度最重三个类别，随着时间的推移，剥夺程度最轻、剥夺程度最重的比例上升，剥夺程度中等的比例下降，非收入贫困家庭接近遭受多维剥夺、遭受最重多维剥夺的比例各为1/4左右，虽然非收入贫困家庭接近遭受多维剥夺的比例下降，但非收入贫困家庭遭受最重多维剥夺的比例却在上升。农村剥夺最严重的程度是城市的4倍以上。收入贫困与多维剥夺之间有很强的相关性，收入贫困与多维剥夺两者之间彼此偏离较少、覆盖较广，这也说明反贫困实践中无须采用不同的公共政策分别应对收入贫困与多维剥夺，以收入取向策略来达到同时减少收入贫困和多维剥夺目标的代价并不昂贵。慢性贫困、暂时性贫困都对多维剥夺起到了恶化作用，转移支付并没有减少多维剥夺。分解分析显示，人口特征变量、受教育程度变量等这些不同因素在城乡多维剥夺与收入贫困差异中贡献的符号、程度基本上相同，再次说明收入贫困与多维剥夺的同一性，现实中如改水、改厕、改用清洁能源等降低多维剥夺的公共政策可能并不比单独增加收入的政策更优。城乡收入贫困差异、多维剥夺差异中可解释的比重均大于不可解释的比重，此外，城乡多维剥夺差异中可解释的比重与不可解释的比重相差并不是太大，这说明城乡多维剥夺差异在一定程度上是由城乡间的不同初始状态导致的。

慢性贫困对多维剥夺造成了较为显著的损害，这说明探究慢性贫困根源的研究需要及时跟进，以便采取相应政策解决慢性贫困问题。与此同时，困难补助、残疾补助或福利金等转移支付政策却对多维剥夺没有抑制作用，这意味着需要重新设计此类政策。例如，可精准扶持慢性贫困家庭；设定政府补助的受益条件，限定接受者优先用于某一特定用途的行为，消除福利依赖的习惯和条件；重构政府救助的瞄准机制减少漏损也可能有助于多维剥夺下降。实现巩固拓展脱贫攻坚成果同乡村振兴有效衔接也是公共政策的着力点之一。

本节存在以下问题值得探讨：囿于资料限制，本书没有在多维剥夺中加入社会排斥、歧视等如此类的非物资指标，使用非物资指标与物资指标结合测度多维剥夺无疑更具有完整性；如果放松潜类别模型的条件独立性假设，结论是否依然稳健？其实，这也是将来研究多维剥夺的一个方向。

第二节　家庭资产积累与贫困陷阱

一、研究背景与文献综述

改革开放以来，中国农村贫困人口大幅下降。但是随着贫困人口的大幅度下降，相对贫困、贫困流动等现象比较突出，以收入和消费衡量的贫困无法解释贫困的新特点。越来越多的研究者以及决策者开始关注资产贫困，资产贫困能揭示贫困的结构性、偶发性特征（Carter and Barrett，2006）。结构性贫困是指当前的资产水平非常低，并且几乎无法脱离贫困；偶发性贫困是指拥有足够资产却不时陷入贫困，这种贫困可能只是一段时期的不走运而已，不会引发长期后果。基于资产贫困理论的核心是资产积累路径存在一个临界点，资产低于临界点的家庭将会收敛于一个低水平的均衡点，陷入贫困陷阱；资产高于临界点的家庭将会收敛于一个高水平的均衡点，从而摆脱贫困。基于资产贫困的社会干预政策的着力点是使家庭资产水平提高到临界点以上。

资产贫困陷阱是一种自我强化机制，它阻碍了生产技术的使用并导致了贫困的持续（Azariadis and Stachurski，2004；Barrett，2007）。资产积累过程中的多重均衡由三个排除机制导致：第一，市场不完善，交易成本较高。发展中国家的农村容易遭受各种负向冲击，在不完善的信用和保险市场条件下，负向冲击对穷人的福利有持久的影响（Dercon and Krishnan，2000；Kemper et al.，2013），贫困家庭或者为平滑消费而减少资产持有，或者采取平滑资产策略，平滑资产可能会伴随消费下降、健康投资下降及学龄儿童辍学（Carter and Lybbert，2012；Dercon and Hoddinott，2005；Zimmer，2003）。不完善的信用和保险市场使贫困家庭只能从事低风险低回报活动，在贫困陷阱中挣扎，而富裕家庭则能从事高回报活动并从中受益，其福利增长也较快（Amare et al.，2012；Bezu et al.，2012）。第二，不完备信息。由于接受的教育或培训水平较低，多样化的社会网络不发达，社会网络仅限于血缘、亲缘之间，农民难以得到完备的信息。采用以较高技术为基础的生存策略成本上升，贫困个体不能完全地观察到其行动后果，对其他个体行为的结果也知之甚少，信息路径依赖造成了贫困个体信息演化的阻断（Barrett，2007）。第三，协调失灵。公共品提供不足、产权制度缺失阻碍了贫困个体实施高回报活动（Barrett，2007）。其实，上述三种排除机制与贫困陷阱存在的原因有异曲同工之处，如 Naschold（2012）总结了贫困陷阱的形成原因，效率工资理论认为劳动者只有达到最低的消费才可能是有效率的雇工，才可能被雇佣，而负担不起最低消费的个体将一直处于贫困之中（Dasgupta，1997）；如果融入社会或搜寻工作需要最低限度的支出，贫困家庭将一直处于“社会排斥”地位；信用市场、正规和非正规的保险市场限制；儿童劳动力模型（Emerson and Souza，2003）认为贫困家庭不得不让儿童从学校退出而加入劳动力市场，这又会引致贫困的代际传递。

利用资产对贫困陷阱进行实证研究的结论迥然不同，有一些研究表明存在贫困陷阱，而另一些研究结论则相反。例如，Lybbert 等（2004）、Barrett（2007）、Adato 等（2006）、Amare 和 Waibel（2013）研究发现了贫困陷阱存在的证据。然而，Naschold（2009）、Quisumbing 和 Baulch（2009）、Giesbert 和 Schindler（2012）的研究表明资产收敛于贫困线附近的一个均衡点。不同结论的出现可能与资产测度指标、估计方法及考察时间范围不同有关。

本节利用 2008~2012 年中国农村 1152 个家庭的平衡面板数据，借助非参数、半参数及参数方法，对以下问题进行探讨：中国农村家庭资产是否存在多重均衡，有无贫困陷阱？如果存在贫困陷阱，临界点位置在哪里？家庭和社区特征、地理资本对家庭资产变动有何影响？当负向冲击来临时，金融环境、社区工作机会及社会资本对资产积累会起到什么作用？对这些问题的探讨，不仅是重要的学术研究课题，也是为制定反贫困政策提供基础材料的现实课题。与现有研究相比，本书的贡献主要体现在以下三个方面：第一，基于最新的微观数据，研究中国农村家庭的资产贫困问题。第二，用收入、消费分别构造资产指数来考察资产贫困陷阱问题，而不是只是使用收入或消费中的一个与贫困线相比。第三，把冲击、金融市场、社区工作机会及社会资本纳入同一框架分析农村家庭的资产变动。

二、数据与分析框架

1. 数据

本节采用的数据是中国健康与养老追踪调查（China Health and Retirement Longitudinal Study，CHARLS）数据，调查人群主要是 45 岁以上人群及其配偶，并且没有年龄上限。2008 年 7~9 月在甘肃和浙江两省城乡开展了预调查，2012 年对该数据集进行了追踪调查。基于这两个年份的调查数据，我们得到了 1152 个农村家庭的平衡面板数据（两个调查年份共有 2304 个样本）。

下文的生计回归使用到家庭收入和贫困线，其定义如下：家庭收入包括家庭农业收入（家庭农林产品减去种子、化肥、农药等投入）、家庭畜牧和水产品收入（家庭畜牧和水产品总收入减去相应投入）、家庭个体经营和私营企业净收入、家庭工资性收入、利息收入、社会捐助收入、房租收入、出租土地和其他家庭资产得到的收入、征地和拆迁补偿、养老金收入、公共转移支付①、离婚后的赡养费和子女抚养费以及其他收入②。贫困线根据世界银行提供的购买力平价进行折算③，价格统一为期末价格。

① CHARLS 调查中的公共转移支付由家庭和个人得到的公共转移支付两部分组成。其中对家庭的公共转移支付包括低保、退耕还林补助、农业补助、五保户补助、特困户补助、工伤人员亲属补助、重大灾难补助、给家庭的其他补助。对个人的公共转移支付包括失业补助、无保障老人补助、工伤补助、独生子女老年补助、医疗救助、给个人其他补助。

② 因为两次调查中私人转移支付的口径不可比的问题，如 2008 年调查中的私人转移支付主要是家庭内或家庭代际间的私人转移支付，2012 年的调查中则是朋友、亲戚等家庭间的私人或不在同一家庭内的代际间私人转移支付，所以，本节的家庭收入中没有包含私人转移支付。

③ 1 美元购买力平价相当于 4.32 元人民币。

2. 分析框架

我们使用 Carter 和 Barrett（2006）提出的基于资产的方法分析中国农村家庭是否存在贫困陷阱。资产指数由可能影响家庭福利的一些资产组成，即加权生计资产指数，该方法首先定义家庭生计，即人均收入除以贫困线。

$$l_{it}=\frac{y_{it}}{\overline{y}_t} \tag{2-7}$$

其中，y_{it} 是 i 家庭在 t 时的人均收入，$\overline{y}_t$ 为贫困线（本节主要使用每天 1 美元的贫困线为基准进行分析。为稳健估计，下文我们还使用了每天 1.25 美元、2 美元、2.5 美元的贫困线标准进行对照研究），据此资产指数就可由贫困线单位（Poverty Line Units，PLU）来衡量。家庭资产指数基于以下回归方程预测得到：

$$l_{it}=\sum_j \beta_j(A_{it})A_{ijt}+e_{it} \tag{2-8}$$

式（2-8）中，A_{ijt} 是家庭 i 在 t 时拥有的 j 类资产数量，A_{it} 是家庭所有资产数量，β_j 反映了资产的边际回报，e_{it} 是时间和特定家庭的误差项。我们使用包含土地面积、人力资本价值（教育、自评健康情况、工作人数）、社会资本（以行政职务代表）、耐用消费品价值、生产性资产价值、房产价值等指标的固定面板效应模型①（Hausman 检验结果支持 FE 模型）对式（2-8）进行估计，再通过拟合计算得到 l_{it} 的预测值 $\hat{l}_{it}$，这代表家庭的资产指数。这种基于生计的资产指数与贫困线单位连接起来，使得结果的解释更加有直观意义。例如，资产指数为 0.5，说明资产为贫困线的一半，资产指数小于 1 说明在贫困线以下（即陷入贫困），大于 1 则处于贫困线之上（摆脱贫困）。计算出的两期资产指数为动态分析奠定了基础。

接下来我们使用非参数技术分析期初和期末资产指数之间的关联，非参数分析采用 Epanechnikov-Kernel 加权的局部多项式方法。

$$A_{it}=f(A_{it-1})+\varepsilon_i \tag{2-9}$$

式（2-9）中，A_{it} 代表期末（2012 年）家庭 i 的资产指数，A_{it-1} 代表

① 篇幅所限，我们略去了固定效应的回归结果。

期初（2008 年）家庭 i 的资产指数，假定ε服从正态分布并且具有零均值和常数方差。

为考察家庭资产变动情况，我们使用参数方法估计哪些因素影响资产积累的路径，控制的变量包括期初的家庭资产、社区地理资本等变量。

$$\Delta A_i = \beta_1 A_{it-1} + \beta_2 A_{it-1}^2 + \beta_3 A_{it-1}^3 + \beta_4 A_{it-1}^4 + \beta_5 H_{it-1} + \beta_6 V_{it-1} + \varepsilon_i \quad (2-10)$$

资产变动 ΔA 是期初资产的多项式展开（四阶）、期初家庭特征变量 H 及期初社区（村）特征变量 V 的函数。

虽然式（2-9）中的非参数技术能较好地估计资产动态变化中的非线性关联，但其并未控制其他协变量，为此我们采用了半参数技术对其进行补充，本节的半参数方法使用 Naschold（2012）提出的惩罚样条回归（Penalized Spline Regression）技术进行估计。

$$A_{it} = \alpha + f(A_{it-1}) + \beta H_{it-1} + \varepsilon_i \quad (2-11)$$

为分析冲击对资产变动的影响，我们以家庭主要受访者或配偶在 2011 年有住院者代表冲击因素①，并纳入社区工作环境、社会资本及金融市场环境这些中和因素变量，考虑下式②：

$$\Delta A_i = \beta_1 A_{it-1} + \beta_2 A_{it-1}^2 + \beta_3 A_{it-1}^3 + \beta_4 A_{it-1}^4 + \beta_5 H_{it-1} + \beta_6 V_{it-1} + \beta_7 S(A_{it-1}, M_i, W, L) + \varepsilon_i \quad (2-12)$$

其中，S 代表冲击，M 代表社会资本、W 代表社区工作环境，L 是从金融机构获得贷款的容易程度。

三、实证分析

1. 描述性分析

表 2-7 是变量的均值描述，变量主要包括资产指数、家庭特征、社区（村）特征、冲击及家庭人均收入。

---

① 由于资料所限，即使选择 2011 年家庭有住院者作为负向冲击的代理指标，仍会存在一些内生性问题，但并不影响贫困陷阱是否存在的结论。当然，由于缺乏工具变量或更具有外生性质的负向冲击代理变量，这构成了本书的不足之一。

② 冲击对资产变动的影响式（2-12）也采用了半参数回归形式。

表 2-7　变量均值描述

变量名	变量定义	2008 年均值	2012 年均值
资产指数构成			
土地面积（亩）	Land	6. 160	6. 700
房产价值对数	Lnhouse	9. 900	10. 220
耐用消费品价值对数	Lndurable	7. 040	7. 740
生产性资产价值对数	Lncapital	2. 480	2. 410
家庭成员中有从事个体私营者	Self	0. 090	0. 100
家庭主要受访者或配偶有担任行政职务者（乡村干部）	Adminis	0. 010	0. 010
家庭主要受访者或配偶有自评健康为差者	Poorhealth	0. 220	0. 270
家庭工作人数	Worknum	3. 480	3. 490
家庭中 60 岁以上人数	Old	0. 730	0. 930
家庭中 18 岁以下人数	Young	0. 770	0. 490
家庭主要受访者受教育程度为初中（小学毕业以下为基础组）	Edu 2	0. 160	0. 100
家庭主要受访者受教育程度为高中以上	Edu 3	0. 180	0. 060
家中有自来水	Water	0. 700	0. 780
家中有管道煤气或天然气	Gas	0. 070	0. 040
家中有供暖设施	Heating	0. 010	0. 020
家中装电话	Telephone	0. 660	0. 480
家中可以宽带上网	Internet	0. 070	0. 200
做饭用的主要燃料是煤炭、蜂窝煤（秸秆、柴火为基础组）	Coal	0. 140	0. 120
做饭用的主要燃料是管道天然气或煤气	Naturalgas	0. 070	0. 110
做饭用的主要燃料是沼气	Marshgas	0. 007	0. 005
做饭用的主要燃料是液化石油气	Petroleumgas	0. 220	0. 180
做饭用的主要燃料是电	Electric	0. 050	0. 150
做饭用的主要燃料是其他	Other	0. 010	0. 002
家庭特征			
家庭规模	Hhsize	3. 350	3. 250
家庭主要受访者年龄	Age	59. 760	63. 580

续表

变量名	变量定义	2008 年均值	2012 年均值
家庭主要受访者或配偶出生地为本村	Birthplace	0.820	0.780
家庭主要受访者为男性	Gender	0.550	0.540
社区（村）特征（由村委会回答）			
主要地形为山地	Mountain	0.260	—
道路类型为土路	Pave	0.270	—
村居民最常去的公交车站路程（千米）	Distance	2.820	—
村便利店个数	Store	11.000	—
村有下水道系统	Sewer	0.290	—
村人均纯收入（元）	Income	8306.680	—
金融机构获得贷款容易（贷款难为 0）	Loan	0.370	—
冲击			
家庭主要受访者或配偶在 2011 年有住院者	Hospital	—	0.160
家庭人均收入			
2008 年家庭人均收入	Lncome 2008	7259.030	—
2012 年家庭人均收入	Lncome 2012	—	8628.320

从表 2-7 中可以看出，在资产指数构成中，2012 年的土地面积、房产价值对数、耐用消费品价值对数均高于 2008 年；由于 CHARLS 调查对象是 45 岁以上人群且本节采用追踪数据，教育、健康等人力资本及家庭中 18 岁以下人数随着时间的推移呈现出下降趋势，家庭中 60 岁以上人数呈现上升态势；随着互联网的发展，农村居民家庭装电话的比例下降；家庭做饭用非清洁能源的比重下降，使用管道天然气或煤气、电等清洁能源的占比大幅度上升；以行政职务代表的社会资本、家庭成员中从事个体私营者等变量变化不是太大。此外，2012 年的家庭人均收入为 8628.320 元，比 2008 年的 7259.030 元提高了 1000 多元，增长幅度为 18.863%，这也可能从另一个侧面反映了该时期调查地区的经济增长情况。

2008~2012 年的收入分布显示，收入分位之间发生了较大的流动（见表 2-8），如 2008 年最贫困的第一收入分位中 6.49% 的家庭收入状况在

2012年有所改善，他们在2012年流动到最富裕的第五收入分位中。当然，也有6.96%的家庭发生了反方向的流动，这些家庭从期初最富裕组流动到了期末的最贫困组。

表2-8 收入分位流动矩阵

分位数		2012年					
		第一收入分位	第二收入分位	第三收入分位	第四收入分位	第五收入分位	合计
2008年	第一收入分位	33.77	26.84	20.78	12.12	6.49	100
	第二收入分位	30.87	30.43	21.3	12.17	5.22	100
	第三收入分位	15.95	23.71	30.6	20.69	9.05	100
	第四收入分位	12.66	13.97	20.09	30.13	23.14	100
	第五收入分位	6.96	4.78	7.83	24.35	56.09	100
合计		20.05	19.97	20.14	19.88	19.97	100

基于收入、资产指数对结构性贫困和随机性贫困区分的标准如下：如果家庭的收入和资产均低于贫困线则为结构性贫困，而随机性贫困则指资产超过了贫困线，但收入低于贫困线。根据面板数据把随机转移分为三类：随机贫困、随机向上流动、随机向下流动。随机贫困指两期的收入均在贫困线以下，而两期的资产均在贫困线以上；随机向上流动指家庭收入从贫困线以下移动到了贫困线以上，但其资产缺乏，不足以产生摆脱贫困的收入；随机向下流动是指家庭收入落入贫困线以下，但家庭拥有的资产足以使其在两期成为非贫困家庭。不考虑随机因素影响的结构性转移划分与此相似。

表2-9的结构性贫困和随机性贫困分析显示，脱离贫困的家庭中，只有5%的家庭是由于新资产的积累或现存资产收益增加这种结构性流动引起，剩余95%的家庭属于随机性流动，该结果与Radeny等（2012）研究结论有相同之处，即向上流动更多是由于预期收入回报水平而非成功的资产积累；在陷入贫困的家庭中，有2%的家庭是由于资产减少或现存资产收益下降这种结构性流动引致，而98%的家庭经历了随机性流动；比较结构性流动可以发现，通过资产积累脱离贫困的家庭比例高于因为资产减少而滑

入贫困的家庭比例。在两期均为贫困的家庭中，只有1%的家庭属于结构性贫困，99%的家庭是随机性贫困。

表 2-9　贫困转移矩阵

		2012 年	
		贫困	非贫困
2008 年	贫困	19.88% 其中：1%为结构性贫困 99%为随机性贫困	20.14% 其中：5%为结构性流动 95%为随机性流动
	非贫困	12.33% 其中：2%为结构性流动 98%为随机性流动	47.66% 其中：93%为结构性非贫困 7%为随机性非贫困

表2-10报告了结构性贫困的分组情况，我们把结构性贫困分为四组，分别为结构性贫困、向下流动、向上流动和结构性非贫困。

表 2-10　结构性贫困的关联

变量	结构性				变量	结构性			
	贫困	向下流动	向上流动	非贫困		贫困	向下流动	向上流动	非贫困
Hhsize	5.33	3.50	5.50	3.26	Edu 3	0.00	0.00	0.06	0.24
Age	66.70	70.75	63.10	56.60	Poorhealth	0.00	0.50	0.06	0.18
Worknum	5.00	3.25	2.69	3.18	Mountain	0.67	0.25	0.81	0.21
Old	1.33	1.50	1.19	0.53	Pave	0.33	0.25	0.69	0.18
Young	3.00	0.50	3.31	0.58	Distance	5.67	9.25	5.76	1.80
Gender	0.67	0.50	0.38	0.56	Store	7.67	8.25	6.88	11.30
Birthplace	0.33	0.75	0.56	0.65	Sewer	0.00	0.25	0.13	0.45
Self	0.00	0.00	0.00	0.15	Income	2117.00	4949.00	1166.00	6019.00
Adminis	0.00	0.00	0.00	0.02	Hospital	0.33	0.00	0.19	0.13
Edu 2	0.00	0.25	0.13	0.18	—	—	—	—	—

从表2-10中可以看出，结构性贫困家庭特征为老年人数量较多、从事

个体和私营活动强度很弱（比例为0）、家庭中没有担任行政职务（乡村干部）者、受教育程度普遍较低，而且遭受冲击的比例也最高。与此相对应，结构性非贫困家庭则表现出如下特征：家庭规模小、家庭主要受访者（或称户主）年龄较小、家庭老年数量较少、从事个体和私营活动的比例较高、社会资本较多、受教育程度也较高。从地理资本（或称社区环境）的视角来看，结构性非贫困为山区的家庭比例小于向上流动、向下流动和结构性贫困的家庭比例；结构性非贫困家庭道路类型为土路的比例也是最低的；结构性非贫困家庭离最近的公交车站的距离最短、便利店数量最多、社区有下水道比例最高、社区工作机会（村人均纯收入）最高。

2. 贫困陷阱

资产贫困陷阱理论表明，如果资产分布都呈现边际收益递减，期初资产贫困的家庭增长速度更快，这将会产生单一的稳态均衡点。然而当资产边际收益局部递增时，可能会存在两个稳态均衡点，此时资产递归曲线与45度线相交点有三个，较低和较高的资产水平点为稳态均衡点，其中处于较高和较低资产水平中间的点为非稳态点，是资产积累的分叉点即门限点（Zimmer and Kwong，2003）。如果资产在门限点以上，家庭可通过有利的投资活动来积累资产达到较高水平的稳态均衡点，最终摆脱贫困。资产在门限点以下的家庭会减少资产积累趋向于一个较低水平的稳态均衡点，进入贫困陷阱中。

基于式（2-8）预测的中国农村家庭2008年的资产指数范围在-3.58到14.83贫困线单位（Poverty Line Units，PLU），2012年的资产指数范围在-1.09到14.06 PLU，非参数技术估计的期初和期末资产指数之间的关联图形显示，中国农村动态资产路径曲线与45度线只相交于一点，该稳态均衡点大约为5.5 PLU，即相当于每年人均收入8672元的位置，在此均衡点以上的家庭向下收敛于此点，在此均衡点以下的家庭将最终提高其福利水平达到该均衡点①。如果以每天1.25美元、2美元、2.5美元作为贫困线标

① 我们对该结论进行了多方法的稳健性检验，如主成分分析，面板数据随机效应，以每天1.25美元、2美元、2.5美元作为贫困线标准，去除家庭人均收入低于第1百分位数和高于第99百分位数，去除家庭人均收入为负的96户家庭，非参数的LOWESS及惩罚样条回归（Penalized Spline Regression）等方法，资产递归曲线形状基本相同，均衡点也基本相同。

准，资产递归曲线与45度线也分别只相交于一点，贫困线单位大约在4.4 PLU、2.7 PLU、2.2 PLU左右，这说明贫困线确定对本节结果的影响微弱。中国农村家庭资产积累过程没有表现出S形，即没有显示出基于多重均衡的贫困陷阱存在，相反，资产积累收敛于一个稳态均衡点，这背后的原因可能在于，近年来，随着农村经济发展和政府对农村养老、医疗等民生财政投入的增加，农村家庭的资产或采用增加现存资产回报，或采用新生计资产等活动而得以蓄积，资产积累曲线更多表现出了非S形。尽管如此，凹性的农村家庭资产积累曲线以及下文分析显示的资产积累曲线的斜率与45度线接近，都说明处于稳态均衡点以下的家庭其资产积累速度较低，达到均衡点的时间可能比较漫长，脱贫仍需要公共政策的干预。当然，单一的均衡点也暗示那些在贫困线以上的家庭可能是由于随机因素较好的原因，如好运气、有利的市场价格等，他们的生计资产并不是建立在可持续资产基础之上的，这些家庭的资产将向下收敛直至达到稳态均衡点。

前述贫困陷阱分析是针对整个样本而言的动态资产积累路径分析，接下来再考察不同组别的条件收敛情况，表2-11报告了非参数回归各组别资产差异状况。

表2-11 非参数回归各组别资产差异

变量	均值	95%置信区间下界	95%置信区间上界
受教育程度小学毕业以下	5.17	5.0	5.3
受教育程度为初中	5.49	5.3	5.6
受教育程度为高中以上	5.63	5.5	5.8
家庭主要受访者或配偶出生地为本村	5.33	5.2	5.5
家庭主要受访者或配偶出生地为外地	5.29	5.1	5.4
家庭中有担任行政职务者（乡村干部）	6.80	6.5	7.0
家庭中无担任行政职务者（乡村干部）	5.29	5.1	5.4
家庭主要受访者为男性	5.37	5.2	5.6
家庭主要受访者为女性	5.23	5.1	5.4
家庭有成员住院	5.18	5.0	5.3
家庭无成员住院	5.34	5.2	5.6

随着受教育程度的提高，均衡点的位置也在上升，如小学毕业以下、初中、高中以上均衡点分别为5.17 PLU、5.49 PLU、5.63 PLU（尽管各受教育程度之间的置信区间有重叠）。家庭主要受访者或配偶出生地为本村的资产均衡点高于出生地为非本村，这两组的置信区间有交叉，家庭中有担任行政职务者（乡村干部）的均衡点为6.80PLU，而家庭中无担任行政职务者（乡村干部）的均衡点为5.29 PLU，这两组的置信区间没有任何交叉，上述这些现象说明亲缘、声誉或较为宽泛的社会网络所代表的社会资本对农村家庭资产积累有积极的影响。家庭主要受访者（或称户主）为男性家庭的资产均衡点高于女性，户主性别之间的置信区间有重合。家庭有成员住院的均衡点为5.18 PLU，该值小于家庭无成员住院的均衡点，比较有趣的是家庭有无成员住院两组的置信区间有交叉，这可能是由于两组都各有一些减少冲击的缓冲工具。当然，我们这里的分组讨论是在没有控制其他协变量情况下进行的分析。

影响2008~2012年资产增长的因素分析以参数估计形式列示于表2-12模型1中，家庭初始资产对资产增长的影响为负向，而且在1%的水平上统计显著，即富裕家庭积累资产的增长速度小于贫困家庭积累资产的增长速度。此外，初期资产的二次方、三次方和四次方项均未表现出统计显著性，这意味着资产积累过程更多具有线性特征，没有表现出S形，这也从另一个侧面佐证了所有家庭的资产收敛于单一均衡点这个结论。

表2-12　资产变动参数回归

变量	模型1		模型2		模型3	
	Coef	t	Coef	t	Coef	t
Asset 2008	-0.910***	-6.820	-0.920***	-6.900	-0.860***	-6.280
Asset 2008^2	0.004	0.090	0.008	0.180	-0.000	-0.060
Asset 2008^3	0.002	0.360	0.002	0.270	0.003	0.440
Asset 2008^4	-0.000	-0.540	-0.000	-0.500	-0.000	-0.580
Hhsize	-0.110**	-2.560	-0.110**	-2.500	-0.110**	-2.550
Age	-0.390***	-5.130	-0.390***	-5.100	-0.390***	-5.150

续表

变量	模型 1		模型 2		模型 3	
	Coef	t	Coef	t	Coef	t
Age^2	0.003***	4.490	0.003***	4.500	0.003***	4.520
Self	-0.070	-0.220	-0.030	-0.100	-0.020	-0.070
Adminis	0.671	1.050	0.754	1.180	0.737	0.920
Birthplace	0.094	0.690	0.097	0.710	0.082	0.600
Mountain	-0.190	-0.900	-0.180	-0.800	-0.150	-0.700
Pave	0.238	1.110	0.239	1.120	0.227	1.060
Distance	-0.030**	-2.410	-0.030**	-2.400	-0.030**	-2.200
Store	0.006	1.630	0.006	1.640	0.006	1.540
Sewer	0.229	1.270	0.223	1.230	0.237	1.310
Income	7E-05**	2.250	7E-05**	2.220	6E-05**	2.020
Gender	0.184	1.420	0.182	1.400	0.196	1.500
Loan	-0.070	-0.510	-0.070	-0.500	-0.190	-1.290
Hospital	—	—	-0.250	-1.500	-0.440	-1.130
Hospital×Asset 2008	—	—	—	—	-0.080	-1.160
Hospital×Adminis	—	—	—	—	0.399	0.320
Hospital×Income	—	—	—	—	7E-05	1.190
Hospital×Loan	—	—	—	—	0.764**	2.170
Cons	17.460***	7.460	17.530***	7.490	17.520***	7.48

注：***表示1%水平下显著、**表示5%水平下显著。

大家庭形态的资产增长速度变低，这可能是由于大家庭形态中一般的人口结构为人口抚养比相应较高，进而影响到了资产的积累。生命周期效应这里以户主（或称家庭主要受访者）的年龄及年龄的二次方项来衡量，这两个变量都在1%的水平上显著，随着户主（或称家庭主要受访者）年龄增长，资产增长将会越少。然而，显著正向的年龄二次方项表明，当户主年龄越来越长时，资产减少将变得不重要，户主年龄为65岁时，资产变动将为0值，这可能是农村老人在一定年龄以后遗留资产给子女的动机增强，这种现象还可能与我国当前农村社会养老服务体系不发达有关，养儿防老的观念会使农村老年人在一定年龄以后用资产换取子女对自己的养老服务。家庭成员中有从事个体私营者的资产增长速度降低，当然，这个变量并没有表现出统计显著性，这类家庭可能更具有减少资产持有而增加经营投入的特征。社会资本对资产增长的影响虽然为正向，但同样没有表现出统计显著性。此外，我们还发现地理资本的多寡会影响资产的增长，如距离最近公交车站的距离每增加 1 单位，资产的增长速度将会显著地下降 3%，这与 Chaudhuri 等（2002）、Amare 和 Waibel（2013）、Emilie（2009）的研究结论相吻合。生活在山区的农村家庭降低了资产增长的速度，这说明平原地区的农业自然条件优于山区（尽管统计不显著），村有下水道的农村家庭其资产增长速度较高，社区基础设施完善对家庭资产增长起到了积极的推动作用（尽管统计不显著）。地理资本、基础设施对农村家庭的市场可及性和交易成本产生影响，特定的地理资本可能会提升农村家庭资本禀赋的生产率并为其脱贫提供通道，远离交易市场、不完善的基础设施将导致交易成本上升并制约着农产品流通，较优的地理资本和完善的基础设施对农村家庭资产增长有正向推动作用。用农村人均纯收入来反映社区工作环境的变量显著地使家庭资产增长速度加快，这可能出于以下原因：农村社区中存在的“熟人”关系，更易促成产业模仿、行为模仿，这种“渲染”效应增加了社区工作机会，进而带动了社区每个家庭资产的增长。从金融机构获得贷款容易与否对资产的增长作用不显著，这可能由于可获得的贷款额度有限，当然，这也可能反映了在没有负向冲击或没有较重大的事件（决策）出现时，即使贷款环境宽松，农民的资金需求一般也不求助于金融机构，而是倾向于寻求亲朋好友这种私人转移支付的帮助。

半参数分析进一步强化了上述利用非参数和参数分析的结论。在半参数回归方程中性别、受教育程度、出生地等信息以线性方式纳入。半参数图形说明动态资产路径曲线与 45 度线只相交于一点，该稳态均衡点在 5 PLU 左右，半参数估计的资产递归图形与非参数估计的资产递归图形形状基本相同。值得指出的是，在半参数回归中，相对于基础组的户主（家庭主要受访者）受教育程度为小学毕业而言，受教育程度为初中、高中以上这些变量均为显著的正号（初中组显著性水平为5%，高中组为1%），这可能反映了拥有较高受教育程度的户主可能更易采取高回报的策略，教育程度变量的表现与非参数回归各组别资产差异分析中的结论相同。

3. 冲击

利用式（2-12）进行的参数和半参数回归结果基本相同，这里只讨论参数回归结果。健康冲击对资产积累有负向影响（尽管统计不显著，但P值为0.14，接近于统计显著），在其他变量不变的条件下，健康冲击出现时会使得家庭资产下降25%，这种冲击对一些农村家庭福利的影响是非常巨大的，大病冲击来临时，一些家庭可能会变卖资产减少资产持有来平滑消费。把社会资本、社区工作机会及金融市场环境这些变量与冲击相结合时的结果表明，金融市场环境、社区工作机会及社会资本对冲击起到了一些缓冲作用（参见表2-12模型3）。

使用冲击变量和金融市场环境变量相乘表示在贷款容易和贷款难条件下的冲击对农村家庭资产增长的影响，表2-12模型3的回归结果显示，在面临冲击时，贷款较为容易、贷款难的家庭资产增长效应分别为0.324（-0.44+0.764）和-0.44，而且在5%的水平上统计显著。不完全的金融市场不仅会导致农村家庭采取低风险但也比较低效的生产活动，而且可能会限制家庭人力资本投资或远期收入流产生的机会，这会对家庭的远期福利产生不良影响并与农村脱贫政策相悖。在不完全的金融市场条件下，当巨大的负向冲击来临时，农村一些家庭可能会减少自己的资产来平滑消费，如采取减少预防性储蓄的策略（减少牲畜持有），或采取减少人力资本投资强度的策略，这种策略的代价比较高昂，会给家庭资产的长期蓄积带来负面影响。

使用冲击变量和家庭中有无担任行政职务者（乡村干部）相乘表示在有无社会资本条件下的冲击对农村家庭资产增长的影响，在面临冲击时，拥有社会资本和没有社会资本的家庭资产增长效应分别为-0.041（-0.44+0.399）和-0.44，社会资本阻碍了资产下降的幅度，这也再次说明社会资本在农村家庭资产积累中扮演着较为重要的角色。使用冲击变量和社区工作机会相乘，在冲击存在的情况下，工作机会较多的社区家庭资产比工作机会少的社区家庭资产增长速度高，这可能是工作机会较高的社区自身存在较长的产业链条能给村民提供一些较高收入的岗位，村集体经济的发展为农村居民的资产积累提供了正向激励，当然，该变量只是接近于统计显著。其他如初始资产、家庭规模、生命周期效应等变量的方向及显著性均无变化。

4. 消费视角下贫困陷阱的再考察

前述分析都是基于收入视角下的研究，即通过收入来构造出生计资产指数进而再分析贫困陷阱。如果基于家庭消费来构造生计资产指数，贫困陷阱的分析会得到何种结论？本节仍以 1152 个农村家庭的平衡面板数据为基础，以家庭人均消费[①]除以每天 1 美元贫困线作为生计指数。生计回归函数中自变量即资产构成指数与收入视角下相同，Hausman 检验结果支持随机效应（RE）模型，在回归估计中对生产指数有显著正向影响的变量主要为受教育程度、房产价值、宽带上网、做饭的主要燃料（相对于秸秆、柴火基础组而言，液化石油气组和用电这些清洁燃料组为显著正号）等，有显著负向影响的变量主要是家庭中 60 岁以上人数、家庭中 18 岁以下抚养人数这类人口结构。回归拟合后的期初资产指数范围为-2.89 PLU 到 11.67 PLU，期末资产指数范围为-1.71 PLU 到 11.58 PLU。

非参数图形显示农村家庭资产收敛于一个稳态均衡点，动态资产路径曲线与 45 度线也只相交于一点，该稳态均衡点在 5.3 PLU 左右。在半参数回归方程中性别、受教育程度、出生地等信息以线性方式纳入，其动态资产路径曲线与 45 度线也还只是相交于一点，该稳态均衡点在 5.5 PLU 左右。我们注意到在 2012 年仍有一成多的家庭处于每天 1 美元的贫困线以下，动态资产路径曲线的斜率与 45 度线斜率差异并不是太大，他们家庭资产积累速度较低，达到均衡点的时间可能比较漫长。资产变动的参数和半参数回归方程显示，家庭初始资产对资产增长的影响为负向，而且在 1%的水平上统计显著，此外，初期资产的二次方、三次方和四次方项均未表现出统计

① 考虑到购买汽车、家电等耐用消费品的支出年度波动性较大，稳定性差，这里的消费额没有包含购买汽车、家电等耐用消费品的支出。另外，消费支出中含有自产自用农产品价值。

显著性，资产积累过程没有表现出S形。上述这些分析都表明我国农村不存在贫困陷阱。以户主年龄、年龄平方衡量的生命周期效应依然在1%的统计水平上显著，其对资产积累的影响也是先减少而后停止减少，地理资本（如地形、公交车站距离、便利店数量）、社区工作机会仍显著地影响着资产积累，以家庭中有担任行政职务者（乡村干部）代表的社会资本对资产积累有正向影响（5%水平上显著）。当负向冲击来临时，完善的金融市场环境、较好的社区工作机会及社会资本对资产积累下降起到了抑制作用。总之，消费视角下贫困陷阱的分析结论与前述基于收入视角下的结论基本相同。

四、小结

本节基于2008~2012年的家庭微观调查面板数据，利用非参数、半参数及参数方法分析中国农村家庭资产贫困的动态变化。结果显示：通过资产积累脱离贫困的家庭比例高于因为资产减少而滑入贫困的家庭比例，在两期均为贫困的家庭中，只有1%的家庭属于结构性贫困（收入和资产均低于贫困线），99%的家庭是随机性贫困（资产超过贫困线，但收入低于贫困线）；利用收入及消费构造的加权生计资产指数都表明农村家庭资产积累曲线呈现出凹性，收敛于一个稳态均衡点；家庭特征、地理资本等变量对家庭资产变动有显著影响；当健康冲击来临时，社区工作机会及社会资本吸收了一些健康冲击影响，可及性金融市场减缓资产积累下降速度的作用尤为明显。

中国农村家庭的资产积累曲线没有呈现出S形，没有证据支持农村存在着贫困陷阱，但这并不说明不需要反贫困的政策干预，我们注意到，一方面，农村仍有一些家庭处于贫困线以下；另一方面，凹性的农村家庭资产积累曲线说明处于均衡点以下的家庭其资产积累速度较低，达到均衡点的时间可能比较漫长，福利增进措施可能涉及提高既有资产收益这样的结构性变动或增加新的生计资产策略的可及性。当然，发展普惠金融并健全农村金融市场环境、推进农村基础设施建设及增加农村社区工作机会也是题中应有之义。

由于资料所限，本节考察的面板数据时限不长，我们没有找到证据支持基于资产的贫困陷阱存在的机制，但这并不排除引致贫困陷阱的其他机制存在，如歧视、社会排斥，这些其他机制可能会严重地影响资产积累和资产回报。负向冲击是暂时把家庭推入贫困还是使其长久地陷入贫困陷阱，这也需要更长时间的资料来推断。

第三节　家庭能源获得与能源贫困

一、研究背景与文献综述

能源是经济和社会发展的基本要素之一，它有助于提供健康和教育服务，并有助于满足人类如食物和住所的基本需求［International Energy Agency (IEA)，2006］。在缺乏充足和负担得起的能源服务与贫困之间往往存在恶性循环关系，获得清洁和负担得起的能源对于改善穷人的发展生计至关重要，2010 年发展中国家大约有 27 亿人依赖传统生物质（薪柴、秸秆、动物粪便）烹饪，14 亿人口无法获得电网供电（Karekezi et al.，2014）。中国家庭追踪调查（CFPS）数据显示，2014 年中国农村仍有 41%的家庭依赖柴草作为炊事燃料，家庭能源贫困问题非常突出，严重制约着农村的健康发展。

能源贫困研究的重要性主要来自三个原因（Hippu and Lakshmikanth，2018）：其一，与收入贫困不同，如何衡量能源贫困问题尚未达成共识（Halff et al.，2014）；其二，源于能源问题的严重性，1/4～1/3 的人类陷入能源贫困（Halff et al.，2014）；其三，获取能源不仅是发展的结果，也是发展的工具。鉴于能源在提高穷人生活质量和促进发展方面的作用，现代能源服务提供已成为德政的必要条件，基于能源剥夺而非收入或财富贫困的探究对公共政策制定可能更为重要（Birol，2014）。

从广义上讲，能源贫困被视为缺乏现代能源服务的可及性，现代能源是指人类发展所必需的电力、供暖、烹饪燃料（Kohler et al.，2009），然而，“可及性”含义在国际上仍无一致意见，IEA 在 2009 年《世界能源展望》报告中根据家庭能源需求和能源服务带来的益处，确定了能源服务可及性的三个层次：第一，家庭满足基本需求所需的最低能源供应水平（用于照明、健康、教育和社区服务的电力）；第二，家庭提高生产力所需的能源（电力和现代燃料以提高生产力）；第三，家庭满足现代社会需求所需的能源水平（家用电器的现代服务、烹饪和取暖以及私人交通的需求增加）。其实，上述这三个层次与家庭能源阶梯理论有相通之处，即随着收入增加和城市化的发展，能源使用从传统的生物质燃料（木柴和木炭）开始转变到过渡燃料（煤油、煤和木炭），然后到现代商业燃料［液化石油气（LPG）、天然气或电力］（Zaakirah，2016）。

单维度能源测度方法是能源贫困中的一种测度形式，其中能源贫困的收入或消费贫困线方法是最为常用的一种，这种方法将能源贫困与收入（或消费）贫困联系起来。例如，Foster 和 Wodon（2000）认为家庭平均能源消耗在官方经济贫困线的±10%范围内被认为是能源或燃料贫困线。Boardman（2010）认为家庭花费超过收入的 10%来维持舒适室内温度时即为能源贫困，这种能源贫困测度方法是根据能源消费在家庭总支出和收入中的比例来定义的。无论绝对贫困线方法还是相对贫困线方法均有缺点，将截断值两边临近的家庭分为能源贫困和非能源贫困是非常不合理的（Nathan，2018），比如两个家庭中一个家庭的能源消费比相对贫困线多一点（假设 10.1%），另一家庭的能源消费比相对贫困线少一点（假设 9.9%），就被划成能源贫困和非能源贫困，未免太过随意。此外，收入或消费贫困线不能反映真实的贫困状态，较低的能源消耗可能是使用更高效设备的结果，能源消耗的数量意义不大（Madureira，2014；Gillingham，2014）。能源消费份额高不一定是能源贫困，可能是奢侈和浪费，以及家庭规模较大导致（Foster，2000）。单维度测度的另一种形式是工程测量方法（Hippu and Lakshmikanth，2018），该方法是一种自下而上的方法，它根据不同能源服务的基本需求以及不同能源载体的规格（燃料的热值）和获得能源服务的设备规模、效率来直接估算住户的能源需求。例如，Reddy（1999）估计人均基本最终能源需求为 100 瓦；Bravo（1979）以物理能量计算能源贫困，并确定每户每月 27.4 千克油当量（kgoe）为最低额度；Goldemberg（1990）则把每个家庭每月 32.1 kgoe 作为最低额度；Modi 和 Goldemberg（2005）把每个家庭每月 50 kgoe 的烹饪和照明作为能源贫困线；Foster 和 Wodon（2000）估计了农村和城市家庭的最低能源水平，认为农村家庭的最低金额包括两个灯泡、五小时无线电服务，而用电视和冰箱等额外设备的城市地区其最低能耗估计为 50 kgoe。工程方法也存在局限性，它需要家庭居住单元、居住者及家用电器等相互关联的复杂数据，计算量巨大（Goozee，2017）。此外，基本需求对消费者来说是主观的，可能会随季节、地区和气候而变化（Pachauri et al.，2004），而且为收集此类数据而进行的全面而昂贵的调查资料可能会随着技术、偏好和实践的变化而变得过时（Hippu and Lakshmikanth，2018）。此外，工程方法无法解释个人的社会经济特征或消费者行为（Goozee，2017）。

与单维度能源贫困测度对应的另一种方法是复合指数方法。牛津贫困与人类发展倡议组织（OPHI）在多维贫困指数的基础上构造了多维能源贫困指数（Multidimensional Energy Poverty Index，MEPI）（Nussbaumer et al.，2012），MEPI 中引入了五个维度和六个指标。其他衡量能源贫困的尝试来自国际非政府组织，如“实践行动”组织（Practical Action，2012）构建了一个指标并根据总能量获取（Total Energy Access，TEA）来定义能源贫困，该指标侧重于捕获家庭想要和需要的能源服务，同时考虑每项服务的最低要求。然而，它只关注人数比率并将贫困强度视为无关紧要，同时将人际不平等视为能源贫困的驱动因素（Bensch，2013），但它并没有区分在一些方面被剥夺的家庭和在各个方面被剥夺的家庭。Energy Sector Management Assistance Program（ESMAP，2014）开发了多层框架（MTF）来测度能源可及性，与传统的二元计数来表示能源可及性（是否为能源可及性）不同，MTF 通过引入多层定义来测度能源可及性，即多层框架不仅考虑是否可及，还考虑到可及性的质量、程度。MTF 将可及性定义为能够利用足够的能源，在需要时可用、可靠、质量好、方便、经济、合法、健康且安全地满足所有所需的能源服务。例如，通过结合其他维度（电力是否可负担且可靠）来测量电力可及性。在 MTF 中，能源可及性测度从第 0 层（无可及性）到第 5 层（最高等级可及性）分为五个等级。

能源贫困会引致如经济、社会文化及生态的多重剥夺贫困效应。能源贫困反映了获得更好的能源服务机会的减少，其实，能源贫困对人类发展造成的负面影响远比能源贫困本身更为重要，它对贫困剥夺和福祉具有多方面的影响（Ramani，2004；Modi et al.，2006）。现代能源可及性创造了更多的就业选择机会，对女性而言尤为如此（Dinkelman，2011；Grogan and Sadanand，2013）。通过使用由电力驱动的现代工具可以提高劳动生产率，如人工灯光可以延长工作日，需要电力为电池充电的手机可以改善通信并获取更多信息，如果没有广泛可负担得起的能源，家庭可能难以摆脱贫困。现代能源还可以增强正规和非正规教育，如家庭缺少电力，信息就成为稀缺品，日落后个体必须借助烛光进行阅读和完成家庭作业，这不仅低效，还可能会带来负面的健康后果（Bridge，2017）。家庭现代能源的缺少还促使儿童完成取水、砍柴等家务，给教育带来不利影响（Nauges and Strand，2013）。能源贫困对健康的负面影响主要是通过室内燃烧生物质烹饪燃料形成的室内污染所致，这种室内空气污染与肺结核、肺癌、呼吸道感染有关，每年约有 150 万人因此而死亡（WHO，2006）。此外，不可靠的电力供应使得它很难实现为医疗中心供电、冷藏疫苗、消毒等功能，从而极大地影响了健康服务及医疗质量。

国内相关文献在宏观层面和微观层面上展开研究，在省际宏观层面，赵雪雁等（2018）分析了中国 30 个省份（未包括西藏自治区、香港特别行政区、澳门特别行政区、台湾地区）2000～2015 年农村能源贫困的时空变化与影响因素。李世祥和李丽娟（2020）对中国农村能源贫困区域差异及其影响因素进行了分析。罗国亮和刘涛（2013）分析了中国西部农村地区的能源贫困问题。姚建平（2013）对中国农村能源贫困现状与问题进行了分析。在家户个体微观层面，基于 CGSS 数据，刘自敏等（2020）对能源贫困对居民福利的影响及其机制进行了分析。张梓榆和舒鸿婷（2020）对多维能源贫困与居民健康进行了研究。本节首先对多维能源贫困指数及理论框架进行了分析，并选取家庭做饭燃料、照明、家电服务、娱乐/教育和通信五个维度来构造多维能源贫困指数并对多维能源贫困的决定因素进行了考查；能源贫困的福利效应分析中利用工具变量方法（2SLS）研究了电力分析可及性对家庭消费、收入的影响，基于分层 Logit 模型探讨了电力可及性、家庭做饭燃料对个体健康、教育的影响。

二、理论框架与实证策略

1. 理论框架

农村家庭在经济学分析中一般既作为生产者、消费者又作为劳动供给者出现，如农村家庭可从事一些家庭生产活动，家庭生产活动的产出既可以在市场中出售又可自用。当然，家庭生产的生产要素可部分通过市场购买（农业生产设备）获得，也可部分由家庭自身提供（家庭劳动）。本节模型采用 Singh 等（1986）、Bridge（2017）提出的方法重点考查能源使用对家庭生产及消费的影响。假设能源有两种使用形式，家庭能源使用 X_e 和能源作为投入要素增加劳动生产率 F_e，总能源（E）为 X_e+F_e。农村代表性家庭最大化如下效用函数：

$$U=U(X_h,\ X_m,\ X_l,\ X_e) \tag{2-13}$$

其中，X_h 代表家庭生产，X_m 代表市场购买的商品，X_l 代表闲暇，X_e 代表能源。家庭能源要素直接进入效用函数是因为它能为家庭提供如黑夜的人造光、电视、电话等变量。家庭可用的总时间 $T=F_L$（家庭劳动）$+X_l$（闲暇）。家庭的生产约束为：

$$Q_h=Q[L,\ A,\ F_e,\ K_H(F_e),\ K] \tag{2-14}$$

其中，L 为总劳动投入，A 代表家庭的固定的土地数量，F_e 代表能源要素投入，K_H 是以健康和教育衡量的人力资本，也是能源投入 F_e 的函数，K 代表金融、生产工具等固定资本。代表性家庭为价格的接受者。家庭的现金约束为：

$$p_m X_m + p_e X_e = p_h \{ Q[L,\ A,\ F_e,\ K_H(F_e),\ K] - X_h \} - p_l(L - F_L) - p_e[F_e + K_H(F_e)] \tag{2-15}$$

其中，p_m、p_e、p_l 分别代表市场价格、能源价格、市场工资。如果 $L-F_L>0$，表明需要雇佣劳动，如果 $L-F_L<0$，则是非农劳动。把上述生产约束、时间约束、现金约束化简后有下式：

$$p_m X_m + p_e X_e + p_h X_h + p_l X_l = \pi + p_l T \tag{2-16}$$

式(2-16)中的$\pi = p_h Q[L,\ A,\ F_e,\ K_H(F_e),\ K] - p_l L - p_e[F_e + K_H(F_e)]$为家庭生产利润，式(2-16)等号左边为家庭总支出，等号右边则是家庭收入，其中 $p_l T$ 是 Becker(1974)所言的时间存量价值(包括闲暇)。

在式（2-16）约束下最大化式（2-13）中的效用，有下列一阶条件：

$$p_h \frac{\delta Q}{\delta L} = p_l \quad p_h\left(\frac{\delta Q}{\delta F_e} + \frac{\delta Q}{\delta K_H}\frac{\delta K_H}{\delta F_e}\right) = p_e\left(1 + \frac{\delta K_H}{\delta F_e}\right) \tag{2-17}$$

即要素投入的点达到其边际产品收益等于该投入要素的价格。根据式（2-17）中一阶条件可得投入的需求函数：

$$L^* = L^*(p_l,\ p_e,\ p_h) \quad F_e^* = F_e^*(p_l,\ p_e,\ p_h) \quad K_H^* = K_H^*[F_e^*(p_l,\ p_e,\ p_h)] \tag{2-18}$$

把式（2-18）中的 L^*、F_e^*、K_H^* 这些最优水平代入式（2-16）中可得下式：

$$p_m X_m + p_e X_e + p_h X_h + p_l X_l = Y^* \tag{2-19}$$

Y^* 是利润最大化行为的收入，它表示为：

$$Y^* = p_h Q(L^*,\ A,\ F_e^*,\ K_H^*,\ K) - p_l L^* - p_e[F_e^* + K_H^*(F_e^*)] + p_l T \tag{2-20}$$

最大化效用在式（2-19）约束下的一阶条件为：

$$\frac{\delta U}{\delta X_i} = \lambda p_i \ \forall\, i = m,\ e,\ h,\ l \tag{2-21}$$

解式（2-21）可得到家庭能源使用的需求曲线：

$$X_e^* = X_e^*(p_m, p_e, p_h, p_l, Y^*) \tag{2-22}$$

总的能源需求为：

$$E^* = X_e^* + F_e^* = E^*(p_m, p_e, p_h, p_l, Y^*) \tag{2-23}$$

如果人力资本以健康、教育来测度，上述分析构成了收入、能源使用、教育、健康同时作用的理论分析基础，同时，也为实证检验这些关系奠定了基础。

2. 实证策略

为考查能源贫困的福利效应，本节首先分析能源可及性（即电力可及性）对收入、消费的影响，即存在下式：

$$Y_i = \alpha + \beta E_i + \gamma X_i + \varepsilon_i \tag{2-24}$$

其中，Y_i 表示家庭 i 的收入（消费）、E_i 表示家庭 i 的电力可及性，X_i 为影响家庭收入（消费）的其他控制变量。考虑到内生性问题，本节使用 2SLS 方法对式（2-24）进行估计，社区海拔落差作为电力可及性的工具变量。

长期来看，教育和能源贫困可能同时存在，然而能源对于教育的影响是间接的，即电力及清洁烹饪燃料可及性不会立刻对教育产生影响，这种效应在很长时间并可能在下一代才会发生，为此，衡量能源使用对教育的影响，内生性问题一般不会发生在截面数据中。教育变量用个体是否完成初中教育来表示，健康变量用个体自评是否健康来表示。

$$P(y=1 \mid x)_i = P(y=1 \mid x_1, x_2, \cdots, x_k) \tag{2-25}$$

其中，i 表示个体，y=1 表示个体完成初中教育（或个体自评健康为不健康），x_1，x_2，…，x_k 为解释变量。在影响教育或健康的不可观测的因素中居住地因素可能起到比较强的作用，为此本节使用个体、社区两层次的 Logit 模型：

$$P(y=1 \mid x)_i = F(\xi_{j[i]} + \eta X_i + \mu_i) \tag{2-26}$$

$$\xi_{j[i]} = a + bk_j + \tau_j \tag{2-27}$$

其中，j［i］代表个体 i 居于 j 社区中，X_i、k_j 分别表示个体、社区层次的控制变量，μ_i、τ_j 表示个体、社区两个层次独立的误差项。

三、多维能源贫困指数分析

1. 多维能源贫困指数

多维能源贫困指数（Multidimensional Energy Poverty Index，MEPI）从多维贫困指数中衍生出来，多维贫困指数由 Alkire 和 Foster（2011）首次提出，多维贫困指数构造方法（A-F 方法）主要受 Sen（1999）关于剥夺和能力开创性工作的影响，其中心论点是人类贫困应被视为缺乏机会和选择。MEPI 方法利用“双界线”法来定义多维能源贫困。第一步设定多维贫困的维度，第二步设定判断样本为贫困的维度界限值即双重界限，第一层界限为识别样本在各维度是否被剥夺，第二层界限通过样本被剥夺的维度数识别样本是否为多维能源贫困。各维度取值：令 $M^{n,d}$ 代表 n×d 维矩阵，令矩阵元素 $y \in M^{n,d}$，代表 n 个人在 d 个不同维度上所取得的值，y 中的任一元素 y_{ij}，表示个体 i 在维度 j 上的取值，i=1，2，…，n；j=1，2，…，d。剥夺矩阵：令 z=（z_1，z_2，…，z_d）为剥夺临界值矩阵。权重：令 w=（w_1，w_2，…，w_d）为权重矩阵，w_j 表示维度 j 在多维贫困测度中所占的权重。剥夺计数：令 c_i=（c_1，c_2，…，c_n）′表示剥夺计数，它反映个体被剥夺的广度。c_i（i=1，2，…，n）表示个体 i 所经受的被剥夺的维度个数。A-F 多维贫困指数 MEPI 和平均被剥夺份额计算公式分别为：

$$MEPI = \sum_{i=1}^{n} c_i(b)/nd \tag{2-28}$$

$$A = \sum_{i=1}^{n} c_i(b)/qd \tag{2-29}$$

其中，n 表示个体数量，q 表示在维度贫困线为 b 时的多维贫困人数。c_i（b）表示维度贫困线为 b 时 c_i 的取值。贫困发生率 H=q/n，A 表示平均被剥夺份额。结合式（2-28）和式（2-29）不难发现 MEPI=H·A。

按照 Nussbaumer 等（2012）的思路，本节在构造 MEPI 中选取了家庭做饭燃料、照明、家电服务、娱乐/教育和通信五个维度，各维度使用等权重方法，即每个维度的权重为 20%，其相应的指标、变量及剥夺临界值如表 2-

13 所示。考虑到数据的可得性及各个年份的维度的同一性和完整性，本节MEPI 指数计算以 1997~2015 年的 CHNS 为数据来源。

表 2-13　MEPI 的维度及其指标、变量和剥夺临界值

维度	指标	变量	剥夺临界值（即如果贫困）
家庭做饭燃料	现代烹饪燃料	燃料类型	使用除电力、液化石油气、天然气或沼气之外的任何燃料
照明	电力可及性	有电力供应	—
家电服务	拥有家电	有冰箱	—
娱乐/教育	拥有娱乐/教育设备	有电视或电脑	—
通信	通信工具	有手机或固定电话	—

注：研究认为做饭燃料如果使用传统能源即生物质能源如木柴、木炭、粪便和农作物残留物则为贫困，现代能源包括电力、煤油、液化石油气和天然气。

表 2-14 是 1989~2015 年能源贫困全部样本、城乡分组样本以及东、中、西部地区分组样本的单维度贫困情况。

表 2-14　1989~2015 年能源贫困的单维度贫困

维度	样本	1989 年	1991 年	1993 年	1997 年	2000 年	2004 年	2006 年	2009 年	2011 年	2015 年
燃料贫困（%）	全部样本	87.0	85.0	81.0	64.0	60.0	59.0	49.0	33.0	22.0	14.0
	城市样本	74.0	67.0	56.0	38.0	33.0	31.0	23.0	13.0	6.0	5.0
	农村样本	95.0	93.0	92.0	78.0	72.0	72.0	61.0	42.0	33.0	21.0
	东部样本	77.0	78.0	74.0	56.0	47.0	47.0	37.0	24.0	16.0	11.0
	中部样本	86.0	84.0	83.0	67.0	66.0	64.0	55.0	38.0	33.0	21.0
	西部样本	98.0	95.0	87.0	68.0	65.0	64.0	53.0	33.0	18.0	12.0
照明贫困（%）	全部样本	10.0	4.0	2.0	3.0	2.0	0.6	0.9	0.9	1.0	3.8
	城市样本	5.0	0.3	0.5	2.0	2.0	0.7	0.5	0.5	0.5	2.0
	农村样本	12.0	5.8	2.7	3.0	2.0	0.5	1.0	1.0	1.0	4.9
	东部样本	8.0	2.0	1.0	3.0	1.0	0.4	0.6	0.2	0.5	4.0
	中部样本	13.0	7.0	3.0	2.8	2.0	0.6	1.0	1.0	1.0	5.0
	西部样本	7.0	1.0	1.0	4.0	3.0	0.6	0.5	1.0	1.0	2.0

续表

维度	样本	1989 年	1991 年	1993 年	1997 年	2000 年	2004 年	2006 年	2009 年	2011 年	2015 年
家电贫困（%）	全部样本	87.0	83.0	79.0	67.0	60.0	56.0	51.0	36.0	20.0	9.0
	城市样本	69.0	61.0	55.0	43.0	35.0	33.0	29.0	18.0	9.0	3.0
	农村样本	96.0	93.0	89.0	79.0	73.0	68.0	61.0	44.0	27.0	12.0
	东部样本	82.0	76.0	72.0	55.0	52.0	47.0	40.0	25.0	12.0	5.0
	中部样本	88.0	83.0	79.0	68.0	60.0	56.0	52.0	36.0	24.0	9.0
	西部样本	94.0	91.0	87.0	77.0	73.0	68.0	63.0	51.0	24.0	12.0
娱乐/教育贫困（%）	全部样本	50.0	47.0	45.0	53.0	64.0	71.0	76.0	76.0	61.0	55.0
	城市样本	41.0	45.0	55.0	66.0	74.0	73.0	70.0	59.0	43.0	44.0
	农村样本	54.0	48.0	41.0	46.0	58.0	71.0	79.0	84.0	72.0	63.0
	东部样本	45.0	44.0	47.0	53.0	67.0	69.0	72.0	68.0	51.0	49.0
	中部样本	49.0	46.0	40.0	51.0	59.0	69.0	77.0	79.0	71.0	60.0
	西部样本	56.0	52.0	51.0	56.0	67.0	78.0	82.0	80.0	60.0	56.0
通信贫困（%）	全部样本	—	—	—	72.0	52.0	25.0	20.0	10.0	6.0	24.0
	城市样本	—	—	—	55.0	32.0	14.0	11.0	4.0	3.0	24.0
	农村样本	—	—	—	80.0	62.0	30.0	24.0	13.0	8.0	25.0
	东部样本	—	—	—	63.0	39.0	13.0	10.0	5.0	3.0	19.0
	中部样本	—	—	—	70.0	53.0	27.0	20.0	10.0	8.0	31.0
	西部样本	—	—	—	83.0	69.0	38.0	35.0	18.0	6.0	23.0

注：有无固定电话的调查从 1997 年开始，有无手机从 2004 年开始调查，2004～2015 年有无固定电话、有无手机均进行了调查；有无电视从 1989 年开始调查，2009 年起不再调查有无电视，有无电脑从 1997 年开始调查，即 1997～2006 年有无电视、有无电脑均进行了调查。

从单维度的燃料贫困来看，全部样本的燃料贫困下降幅度很大，从 1989 年的 87.0%下降到 2015 年的 14.0%。城市样本和农村样本与总样本的表现类似，燃料贫困均呈现大幅下降态势，如城市从 1989 年的 74.0%（本节中做饭燃料为煤也划为燃料贫困）下降到 2015 年的 5.0%，农村则从 1989 年的 95.0%下降到 2015 年的 21.0%。从东、中、西部对比视角看，东部、中部、西部地区在 1989 年的燃料贫困分别为 77.0%、86.0%、98.0%，在 2015 年，东部、中部、西部地区燃料贫困的比例则分别为 11.0%、

21.0%、12.0%，期初和期末东部地区的燃料贫困最低，中部地区的燃料贫困在期末高于西部地区。照明贫困从 1989~2015 年基本上呈现下降态势（2015 年除外），城乡、东中西部分组样本照明贫困的时间变化态势与全部样本的表现基本一致。农村照明贫困基本高于城市，东部的照明贫困基本低于中、西部地区。无论是总样本还是分组的样本，家电贫困在 1989~2015 年呈现稳步下降态势，城市的家电贫困远远低于农村的家电贫困，东部地区的家电贫困低于中部地区，中部地区的家庭贫困低于西部地区。从娱乐/教育贫困角度看，如果只调查了有无电视或只调查了有无电脑，那么无论是总样本还是分组的样本该项贫困均呈现下降态势，如 1989~1993 年的电视贫困、2009~2015 年的电脑贫困，而对有无电视、有无电脑均进行了调查的 1997~2006 年而言，该贫困却有上升态势。无论是总样本还是分组的样本，通信贫困在 1989~2015 年基本上呈现下降态势（2015 年除外），农村通信贫困高于城市、东部地区通信贫困低于中、西部地区。

在维度等权重和多维能源贫困截断点为 30%的情况下，1997~2015 年全部样本、城乡分组及东、中、西部分组的多维能源贫困指数的变化趋势显示，无论总样本还是分组样本，多维能源贫困指数基本上均呈现下降态势，如 1997 年总样本中 MEPI 为 0.488，2015 年该指数下降到 0.123；农村多维能源贫困指数均高于城市多维能源贫困指数；东部地区的多维能源贫困指数显著低于中、西部地区的多维能源贫困指数，除 2011 年后中部地区的 MEPI 高于西部地区外，2011 年前中部地区的 MEPI 则低于西部地区。

1997~2015 年 MEPI、H、A 的变化情况显示，1997~2015 年能源平均被剥夺份额 A 及能源贫困发生率均呈现稳步下降态势。

1997~2015 年家庭做饭燃料、照明、家电服务、娱乐/教育和通信五个维度的贡献率变化情况显示：

1997~2015 年家庭做饭燃料的贡献率稳步下降，1997 年该维度的贡献率为 26%，2015 年则下降到 20%左右。照明的贡献率在各个年份中均不足 1.0%。1997~2015 年家庭中拥有冰箱的贡献率下降，1997 年该维度的贡献率为 28.0%，2015 年则下降到 14.0%。1997~2015 年娱乐/教育维度的贡献率呈现 V 形，从 1997 年的 29.0%一直下降到 2011 年的 7.8%，2015 年又上升到 22.0%。通信维度的贡献率在 1997~2015 年呈现稳步上升的态势，1997 年该维度贡献率只有 16.0%，到 2015 年时上升到 42.0%，而且该维度的贡献率比其他维度的贡献率大得多。分城乡样本看，城市农村的时间表现态势与全部样本基本相同，而城乡各维度的贡献率有所不同。例如，农村 1997~2015 年家庭做饭燃料、照明、家电服务、娱乐/教育和通信五个维度的平均贡献率分别为 27.6%、0.5%、27.3%、17.2%、27.3%。城市 1997~2015 年家庭做饭燃料、照明、家电服务、娱乐/教育和通信五个维度的平均贡献率分别为 21.2%、0.6%、25.9%、20.3%、32.1%，即农村做饭燃料贡献率高于城市做饭燃料的贡献率，农村家电服务的贡献率高于城市家电服务的贡献率，城市娱乐/教育、通信的贡献率均高于农村相应的娱乐/教育、通信贡献率。

如前文所述，在通信贫困中有无固定电话的调查从 1997 年开始，有无手机从 2004 年开始调查，2004~2015 年有无固定电话、有无手机均进行了调查，在娱乐/教育贫困中有无电视从 1989 年开始调查，2009 年起不再调查有无电视，有无电脑从 1997 年开始调查，即 1997~2006 年有无电视、有无电脑均进行了调查。为规避这种调查问题的非一致性，下文将娱乐/教育贫困、通信贫困这两个维度的贫困从多维能源贫困中去除，探究多维能源贫困的变化情况。计算结果显示，无论总样本还是分组样本，多维能源贫困指数基本上均呈现下降态势。例如，1989 年总样本中 MEPI 为 0.589，2015 年该指数下降到 0.080；农村多维能源贫困指数均高于城市多维能源贫困指数；东部地区的多维能源贫困指数显著低于中、西部地区的多维能源贫困指数，2011 年后中部地区的 MEPI 高于西部地区，2011 年前中部地区的 MEPI 则低于西部地区。1989~2015 年 MEPI、H、A 的变化情况显示，无论总样本还是分组样本，MEPI、H、A 基本上均呈现下降态势。这些结论基本上与上述 1997~2015 年的分析结论相同。

1989~2015 年各维度的贡献率情况与 1997~2015 年各维度的贡献率情况有所不同，电力在每个调查年份的贡献率在 1%~2%，1989 年燃料贫困与家电贫困的贡献率均在50%左右，而到2015年燃料贫困的贡献率超过了60%，家电贫困的贡献率则不足40%。城乡样本表现与全部样本基本相同。西部样本无论是在期初还是期末，燃料贫困与家电贫困的贡献率均维持在50%左右，与东部、中部的贡献率有所不同，东部、中部地区在期初，燃料贫困与家电贫困的贡献率均维持在50%左右，但到2015年东部、中部燃料贫困贡献率是家电贫困贡献率的近两倍。

如果多维能源贫困截断点变动，如能源贫困截断点为50%，多维能源贫困指数的变化又会怎样呢？结果表明，总样本1997~2015年多维能源贫困指数基本上均呈现下降态势，MEPI、H、A也均呈现下降态势，1997年家庭做饭燃料、照明、家电服务、娱乐/教育和通信五个维度的贡献率分别为27.5%、0.4%、28.6%、29.1%、14.4%，2015年相应的贡献率则分别为22.7%、0.9%、23.8%、21.5%、31.2%，通信维度的贡献率上升态势非常明显，分组样本的表现也基本上没有大的变化。当多维能源贫困截断点变动为20%时，前文结论基本不变。这说明截断点变化对结论的影响非常小。

2. 多维能源贫困的决定因素

本节研究目的是确定家庭的能源贫困状况，多维能源贫困指数测算为确定能源贫困提供了标尺，与既存文献一致，在第二步中家庭被划分为能源贫困和非能源贫困两类，本节使用Logit模型分析多维能源贫困。在Logit模型中，因变量是多维能源贫困指数，通过使用能源贫困指数的特定剥夺截断点将其转化为二元选择，即如果该指数大于0.3，则该家庭被认为是多维能源贫困家庭。在多维能源贫困Logit模型中纳入了户主特征变量、家庭特征变量及居住地区变量，以2015年为例的Logit回归结果如表2-15所示。

表2-15　多维能源贫困的决定因素

变量	Odds Ratio	Elasticity	P>z
家庭规模	-0.08	-0.21	0.001
户主为女性	-0.44	-0.42	0.00
户主年龄	-0.01	-0.56	0.00
户主在婚	-0.61	-0.44	0.00

续表

变量	Odds Ratio	Elasticity	P>z
户主受教育程度为初中	-0.54	-0.17	0.00
户主受教育程度为高中	-1.09	-0.24	0.00
户主受教育程度为大专以上	-1.89	-0.22	0.00
农村	0.65	0.82	0.00
中部地区	0.73	0.19	0.00
西部地区	0.57	0.15	0.00

注：户主受教育程度的基础组为小学毕业及以下；地区的基础组为东部地区。

回归结果显示，家庭规模增加一个成员时，家庭陷入多维能源贫困的概率减少了0.21，并且在1%的统计水平上显著，意味着家庭规模大有更多的潜在收入挣取者或表明能源使用具有规模经济的特征。户主为女性的家庭陷入能源贫困的概率下降，其原因可能在于这样的家庭需要积累社会资本构筑社会网络以应对更多的生产、生活不测，进而激发家庭生产效率脱离多维能源贫困。随着户主年龄的增加，家庭陷入能源贫困的概率在下降。在婚家庭的多维能源剥夺程度显著降低，可能的原因在于夫妻双方的资源相比于单独一方而言较多，而且，另一方也可以承担起照顾家庭或改善家庭生活境况的责任，婚姻对家庭的福利增进有益。相比于户主为小学毕业程度家庭而言，随着户主受教育程度的提高，家庭多维能源贫困的概率显著下降，且在1%的统计水平上显著，这与预期符合，因为户主受教育程度越高的家庭其收入也越高，其陷入多维能源贫困的概率也越低。此外，户主完成初中教育、高中教育及大专以上教育相比于户主为小学程度以下的家庭而言，多维能源贫困分别下降0.17、0.24、0.22，这也说明教育对增加收入的重要性，并且是多维能源贫困的重要决定因素。例如，Kanagawa和Nakata（2008）基于印度数据分析能源获取与改善农村地区社会经济状况的关系，发现教育是减贫最重要的组成部分，并认为由于经济上的限制，贫困家庭无法支付所需的教育支出从而不能完成中学教育，因此较低的教育水平会妨碍家庭收入增加，引致他们无力负担现代能源服务从而造成能源贫困。相比于生活在城市的家庭而言，农村家庭的多维能源剥夺程度显著增加，这一方面是因为城市地区的家庭可以获得更好的工作、更高的收入，从而能够负担得起能源消费；另一方面，农村家庭在能源阶梯转型中的速度较慢，并且农村家庭获得的能源是效率低于清洁能源的低效能源；与东部地区相比，生活在中部、西部地区的家庭更易遭受多维能源剥夺，这些结论与前文的描述性分析结论相同。

四、实证分析

本节实证分析所用数据为 CFPS 2014 年的数据。该调查在 2008 年和 2009 年进行了测试调查，在 2010 年、2011 年、2012 年、2014 年和 2016 年进行了全国调查。CFPS 的抽样设计关注初访调查样本的代表性，采用了内隐分层的、多阶段、多层次、与人口规模成比例的概率抽样方式（PPS）。样本覆盖了除香港特别行政区、澳门特别行政区、台湾省、新疆维吾尔自治区、青海省、内蒙古自治区、宁夏回族自治区、西藏自治区和海南省之外的 25 个省份。CFPS 的问卷分为三个层级：个体、个体生活的紧密环境即家庭、家庭的紧密环境即村居，因此形成了个人问卷、家庭问卷、村居问卷。2016 年的调查除没有电力可及性调查项目，也未公开社区数据，考虑到时效性，本节以 2014 年的农村调查作为实证分析基础（见表 2-16）。选取 CFPS 中问题“您家通电的情况是怎样的”的答案：没通电及经常断电作为电力不可及性的代理指标，其中家户未通电的比例为 0.25%，经常断电的比例为 3.13%，两者合计为 3.38%。

做饭燃料为柴草的农村家庭占比为四成左右，这说明农村使用非清洁烹饪燃料问题仍然比较严重。如果把没通电及经常断电作为电力贫困（能源贫困之一）、做饭燃料为柴草作为燃料贫困（能源贫困之一）的话，表明 2014 年中国农村能源贫困的比例为 44%，该指标与郑新业和魏楚（2016）计算出的全国层面的能源贫困人口占比为 40%相差不大，这从另一个侧面说明，使用这两个指标可以表征能源贫困的合理性。变量之间的相关系数表明，电力可及性与家庭人均收入、家庭人均消费之间的相关系数为正；电力可及性与社区海拔落差之间的相关系数为负；电力可及性与个体完成初中教育之间的相关系数为正，做饭燃料为柴草与个体完成初中教育之间的相关系数为负；电力可及性与个体自评为不健康之间的相关系数为负，做饭燃料为柴草与个体自评为不健康之间的相关系数为正。值得指出的是，CFPS 没有涉及户主方面的信息，我们定义了一个虚拟的“户主”（Cardak and Wilkins，2009），即把家庭中的财务回答人视为户主。

表 2-16　描述统计

变量	变量含义	均值	标准差	最小值	最大值
Consumper	家庭人均消费（元）	11241	14669	0	302400
Incomeper	家庭人均收入（元）	12590	24179	0. 25	1340613
Healthnot	个体自评身体为不健康	0. 1683	0. 3742	0	1
Eduind	16 岁以上个体是否完成初中教育	0. 1102	0. 3131	0	1
Electr	电力可及性	0. 9672	0. 1781	0	1
Firewood	做饭燃料为柴草	0. 4129	0. 4924	0	1
Hhsize	家庭规模	3. 906	1. 9173	1	17
Agehead	户主年龄	49. 865	14. 096	16	95
Eduhead 2	户主受教育程度为初中	0. 2615	0. 4395	0	1
Eduhead 3	户主受教育程度为高中	0. 0857	0. 28	0	1
Eduhead 4	户主受教育程度为大专以上	0. 0441	0. 2054	0	1
Area 2	居住地为中部地区	0. 2742	0. 4461	0	1
Area 3	居住地为西部地区	0. 3567	0. 4791	0	1
Ageind	个体年龄	45. 012	17. 465	16	104
Genderind	个体为男性	0. 5059	0. 5	0	1
Malelab	男性劳动力数量	1. 31	0. 82	0	7
Felab	女性劳动力数量	1. 25	0. 81	0	5
Age 65	65 岁以上人口	0. 39	0. 66	0	3
Age 14	14 岁以下人口	1. 58	0. 797	1	8
Altitude	社区海拔落差（米）	206. 42	335. 4	1	2400

注：户主受教育程度的对照组为小学以下；家庭居住地的对照组为东部地区。

1. 电力可及性与收入、消费

本小节将探讨电力可及性对收入、消费的影响及其机制分析。表 2-17 报告了使用 2SLS 方法的回归结果。从表 2-17 的最后两行 Cragg-Donald Wald F 统计量及 Anderson Canon（P-Value）的结果可以看出使用社区的落差作为电力可及性的工具变量比较有效。

表 2-17 电力可及性与收入、消费的 2SLS 回归

变量	Consumper（ln）		Electr		Incomeper（ln）		Electr	
	Coef.	Std. Err.	Coef.	Std. Err.	Coef.	Std. Err.	Coef.	Std. Err.
Electr	3.992***	0.991	—	—	9.933***	1.873	—	—
Altitude（ln）	—	—	-0.006***	0.001	—	—	-0.006***	0.001
控制变量	是		是		是		是	
Cragg-Donald Wald F Statistic	37.937				37.431			
Anderson Canon（P-Value）	0				0			

注：*** 表示 1%水平下显著、** 表示 5%水平下显著、* 表示 10%水平下显著；控制变量为表 2-16 中的自变量。下同。

使用工具变量的结果显示，能使用电力的家庭其消费是不能使用电力家庭的 399%，使用电力的家庭其收入是不能使用电力家庭的 993%，这些数值均是纳入其他变量后的回归结果，这些巨大的数值表明现代能源十分有力地改变了人们的生活方式。户主受教育程度增加使家庭人均消费增加。家庭规模增加使家庭人均消费下降，这是由于更多的人消耗相同的资源。中部地区的消费低于东部地区，而西部地区的消费与东部地区差异并不显著。户主受教育程度的提升会使家庭人均收入显著上升。表 2-17 虽然表明电力可及性对人均消费有显著的正向影响，但它没有提供关于电力在财富分配的各个水平上如何影响消费图景，为此还进行了消费的分位数回归，结果如表 2-18 所示。

表 2-18 消费分位数回归

变量	0.10		0.25		0.50		0.75		0.95	
Consumper (ln)	Coef.	Std. Err.	Coef.	Std. Err.	Coef.	Std. Err.	Coef.	Std. Err.	Coef.	Std. Err.
Electr	0.0260	0.0899	0.0351	0.0541	-0.0370	0.0350	-0.0290	0.0681	0.2531***	0.0789
控制变量	是		是		是		是		是	

表 2-18 的消费分位数回归结果表明，首先，在 95%消费分位数以下，电力可及性对消费没有显著影响，在 95%消费分位数以上，电力可及性使消费非常显著地增加。这可以通过人力资本水平来解释，电力往往作为生产能力的增强因子，而生活水平较低的家庭其教育水平和生产能力也较低，电力作为生产能力的增强因子不能在穷人中发挥应有的作用，在收入分配的高端，家庭的人力资本会最大限度地利用电力，这对消费水平会产生复合影响。比较有趣的是，家庭规模在任何消费分位上都使得消费显著下降；户主的受教育程度系数在各个消费分位数上均对消费起到了显著的正向推动作用，这说明即使最贫困的家庭也能从受教育程度上升中获益。

2. 能源贫困与教育、健康

考查能源贫困对健康的效应，如果能取得如做饭燃料的柴草数量、每天在室内呼吸柴草燃烧的烟尘时间、眼疾问题、心脏和呼吸疾病问题及这些病症的持续时间，对深入分析能源贫困对健康效应有非常大的帮助。CFPS 涉及健康问题只设计了自评健康，本节使用自评身体健康状况为不健康的二元哑变量的多层 Logit 模型，纳入该模型的变量还包括个体性别、个体年龄及年龄平方、户主受教育程度、居住地区等变量。能源贫困对教育、健康的效应回归结果如表 2-19 所示。

表 2-19 能源贫困对教育、健康影响多层 Logit 模型

变量	16 岁以上个体完成初中教育				自评身体健康状况为不健康			
	Coef.	Std. Err.	Coef.	Std. Err.	Coef.	Std. Err.	Coef.	Std. Err.
Electr	0.0701	0.1421	0.0883	0.1563	-0.3320***	0.0843	-0.2860***	0.0873

续表

变量	16岁以上个体完成初中教育				自评身体健康状况为不健康			
	Coef.	Std. Err.	Coef.	Std. Err.	Coef.	Std. Err.	Coef.	Std. Err.
Firewood	-0.6630***	0.0511	-0.2630***	0.0601	0.6830***	0.0374	0.4750***	0.0422
控制变量	是				是			

表2-19显示，电力可及性对个体的受教育程度虽然为正向影响，但并没有表现出统计显著性，电力可及性使不健康程度显著下降。农村男性完成义务教育的概率高于女性，这与农村重男轻女的传统观念是符合的。户主受教育程度提高显著地推动了家庭中个体完成义务教育概率的提高，这也从一个侧面说明农村存在“寒门难出贵子”现象。中部地区与东部地区在完成义务教育方面差异不显著，而西部地区完成义务教育的概率显著小于东部地区。家庭中不清洁的烹饪能源使个体受教育程度下降并增加了不健康的概率。性别、年龄、户主受教育程度、地区变量系数在健康中的显著性与义务教育模型中的显著性相同，除个体年龄有相同的符号外，性别、户主受教育程度、地区变量符号在义务教育模型中与在健康模型中相反。

3. 异质性分析

表2-20报告了电力可及性对东中西部的消费、收入影响，电力可及性只对西部地区的家庭人均消费和家庭人均收入增加有显著作用，而且，东部地区和中部地区的Cragg-Donald Wald F统计量及Anderson Canon（P-Value）的结果表明工具变量的合理性也存在一些问题。

表2-20 电力可及性对东中西部的消费、收入影响

变量	Consumper (ln)					
	东部		中部		西部	
	Coef.	Std. Err.	Coef.	Std. Err.	Coef.	Std. Err.
Electr	-0.584	1.4965	-14.750	12.452	10.781***	2.543
控制变量	是		是		是	
Cragg-Donald Wald F Statistic	13.545		1.830		18.193	
Anderson Canon (P-Value)	0.000		0.204		0.000	

续表

变量	Incomeper					
	东部		中部		西部	
	Coef.	Std. Err.	Coef.	Std. Err.	Coef.	Std. Err.
Electr	3.6221	2.4597	3.4062	5.2543	13.964***	3.1403
控制变量	是		是		是	
Cragg-Donald Wald F Statistic	11.250		2.113		22.476	
Anderson Canon (P-Value)	0.000		0.132		0.000	

表2-21电力可及性对东、中、西部的消费分位数回归结果表明，首先，在95%消费分位数以下，电力可及性对东、中、西部地区的家庭人均消费均没有显著影响，在95%消费分位数以上，电力可及性使西部地区的家庭人均消费非常显著地增加。

表 2-21 电力可及性对东中西部的消费分位数回归

变量	东部									
	0.10		0.25		0.50		0.75		0.95	
Consumper (ln)	Coef.	Std. Err.	Coef.	Std. Err.	Coef.	Std. Err.	Coef.	Std. Err.	Coef.	Std. Err.
Electr	0.030	0.241	-0.143	0.124	-0.160*	0.087	-0.044	0.096	0.231	0.184
控制变量	是		是		是		是		是	
变量	中部									
	0.10		0.25		0.50		0.75		0.95	
Consumper (ln)	Coef.	Std. Err.	Coef.	Std. Err.	Coef.	Std. Err.	Coef.	Std. Err.	Coef.	Std. Err.
Electr	-0.006	0.243	0.081	0.067	-0.024	0.124	-0.031	0.096	0.255	0.245
控制变量	是		是		是		是		是	
变量	西部									
	0.10		0.25		0.50		0.75		0.95	
Consumper (ln)	Coef.	Std. Err.	Coef.	Std. Err.	Coef.	Std. Err.	Coef.	Std. Err.	Coef.	Std. Err.
Electr	-0.027	0.098	0.038	0.111	-0.053	0.098	-0.021	0.115	0.195**	0.088
控制变量	是		是		是		是		是	

表 2-22 显示电力可及性对中部地区的工资性收入及经营性收入均没有显著影响；电力可及性使得西部地区的工资性收入显著增加，但对西部地区的经营性收入没有显著影响；电力可及性对东部地区的工资性收入没有显著影响，但促进了东部地区的经营性收入显著增长，这可能反映了电力可及性催生了东部地区农村家庭的冒险精神，并使这些不墨守成规的家庭从事一些非农自雇或带有雇工的“企业家”活动，而电力可及性则使得西部地区的农村家庭从事打工雇佣工作从而促进了家庭人均工资性收入的显著上升。

表 2-22　电力可及性对东中西部工资性收入、经营性收入的影响

变量	东部			
	人均工资性收入对数		人均经营性收入对数	
	Coef.	Std. Err.	Coef.	Std. Err.
Electr	1.805	2.121	9.188*	4.867
控制变量	是		是	
Cragg-Donald Wald F Statistic	9.230		6.990	
Anderson Canon (P-Value)	0.000		0.008	
变量	中部			
	人均工资性收入对数		人均经营性收入对数	
	Coef.	Std. Err.	Coef.	Std. Err.
Electr	-1.159	11.113	7.986	6.972
控制变量	是		是	
Cragg-Donald Wald F Statistic	0.444		2.652	
Anderson Canon (P-Value)	0.512		0.103	
变量	西部			
	人均工资性收入对数		人均经营性收入对数	
	Coef.	Std. Err.	Coef.	Std. Err.
Electr	15.455**	6.241	1.987	3.264
控制变量	是		是	
Cragg-Donald Wald F Statistic	6.923		4.623	
Anderson Canon (P-Value)	0.006		0.032	

能源贫困对东中西部的教育、健康影响是否也存在异质性呢？表 2-23 报告了以多层 Logit 模型估算的能源贫困对东中西部教育、健康的影响结果。

表 2-23　能源贫困对东中西部教育、健康影响多层 Logit 模型

变量	东部							
	16 岁以上个体完成初中教育				自评身体健康状况为不健康			
	Coef.	Std. Err.	Coef.	Std. Err.	Coef.	Std. Err.	Coef.	Std. Err.
Electr	-0. 294	0. 220	-0. 150	0. 251	-0. 477***	0. 171	-0. 437**	0. 185
Firewood	-0. 680***	0. 083	-0. 137	0. 093	0. 670***	0. 065	0. 367***	0. 072
控制变量	是				是			
变量	中部							
	16 岁以上个体完成初中教育				自评身体健康状况为不健康			
	Coef.	Std. Err.	Coef.	Std. Err.	Coef.	Std. Err.	Coef.	Std. Err.
Electr	0. 226	0. 320	0. 117	0. 254	-0. 441***	0. 167	-0. 383**	0. 184
Firewood	0. 091***	0. 009	-0. 284***	0. 097	0. 629***	0. 071	0. 399***	0. 080
控制变量	是				是			
变量	西部							
	16 岁以上个体完成初中教育				自评身体健康状况为不健康			
	Coef.	Std. Err.	Coef.	Std. Err.	Coef.	Std. Err.	Coef.	Std. Err.
Electr	0. 361	0. 245	0. 232	0. 261	-0. 092	0. 153	-0. 114	0. 156
Firewood	-0. 575***	0. 086	-0. 326***	0. 093	0. 450***	0. 062	0. 362***	0. 066
控制变量	是				是			

表 2-23 显示，电力可及性对东、中、西部地区 16 岁以上个体是否完成初中教育均没有显著影响，电力可及性降低了东部和中部地区农村家庭自评不健康的概率，但对西部地区的健康没有显著影响。家庭中不清洁的烹饪能源使用降低了全部地区的受教育程度，也使得全部地区的自评不健康概率上升，该类能源贫困无论对教育而言还是对健康而言都没有表现出地区异质性，这也同时说明，在全国各地推行家庭清洁烹饪能源使用无疑会对家庭的福利增进具有重要的现实意义。

4. 传导机制检验

前述分析表明电力可及性对收入的增长起到了积极的正向推动作用，接下来考查其背后的机制是什么，为此把收入分成工资性收入和经营性收入两类。表 2-24 报告了电力可及性对工资性收入及经营性收入的影响。

表 2-24 电力可及性对工资性收入及经营性收入的影响

变量	人均工资性收入对数		人均经营性收入对数	
	Coef.	Std. Err.	Coef.	Std. Err.
Electr	7.803***	2.356	5.930**	2.381
控制变量	是		是	
Cragg-Donald Wald F Statistic	17.220		16.670	
Anderson Canon (P-Value)	0.000		0.000	

表 2-24 的结果表明，电力可及性推动了更多的“企业家”活动，电力可及性也推动了人均工资性收入的大幅增长，如上所述，这可能是由于电力可及性使得人们从烦琐的家务劳动中解脱出来（尤其是女性），进而促进了劳动供给的增加，也可能是劳动供给没有变化，但由于电力可及性提高了劳动生产效率使得工资增加，还可能是这两种效应同时发生。经营性收入的系数小于工资性收入的系数可能表明农村富有冒险精神从事“企业家”活动的家庭较少，农村家庭更倾向于从事风险较小、给人打工挣取较稳定工资的活动。

5. 稳健性分析

如果将电力可及性使用家庭月电费来代替的话，前述结果是否仍然成立呢？考虑到月电费的工具变量难以寻找，本节没有分析以月电费代替电力可及性对消费和收入的影响，只以多层 Logit 模型分析了能源贫困对教育、健康的影响（见表 2-25）。

表 2-25 结果显示，虽然电力可及性在不考虑其他变量的情况下会对教育产生正向影响，但纳入其他控制变量后，电力可及性对教育的影响变得不再显著，电力可及性对自评不健康仍起到了显著的降低作用，电力可及性

表 2-25　能源贫困对教育、健康影响的稳健性检验

变量	16 岁以上个体完成初中教育				自评身体健康状况为不健康			
	Coef.	Std. Err.	Coef.	Std. Err.	Coef.	Std. Err.	Coef.	Std. Err.
Electrfee	0.0005***	0.0001	0.0002	0.0002	-0.0020***	0.0002	-0.0007***	0.0002
Firewood	-0.6110***	0.0500	-0.2443***	0.0553	0.5081***	0.0388	0.3572***	0.0410
控制变量	是				是			

对医疗服务的需求方而言会缩短送医时间，对供给方的诊断、手术等生产效率提高会起到扩大作用。不清洁的家庭烹饪燃料增加了个体不健康的概率并使得个体受教育程度下降。其他控制变量的符号也基本没有改变，这表明本节的结论具有稳健性的特点。

五、小结

能源贫困即家庭无力获得足够的能源服务，是一个会对个人和家庭的生活质量甚至健康状况产生重大影响的问题。当前政策制定者对能源贫困的认识仍然不足，如果不了解什么是能源贫困，那么制定政策以应对其后果和原因的机会就会受限，科学评估能源贫困是制定有效政策以减轻能源贫困的前提。我们首先基于可行能力理论探讨了能源贫困的测度问题，按照可行能力来测度能源贫困具有五个优点（Rosie et al.，2016）：第一，无论是区域性还是全球性背景，它都提供了概念上的一致性。第二，作为能源贫困的定义，它比许多现有定义具有更强的理论基础，它与更广泛的贫困、需求和欠发达概念联系起来。第三，它引起了人们对能源对福祉和生活质量具有重要作用的关注，认识到能源贫困的多种影响。第四，它可以在个人和家庭的能源贫困或脆弱性方面进行评估，对于不同的个体或家庭，测度可能会有很大差异，不同干预措施尽管可能会增加复杂性，但比“撒胡椒面”似的解决方案有效，且花费不一定昂贵。第五，将能力作为关注的焦点，而不是把能源供应或能源服务作为关注焦点，这为设计干预措施开辟了额外的概念空间，主要是通过研究服务和能力之间的关系来解决可行能力问题。本节选取了家庭做饭燃料、照明、家电服务、娱乐/教育和通信五个维度来构造多维能源贫困指数并对多维能源贫困的决定因素进行了考查，微观调查数据的测度结果显示，无论总样本还是分组样本，多维能源贫困指数基本上均呈现下降态势，农村多维能源贫困指数均高于城市多维能源贫困指数，东部地区的多维能源贫困指数显著低于中、西部地区的多维能源贫困指数；家庭做饭燃料的贡献率稳步下降，照明的贡献率在各个年份中均较少，家电服务（以是否有冰箱衡量）的贡献率稳步下降，娱乐/教育维度的贡献率呈现V形，通信维度的贡献率在1997~2015年呈现稳步上升的态势，而且近年来该维度的贡献率比其他维度的贡献率大得多；家庭规模增加一个成员时，家庭陷入多维能源贫困的概率减少了0.21，户主为女性的家庭陷入能源贫困的概率下降，随着户主年龄的增加，其陷入能源贫困的概率在下降，在婚家庭的多维能源剥夺程度显著降低，随着户主受教育程度的提高，家庭多维能源贫困的概率显著下降，相比于生活在城市的家庭而言，农村家庭的多维能源剥夺程度显著增加，与东部地区相比，生活在中部、西部地区的家庭更易遭受多维能源剥夺。

能源贫困的福利效应分析从电力可及性对农村家庭消费、收入的影响以及电力可及性和做饭燃料对农村个体健康、教育的影响方面展开。通过两阶段最小二乘（2SLS）模型控制内生性，发现电力可及性对农村消费水平、收入水平提升均具有非常重要的影响；电力在财富分配的各个水平上对农村消费的影响有所不同，只有在95%消费分位数以上，电力可及性才使消费非常显著地增加；电力可及性对农村收入的增长起到了积极的正向推动作用的渠道使它同时促进了工资性收入和经营性收入的增长；使用分层Logit模型进行研究，发现电力可及性对农村个体的受教育程度虽然为正向影响但并没有表现出统计显著性，电力可及性使农村不健康程度显著下降；农村家庭中不清洁的烹饪能源使个体受教育程度显著下降并增加了不健康的概率。分地区结果显示：电力可及性只对西部农村地区的家庭人均消费和家庭人均收入增加有显著作用，其对东部和中部地区的农村家庭人均消费和家庭人均收入没有显著影响，在95%消费分位数以上，电力可及性使西部地区农村的家庭人均消费非常显著地增加；电力可及性对中部地区农村的工资性收入及经营性收入均没有显著影响，电力可及性使得西部地区农村的工资性收入增加，但对西部地区农村的经营性收入没有影响，电力可及性对东部地区农村的工资性收入没有影响，但促进了东部地区农村的经营性收入增长；电力可及性对东、中、西部地区农村16岁以上个体是否完成初中教育均没有显著影响，电力可及性降低了东部和中部地区农村家庭自评为不健康的概率，但对西部地区农村的健康没有显著影响；家庭中不清洁的烹饪能源使用降低了全部地区的受教育程度，也使得全部地区的自评不健康概率上升，该类能源贫困对教育、健康而言，没有表现出地区异质性。

上述结果说明，能源在实现政策目标方面发挥了重要作用，如增加收入，提高教育、健康水平。消除贫困作为联合国千年发展目标的重要组成部分，有助于优化农村地区的消费结构，摆脱贫困恶性循环的怪圈。为此，从能源视角出发对农村家庭能源贫困的解决之道是，做出更多努力来促进农村清洁能源和能源使用技术（电气化、太阳能、沼气等）的推广，在无法优化农村能源消费结构时，实施对穷人的适当公共政策援助（如价格补助）是消除能源贫困的题中应有之义。

第四节　家庭人力资本积累代际贫困

一、研究背景与文献综述

儿童期贫困对其成人后的结果影响是学术研究和政策关注的焦点。2013年中国绝对贫困儿童数量为1100万，相对贫困儿童数量则高达4008万（李晓明和杨文健，2018）。贫困会减少受教育的机会，同时，教育是摆脱贫困的主要途径之一。贫困对家庭生活和儿童成长后的所有方面都可能有不利影响。例如，一些研究表明（Duncan and Brooks-Gunn，1997；Duncan et al.，1994；Haveman and Wolfe，1994；Korenman et al.，1995；Mcleod and shanahan，1993），儿童贫困不仅与辍学、低龄怀孕生育、精神及身体健康状况不佳、反社会行为有关，也与成年后的失业相关联。宋扬和刘建宏（2019）运用 CHARLS 生命历程数据构建度量每个个体儿童时期多维贫困的指标体系，并以此为基础量化分析儿童期多维贫困对后续人力资本积累、健康水平和劳动收入状况等方面的长期影响，结果显示，儿童期多维贫困对成年后健康状况、受教育水平和就业收入都有显著的负向影响，而且随着贫困维度的提高，其对成年后的负面影响不断加深。儿童生活在贫困中的时间越长，他们的受教育程度就越低，他们的社交和情感功能就越差（Miller and Korenman，1994）。欧盟统计数据显示欧盟内 50.5%的儿童由于父母受教育程度低而面临贫困风险，父母受教育程度高的儿童陷入贫困风险的概率仅为 8%（Eurostat，2016）。

代际间传递的经济学文献通常侧重于对父母及其后代的代际收入弹性估计（Becker and Nigel，1979；孙三百等，2012；郭丛斌和闵维方，2007）。贫困代际传递（持续）研究是代际间传递研究的一个特殊分支，它主要考查父母收入或经济状况对子女人力资本积累或劳动力市场的影响。Rosa 等（2017）对西班牙的研究发现，个体完成的中等教育程度（以此来表示摆脱贫困）基本上由其在青少年时期的家庭状况决定。Acemoglu 和 Pischke（2001）基于美国的微观数据研究发现，家庭收入增加 10%时，大学入学概率增加 1.4%。Ermisch 等（2004）使用英国 1991~1999 年家庭追踪数据研究发现，儿童期的父母失业使子代受教育程度下降 5%。Castañeda 和 Aldaz-Carroll（1999）研究了个人达到中等教育水平作为贫困门槛的可能性，并强调了性别和父母的受教育程度在贫困代际传递中的作用，该研究还发现，家中的孩子数量和对他们的投资（表明资源被剥夺）之间存在负向关系。Blanden 等（2017）分析了以儿子为例的儿童期家庭收入和成年后收入之间的关联，探讨了教育、能力、非认知技能及劳动力市场经验在代际传递中的贡献，这些中间变量的流动系数估计通过分解方法得到。研究结论表明，教育在产生持久性方面起主导作用。认知和非认知技能都通过影响所获得的受教育程度间接起作用，认知变量占代际持续性的20%，非认知变量占10%。Aldaz-Carroll和Moran（2001）认为收入和受教育程度之间有双向关联，需要特别关注父母受教育程度、种族、家庭人口结构和儿童早期照料经历等因素，而非关注经济环境。

上述所列实证结论与Becker和Nigel（1979）提出的儿童发展经济模型相吻合。具有较多经济资源的家庭能购买对幼儿发展的重要"投入"（如营养餐、安静的家庭学习环境、安全的社区环境）。然而家庭低收入可能会限制父母在儿童成长期间购买高质量医疗保健和教育的能力。完成学业是劳动力市场成功的重要决定因素（Heckman et al.，1999），也为整个生命历程中的健康奠定基础（Cutler，2008）。家庭压力模型、家庭投资模型也为上述实证结果提供了良好的注解。贫困可能会导致家庭压力并对父母的情绪健康和心理健康产生负面影响，进而影响到儿童的行为和发育。换言之，不堪贫困重负的父母无法满足子女的情感、认知和照料需求（Conger，2002）。受过良好教育或经济资源丰富的父母则通过增加教育资料（如书籍）或教育活动（如阅读）来保护孩子免受贫困的影响。家庭特征也可能通过一种称为社会选择的过程来影响贫困与儿童发展之间的关系（Conger and Donnellan，2007），该观点假设父母特征的差异会引致收入差异，进而影响儿童的发展。例如，具有诚实、正直和可靠等亲社会属性的父母会将这些价值传递给他们的孩子，即使贫困到来，这些优良品质的继承也可以为他们提供保护。

虽然已有研究认为在贫困家庭中成长与成年后低于贫困线的可能性紧密相关，但并不能确定其中的因果关系，如这可能由同时与儿童贫困和后来结果相关的其他因素（家庭结构、社区影响和遗传因素）驱使（Luna and Michela，2019）。Solon（2004）研究发现教育差异往往会在几代人之间持续存在，这种持续性解释了代际工资相关性的很大一部分。贫困持续存在可能由父母背景对儿童在正规（和非正规）教育中获得的认知技能影响所致。为此，理解认知技能发展与减少贫困之间的相互作用将有助于设计更有效的政策干预措施。成长过程中的财务困难并不是成年后结果的唯一决定因素，因其过程的复杂性，现实中使用了不同的模型评估方法（Luna and Michela，2019）。兄弟姐妹差异模型和工具变量模型是其中的代表性方法，兄弟姐妹差异模型的估计值并非无偏，因为儿童的一些特定因素仍可能会导致潜在偏误，而且估计样本是特定类型的家庭。工具变量模型的难点在于找到一种能确定儿童贫困同时对结果变量无直接影响的工具变量，工具变量的难获得性导致弱工具变量偏误问题。其实，在研究贫困代际传递估计中还需要解决时间的测度问题及遗漏变量问题。Barker（1998）认为儿童认知和社交技能的发展是一个耗费时日的过程，如青春期的成就不仅是青春期经济条件的产物，还可能是童年早中期甚至产前期经济条件的产物。如果童年期家庭收入不稳定，收入效应模型就会存在偏误，大量证据表明收入确实不稳定（Duncan，1988），因此追踪观察收入在塑造儿童福祉方面的作用至关重要。即使收入在整个童年时期能得到很好的衡量，也难以分离收入的因果影响，因为有很多因素可能同时影响家庭收入和儿童福祉。父母的认知能力是一个很好的例子（Rowe and Rodgers，1997），具有较高认知能力的父母在劳动力市场上通常更为成功。与此同时，他们更有可能为孩子提供更高质量的学习环境，此方面的投入不存在预算约束。Blau（1999）和 Mayer（1997）研究发现，一旦对遗漏变量偏差进行纠正，收入的影响将大幅减少。

本节讨论了如下问题：童年期经历的贫困会导致成人后贫困吗？如果是这样，教育在其中扮演了何种角色？本节重点放在童年时期经历贫困的效应研究上，因为这部分人群是反贫困、社会援助和社会保护计划干预的目标群体。本节的边际贡献在于，使用含有个体 14 岁时的阶层认同、父母特征等回顾性问题的中国微观数据，基于潜在结果模型框架引入了人力资本积累作为中介变量，分析贫困传递的渠道，量化了童年期经历贫困的效应。结果显示：童年期经历的贫困显著地降低了成年后的收入水平，并使得成年后陷入贫困的概率增加，教育在贫困代际传递中起着重要作用，城市人力资本积累的中介效应占总效应比值远远大于农村。

二、研究方法与数据介绍

1. 估计策略

本节使用 Rubin（1974，1978）提出的因果推断潜在结果方法。假设有 N 个个体：i=1，2，…，N。$T_i=1$ 表示儿童在贫困家庭中成长（称为处理组），$T_i=0$ 表示儿童不在贫困家庭中成长。对每个个体而言我们可观测到一些预处理变量 X_i 以及贫困及非贫困家庭中儿童的结果变量 $Y_i(1)$、$Y_i(0)$，处理组的平均处理效应（Average Treatment on the Treated，ATT）为：

$$\tau(X)=E[Y_i(1)-Y_i(0)\mid T_i=1]=E_{X_i\mid T_i=1}\{E[Y_i(1)-Y_i(0)\mid T_i=1,X_i]\}$$
$$=E_{X_i\mid T_i=1}\{E[Y_i(1)\mid T_i=1,X_i]\}-E_{X_i\mid T_i=1}\{E[Y_i(0)\mid T_i=1,X_i]\} \tag{2-30}$$

假设在给定变量 X 情况下，p(X) 代表在贫困家庭中成长的比率，$p(X)=Pr(T=1\mid X=x)=E[T\mid X=x]$。按照 Rosenbaum 和 Rubin(1983)的方法，如果潜在结果 $Y_i(0)$ 在给定 X 情况下独立于处理分配，它也独立于 p(X)，$Y_i(0)\perp T_i\mid p(X_i)$，对于给定的倾向值，接受处理可被视为是随机的，即贫困和非贫困儿童平均观测相同，此时的 ATT 效应可写成如下形式：

$$T=E[Y_i(1)-Y_i(0)\mid T_i=1]=E_{p(X_i)\mid T_i=1}\{E[Y_i(1)-Y_i(0)\mid T_i=1,p(X_i)]\}$$
$$=E_{p(X_i)\mid T_i=1}\{E[Y_i(1)\mid T_i=1,p(X_i)]\}-E_{p(X_i)\mid T_i=1}\{E[Y_i(0)\mid T_i=1,p(X_i)]\} \tag{2-31}$$

为分析这种平均效应背后的机制，本节使用因果中介效应模型，中介效应分析旨在量化特定机制处理的效果，这种特定机制是人力资本积累（Luna and Michela，2018）。中介效应模型的概念性框架如图 2-1 所示。

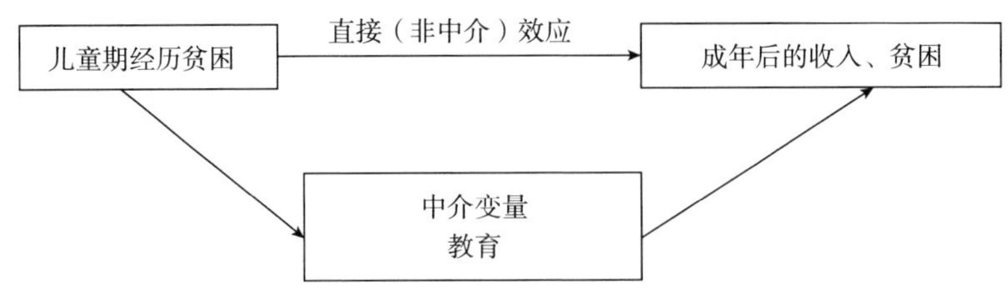

图 2-1　中介效应模型的概念性框架

假设 $M_i(t)$ 代表个体 i 在处理 T=t 时中介变量的潜在值，$T_i(t, m)$ 代表在 T=t、M=m 时的潜在结果，可观测到的结果 $Y_i[T_i, M_i(T_i)]$ 依赖于处理状态和中介变量值。与平均处理效应识别不同，在中介效应模型中，识别直接和间接效应需要更强的假定，即所谓的次序忽略性（Sequential Ignorability, SI）。

$$Y_i(t', m), M_i(t) \perp T_i \mid X_i = x \tag{2-32}$$

$$Y_i(t', m) \perp M_i(t) \mid T_i = 1, X_i = x \tag{2-33}$$

对于 t=0、t=1，Pr（$M_i = m \mid T_i = 1, X_i = x$）>0、Pr（$T=1 \mid X=x$）>0，式（2-32）是标准的无混淆假设：给定预处理变量条件下，处理分配独立于潜在结果变量和潜在中介变量；式（2-33）表明中介变量的忽略性，即那些具有相同贫困状态、相同可观测特征的个体，其教育水平可视为是随机分配的。为估计平均因果中介效应（Average Causal Mediation Effect, ACME）和平均直接效应（Average Direct Effect, ADE），本节首先估计潜在的结果和中介变量（Imai et al.，2010a，2010b），当中介变量为二元哑变量（受教育程度是否达到高中及以上程度）使用 Probit 模型进行估计：

$$M_i = 1\{M_i^* > 0\} \tag{2-34}$$

式（2-34）中，$M_i^* = \alpha_2 + \beta_2 T_i + \xi' X_i + \varepsilon_{i2}$。当结果变量为连续型（家庭人均收入）则使用如下线性模型：

$$Y_i = \alpha_3 + \beta_3 T_i + \kappa T_i M_i + \gamma M_i + \xi' X_i + \varepsilon_{i3} \tag{2-35}$$

式（2-35）中如果结果变量为二元哑变量（成年人贫困）时使用 Probit 模型进行估计 $Y_i = 1\{Y_i^* > 0\}$，其中 $Y_i^* = \alpha_3 + \beta_3 T_i + \kappa T_i M_i + \gamma M_i + \xi' X_i + \varepsilon_{i3}$，式（2-35）

中引入的处理和中介变量的交叉乘积项可考查教育对收入的效应是否与儿童期在贫困环境中成长有关。在 SI 假定下，潜在结果的估计形式如下：

$$\bar{Y}_i\{0,\ M_i(t)\}=\hat{\alpha}_3+\hat{\gamma}\bar{M}_i(t)+\xi' X_i \tag{2-36}$$

$$\bar{Y}_i\{1,\ M_i(t)\}=\hat{\alpha}_3+\hat{\beta}_3+\hat{\kappa}\bar{M}_i(t)+\hat{\gamma}\bar{M}_i(t)+\xi' X_i \tag{2-37}$$

式(2-36)、式(2-37)中 $\bar{M}_i(t)=1\{\bar{M}_i^*(t)>0\}$，其中 $\bar{M}_i^*=\hat{\alpha}_2+\hat{\beta}_2 t+\xi' X_i$，$t=0,\ 1$。平均因果中介效应（ACME）、平均直接效应（ADE）分别通过下式来估计（Hicks and Tingley，2011）：

$$\hat{\bar{\tau}}_t=\frac{1}{n}\sum_{i=1}^{n}\{\bar{Y}_i[t,\ \bar{M}_i(1)]-\bar{Y}_i[t,\ \bar{M}_i(0)]\} \tag{2-38}$$

$$\hat{\bar{\gamma}}_t=\frac{1}{n}\sum_{i=1}^{n}\{\bar{Y}_i[1,\ \bar{M}_i(t)]-\bar{Y}_i[0,\ \bar{M}_i(t)]\} \tag{2-39}$$

2. 数据

2015 年中国综合社会调查（CGSS）数据于 2018 年 1 月 1 日在中国国家调查数据库（CNSDA）的官网上发布。该调查覆盖了全国除西藏自治区、海南省、新疆维吾尔自治区、香港特别行政区、澳门特别行政区、台湾省之外的 28 个省份 478 个社区，在村、居层面采用基于地图地址的抽样方法，问卷调查过程中采用了基于计算机辅助面访（Computer Assisted Personal Interviewing，CAPI）的问卷调查系统，一共完成个人问卷调查 10968 份。Chetty 等（2014）研究表明，在 32 岁以后测量儿童收入时，衡量代际流动性的生命周期偏差可以忽略不计。为使感兴趣的结果在生命期内保持一定程度的同质性，我们将样本限制在 35～55 岁工作年龄的个体。剔除存在缺失值和无效值的样本后获得有效样本数据 3984 份。本研究把儿童期经历过贫困定义为 14 岁时家庭处于社会的最底层。成人后的结果变量包括受访者收入对数、受访者是否贫困（贫困线定义为 2 $ PPP）；中介变量为完成高中及以上教育的概率。其他控制变量还包括受访者的出生年份、性别、身体健康状况、14 岁时是否为单亲、父母亲的出生年份、父母亲的受教育程度、父母亲的单位类型、父母亲的职务级别等变量，具体的变量定义及描述性统计、控制变量检验分别如表 2-26、表 2-27 所示。

表 2-26　描述性统计

变量	变量名称	均值	标准差	最小值	最大值
Childpoor	受访者 14 岁时家庭贫困	0. 2259	0. 4182	0. 0000	1. 0000
Lnincome	受访者收入对数	9. 9491	1. 1239	4. 6051	15. 4249
Adultpoor	受访者为贫困	0. 0462	0. 2098	0. 0000	1. 0000
Indedu	受访者受教育程度为高中及以上	0. 3220	0. 4673	0. 0000	1. 0000
Indbirth	受访者出生年份	1969. 4000	5. 6876	1960. 0000	1980. 0000
Indgender	受访者性别为男	0. 4588	0. 4984	0. 0000	1. 0000
Indhealth	受访者身体状况为不健康	0. 1445	0. 3517	0. 0000	1. 0000
Singleparent	受访者 14 岁时为单亲家庭	0. 0537	0. 2255	0. 0000	1. 0000
Fatherbirth	父亲出生年份	1940. 8000	9. 7060	1890. 0000	1979. 0000
Motherbirth	母亲出生年份	1943. 0000	9. 0067	1908. 0000	1979. 0000
Fatheredu	父亲受教育程度为初中及以上	0. 1240	0. 3296	0. 0000	1. 0000
Motheredu	母亲受教育程度为初中及以上	0. 2475	0. 4316	0. 0000	1. 0000
Fatherself	受访者 14 岁时父亲单位类型为自雇	0. 6589	0. 4741	0. 0000	1. 0000
Motherself	受访者 14 岁时母亲单位类型为自雇	0. 7028	0. 4571	0. 0000	1. 0000
Fatheradm	受访者 14 岁时父亲担任行政职务	0. 0863	0. 2809	0. 0000	1. 0000
Motheradm	受访者 14 岁时母亲担任行政职务	0. 0058	0. 0758	0. 0000	1. 0000

表 2-27　控制变量检验

	儿童期经历过贫困			受教育程度为高中及以上		
	No	Yes	Difference	No	Yes	Difference
Indbirth	1969. 5870	1968. 7880	0. 7990***	1969. 0200	1970. 2200	-1. 2010***
Indgender	0. 4533	0. 4777	-0. 0244	0. 4217	0. 5370	-0. 1153***
Indhealth	0. 1173	0. 2377	-0. 1203***	0. 1804	0. 0670	0. 1143***
Singleparent	0. 0460	0. 0800	-0. 0339***	0. 0562	0. 0483	0. 0079
Fatherbirth	1941. 3590	1938. 6920	2. 6670***	1940. 2750	1941. 5860	-1. 3100***
Motherbirth	1943. 3460	1941. 8200	1. 5260***	1942. 6510	1943. 6090	-0. 9580***
Fatheredu	0. 2769	0. 1466	0. 1302***	0. 1510	0. 4505	-0. 2994***
Motheredu	0. 1398	0. 0700	0. 0698***	0. 0511	0. 2774	-0. 2263***
Fatherself	0. 6368	0. 7344	-0. 0976***	0. 7748	0. 4146	0. 3602***

续表

	儿童期经历过贫困			受教育程度为高中及以上		
	No	Yes	Difference	No	Yes	Difference
Motherself	0.6861	0.7600	0.0738***	0.8163	0.4637	0.3526***
Fatheradm	0.0878	0.0811	0.0067	0.0633	0.1348	-0.0715***
Motheradm	0.0061	0.0044	0.0017	0.0011	0.0155	-0.0144***

注：***表示1%水平下显著。

受访者14岁时家庭贫困的比例为22.59%，在这些经历过儿童期贫困的个体中，更多的是单亲家庭；经历过儿童贫困的其父母的受教育程度也比较低。例如，没有经历过儿童期贫困的父母受教育程度初中以上的比例分别比经历过儿童期贫困的父母受教育程度高13.02%、6.98%。比较有趣的是，个体受教育程度是否为高中以上的检验中除在单亲家庭这个变量上没有显著差异以外，在其他变量上均呈现出较为显著的差异，如个体完成高中以上教育的父母其完成初中以上教育的比例分别为45.05%、27.74%，比个体没有完成高中教育的父母分别高出29.94%、22.63%。此外，个体没有完成高中以上教育的父母其自雇比例分别为77.48%、81.63%，比个体完成高中教育的父母自雇比例分别高36.02%、35.26%。个体完成高中以上受教育程度的父母其担任行政职务的较多。表2-27还显示，经历过儿童期贫困的个体成年后身体不健康的比例较高，个体受教育程度是否为高中以上在身体健康状况这个变量表现出了显著的差异，完成高中教育的成年个体其身体不健康的比例较低。

三、实证分析

1. 儿童期贫困对成年后的收入及贫困影响

本节首先通过Probit模型估计每个个体的倾向值（Propensity Score，PS），即在给定如表2-27所示的控制变量条件下个体经历儿童期贫困的概率。倾向值（PS）是平衡分数，即贫困与否与X值无关，平衡分数与非混淆假设结合意味着在给定 PS 值下，接受处理是随机的，在可观察预处理特征条件下的处理组和对照组基本相似。倾向值方法的有效性可通过协变量匹配前后的比较进行分析。匹配和未匹配的标准离差①情况显示，匹配后的平衡分数有了较大的改善，匹配后标准离差与零差异较小。处理组和非处理组的 PS 值表明满足 Common Support 假设。

表 2-28 报告了使用纠偏匹配方法（Bias-Corrected Matching）② 来消除相关偏差的 ATT 效应，为检验结果的稳健性，还使用 Doubly Robust 方法进行了估算。

表 2-28　ATT 效应

匹配方法	主要结果		中间结果
	收入	贫困（贫困线 2＄ PPP）	教育
Bias-Corrected Matching	-0.3410 (-4.87)	0.0379 (2.46)	-0.1023 (-3.63)
Doubly Robust Estimate	-0.3397 (-5.93)	0.0409 (2.99)	-0.1241 (-5.31)
城市 Bias-Corrected Matching	-0.2353 (-2.61)	0.0199 (1.51)	-0.0978 (-2.24)
农村 Bias-Corrected Matching	-0.3763 (-4.21)	0.0502 (1.89)	-0.0782 (-2.85)

注：括号内为 Z 值。

表 2-28 显示，儿童期经历的贫困使得成年后的家庭人均收入显著下降，成年后的贫困呈现显著的上升。至于中间结果，ATT 效应显示儿童期经历的贫困使完成高中及以上教育的概率显著下降。纠偏匹配方法和 Doubly

① 匹配后离差的减少 $BR = 100\ (1 - B_M/B_0)$。B_M 为匹配后标准离差，B_0 为匹配前标准离差，$B_M = \frac{100\ (\bar{x}_{MC} - \bar{x}_{MT})}{\sqrt{\frac{s_{MC}^2 + s_{MT}^2}{2}}}$；$B_0 = \frac{100\ (\bar{x}_{0C} - \bar{x}_{0T})}{\sqrt{\frac{s_{0C}^2 + s_{0T}^2}{2}}}$。

② 此方法使用 Stata 软件中的 nnmatch 命令。其他匹配方法结果大致相同，篇幅所限略去。

Robust 方法计算出的方向、程度差异不大。城乡分组结果显示，儿童期经历的贫困使得农村的收入下降程度更大，儿童期经历的贫困对城乡个体的高中以上教育呈现较为显著的抑制作用，儿童期经历的贫困对城市贫困则表现出了不显著的正号。

2. 教育的中介效应

前文分析表明，经历过儿童期贫困的个体获得高中及以上受教育程度的概率下降，受教育程度为高中以下的个体其收入比高中以上受教育程度的个体收入低，这种现象是否反映了人力资本积累这种中介角色呢？为此，我们使用中介效应模型分析教育在代际贫困传递中的作用，即通过降低高中毕业的可能性来研究儿童期经历贫困是否会导致成人后收入水平的下降。本节的中介变量为是否完成高中及以上教育，结果变量则是成人后的收入水平及陷入贫困的风险。首先基于式（2-34）模拟经历过和没有经历过儿童期贫困的个体其获得高中及以上受教育程度的概率，然后基于式（2-35）模拟潜在结果（贫困风险模型使用 Probit 模型）。表 2-29 报告了平均因果中介效应、平均直接效应及平均总效应[①]。

表 2-29　中介效应分析

指标	全部样本		城市样本		农村样本	
	Income	Poverty	Income	Poverty	Income	Poverty
Total Effect	-0.3454*** (-0.45000, -0.23000)	0.0398*** (0.01400, 0.06500)	-0.2353*** (-0.38000, -0.08000)	0.0248 (-0.00020, 0.04900) P 值为 0.052	-0.3629*** (-0.52000, -0.20000)	0.0530** (0.00700, 0.09900)
Average Causal Mediation Effect	-0.0730*** (-0.10000, -0.04000)	0.0030*** (0.00090, 0.00500)	-0.0664*** (-0.10000, -0.02000)	0.0019 (-0.00001, 0.00400) P 值为 0.052	-0.0195 (-0.03000, 0.00010) P 值为 0.051	0.0003 (-0.00200, 0.00300)

① 如果把中介变量定义为初中或大专及以上，结论基本不变。

续表

指标	全部样本		城市样本		农村样本	
	Income	Poverty	Income	Poverty	Income	Poverty
Average Direct Effect	-0.2724*** (-0.37000, -0.16000)	0.0368*** (0.01100, 0.06200)	-0.1689*** (-0.30000, -0.03000)	0.0229 (-0.00100, 0.04600) P值为0.062	-0.3434*** (-0.49000, -0.18000)	0.0527** (0.00600, 0.09800)
% of Total Effect Mediated	21.1400 (11.35000, 30.94000)	7.5600 (-12.47000, 27.59000)	28.2200 (-235.00000, 292.00000)	7.9000 (-39.00000, 55.00000)	5.4000 (1.20000, 11.90000)	0.6000 (-137.00000, 138.00000)

注：贫困线为2＄ PPP；括号内为95%的置信区间；***表示1%水平下显著、**表示5%水平下显著；显著性由Bootstrap运行2000次得到。

表2-29的全部样本结果显示，总的收入效应为-0.3454，陷入贫困风险的效应为0.0398；教育水平降低即接受高中教育的概率下降对收入下降、贫困增加的直接效应分别为-0.2724、0.0368，中介效应分别为-0.0730、0.0030。收入下降、贫困增加的总效应中分别有21.14%和7.56%可归因于教育的降低，即贫困家庭成长的孩子其受教育水平的降低分别约占成人后收入下降、贫困上升总效应的21%、8%。这也说明儿童期贫困对成年后收入及贫困的影响更多地表现为直接效应，其通过教育继而影响成年收入及贫困的中介效应相对较弱。教育在贫困代际传递中具有一定的复制原有家庭等级的功能，但这种复制功能相对较弱。总样本收入、贫困中的直接效应、中介效应、总效应都在1%的统计水平上显著。此外，随着贫困线的提高，中介效应占总效应的比例也在提高，如当贫困线为10＄ PPP时，总样本中介效应占总效应的比例为22.5%。

城乡分组样本显示，城市贫困家庭成长的孩子其教育水平的降低占成人后收入下降、贫困上升总效应的比例比农村大，这也从另一个侧面说明城市教育人力资本积累一旦受到阻碍，其在贫困代际传递中发挥的不利贡献将比农村更强，也说明城市人力资本积累受阻后，纵向的阶层移动阻碍将更严重；由于有土地做最后的保障，即使农村出身的高学历个体由于家庭社会资本缺乏致其在劳动力市场上并不占优，农村教育人力资本积累弱化，对贫困代际传递作用相应也较小。表 2-29 最后一行贫困线为 2＄ PPP 的贫困分析显示，农村中介效应占总效应的比例只有 0.6%，且中介效应的统计上并没有显著性。当然，在贫困线增加到 10＄ PPP 时，总样本中的结果变量贫困分析涉及的总效应、直接效应、中介效应在 1%的统计水平上显著，城乡分组样本中的结果变量贫困分析涉及的总效应、直接效应、中介效应也都比较显著，其他结论也不变。本节教育人力资本的传导机制还应综合不同因素来进行解释，如虽然受数据所限，教育以受教育程度来衡量，但教育质量的作用不容忽视。贫困状况从父母传给子女的程度也取决于教育投资和这些投资的回报率的综合影响，教育的财政支持及在劳动力市场上获得的报酬也很重要，而这又会受到儿童成长中的社会及市场运行方式的影响。总之，父母贫困可能与较低的健康、营养和住房水平有关，所有这些都会影响儿童的发展及其未来的收入。此外，家庭和社会环境是塑造信仰和价值观的地方，这些可能会影响儿童对未来工作、健康和家庭的态度。

3. 稳健性及敏感性分析

（1）稳健性分析。我们首先使用 Oster（2019）提出的方法，来评估遗漏变量偏差的稳健性。Oster（2019）通过对偏差与系数的关联进行明确而扩展了 Altonji 等（1998）的算法，即在评估遗漏变量偏差的稳健性时，有必要同时考虑回归系数和 R^2 的变动，该算法可以得到遗漏变量偏差调整后处理效应的一致估计，遗漏变量偏差调整后的处理效应 β^* 的近似值可写成：

$$\beta^* \approx \tilde{\beta}-\delta[\dot{\beta}-\tilde{\beta}]\frac{R_{max}-\tilde{R}}{\tilde{R}-\dot{R}} \tag{2-40}$$

式（2-40）中 $\dot{\beta}$、$\dot{R}$ 分别代表儿童期贫困与否对成年后收入回归的系数、R^2 值；$\tilde{\beta}$、$\tilde{R}$ 则分别代表儿童期贫困与否及可观测变量对成年后收入回归的系数、R^2 值；R_{max} 代表结果变量对处理变量、可观测及不可观测变量回归后的 R^2 假设值（可为 1）；δ 测度了不可观测变量相对于可观测变量的选择程度，基于这种方法就能计算出如果使得处理效应为0时，不可观测变量相对于可观测变量的选择程度。根据上述假设，我们估算了当儿童贫困对成人收入的影响效应为0时的比例系数值，该比例系数值为16.3，这说明不可观测的变量要达到可观测变量的16倍才能产生如此无效的处理效应。此外，我们还计算了当不可观测变量相对于可观测变量的值为1和2（即偏差调整系数δ为1和2）时，儿童贫困对成年后收入的效应值分别为-0.31、-0.29，没有调整的效应值为-0.34。这表明前述结论具有稳健性特点，遗漏变量问题在控制了家庭背景和父母的受教育程度后可能并不严重。

（2）平均处理效应的敏感性分析。前述分析的假设是，在协变量X条件下儿童期贫困是随机出现的，这意味着非贫困儿童的结果可用于估计贫困儿童的反事实结果（如果他们没有经历儿童贫困），该假设的合理性在很大程度上依赖于X中包含信息的质量和数量。该假设的有效性不能直接验证，但其可信性可通过额外的敏感性分析得到支持或拒绝。即使我们能观测到所有如父母的受教育程度、职业、儿童的年龄、性别、兄弟姐妹数量等协变量，上述相关研究也不是没有偏误，儿童贫困可能与不可观测的父母遗传能力因素有关，该因素不仅影响父母陷入贫困的概率，还会通过遗传能力的传递影响到儿童的潜在结果。为评估结果的稳健性，本节首先使用Rosenbaum（2002）提出的界限方法（Bounding Approach）敏感性分析①。表2-30报告了贫困Mantel-Haenszel的处理效应结果。

表2-30　贫困的Mantel-Haenszel分析

Gamma	Q_ mh+	Q_ mh-	P_ mh+	P_ mh-
1.00	0.7344	0.7344	0.2313	0.2313
1.05	0.5565	0.9136	0.2889	0.1805
1.10	0.3867	1.0844	0.3495	0.1391
1.15	0.2246	1.2480	0.4111	0.1060
1.20	0.0695	1.4051	0.4723	0.0800

① 本节使用Stata软件中的Mhbounds进行敏感性分析。

续表

Gamma	Q_ mh+	Q_ mh-	P_ mh+	P_ mh-
1. 25	-0. 0790	1. 5563	0. 5316	0. 0598
1. 30	-0. 0540	1. 7021	0. 5215	0. 0444
1. 35	0. 0826	1. 8428	0. 4671	0. 0327
1. 40	0. 2141	1. 9789	0. 4152	0. 0239
1. 45	0. 3411	2. 1107	0. 3665	0. 0174
1. 50	0. 4638	2. 2385	0. 3214	0. 0126

本节先从没有隐藏偏误（$\Gamma=1$）开始，隐藏偏误增加量步长为 0. 05 一直到 $\Gamma=1.5$。Mantel-Haenszel 检验方法的基本思想是测度不可观测因素的隐藏偏差，这种隐藏偏差可能对处理组的处理效应产生反向影响。因为前述方法中儿童期贫困对成人后的贫困效应为正，为此，表 2-30 主要关注高估低保的真实效应（Q_ mh+）及相应的显著性水平（P_ mh+）下的界限问题。此处的敏感性分析表明不可观测的异质性不是本节结果的主因。

此外，本节还使用 Ichino 等（2008）提出的方法来研究高估的程度问题，假设不可观测的能力变量 A 可由高值 H、低值 L 来表示，我们进行了两个模拟练习①：第一，A=1（高值）的概率在由处理状态（儿童期贫困）和结果状态（成人后贫困）组成的四组（P_{ij}）中设定，以便由父母受教育程度来模拟父母能力 A（Anger and Heineck，2010）。第二，选定不同的 P_{ij} 捕获将 ATT 效应推至 0 时的潜在混淆因素特征（即 Killer 混淆因素）。表 2-31 报告了贫困及教育的敏感性分析结果。

表 2-31 贫困、教育的敏感性分析

指标	贫困			教育		
	Fatheredu	Motheredu	Killer	Fatheredu	Motheredu	Killer
P_{11}	0. 100	0. 020	0. 800	0. 310	0. 190	0. 880

① 此处的敏感性分析使用 Stata 软件中的 Sensatt 命令。

续表

指标	贫困			教育		
	Fatheredu	Motheredu	Killer	Fatheredu	Motheredu	Killer
P_{10}	0. 150	0. 080	0. 700	0. 110	0. 040	0. 840
P_{01}	0. 050	0. 030	0. 500	0. 470	0. 290	0. 010
P_{00}	0. 300	0. 150	0. 200	0. 170	0. 050	0. 030
Output Effect	0. 130	0. 220	3. 570	4. 510	7. 600	0. 383
Selection Effect	0. 422	0. 435	8. 510	0. 490	0. 500	289. 150

表 2-31 结果显示，引入校准因素（Calibrated）及 Killer 因素时结果依然稳健。例如，如果使本节结果无效的话（除高能力父母家庭的孩子成人后低于高中教育的概率低于低能力的父母这条比较合理外），高能力父母家庭的儿童陷入贫困的概率比低能力父母家庭的儿童陷入贫困的概率约高 9 倍或 289 倍，高能力父母家庭的非贫困儿童成人后陷入贫困的概率高于低能力父母家庭 3. 57 倍。

（3）中介效应的敏感性分析。非混淆假设及次序忽略性（SI）假设是否满足与数据质量有较强关系，如果有不可观测的混淆因素同时影响教育水平和收入水平时，次序忽略性（SI）假设不再成立，平均因果中介效应（ACME）和平均直接效应（ADE）的估计也不再有效。例如，预先存在的认知或非认知问题可能会降低高中毕业的可能性、降低收入水平的可能性。为了处理违反 SI 假设的情况，本节通过敏感性分析来评估未观察到的混杂因素的作用。

在敏感性分析中假设式(2-34)、式(2-35)的误差项 ε_{i2}、ε_{i3}($var\varepsilon_{i3}=\sigma_3^2$)分别服从标准正态分布、正态分布，即 $\varepsilon_{i2}\sim N(0,\ 1)$、$\varepsilon_{i3}\sim N(0,\ \sigma_3^2)$，并假设($\varepsilon_{i2}$，$\varepsilon_{i3}$)服从均值为 0、协方差为 $\rho\sigma_3^2$ 的二元正态分布(ρ 为两误差项之间的相关系数)。在这些假设基础上中介效应可作为 ρ 的函数来考查，当 ρ 为 0 时，次序忽略性(SI)假设成立，即中介模型和结果模型的误差项之间没有关联，否则当 ρ 不为 0 时次序忽略性(SI)假设不再成立(Keele et al.，2015)。在本研究中平均因果中介效应(ACME)等于 0 时的 ρ 值为 0. 3，ρ 的

符号为正，说明不可观察的混淆因素同方向地影响着教育和收入，这也意味着如果适度违反次序忽略性假设真正的中介效应可能为0。上述参数本身很难直接解释，我们换一个方法对其进行分析，即采用敏感性与 R^2 这个判断系数相结合的方法。混淆因素 U_i 存在时，中介模型及结果模型的误差项 $\varepsilon_{ij}=\lambda_j U_i+\varepsilon'_{ij}(j=2, 3)$，为 U_i 的函数，其中，λ_j 为每个方程的未知参数。此时的敏感分析是基于中介模型和结果模型中混淆因素解释的部分占原始方差的比例来进行的。$\hat{R}_M^2 \equiv \{var(\varepsilon_{i2})-var(\varepsilon'_{i2})\}/var(M_i)$、$\hat{R}_Y^2 \equiv \{var(\varepsilon_{i3})-var(\varepsilon'_{i3})\}/var(Y_i)$，该设计中 ρ 为不可解释方差的函数，$R_M^{2*} \equiv 1-var(\varepsilon'_{i2})/var_{i2}$；$R_Y^{2*} \equiv 1-var(\varepsilon'_{i3})/var_{i3}$。平均因果中介效应（ACME）与判断系数 R^2 之间的关系可表示为中介变量和结果变量的 R^2 的乘积，对于不可解释的方差而言，$\rho=sgn(\lambda_2\lambda_3)R_M^* R_Y^*$；对于原始方差而言，$\rho=sgn(\lambda_2\lambda_3)\hat{R}_M \hat{R}_Y/\sqrt{(1-R_M^2)(1-R_Y^2)}$（Hicks and Tingley，2011）。

表2-32的结果显示，如果前述结论改变，$\hat{R}_M^2$、$\hat{R}_Y^2$ 都必须非常高，说明中介效应对收入的影响在偏离次序忽略性（SI）假设时仍十分稳健。当然，此处的稳健性分析仍不能解决中间混淆因素的影响问题，如儿童期的贫困可能引致健康低下，健康欠佳可能会负向影响更高的学业及更好工作概率，此时估计的非直接效应会有偏误。

表2-32　ACME的敏感性分析

ACME为0时，ρ 值	0.3000
ACME为0时，$R_M^{2*} R_Y^{2*}$ 值	0.0900
ACME为0时，$\hat{R}_M^2 \hat{R}_Y^2$ 值	0.0489

相对于因为家庭贫困导致受教育程度低，从而导致个体成人之后收入低或者贫困发生率高，人们其实更加关注的是对于家庭贫困的人来说，接受较高的教育之后是否能够摆脱贫困，即我们更关注的是“教育能否改变命运”这个问题。为此，这里仅仅将14岁时家庭贫困的人口作为研究对象，来分析那些获得了更高教育的人在成人之后贫困发生率的情况，分析结果显示：

当使用2＄ PPP 的贫困线时，受教育程度为初中及以下、高中毕业、大专以上个体的贫困率分别为8.74%、4.49%、0，当使用5＄ PPP 的贫困线时，受教育程度为初中及以下、高中毕业、大专以上个体的贫困率分别为26.5%、12.3%、0，这说明教育在改变个体命运方面发挥着举足轻重的作用。

四、小结

儿童时期是个体成长和发展的重要时期，又是生命周期中比较脆弱的阶段，该阶段的成长经历可能会对人的一生产生至关重要的影响。本节使用含有个体14岁时的阶层认同、父母特征等回顾性问题的中国微观调查数据，引入人力资本积累作为中介变量分析贫困代际传递的渠道，研究童年期经历贫困的效应。结果显示：没有经历儿童贫困的收入分布优于经历过儿童贫困的收入分布，这意味着儿童没有经历贫困比儿童普遍贫困的社会福利水平更高；童年期经历贫困显著地降低了成年后的收入水平，并使得成年后陷入贫困的概率增加；教育作为中介变量在贫困代际传递中起着重要作用，儿童经历贫困引致的低受教育程度占成人后收入下降效应的比例接近20%，贫困线处于较高水平时，教育中介效应占贫困上升总效应的比例也接近20%，达到高中及以上教育程度并不能完全克服儿童期贫困的不利影响；教育中介效应存在着城乡异质性，城市贫困代际传递中教育中介效应占总效应的比值远远大于农村。

本节结论的政策含义：在巩固拓展脱贫攻坚成果、防止规模性返贫进程中，剖析儿童贫困的成因、制定儿童贫困的维度和识别标准，是解决复杂的儿童贫困问题的首要环节；公共财政发挥应有的职能，为儿童提供有质量的受教育机会，这对摆脱家庭贫困、切断贫困代际恶性遗传链、促进社会公平均有积极意义。这些措施与 Solon（2004）的建议相符，即政府应进行累进性教育投资而非由次优的父母教育投资来促进代际流动；平衡城乡资源，推进教育公共服务均等化也是反儿童贫困、打破贫困代际传递怪圈的题中之义。

其他一些因素也可能影响儿童期贫困对成人后的影响结果，如父母贫困可能与较低的健康、营养和住房水平有关，这些又都会影响儿童发展及其未来的收入。此外，心理学方面的研究表明收入可能会影响如父母情绪此类的家庭心理过程（Mcloyd，1990）。流行病学理论认为儿童期代表了社会过程嵌入生物学的敏感时期，与低收入相关的压力因素可能改变生物系统。不幸的是，低收入家庭的儿童遭受虐待的可能性更高，会经历更多紧张的生活事件，如父母不和以及居住不稳定等（English，1998）。总之，家庭和社会环境是塑造信仰和价值观的地方，这些可能会影响儿童对未来工作、健康和家庭的态度。上述因素的深入分析构成了未来的研究内容。个人往往会将自己当前的经济窘迫问题归因为小时候家庭贫困导致受教育程度不高，从而为自己的“无能”寻找借口，因而会高估儿童时期的贫困发生率。由于儿童期社会地位赋分存在测量误差，本节计算出的效应值充其量是一个上限值，测量误差的存在是本节的不足之一。

第五节　城镇化与农村减贫

一、研究背景与文献综述

城镇化日益被视为21世纪重要的问题之一。目前世界上有一半以上的人口居住在城镇，预计到2050年这一数字将上升到75%，大部分城市增长主要集中于亚洲和非洲地区（United Nations，2015）。1978年，中国城镇人口只有1.7亿，占总人口的17.9%，到2016年该比例上升到57.3%（World Bank，2009）①。与此同时，按当年价现行农村贫困标准衡量，1978年末农

① 这里包含没有城市户口的农村迁移人口，如果城镇化以城市户籍居民占总人口的比例来衡量该数值将大幅下降，不同统计口径下的城镇化指标将有较大差异。

村贫困发生率为97.5%，2017年末农村贫困发生率为3.1%，农村贫困发生率下降94.4个百分点，年均下降2.4个百分点[①]。

自Lewis（1954）的城乡迁移模型和Kuznets（1955）的不平等与经济增长关系模型建立以来，其后的诸多理论研究表明，城镇化可以通过集聚经济提高生产率，进而带动更高的经济增长（Fujita et al.，1999）。Bairoch（1988）认为城市化是经济发展的标志。然而经济增长或经济发展又是减贫的前提条件。现代部门的高速发展使城市贫困低于农村贫困，随着城市人口比重上升将引致一国或地区贫困水平的下降（Ravallion，2011）。然而，城镇化对经济增长的影响更大程度上依赖于城镇化的进程及特征，一部分文献表明城镇化显著地促进了亚洲地区的经济增长，但对非洲却无此影响（Basu and Mallick，2008）。现有文献较多地探讨了城镇化与增长、城镇化与环境之间的关系（Bertinelli and Black，2004；Liddle，2014），研究城镇化进程是否会对农村福利产生影响、程度如何的文献较为缺乏，在城镇化快速发展背景下探讨城镇化影响农村贫困的传导机制及影响程度对公共政策的制定有重要的现实意义。

城镇化通过五个渠道影响农村家庭的收入、消费和贫困（Cali and Menon，2013；Mohamed et al.，2017；Martinez et al.，2009；Mallick，2014；Banerjee and Duflo，2007）：第一，汇款渠道。城镇化往往伴随着农村人口向城市的迁移，这意味着劳动者从农业部门和农村地区转向工业部门和城镇地区（Harris and Todaro，1970），迁移会使农村迁移人口的收入和消费水平提高，通过迁移人口的汇款农村家庭收入和消费水平预期也会上升（Stark and Bloom，1985）。汇款还可以用来进行人力资本投资或社会资本投资，进而带动农村劳动生产率提高或促进农村劳动力从事非农活动。汇款在减少农村家庭的资源约束及为负向冲击提供保险方面有积极作用（Stark et al.，1986）。当然，如考虑到以下情况由城市转移到农村的汇款净流入可能会减少：迁移家庭往往给初次留在城市的迁移人口提供货币或实物等经

① 参见国家统计局2018年9月3日公布的《扶贫开发成就举世瞩目　脱贫攻坚取得决定性进展：改革开放40年经济社会发展成就系列报告之五》。

济支持，这种旨在支付迁移人口固定成本的支持可以解释为一项投资，其回报是随后收到的反向城乡汇款流量（Stark and Bloom，1985）。迁移人口对留守家庭的影响在实证中并没有一致的结论，一些文献认为汇款对家庭收入增长和缓解贫困有积极作用（Taylor et al.，2005；Bouiyour et al.，2016），另一些文献则认为迁移对贫困没有作用（Azam and Gubert，2006；Yang，2008）。第二，非农就业渠道。城市地域扩张有利于非农经济活动的多样化进而对收入有正面影响（Jacoby and Minten，2009），这种效应对地理上靠近城市的乡村尤为重要，由于城市提供了密集的市场能更有效地交换商品和服务，靠近城市的农户凭借其比较优势可以从事特定的经济活动，依靠市场来满足消费和投入需求（Dercon and Hoddinott，2005），更广泛的专业化可能会提高生产率和收入，靠近城市会刺激农业贸易的非农活动，如运输和营销。城市刺激附近农村高回报非农就业的例子在亚洲地区比较常见（Fafchamps and Wahba，2006；Thanh and Thu phuong，2008）。城市扩张还使得城市周边劳动者通勤的概率上升，进而会带动城郊如消费和零售非农活动的增长来满足通勤人口不断增长的服务业需求（Cali and Menon，2013）。企业在城市中集聚并吸引城市和城市附近的农村劳动者就业，农民工工资得以增加。另外，基于城乡间工资差异的迁移可能会使农村劳动力供给下降并引致农村工资上升。第三，农产品消费需求渠道。农产品需求渠道主要通过收入效应和替代效应起作用，收入效应指城市收入高于农村而引致的对农产品需求增加，即城市对农产品、劳动密集型产品的需求随着城市经济和人口密度的增长而增长，运输条件和基础设施的改善使农产品从农村运往城市的运输成本降低。由于运输成本降低，亚洲国家的劳动密集型出口产品从城市向农村的转包数量增加（Otsuka，2007）。替代效应与较高附加值产品在农业总需求中所占比例的增加有关，这是典型的更复杂的城市消费者的特征（Cali and Menon，2013）。第四，农村土地渠道。城市扩张增加了附近农地改作居住之用的需求，农地价格将上升，土地所有者通过租赁、售卖等形式获得更高收入（Plantinga et al.，2002）。其实，前述农产品消费需求渠道中因预期未来农业收入上升进而也会带动土地租赁价格上升。土地渠道对农村贫困的终极影响还要视增加的这些收入在农村人群中的分布，如果土地非常集中，这个渠道可能只会使少数有土地人群受益并限制无土地人群获得有偿就业机会，这时该渠道减少贫困的效果就会打折扣。此外，劳动力从乡村转向城市无疑会降低农村劳动力供给，农村人均可用土地相应地增加，由于土地数量固定不变、土地边际收益递减，这种增加的可用性土地应该会提高农业劳动生产率并给农村工资带来上涨压力（Cali and Menon，2013）。第五，技术和市场的溢出效应渠道。农村居民生活水平因城市化溢出效应而上升。除了迁移外（Allen，2009；Mohamed et al.，2017），城乡之间如信息传递、先进技能和知识传播等其他互动形式也对农村人力资本形成产生积极影响（Mckenzie and Sasin，2007）。此外，城市化在城市和附近农村地区的经济和社会结构中起着至关重要的作用，它为教育、健康服务和环境设施改进提供了机会。教育资本决定了农村居民采用技术的能力，健康资本则影响经济活动和减贫。

然而，城镇化并不必然引起农村家庭收入的增长，如劳动力向城市迁移降低了农村劳动力供给，短期内迁移者无法汇款给留守农村的家人，他们必然会经历收入下降之痛。从长期来看，农村到城市的迁移会阻止这些家庭参与高回报的劳动密集型活动（Mohamed et al.，2017）。在农村土地渠道中，如果最具有生产效率的农村劳动力转移到城市，可能会抵消迁移带来的生产率提高效应。此外，汇款可能产生道德风险问题（Farrington and Slater，2006）。一些文献研究表明迁移会影响迁移家庭中其他成员的劳动决策，并会提高他们的保留工资（Grigorian and Melkonyan，2011）。汇款会对接受者的劳动供给产生负向激励。综上所述，城镇化可能通过汇款、非农就业、农产品消费需求、农村土地、技术和市场的溢出效应等渠道影响农村家庭的农业或非农活动，其对贫困的影响在理论上没有明确答案，结论的得出依赖于上述不同渠道相对力量的比较。

21 世纪初学者们开始研究城镇化对发展中国家贫困的影响，尤其是对农村贫困的影响。例如，Ravallion（2011）研究发现，城镇化对减少贫困有积极影响，但城镇化减贫效力因地区不同而不同。Martinez（2009）利用非平衡跨国的面板数据分析得出了城镇化与贫困之间存在 U 形关系的结论。Cali 和 Menon（2013）利用印度 1983~1999 年的地区面板数据估计了城镇化对贫困减少的影响，该研究使用地区间迁移数据预测了城市人口、城市就业中制造业人口就业比重，并借助了工具变量方法，他们得出的结论是大约 75%的城镇化减贫效果可以用农村商品需求的增加来解释，农村到城市迁移的贡献不足 20%。Mallick（2014）研究表明，在印度农业部门萎缩的过程中，贫困劳动者从农村流向城市有助于减少农村贫困。Mohamed 等（2017）使用越南 4 个年份的微观调查数据分析发现，城镇化在增加农村非农收入的同时使得农业收入下降，城镇化减少了农村贫困。Takayuki 和 Yoshihiro（2017）基于印度尼西亚家庭微观数据，使用有效市场规模增长作为城镇化的代理指标的分析表明，城镇化导致农村家庭尤其是贫困农村家庭人均支出增加，贫困家庭福利增长主要由非农收入增加导致。王春超和叶琴（2014）认为城镇化发展过程中，要通过教育提高农民工的文化程度增加农民工的收入。韩佳丽等（2017）研究了贫困地区农村劳动力流动对农户多维贫困的影响。杨沫等（2019）认为城镇化过程使农业转移人口具有较高的代际职业流动性。何春和崔万田（2017）选取 32 个发展中经济体 1992~2015 年的数据进行了实证检验，表明城镇化建设能够提高教育、健康、农业生产率，而教育、健康和农业生产率的提高又有助于贫困的减少。夏庆杰等（2017）主要从城市化和城市贫困、城市化与农村贫困、中国城市化和贫困方面进行了综述。万广华等（2017）研究发现，中国的城市化能有效减少农村和农民工的贫困。

本节基于中国家庭追踪调查（CFPS）2010 年、2012 年、2014 年的面板数据，使用工具变量面板数据固定效应的两部模型分析了城镇化对农村家庭人均收入、消费及贫困的影响。本节在分析城镇化对农村家庭收入的影响时，研究了城镇化对经营收入、工资收入、财产收入、转移收入等不同收入来源的影响，此外，本书还把农村按郊区与纯农村、东中西地域、平原与非平原地貌特征进行了分组并对其进行实证检验。

二、数据来源、城镇化发展历程及农村家庭的收入、消费和贫困率

1. 数据来源

本节使用的微观数据来自北京大学中国社会科学调查中心执行的“中国家庭追踪调查”（CFPS）。CFPS 的抽样设计关注初访调查样本的代表性，采用了内隐分层的、多阶段的、多层次与人口规模成比例的概率抽样方式（PPS）。样本覆盖了除香港特别行政区、澳门特别行政区、台湾省、新疆维吾尔自治区、青海省、内蒙古自治区、宁夏回族自治区、西藏自治区和海南省之外的 25 个省份。CFPS 的问卷分为三个层级：个体、个体生活的紧密环境即家庭、家庭的紧密环境即村居，因此形成了个人问卷、家庭问卷、村居问卷，其中根据年龄特征把个人问卷分为成人问卷和少儿问卷。本节选取了 2010 年、2012 年和 2014 年三次调查的面板数据，家庭数量为 6107 个，三年样本数量共计 18321 个。以城镇人口占总人口的比重来衡量的各省份城镇化①数据取自国家统计局网站。

2. 中国城镇化发展历程

城镇化是人口向城镇集聚的过程。新中国成立初城镇化水平只有 10.6%，三年恢复建设时期由于加强了交通运输建设和能源原材料工业建设，城镇吸收劳动力能力扩张，“一五”时期以 156 个重点项目为标识的工业化建设催生了一批新城市，三年恢复建设时期和“一五”时期的城镇化

① 其实，国家统计制度中对城乡的划分更多具有地理区域特征，而城乡人口划分在 1982 年前依据的是公安部门的户籍划分标准，1982 年及以后的划分标准为常住人口口径，即分别在城镇或乡村区域内常住半年以上（或在本地居住不满半年，但离开户口登记地半年以上）的人口。国家统计制度中的城乡划分经历了三次变迁，2000 年，国家统计局制定《统计上划分城乡的暂行规定》；2006 年，国家统计局对《统计上划分城乡的暂行规定》进行了修订；2008 年，国家统计局正式出台《统计上划分城乡的规定》。根据 2008 年《统计上划分城乡的规定》标准，城镇包括城区和镇区。城区是指在市辖区和不设区的市，区、市政府驻地的实际建设连接到的居民委员会和其他区域。镇区是指在城区以外的县人民政府驻地和其他镇，政府驻地的实际建设连接到的居民委员会和其他区域。与政府驻地的实际建设不连接，且常住人口在 3000 人以上的独立的工矿区、开发区、科研单位、大专院校等特殊区域及农场、林场的场部驻地视为镇区。乡村是指城镇以外的区域。

发展步伐比较平稳。1958~1960 年，中国的城市、城镇数量、城市人口比重都有比较快的上升。新设城市 33 座，新增城市人口 2000 多万，城市化水平由 1957 年的 15.5%上升到 1960 年的 19.7%。为了减轻城市粮食供给的困难，自 1961 年开始，国家利用行政手段大规模压缩城镇人口高达 2600 万（顾朝林，1995），仅 1963 年就撤销 24 座城市，经过调整，全国城镇人口占总人口的比重下降为 16.8%，骤降 2.46 个百分点（国务院发展研究中心课题组，2010），出现了极不寻常的第一次逆城市化现象（蔡秀玲，2011）。虽然在国民经济调整时期城镇化出现一些反弹，到 1964 年城镇化水平上升到 18.3%，但其后出现了以“三线建设”“文化大革命”、知识青年“上山下乡”为标志的第二次逆城市化现象，城市化进程又受到阻隔。经历了三年恢复建设时期和“一五”时期平稳发展、大起大落的调整时期以及“文化大革命”“三线建设”的停滞发展等阶段，到 1978 年我国城镇化水平只提高到 17.9%，设市城市由 132 个增至 193 个，仅增加了 61 个（刘勇，2011）。

改革开放后，原来控制城市人口增长和城乡分隔的政策被鼓励小城镇发展的政策取代，表 2-33 归纳了改革开放后政府出台的鼓励城镇化发展的一些政策变迁，这些政策都是以积极发展小城镇为标识的。中国的城镇化进程还存在着较为明显的东部与中西部差异，如在 2009 年和 2013 年，东部地区的城镇化率分别达到 56%、60%，而中西部地区对应的数值（中部与西部的城镇化率几乎相同）分别仅为 41%和 47%左右。

表 2-33 改革开放后中国城镇化政策变迁

年份	政策或会议	政策内容、效果
1980	全国城市规则工作会议提出了控制大城市规模，合理发展中等城市，积极发展小城市的方针	1983~1985 年，地级市数量增加了 50 个
1984~1986	撤社建乡：1983 年 10 月 12 日，中共中央、国务院发出《关于实行政社分开建立乡政府的通知》；1984 年 10 月 13 日，国务院发出《关于农民进入集镇落户问题的通知》	规定建立乡镇政府作为基层政权组织，突出了镇的城市特征。凡申请到集镇务工、经商、办服务业的农民和家属，在集镇有固定住所，有经营能力，或在乡镇企业单位长期务工的，公安部门应准予落常住户口，及时办理入户手续，发给《自理口粮户口簿》统计为非农业人口。建制镇数量增加 7750 个

续表

年份	政策或会议	政策内容、效果
1986	修订“建市”标准：1986 年 4 月 19 日，《国务院批转民政部关于调整设市标准和市领导县条件报告的通知》	“撤县设市”进入井喷期，县级市显著增加，1986~1996 年，县级市数量净增加 286 个。1997 年撤县设市政策基本上被中止
1994	建设部等六部委颁发《关于加强小城镇建设的若干意见》	对于沿路、沿江河、沿海、沿边境等地理位置和交通条件较好、乡镇企业有一定基础或农村批发和专业市场初具规模的小城镇，要首先有重点地抓好规划和建设
1995	国家体改委等 11 部委颁发《小城镇综合改革试点指导意见》	全国选择了 57 个镇作为综合改革试点
1997	国务院批转公安部《小城镇户籍管理制度改革试点方案》和《关于完善农村户籍管理制度的意见》	允许已经在小城镇就业、居住并符合一定条件的农村人口在小城镇办理城镇常住户口。农村新生婴儿可以随母或者随父登记常住户口
2000	中共中央、国务院发出《关于促进小城镇健康发展的若干意见》	从 2000 年起，凡在县级市市区、县人民政府驻地镇及县以下小城镇有合法固定住所、稳定职业或生活来源的农民，均可根据本人意愿转为城镇户口
2001	《国务院批转公安部关于推进小城镇户籍管理制度改革意见的通知》	凡在县级市市区、县人民政府驻地镇及其他建制镇范围内有合法固定的住所、稳定的职业或生活来源的人员及与其共同居住生活的直系亲属，均可根据本人意愿办理城镇常住户口；已在小城镇办理的蓝印户口、地方城镇居民户口、自理口粮户口等，符合上述条件的，统一登记为城镇常住户口
2007	中国共产党第十七次全国代表大会	走中国特色城镇化道路，促进大中小城市和小城镇协调发展
2011	第十一届全国人民代表大会第四次会议	“十二五”期间，将积极稳妥推进城镇化，城镇化率从 47.5%提高到 51.5%，完善城市化布局和形态，不断提升城镇化的质量和水平
2016	《国务院关于深入推进新型城镇化建设的若干意见》	完善了推进新型城镇化战略的顶层设计

注：1997 年的撤县设市政策中止后，在城市化和一体化的驱动下，我国掀起了一股撤县设区的浪潮，1997~2015 年我国新增市辖区数量达 351 个。

资料来源：笔者整理。

3. 城镇化与农村家庭的收入、消费和贫困率

表 2-34 计算了不同省份的城镇化水平与家庭收入构成之间的关联情况，可以看出经营收入占全部收入的比重随着城镇化水平的提高而下降，工资收入占全部收入的比重随着城镇化水平的提高而上升。

表 2-34　城镇化与农村家庭收入构成

城镇化水平	2010 年		2014 年	
	经营收入比（%）	工资收入比（%）	经营收入比（%）	工资收入比（%）
小于 45%	41.02	50.06	23.98	53.98
45%~55%	37.07	49.94	23.54	52.91
55%以上	30.43	56.02	20.22	54.12

资料来源：笔者整理。

表 2-35 是城镇化与农村家庭收入、消费及贫困率的关联状况，城镇化水平较高地区的农村家庭人均收入、农村家庭人均消费均比城镇化水平较低的地区高，城镇化高与低地区的消费贫困率也存在较大的差异。例如在 2014 年城镇化水平为 55%以上的地区其贫困率仅为 1.90%，而同期城镇化水平小于 45%的地区其贫困率则为 6.00%。其实，如果某家庭的收入都由农业收入组成而缺少其他非农收入的话，在既要维持农业生产又要满足基本生活需求条件下，难以想象该家庭会进入小康生活，为此，农村家庭的收入结构可从另一个侧面表征贫困状况。

表 2-35　城镇化与农村家庭收入、消费及贫困率

城镇化水平	2010 年			2014 年		
	人均收入（元）	人均消费（元）	贫困率（%）	人均收入（元）	人均消费（元）	贫困率（%）
小于 45%	5142.552	4315.214	17.20	8293.510	7928.387	6.00
45%~55%	6307.786	5620.419	10.10	9587.332	9210.821	4.57
55%以上	7712.495	6562.785	8.00	11987.78	11444.580	1.90

注：消费贫困线为 1.25 $ PPP。收入、消费等价值量指标均为 2010 年价格，下同。

资料来源：笔者整理。

表2-36的城镇化与农村家庭收入、消费的相关系数说明城镇化水平与家庭人均收入、家庭人均消费有正向关联，且统计显著。

表 2-36　城镇化与农村家庭收入、消费的相关系数

	城镇化	人均消费	人均收入
城镇化	1	—	—
人均消费	0.1797 (0.0000)	1	—
人均收入	0.1715 (0.0000)	0.26 (0.0000)	1

注：括号内为P值。

资料来源：笔者整理。

三、实证方法

基于面板数据把农村家庭的人均收入、收入来源中的人均经营性收入、人均工资性收入、人均财产性收入、人均转移性收入、家庭生活条件、人均消费等结果变量写成城镇化及家庭特征变量的函数形式：

$$\ln(Y_{ijt}) = \alpha + \beta\ln(urban_{jt}) + \gamma T_t + \rho X_{ijt} + \eta_{ij} + \varepsilon_{ijt} \quad (2-41)$$

其中，Y_{ijt} 代表j省的i家庭在t时期（2010年、2012年、2014年）的结果变量。$urban_{jt}$ 代表城镇化，本节的城镇化采用城镇人口占总人口的比重来测度，$urban_{jt}$ 表示在t时期j省的城镇人口占其总人口的比重，式（2-41）中的城镇化用滞后一期（2009年、2011年、2013年）的城镇人口占总人口的比重来表示，这说明城镇化变量在结果变量之前就确定了。T_t 代表t年份的哑变量。X_{ijt} 代表家庭特征变量。η_{ij} 和 ε_{ijt} 分别代表时间不变和时间可变的不可观测变量。β代表城镇化对结果变量的弹性。因为城镇化并非随机过程，城镇化进程不能被完全观测，为此，本节使用面板数据固定效应模型来消除可能引致内生性的不可观测的时间不变的变量。此外，本节还使用了工具变量的固定效应模型进行回归，城镇化（滞后一期的城镇人口比重）

的工具变量利用滞后两期的城镇人口比重来代替，即滞后的内生变量被当作当前内生变量的工具变量。

使用式（2-41）能较为恰当地分析消费和全部收入，但全部收入的组成部分中的一部分变量如工资收入、财产性收入等变量有较多的零值，因变量有较多零值时一般使用 Tobit 模型，可是由于最大似然估计方法中的偶然参数问题导致没有固定效应的 Tobit 模型可用。此外，如果误差项的正态性和同方差假定不满足的话，Tobit 模型估计并不是一致性的估计，而上述假定又太强无法在现实中得到满足。因此，本节借鉴 Duan 等（1983）、Manning 等（1987）及 Mohamed 等（2017）等的方法，使用面板数据固定效应的两部模型：

$$D_{ijt}=\alpha_D+\beta_D\ln(urban_{jt})+\gamma_D T_t+\rho_D X_{ijt}+\eta_{D\,ij}+\varepsilon_{D\,ijt} \tag{2-42}$$

$$\ln(Y_{ijt})\mid_{Y_{ijt}>0}=\alpha_Y+\beta_Y\ln(urban_{jt})+\gamma_Y T+\rho_Y X_{ijt}+\eta_{Y\,ij}+\varepsilon_{Y\,ijt} \tag{2-43}$$

其中，D_{ijt} 为二元哑变量，当 $Y_{ijt}>0$ 时 D_{ijt} 为 1，当 $Y_{ijt}=0$ 时 D_{ijt} 为 0。式（2-42）和式（2-43）使用固定效应回归估计。虽然二元哑变量常用 Probit 或 Logit 模型来估计，但因为我们使用固定效应来估计式（2-42），由于没有可用的固定效应 Probit 模型，固定效应的 Logit 模型会删去观测值为固定值的较多样本导致样本量不足，为此，本节使用线性概率模型来估计式（2-42）。

使用消费来衡量贫困比使用收入更合理，因为消费能直接与生活福利相关联。基于式（2-41）的消费数据计算家庭 i 陷入贫困的概率如下（Hentschel et al.，2000）：

$$E[P\mid urban,\ T,\ X,\ \eta]=\Phi\left[\frac{\ln z-(\alpha+\beta\ln(urban)+\gamma T+\rho X+\eta)}{\sigma}\right] \tag{2-44}$$

式（2-44）可简化为下式：

$$E[P\mid urban,\ T,\ X,\ \eta]=\Phi\left[\frac{\ln z-(\ln(Y)-\varepsilon)}{\sigma}\right] \tag{2-45}$$

其中，P 代表贫困概率，当家庭为贫困时 P 为 1，否则为 0。z 代表贫困线。Φ 代表标准正态分布函数。Y 代表家庭人均消费（为简单计，下标 i、j、t 略去）。σ 是式（2-41）中 ε 的标准差。在固定效应模型中，η 被假定为固定，ε服从均值为0、方差为σ的正态分布，与Hentschel等（2000）的方法有所不同，本节假定σ在各个观测值之间可变。家庭人均消费基本上全为正数，估计式（2-41）时采用了面板数据固定效应模型而非两部模型。城镇化对贫困概率的效应为：

$$\frac{\partial E[P \mid urban, T, X, \eta]}{\partial urban}=\varphi\left[\frac{\ln z-(\ln(Y)-\varepsilon)}{\sigma}\right]\frac{\partial[-\ln(Y)]}{\partial urban}$$

$$=-\frac{\beta}{urban}\varphi\left[\frac{\ln z-(\ln(Y)-\varepsilon)}{\sigma}\right] \tag{2-46}$$

其中，φ代表标准正态分布的密度函数。城镇化对贫困平均部分效应（Average Partial Effect，APE）估计为：

$$A\hat{P}E=\frac{1}{N}\sum_{ijt}H_{ijt}\left(-\frac{\hat{\beta}}{urban_{ijt}}\right)\varphi\left[\frac{\ln z-(\ln(Y_{ijt})-\hat{\varepsilon}_{ijt})}{\hat{\sigma}_{ijt}}\right] \tag{2-47}$$

式（2-47）中，H_i是家庭i的人口数，N是全部样本的人口数量，$\hat{\beta}$、$\hat{\varepsilon}_{ijt}$、$\hat{\sigma}_{ijt}$是基于对数人均消费固定效应估计得出。

四、实证分析

本部分首先对家庭收入与城镇化进行回归并控制其他可能影响收入的变量，如家庭结构、人力资本等变量，本节的变量主要包括家庭人口数量、家中小于15岁的人口比重、家中大于60岁的人口比重、户主年龄、户主受教育程度。[①] 地区这类时间不变的变量在固定效应中没有纳入。解释变量不能受到城镇化的影响，为此没有纳入更多的解释变量。各变量的均值描述如表2-37所示。

1. 城镇化对全部农村样本的影响

基于工具变量固定效应的经营收入、工资收入、财产收入、转移收入回归结果如表2-38所示。

---

① 本节的分析单元是家庭，为控制家庭人口社会学变量，我们采用与Buly（2009）相同的方法定义了虚拟的“户主”，即把2010CHFS调查中家庭中的主事者、2012年最熟悉家庭财务的人员、2014年财务回答人视为户主。

表 2-37 均值描述

变量	变量含义	2010 年		2014 年	
		均值	标准差	均值	标准差
Hhsize	家庭人口	4.2217	1.7958	4.1368	1.9158
Age	户主年龄	50.0987	11.9539	36.7755	12.8146
Young	家中小于 15 岁人口比	0.3122	0.1242	0.3045	0.1177
Senior	家中大于 60 岁人口比	0.1460	0.2728	0.2161	0.3195
Edu 2	户主受教育程度为初中	0.2866	0.4522	0.3675	0.4821
Edu 3	户主受教育程度为高中	0.0832	0.2763	0.0102	0.1008
Edu 4	户主受教育程度为大专以上	0.0111	0.1049	0.0794	0.2704

注：受教育程度的基础组为小学毕业以下。

资料来源：笔者整理。

从表 2-38 中可以看出，城镇化每增长 1%，农村家庭有经营收入的概率下降 0.56%。由于数据限制，本节无法区分农业经营收入和非农经营收入，为此经营收入的下降可能是由于农产品价格波动较大，以及农林生产和养殖业的种子化肥农药费、雇工费、机器租赁费、灌溉费、种畜鱼苗费、饲料费等中间投入高企，农林生产和养殖业的比较效益低下，城镇化的拉力使得从事农林生产的劳动力离开农业经营市场，也可能是城镇化使得土地流通加速导致一些农民主动或被动地无地可耕，抑或是从事非农经营需要较高的资金投入且风险较高，而如果从事打工挣取工资收入的话，尽管工种可能比较劳累，但能准时、及时得到薪酬，下文城镇化显著地促进了工资收入的增长也从另一个侧面佐证了这个答案。虽然城镇化使得从事有经营收入的概率显著下降，但城镇化并没有显著地促进农村家庭的经营收入下降。城镇化对农村家庭工资收入起到了显著的促进作用，城镇化每增长 1%，农村家庭工资收入上升 0.75%，虽然城镇化使农村家庭有工资收入的概率下降（仅在 10%的统计水平上显著）。城镇化使得农村家庭的财产收入显著增加，城镇化每增长 1%，农村家庭财产收入上升 0.71%。城镇化还显著地增加了农村家庭转移收入的概率和转移收入的数量，城镇化每增长 1%，农村家庭获得转移收入的数额增加 0.67%。此外，城镇化显著促进了

表 2-38 经营收入、工资收入、财产收入、转移收入回归结果

变量	有无经营收入（有为1，没有为0）	经营收入对数	有无工资收入（有为1，没有为0）	工资收入对数	有无财产收入（有为1，没有为0）	财产收入对数	有无转移收入（有为1，没有为0）	转移收入对数	打工寄回收入对数
Lnurban	-0.5618** (0.2119)	0.0015 (0.3702)	-0.3791* (0.2164)	0.7489*** (0.2392)	-0.0723 (0.1253)	0.7140** (0.3487)	0.6667*** (0.2317)	0.6618** (0.3171)	0.3547*** (0.1302)
Hhsize	0.0185*** (0.0032)	-0.1369*** (0.0195)	0.0313*** (0.0031)	-0.0427*** (0.0117)	-0.0005 (0.0021)	-0.1635*** (0.0444)	0.0102*** (0.0030)	-0.1134*** (0.0210)	0.0190 (0.0291)
Age	0.0003 (0.0004)	-0.0051* (0.0029)	0.0004 (0.0004)	0.0041*** (0.0011)	0.0001 (0.0002)	-0.0188*** (0.0048)	0.0012*** (0.0004)	0.0046* (0.0024)	-0.0099*** (0.0027)
Young	-0.0219 (0.0422)	-0.3162 (0.2330)	-0.4036*** (0.0414)	-0.8070*** (0.1281)	-0.0363 (0.0269)	-1.2813** (0.5200)	-0.1476*** (0.0411)	-0.4599** (0.2063)	-0.3501 (0.2370)
Senior	-0.0033 (0.0376)	-0.3163** (0.1612)	-0.3267*** (0.0368)	-0.6774*** (0.1598)	0.0012 (0.0241)	-0.0930 (0.4652)	0.3091*** (0.0365)	1.9535*** (0.1053)	-0.5383*** (0.1921)
Edu 2	-0.0084 (0.0127)	0.1378*** (0.0488)	0.0015 (0.0126)	0.1906*** (0.0371)	0.0037 (0.0079)	0.1931 (0.1980)	0.0438*** (0.0129)	0.1179*** (0.0356)	0.2195** (0.1076)
Edu 3	0.0264 (0.0203)	0.1092 (0.0678)	0.0132 (0.0202)	0.2507*** (0.0425)	0.0187 (0.0126)	0.0955 (0.3432)	0.0552*** (0.0205)	0.4606*** (0.0948)	0.1109 (0.1415)
Edu 4	-0.0490*** (0.0156)	-0.0198 (0.0557)	-0.0019 (0.0156)	-0.0096 (0.0453)	-0.0074 (0.0095)	0.0134 (0.1754)	0.0119 (0.0162)	0.0213 (0.0677)	-0.1152* (0.0671)
控制省份和时间变量	是	是	是	是	是	是	是	是	是

注：括号内为标准差。*** 表示 1%水平下显著，** 表示 5%水平下显著，* 表示 10%水平下显著。打工寄回收入缺少 2012 年的数值。

资料来源：笔者整理。

打工者寄回农村的收入。

城镇化对各项收入占总收入的比重影响又会是什么情况呢？表 2-39 是基于两部模型的工具变量固定效应考查的城镇化对人均收入及各项收入占总收入比重的影响的回归结果。

表 2-39　城镇化对人均收入及各项收入占总收入比重的影响

变量	人均收入对数	经营收入比重	工资收入比重	财产收入比重	转移收入比重
Lnurban	0.6695*** (0.2302)	-0.1277*** (0.0253)	0.1287*** (0.0364)	0.0057* (0.0028)	-0.0402 (0.1510)
Hhsize	-0.0261** (0.0117)	-0.0146*** (0.0050)	0.0322*** (0.0080)	-0.0018*** (0.0003)	-0.0066*** (0.0021)
Age	0.0027* (0.0016)	-0.0017** (0.0006)	0.0018** (0.0009)	-0.0001* (0.00006)	0.0001 (0.0002)
Young	-1.2999*** (0.1484)	0.1816*** (0.0586)	-0.3225*** (0.0768)	-0.0027 (0.0058)	0.0665*** (0.0210)
Senior	-0.7938*** (0.0978)	0.0727 (0.0446)	-0.4233*** (0.0623)	-0.0025 (0.0049)	0.2674*** (0.0195)
Edu 2	0.1789*** (0.0379)	-0.0184 (0.0186)	-0.0012 (0.0243)	0.0017 (0.0015)	0.0001 (0.0030)
Edu 3	0.2564*** (0.0501)	-0.0293 (0.0312)	0.0138 (0.0307)	0.0010 (0.0033)	0.0214*** (0.0072)
Edu 4	-0.0861* (0.0474)	-0.0111 (0.0112)	-0.0075 (0.0152)	-0.0072 (0.0037)	0.0204** (0.0083)
控制省份和时间变量	是	是	是	是	是

注：括号内为标准差。*** 表示 1%水平下显著，** 表示 5%水平下显著，* 表示 10%水平下显著。

资料来源：笔者整理。

表 2-39 的分析显示，城镇化对各项收入占总收入构成比重的影响结论不尽相同。城镇化增加了工资收入比重、财产收入比重，城镇化对经营收入占总收入比重的影响显著为负，城镇化增长 1%，经营收入占总收入比重下降 0.13%。那么，这些合力作用使得城镇化对农村家庭的全部收入有何

影响呢？结果表明，城镇化显著地增加了农村家庭的人均收入，城镇化增长1%，农村家庭人均收入增长0.67%。

接下来分析城镇化对农村家庭生活条件的影响，并研究城镇化对贫困下降的贡献，本节的贫困以消费来衡量。已有研究表明使用货币贫困来表征人群福利并不全面，贫困应从多维角度进行测度（Ravallion，2011；Alkire and Foster，2011），非货币的农村家庭福利用饮用水、做饭燃料来表示，城镇化对饮用水、做饭燃料、家庭资产、消费的固定效应线性概率回归结果如表2-40所示。

表2-40 生活条件、资产及人均消费的固定效应回归

变量	家中自来水（有为1，没有为0）	家中做饭燃料（用柴草为1，否则为0）	人均资产对数	人均消费对数
Lnurban	1.1234*** (0.2014)	-0.0237 (0.1975)	1.4204* (0.7768)	0.8732** (0.3636)
Hhsize	-0.0044 (0.0037)	0.0102*** (0.0036)	-0.1190*** (0.0096)	-0.0802*** (0.0058)
Age	-0.0003 (0.0004)	0.0024*** (0.0004)	-0.0017 (0.0013)	-0.0084*** (0.0008)
Young	-0.0395 (0.0465)	0.0360 (0.0456)	-0.8233*** (0.1228)	-0.3292*** (0.0754)
Senior	-0.0102 (0.0421)	0.1601*** (0.0413)	-0.1275 (0.1156)	-0.3293*** (0.0671)
Edu 2	0.0031 (0.0133)	-0.0507*** (0.0131)	0.2849*** (0.0314)	0.1074*** (0.0225)
Edu 3	-0.0165 (0.0213)	-0.0642*** (0.0209)	0.4139*** (0.0521)	0.1196*** (0.0357)
Edu 4	0.0115 (0.0158)	0.0353** (0.0155)	0.5803*** (0.1282)	-0.0398 (0.0269)
控制省份和时间变量	是	是	是	是

注：括号内为标准差。***表示1%水平下显著，**表示5%水平下显著，*表示10%水平下显著。2014年资产数据缺失。

资料来源：笔者整理。

回归结果表明，城镇化显著地改善了农村家庭的饮用水福利，但城镇化对做饭燃料的使用没有显著影响。当控制了家庭人均收入使用固定效应线性概率模型时（篇幅所限，略去回归结果），城镇化对农村家庭的饮用水、燃料使用的结果没有任何改变，这说明家庭收入不是城镇化改善生活设施的主要渠道，这表明城镇化增加了农村家庭对饮用水质量知识的需求，抑或是城镇化引致了基础设施的提升。城镇化显著地增加了农村家庭的人均资产，城镇化增加 1%，农村家庭人均资产增加 1.42%。城镇化也显著地增加了农村家庭的人均消费，城镇化增加 1%，农村家庭人均消费增加 0.87%，当控制了家庭人均收入时，城镇化引致的消费增长效应仍在 1%的统计水平上显著，但农村家庭人均消费的回归系数减小，这说明由于城镇化而增加收入的一部分转化为消费增加。

城镇化对农村贫困的影响结果如表 2-41 所示，列示了 2 $ PPP、2.5 $ PPP 两条贫困线的影响结果。

表 2-41　城镇化对农村贫困的影响

贫困线	2010 年	2012 年	2014 年
2 $ PPP	-0.1593*** (0.0060)	-0.0086*** (0.0015)	-0.0021** (0.0009)
2.5 $ PPP	-0.3159*** (0.0069)	-0.0399*** (0.0028)	-0.0137*** (0.0018)

注：*** 表示 1%水平下显著、** 表示 5%水平下显著；标准差使用 Bootstrap 重复 1000 次得到。

资料来源：笔者整理。

因为城镇化显著增加了农村家庭人均消费，城镇化相应地使得消费贫困下降，与 Cali（2013）、Mohamed（2017）分别对印度、越南的研究结论相同，本节研究表明城镇化显著地减少了农村贫困，但城镇化减贫的程度较低。表 2-41 还说明，无论贫困线划在何处，2010~2014 年，城镇化减少农村贫困的程度在逐期下降。例如，贫困线为 2.5 $ PPP 时，2010 年城镇化增长 1%，农村的消费贫困下降 0.32%，而在 2014 年，城镇化增长 1%

时，农村消费贫困仅下降0.01%。

2. 城镇化对农村分组样本的影响

本小节进行异质性分析，将农村地区区分为纯农村和郊区农村两类①，表2-42是城镇化对不同类型农村的经营收入、工资收入、财产收入、转移收入的工具变量固定效应回归结果。

表2-42 同类型农村经营收入、工资收入、财产收入、转移收入工具变量固定效应回归

变量	农村				
	经营收入对数	工资收入对数	财产收入对数	转移收入对数	打工寄回收入对数
Lnurban	-0.0270 (0.3890)	0.7069*** (0.2334)	0.9014** (0.4164)	0.5180* (0.3135)	0.3423*** (0.1610)
控制省份和时间及其他变量	是	是	是	是	是
变量	郊区				
	经营收入对数	工资收入对数	财产收入对数	转移收入对数	打工寄回收入对数
Lnurban	-0.5727 (0.9573)	0.9751*** (0.3003)	-1.1922 (0.7580)	1.6015** (0.7252)	-0.7603 (0.5373)
控制省份和时间及其他变量	是	是	是	是	是

注：篇幅所限只汇报了城镇化对收入对数的影响；括号内为标准差；***表示1%水平下显著、**表示5%水平下显著、*表示10%水平下显著。

资料来源：笔者整理。

城镇化对农村和郊区的经营收入影响结果相同，经营收入系数均为负且不显著。城镇化对农村和郊区的工资收入都起到了显著的正向推动作用，郊区工资收入的回归系数更大一些，这可能是郊区农民从事打工的时间、地理位置较之纯农村地区有比较优势。城镇化对财产收入的影响在纯农村

① 根据CFPS的调查标准“农村”通常指以村庄形态出现、主要从事农业生产的人口聚居区。“郊区”通常指建制市的人口稠密区边缘、行政上属于建制市的人口聚居区。

和郊区呈现出了不同，城镇化显著地促进了纯农村地区的财产收入，但对郊区的财产收入没有显著影响。城镇化对农村和郊区的转移收入影响结果相同，转移收入系数均为正且非常显著。郊区转移收入的系数远大于农村转移收入的系数，这也说明郊区农民在城镇化进程中享受的转移收入增长的福利远远高于纯农村地区的福利。城镇化只对纯农村地区的打工寄回收入有显著的正向推动作用，而对郊区的打工寄回收入没有显著影响。

城镇化对不同类型农村的各项收入占总收入比重的影响如何？表 2-43 是城镇化对不同类型农村人均收入及各项收入占总收入比重影响的回归结果。

表 2-43　城镇化对不同类型农村人均收入及各项收入占总收入比重的影响

变量	农村				
	人均收入对数	经营收入比重	工资收入比重	财产收入比重	转移收入比重
Lnurban	0.6497*** (0.2267)	-0.1004*** (0.0315)	0.1132*** (0.0251)	0.0082* (0.0043)	-0.0491 (0.0360)
控制省份和时间及其他变量	是	是	是	是	是
变量	郊区				
	人均收入对数	经营收入比重	工资收入比重	财产收入比重	转移收入比重
Lnurban	0.3873 (0.6116)	-0.0890 (0.0555)	-0.0067 (0.1142)	-0.0391* (0.0200)	0.0636*** (0.0136)
控制省份和时间及其他变量	是	是	是	是	是

注：括号内为标准差；*** 表示 1%水平下显著、* 表示 10%水平下显著。

资料来源：笔者整理。

表 2-43 的结果表明，城镇化使纯农村地区的经营收入占总收入比重下降非常显著，城镇化促进了纯农村地区的工资收入占总收入比重、财产收入占总收入比重的显著增长，城镇化对纯农村地区不同收入占总收入比重有增有减的合力使得家庭人均收入呈现较强的上升态势，城镇化增长 1%，纯农村地区的家庭人均收入增长 0.65%，其与总样本回归中系数大小大致

相同。城镇化对郊区各收入比重的影响与对纯农村的影响不尽相同，如城镇化对郊区经营收入占总收入比重、工资收入占总收入比重、家庭人均收入均无显著影响，城镇化即使对财产收入占总收入比重产生了一些负向影响，但也只是10%的统计水平上显著。城镇化对转移收入占总收入比重的影响呈现出了非常强的正向显著作用，这可能是近年来几乎所有城镇都进行了扩容建设新城的行动相伴产生郊区的大拆大建，进而衍生出一批拿到大量拆迁款非常富足的“拆二代”现象的一种反映，在拆迁的同时，原有的住房可能不再提供出租形式的财产收入，所以出现了财产收入比重的下降。这可能与现在仍呈现扩张态势的撤县设区政策有关，撤县设区扩大了中心城市城区的范围，协调了中心城市与周边市县关系，被撤县（市）实现了从农村经济形态到城市经济形态的跳跃，撤县设区遵循了城镇化由“中心向外围”拓展的方向，有效地推动了城镇化进程（林拓和申立，2016），进而对农村贫困减少起到积极的叠加作用。

城镇化对不同类型农村生活条件、资产及人均消费的固定效应回归的结果如表2-44所示。结果表明城镇化显著地改善了纯农村地区的饮用水条件，城镇化使得纯农村地区的人均资产和人均消费均显著上升。城镇化对农村家庭燃料的使用没有显著影响。当控制家庭人均收入时，城镇化对纯农村的饮用水条件、燃料使用结果影响没有改变，这依然说明家庭收入不是城镇化改善生活设施的主要渠道。比较有趣的是，城镇化对郊区农村饮用水条件、燃料使用、资产和消费均无显著影响。

表2-44　城镇化对不同类型农村生活条件、资产及人均消费的固定效应回归

变量	农村			
	家中自来水（有为1，没有为0）	家中做饭燃料（用柴草为1，否则为0）	人均资产对数	人均消费对数
Lnurban	0.9644*** (0.2122)	0.1480 (0.2124)	1.6166** (0.8127)	0.9539** (0.3884)
控制省份和时间变量及其他变量	是	是	是	是

续表

变量	郊区			
	家中自来水（有为1，没有为0）	家中做饭燃料（用柴草为1，否则为0）	人均资产对数	人均消费对数
Lnurban	0.5012 (1.3574)	0.0378 (1.0606)	样本不足	-1.7071 (2.6567)
控制省份和时间变量及其他变量	是	是	是	是

注：括号内为标准差；*** 表示1%水平下显著、** 表示5%水平下显著。

资料来源：笔者整理。

因为城镇化对郊区农村的人均消费没有显著影响，表2-45只计算了城镇化对纯农村地区贫困的影响效应。对纯农村地区而言，虽然在同样的贫困线下城镇化减贫效应比总样本中的减贫效应大，但绝对数值仍然较低。与总样本结果表现相同，随着时间的推移，城镇化减贫效应下降。

表2-45　城镇化对纯农村贫困的影响效应

贫困线	2010年	2012年	2014年
2＄ PPP	-0.1661*** (0.0061)	-0.0095*** (0.0016)	-0.0026** (0.0009)
2.5＄ PPP	-0.3218*** (0.0069)	-0.0422*** (0.0028)	-0.0166*** (0.0020)

注：括号内为标准差；*** 表示1%水平下显著、** 表示5%水平下显著。

资料来源：笔者整理。

城镇化对东、中、西部地区的农村减贫有何作用呢?① 结果表明，城镇化对东、中、西部农村的各项收入的对数值及各项收入占总收入比重的影响，在东、中、西部之间表现出较强的异质性。例如，城镇化对西部地区

① 篇幅所限具体回归结果略去，有需要者可与笔者联系。

的经营收入对数、经营收入占总收入比重影响均为正且非常显著，城镇化对中部地区的经营收入对数、经营收入占总收入比重影响均为负且非常显著。城镇化对东部地区的经营收入对数为正向影响、经营收入占总收入比重为非常显著的负向影响。虽然城镇化对东、中、西部农村的工资收入对数影响均为正且非常显著，但城镇化只对东部地区的工资收入比重有正向影响，其对中部地区的工资收入占总收入比重影响不显著、对西部地区的工资收入影响为负且显著。城镇化对东部地区的打工寄回收入有较强的负向作用，对西部地区呈现非常强的正向作用，对中部地区则没有影响。城镇化对东、中、西部农村的财产收入、转移收入及人均总收入也表现出了较大的地区差异性。城镇化只对西部地区农村的人均消费起到了显著的正向推动作用，在贫困线低于 2.5＄ PPP 时，其对西部地区农村减贫效应也不是太大（小于 1%），并呈现出逐期下降的态势。

城镇化对地貌不同的农村家庭收入、消费、生活条件和贫困是否有差异呢？根据 CFPS 对农村地貌的不同分类，我们把农村地区分为平原地区农村和非平原地区农村两类[①]。城镇化对平原和非平原地区农村的人均收入、各项收入占总收入比重、人均消费、生活条件及减贫效应的结果显示，城镇化对这些指标的影响表现出平原和非平原的异质性。例如，城镇化虽然均显著地促进了平原和非平原的人均收入，但在平原地区这主要得益于城镇化使财产收入占总收入比重和转移收入占总收入比重增加，在非平原地区这主要由于城镇化使工资收入占总收入比重增加。城镇化对平原地区农村的打工寄回收入没有显著影响而对非平原地区则有非常强的正向作用。此外，城镇化只对非平原地区的家庭人均消费起到了显著的提升作用，而对平原地区的家庭人均消费没有作用，城镇化对非平原地区的减贫作用比较微弱，在贫困线分别为 2.5＄ PPP、4＄ PPP 时，城镇化最大的减贫贡献在 2010 年分别仅为 0.41%、1.64%，与其他农村分组样本的结论相同，城镇化的减贫贡献也呈现逐期下降的态势。城镇化对其他指标的平原和非平原这种地貌异质性影响不再赘述。

① CFPS 关于农村地貌的特征共有 7 个选项：丘陵山区、高山、高原、平原、草原、渔村、其他。

总而言之，城镇化使东中部农村、平原农村、郊区农村的转移收入显著增加，但对这些地区的消费却没有显著影响。城镇化主要减少了西部农村、非平原农村和纯农村地区的贫困。这些结论可能从另一个侧面佐证了城镇化减贫边际贡献下降的原因，因为东部、平原地区、城郊的城镇化水平已经较高，城镇本身的如贫民区、环境、犯罪等社会问题开始显现，城镇贫困问题开始上升可能影响了城镇化对农村减贫作用的发挥。

3. 机制检验

前文的结论表明城镇化显著地减少了农村贫困，那么，城镇化减少农村贫困的可能机制是什么呢？根据数据的可得性，本节将从农村土地渠道、汇款渠道、非农就业渠道及技术和市场的溢出效应渠道等方面对城镇化减少农村贫困的可能机制进行探讨。农村土地渠道我们拟从农村社区征地这个指标来入手，鉴于 CFPS 公开数据中只有 2014 年涉及了农村社区征地问题，下文将利用 2014 年的数据进行检验，汇款使用家庭是否有打工寄回收入来代表，非农就业使用家庭是否有工资收入代表，技术和市场的溢出效应则使用离县城的距离来代替。前文曾归纳的农产品消费需求渠道因无法找到相应代理指标，这里略去该机制检验。在机制检验中使用了如下线性模型：

$$\ln Y=\alpha_0+\beta_1 exprop+\beta_2 remitt+\beta_3 nonfarm+\beta_4 overflow+\varepsilon \quad (2-48)$$

其中，Y 表示家庭人均消费，exprop 表示经历过社区征地、remitt 表示有汇款、nonfarm 表示有非农就业、overflow 表示离县城距离。β_1、β_2、β_3、β_4 分别表示农村土地渠道、汇款渠道、非农就业渠道及技术和市场的溢出效应渠道的影响。具体回归结果如表 2-46 所示。

表 2-46 机制检验

变量	变量含义	家庭人均消费对数		家庭人均消费对数	
		系数	标准差	系数	标准差
Exprop	经历过征地	0.1544***	0.0295	0.1545***	0.0290
Remitt	有汇款	-0.0490*	0.0274	-0.0410	0.0270

续表

变量	变量含义	家庭人均消费对数		家庭人均消费对数	
		系数	标准差	系数	标准差
Nonfarm	有非农就业	0.1227***	0.0291	0.2205***	0.0295
Overflow	离县城距离	-0.0010***	0.0003	-0.0010***	0.0003
是否控制家庭人口学变量		否		是	

注：***表示1%水平下显著、*表示10%水平下显著。

资料来源：笔者整理。

表2-46表明，无论是否控制家庭人口学变量，社区经历过征地的家庭其人均消费显著上升，即以家庭人均消费表示的福利显著提升，一方面征地补偿直接增加了农民的福利，另一方面征地可能使得非农就业增加进而使征地农民的福利改善。表2-46表明无论是否控制家庭人口学变量，非农就业的福利效应都在显著增加。距离县城越远，家庭人均消费数量越低，这说明城乡之间的物理分割会导致技术和市场的溢出效应降低进而会影响到农民福利的改善。该结论与异质性分析中的城镇化对郊区工资收入的影响更大一些的结论相呼应，即郊区农民在地理上可能较之纯农村地区有优势。比较有趣的是，有无汇款对家庭的福利改善没有显著作用，这可能是由于接受汇款者并没有把寄回收入直接用于消费，抑或是寄回收入的数量有限。总之，城镇化减少农村贫困的机制是农村土地渠道、非农就业渠道及技术和市场的溢出效应渠道，汇款机制调节作用有限。

五、小结

贫困作为一个广发性、普遍性的问题，长期以来受到政府及社会各界的广泛关注。“消除贫困、改善民生，实现共同富裕”是社会主义的本质要求，也是实现社会稳定、和谐发展的重要条件。改革开放以来，我国扶贫工作取得巨大成就，得到国际社会普遍赞誉。本书基于中国家庭追踪调查（CFPS）2010年、2012年、2014年的面板数据，使用工具变量面板数据固定效应的两部模型分析了城镇化对农村家庭人均收入、消费及贫困的影响。结果显示，城镇化促进了农村家庭工资收入和财产收入的增长，城镇化虽然对转移收入有显著的正向作用，但对转移收入在总收入中的比重影响不显著，城镇化对经营收入影响微弱，对经营收入占总收入比重的影响甚至为显著的负向作用，在上述合力作用下，城镇化使农村家庭人均收入、人均消费显著上升；城镇化还对以生活饮用水水平表示的生活条件提高起到了积极作用，该积极作用并不受收入的影响，表明城镇化增加了农村家庭对饮用水质量或称生活条件知识的需求，抑或是城镇化引致了基础设施质量的提升；城镇化显著地减少了农村贫困，但其减贫的作用较小，而且随着时间的推移城镇化减贫贡献逐渐减弱；当把农村样本分成纯农村和郊区、东中西部地域、平原和非平原地区时，城镇化对每一分组样本下的人均收入、消费及贫困的效应均呈现出了异质性特点，城镇化使东中部农村、平原农村、郊区农村的转移收入显著增加，但对这些地区的消费却没有显著影响。城镇化主要减少了西部农村、非平原农村和纯农村地区的贫困。城镇化减少农村贫困的机制是农村土地渠道、非农就业渠道及技术和市场的溢出效应渠道，汇款机制调节作用有限。

本节的分析工作还有许多需要进一步完善的地方。城镇化进程涉及全国人口，如果城镇化被视为处理组，资料限制我们无法找到无污染的控制组，本节简单地假定省级城镇化只影响到省内居民。在工具变量回归中，城镇化变量（滞后一期城镇化人口比重）的工具变量用滞后两期的城镇化人口比重来代替，尽管滞后内生变量常被用来作为当前内生变量的工具变量，但可能存在弱工具变量问题。未来研究的扩展可能包含以下内容：尽管我们也简单地计算了城镇化对城镇家庭人均收入、消费和贫困的影响，[①] 但城镇化减少城镇贫困的机制明显不同于前文综述中的那些渠道，因此这应该是另一个不同的问题。其实，随着城镇人口的增

① 除对城镇经营收入没有影响外，城镇化显著地增加了城镇家庭的工资收入、财产收入、转移收入数额。城市化显著地使经营收入占总收入比重下降、工资收入占总收入比重上升、转移收入占总收入比重上升，这些合力作用的结果是人均收入上升。城市化每增长 1%，城市家庭人均消费上升 0.88%。在同样的贫困线标准下，城镇化减少城镇贫困的程度小于农村。

长，城镇本身的贫困将可能成为主要问题，需要进一步研究城镇人口的增长是否需要城乡减贫之间的权衡。不平等是贫困的另一个侧面，在资料可得的情况下分析城镇化与不平等的关系是超越了本节主题但不失为一个有意义的研究。

第三章　中国特殊群体的贫困

第一节　城市自雇者的相对贫困

前文对我国城乡家庭中存在的各种贫困问题进行了详细阐释，本章将继续对我国一些特殊群体的贫困问题做进一步的分析。目前，我国城市中的自雇①现象非常普遍。2007 年，从事私营和个体经营的自雇就业人员已占到城市就业人员的 30%（李实、宋锦，2010）。自雇者大多在非正规部门就业，不享有福利、工作保障或国家劳动法律保护，处于社会边缘地位。研究城市受雇者收入不平等和贫困的文献比比皆是，然而，关于自雇者的收入差距及相对贫困问题的研究却受到忽视。本章的目的在于考察过去 20 年（1989～2009 年）中我国城市居民自雇者之间的收入不平等和相对贫困的变化趋势。

一、数据来源与描述

本章研究采用的数据来自中国健康营养调查（CHNS），该调查由美国北卡罗来纳大学和中国疾病预防控制中心营养与健康所联合执行。目前可以得到 1989 年、1991 年、1993 年、1997 年、2000 年、2004 年、2006 年和

① 自雇与受雇相对应，即与拿工资受雇于他人相对应，是指在非农产业部门为自己工作的所有工作形式（吴晓刚，2006）。

2009 年的 CHNS 数据。调查采用多阶段分层随机整群抽样（Multistage Random Cluster Sampling）方法，依据地理位置、经济发展程度、公共资源的丰裕程度和健康指数覆盖了中国东部、中部和西部 8~9 个省份。除了选取每个省份的省会和较低收入的城市外，在每个省依据收入分层（高、中、低）和一定的权重随机抽取 4 个县，每个县抽取县城和按收入分层抽取 3 个村落，每个村 20 户，城市内的城区和郊区是随机选取的。由此可见，CHNS 样本具有全国代表性，其调查数据基本上能反映全国居民收入分配的情况。

我们把有雇工的个体经营者和无雇工的个体经营者定义为自雇。因为不平等指数计算中收入需要取对数，所以，研究中删除了年收入为 0 或负数的样本，并删除了户口为农村的样本，样本限定在 18 岁以上且有工作的个体。个体年收入统一调整为 2009 年价格。

1989~2009 年城市自雇者占就业总人数的比例情况显示：自雇者占城市就业总人数的比例从 1989 年的 9.5%，一直上升到 2000 年的最高点，达到 17.8%，此后的年份该比例虽有所下降，但仍维持在 16%以上[①]。值得指出的是，从 1993 年起，自雇者占城市就业总人数的比例急剧上升，从 11.1%上升到 1997 年的 17.1%，再上升到 2000 年的 17.8%，这一期间正是我国国有企业改革的攻坚期，政府针对国有企业实行的“抓大放小”政策使得大量国有企业要么转变为股份制，要么破产、合并或者转变为非公有制企业，这些企业的员工随之变为非国有部门的员工。此外，分流下岗人员的数量大幅增加，这些人也流动到非国有部门受雇，抑或是从事自雇活动。这从另一个侧面说明，1993 年以后的城市自雇者可能主要来自社会边缘群体。

表 3-1 汇报了有关非农自雇的均值特征。与受雇相比，自雇者的年龄更长、受教育程度更低，在婚者从事自雇的比例较高。自雇者的平均年龄为 41 岁，比受雇者的平均年龄高 3 岁多。

自雇者的受教育程度呈现增长态势，自雇者中高中以上毕业的比例从 1989 年的 23.7%提高到 2004 年的 37.1%，此后年份基本维持在这个水平左

---

① 该比例与前述李实和宋锦（2010）研究中的比例趋势变化有出入，可能的原因在于我们没有包括城市中的农民工。

表 3-1　自雇样本的均值

变量	1989 年	1991 年	1993 年	1997 年	2000 年	2004 年	2006 年	2009 年
个体特征								
年收入对数	8.368	8.426	8.689	8.792	8.985	9.045	9.198	9.594
标准差	1.020	0.830	0.860	0.840	0.760	0.960	1.240	1.290
年龄	38.730	39.440	40.030	40.160	41.070	43.620	42.930	44.300
男性（=1）	0.519	0.477	0.490	0.520	0.540	0.491	0.526	0.621
在婚（=1）	0.820	0.798	0.830	0.807	0.825	0.885	0.884	0.893
教育	0.237	0.133	0.169	0.279	0.352	0.371	0.400	0.383
家庭特征								
户主（=1）	0.359	0.305	0.351	0.395	0.419	0.445	0.410	0.479
家庭中有 5 岁以下的儿童（=1）	0.077	0.049	0.090	0.076	0.064	0.000	0.000	0.000
家庭中有其他成员自雇（=1）	0.597	0.571	0.672	0.674	0.540	0.502	0.484	0.474
就业是否为服务行业（=1）	0.393	0.133	0.648	0.583	0.523	0.588	0.557	0.525
地区								
东部	0.077	0.083	0.128	0.183	0.221	0.274	0.389	0.358
中部	0.288	0.203	0.163	0.262	0.345	0.401	0.363	0.314
西部	0.635	0.714	0.709	0.555	0.434	0.325	0.248	0.328
贫困指数								
P（0）贫困发生率	0.101	0.083	0.096	0.135	0.168	0.371	0.278	0.287
P（1）贫困距	0.040	0.037	0.026	0.057	0.042	0.139	0.148	0.127
N	206	203	165	286	281	175	190	198

注：年收入为 2009 年价格；贫困线为城市就业群体年收入（2009 年价格）的中位数的一半；教育变量：当个体受教育程度为初中毕业及以下时取 0，否则取 1。地区：东部包括辽宁省、江苏省、山东省，中部包括黑龙江省、河南省、湖南省、湖北省，西部包括广西壮族自治区、贵州省。

右。女性自雇者的比例呈现下降趋势，这也从另一个侧面解释了户主的自雇者上升，因为户主一般为非女性。自雇者从事服务行业的比例除了 1989 年和 1991 年以外，其他年份的比例均超过一半。在 1989 年，城市非农自雇主要集中在中、西部地区，东部地区的城市自雇者仅为7.7%，到2009年，东、中、西部自雇比例各占三成多，原因是实施西部大开发战略后，西部地区的受雇岗位增加，自雇者相应减少。

为分析哪些个体更有从事自雇活动的倾向，我们把从事非农自雇活动定义为1，从事工资雇佣活动定义为0，Probit回归结果如表3-2所示。

表3-2 Probit回归结果：因变量自雇为1，他雇为0

变量	1989年	1993年	1997年	2000年	2004年	2006年	2009年
年龄	-0.005	-0.111***	0.031	0.087***	-0.013	0.049	0.009
年龄平方	0.0001	0.001***	-0.000	-0.000**	0.000	-0.000	-0.000
男性（=1）	0.121	-0.076	-0.108	0.066	-0.116	-0.059	0.327**
在婚（=1）	0.394**	0.617***	-0.235	-0.075	0.079	-0.168	0.112
受教育程度	-0.215**	-0.519***	-0.254**	-0.431***	-0.430***	-0.472***	-0.476***
家庭特征							
户主（=1）	0.125	0.531***	0.396***	0.175	0.323**	0.181	0.121
家庭中有5岁以下的儿童（=1）	-0.199	0.338*	-0.268	0.529**	—	—	—
家庭中有其他成员自雇（=1）	2.514***	2.183***	2.667***	2.338***	2.295***	2.558***	2.015***
就业是否为服务行业（=1）	0.841***	1.076***	1.052***	1.147***	1.005***	0.997***	0.664***
地区（以东部为基础组）							
中部	0.45***	0.341*	0.002	0.185	-0.165	-0.073	-0.085
西部	0.703***	0.925***	0.366***	0.481***	0.060	-0.176	0.213
常数	-2.649***	-0.901	-2.321***	-3.661***	-1.281	-2.372**	-1.787**
Pseudo R^2	0.460	0.568	0.553	0.456	0.424	0.416	0.345

注：***表示1%水平下显著、**表示5%水平下显著、*表示10%水平下显著。

从表3-2中可以看出，年龄对是否从事自雇活动不具有明确的方向性影响，在1993年，年龄对自雇的影响为负，可以解释为年龄越大风险偏好一般越低，从事自雇的概率下降，而在 2000 年，年龄对自雇的影响却为正向。男性只在 2009 年呈现出比女性更显著的自雇倾向。受教育程度在各个年份均对自雇产生了显著的负向影响，这可能是因为受教育程度较高者更易找到工资雇佣工作，进而使得进入自雇的概率下降。家庭中有其他成员自雇对个体的自雇决策产生了重要作用，在各个年份中，家庭中有其他成员自雇会对个体的自雇进入产生正向的推动，这可能是家庭自雇成员之间可以相互交流经营经验、分享各自商界社会网络的结果。这说明自雇活动中的人力资本传递现象（Parker，2004）在我国也同样存在。

二、不平等与贫困

1. 潜在原因

虽然自雇者的年均收入呈现逐年递增态势，但收入不平等（以年收入对数的标准差衡量）的程度也较为严重，在绝大多数年份，收入对数的标准差接近或超过 1。

本章的贫困线划定为城市就业群体（包括自雇者和受雇者）以 2009 年价格衡量的年收入的中位数的一半①。自雇人群的相对贫困发生率（贫困人口的比率）和相对贫困距（代表了贫困人口收入的平均欠额）如表 3-1 所示，1989~2009 年自雇群体的相对贫困发生率上升了约两倍，从 1989 年的 10.1%上升到了 2009 年的 28.7%。受雇群体的收入不平等程度要低于自雇群体。受雇群体的相对贫困发生率也比自雇群体低很多，2009 年受雇者相对贫困发生率达到最高值，但只占同期自雇群体相对贫困发生率的一半左右。

为准确剖析自雇者的收入不平等和贫困的变化，本章对收入不平等和贫困进行了分组分解，分组选择了四个标志，分别是教育、地区、行业和性别，这样的分组有望在一定程度上回答某些具有政策性意义的问题。

教育：人力资本认为，教育能通过增长个体的知识、技能等提高劳动

① 各个调查年份以 2009 年价格衡量的年收入的中位数的一半分别为：1426 元、1733 元、1914 元、2784 元、3889 元、5923 元、6726 元、9686 元。

者的生产率，从而增加个人收入并影响收入在个体之间的分配。随着中国经济转型的日臻完善，对熟练劳动力需求及熟练劳动力的工作回报都出现了增长趋势，高层次教育所获回报率的相对上升将难以避免。一些对全部人群收入差距的实证研究都得出了这个结论。Zhang 等（2002）认为从 20 世纪 80 年代中期开始，教育的回报率越来越高，且平均年教育回报率随着受教育程度的提高也在提高。一些研究还表明，教育对城市就业收入差距的解释力越来越强（赖德胜，1999；张车伟，2006），李实和宋锦（2010）指出 1988~2007 年高学历就业人群获得的增长份额大大超过了低学历就业人群，使得人力资本的回报成为收入不平等扩大的主要贡献因素。这种原因也可能适用于解释自雇者的收入不平等上升。教育和贫困之间呈现负相关关系是已有文献的共识，受教育程度提高会使得贫困发生率下降，然而，低受教育程度人力资本回报率的相对降低会使得一些群体陷入贫困，自雇从业者恰恰是受教育程度较低的群体。本章按受教育程度进行分组分解的目的是，试图探寻熟练劳动力日益增长的回报率和不断增长的人力资本对自雇者的收入不平等、相对贫困的影响程度。自雇样本按受教育程度分为两类：非熟练劳动力和熟练劳动力，非熟练劳动力定义为自雇者的受教育程度为初中毕业及以下，熟练劳动力则是指自雇者的受教育程度为高中毕业、中等技术学校毕业、职业学校毕业及以上者。

地区：我国地区间经济发展绩效存在巨大差异，可能会导致不同地区个体收入不同。一些对城市居民收入分配的研究都表明地区因素对收入差距扩大起到了显著作用（陈斌开等，2009），研究发现 1990~2005 年，地区对劳动收入差距的贡献呈上升趋势。贫困分布通常呈现出地区差异，中国贫困的广度与深度在沿海与内陆之间就有很大的不同，万广华和张茵（2008）认为内陆不仅贫困绝对程度比沿海高，在减贫方面取得的进展也比沿海小。如描述分析部分所述，20 世纪 80 年代末期西部自雇人群比率远远高于东部，而近年来，东、中、西部地区的自雇比例大体一致，这种地区自雇人群结构的变化对不平等和相对贫困可能会产生影响。该分组试图分析地区因素对收入不平等和相对贫困的影响，我们把调查样本分为三个地区，东部、中部和西部。东部包括辽宁省、江苏省、山东省，中部包括黑龙江省、河南省、湖南省、湖北省，西部包括广西壮族自治区、贵州省。

行业：熟练劳动力密集型产业的产品相对价格比非熟练劳动力密集型产业的产品价格要高，在熟练劳动力密集型产业中就业的个体无疑会受益，而且随着产业结构的迅速变迁，对熟练劳动力的需求也越来越强。当然，在中国的行业收入不平等中，受非议最多的并不是因教育回报上升导致的收入不平等，而是垄断行业的收入过高导致的收入不公（陈钊等，2010）。使用行业这种分组方法便于探寻自雇者行业内和行业间的变化情况，本章把就业行业分为服务业①和非服务业两类。

性别：关于中国性别收入不平等的研究基本都是围绕着“市场化与性别平等”这个命题展开，目前存在三种不同的观点（Gustafsson，2000；Shu，2003；李春玲，2008；王天夫，2008；吴愈晓，2009）：第一种观点认为市场化会增加性别歧视，因为女性在再分配体制中得到的保护逐渐消失；第二种观点刚好相反，认为市场化会减少性别歧视，因为市场带来竞争机制，性别等禀赋因素的作用在减弱；第三种观点则认为市场化与性别平等之间并没有直接的关联。在一般情况下，女性的收入低于男性，女性在自雇群体中的比例变动可能会影响到收入分配及相对贫困，为此，本章引入了性别这一分组。

2. 分解方法

（1）收入不平等。本研究使用属于广义熵指数系列的 E_0、E_2 来测度收入不平等。

$$E_0 = \frac{1}{n}\sum_i \log\left(\frac{\mu}{y_i}\right) \tag{3-1}$$

$$E_2 = \frac{1}{2n}\sum_i \left[\left(\frac{\mu}{y_i}\right)^2 - 1\right] \tag{3-2}$$

其中，n 为人口数量，μ 为人均收入，y_i 为个体 i 的收入水平，E_0、E_2 对收入分布低位和高位的变化比较敏感。

---

① 在 CHNS 中，服务行业人员主要包括厨师、理发员、洗衣工、保育员等人员。

人群可以分为 K 组，每组的人数为 n_k。不平等可以分解为组内和组间不平等两部分（Shorrocks，1999）。

$$E_0 = \sum_k v_k E_{0k} + \sum_k v_k \log\left(\frac{1}{b_k}\right) \quad (3-3)$$

$$E_2 = \frac{1}{2}\left[\sum_k v_k b_k^2 E_{2k} + \sum_k v_k E_{2k}\right] + \frac{1}{2}\left[\sum_k v_k (b_k^2 - 1) + \sum_k v_k (b_k^2 - 1) E_{2k}\right] \quad (3-4)$$

其中，$v_k = n_k/n$ 是 K 组的人群比例，E_{0k}、E_{2k} 测度 k 组内的不平等，$b_k = \mu_k/\mu$ 是 k 组的平均收入与全体人均收入的比。式（3-3）和式（3-4）中的第一项代表组内不平等，第二项代表组间不平等。在组间不平等固定的情况下，组内不平等指的是如果收入再分配平等，不平等下降的程度；组间不平等则是指如果每一组的平均收入相等，收入不平等下降的程度，即每一组间的收入是相同的。依据划分的标准不同，组间不平等有时也被称作纯“教育”效应或纯“地区”效应。

利用 Shapley-Shorrocks 分解具有两个优点[①]（Gurleen，2010）：第一，该分解方法具有路径独立特征，即无论是首先去除组间不平等而单独考察组内不平等，或者首先消除组内不平等而单独考察组间不平等，结果都不受影响。第二，该分解具有准确性特征。

E_0 在时间上的变化可以写成下式（Mookherjee，1982）：

$$\Delta E_0 \cong \sum_k \bar{v}_k \Delta E_{0K} + \sum_k \bar{E}_{0K} \Delta v_k + \sum_k (\bar{b}_k - \log \bar{b}_k) \Delta v_k + \sum_k (\bar{\theta}_k - \bar{v}_k) \Delta \log(\mu_k) \quad (3-5)$$

其中，$\theta_k = v_k b_k$，Δ 代表变化情况，如 $\Delta E_0 = E_0(t+1) - E_0(t)$，字母中的上画线代表两个时期的平均值，如 $\bar{v}_k = \frac{1}{2}[v(t+1) + v(t)]$，式（3-5）中的第一项代表纯粹的不平等变化，反映的是组内不平等变化的影响，第二项和第三项指的是不同组别人群的变化对组内、组间不平等的影

① Gini 系数也是用于分组分解的一种常用工具。

响，最后一项是不同组别相对收入的变化对不平等的影响。

（2）贫困。我们采用 Foster 等（1984）构建的 FGT 指数测度贫困，即存在下式：

$$P_\alpha = \frac{1}{n}\sum_{i=1}^{q}\left[\frac{z-y_i}{z}\right] \tag{3-6}$$

其中，z 是特定的贫困线，q 是贫困人群数量，$\alpha=0$ 时，是贫困的发生指数的比重，即贫困发生率（P_0），$\alpha=1$ 时，是成比例贫困距，即贫困深度（P_1）。

如同不平等指数一样，FGT 指数也能按人群进行分解：

$$P_\alpha = \sum_k v_k P_{\alpha k} \tag{3-7}$$

其中，$P_{\alpha k}$ 是 k 子组的贫困测度。贫困在时间上的变化可以分解为下式（Ravallion，1991）：

$$P_\alpha = \sum_k v_k(t)\Delta P_{\alpha k} + \sum_k P_{\alpha k}(t)\Delta v_k + \sum_k \Delta P_{\alpha k}\Delta v_k \tag{3-8}$$

其中，第一项是组内效应，即每一组的贫困变化对总贫困变化的贡献，第二项是组间效应，反映的是人口改变对总贫困变化的贡献，最后是组内和组间的交互效应对总贫困的贡献。

三、实证分析

1. 不平等分解

表 3-3 汇报了以 E_0、E_2 衡量的 1989~2009 年自雇者的收入不平等状况。1989~1991 年，收入不平等下降，E_0 和 E_2 分别下降了 32.8% 和 49.3%。1991~1993 年，收入不平等上升，E_0 和 E_2 分别上升了 30.1% 和 146.6%。1993~2000 年，收入不平等出现了持续的下降，E_0 和 E_2 分别下降了 34.3% 和 68.2%。进入 21 世纪以来，收入不平等出现了持续上升的态势，2000~2009 年，E_0 上升了 157.7%，在这期间 E_2 上升的幅度更大，达到 454.1%。1989~2009 年自雇者的收入不平等展现出了 W 形状的图景，W 的两个较低点发生在 1991 年和 2000 年。

表 3-3　1989~2009 年组内和组间的收入不平等

	E_0			E_2		
	总的不平等	组内不平等	组间不平等	总的不平等	组内不平等	组间不平等
教育						
1989 年	0.516	0.515	0.001	1.051	1.046	0.005
1991 年	0.346	0.346	0.000	0.532	0.529	0.003
1993 年	0.451	0.450	0.001	1.313	1.305	0.008
1997 年	0.422	0.411	0.011	0.596	0.583	0.013
2000 年	0.296	0.288	0.008	0.425	0.414	0.011
2004 年	0.478	0.461	0.017	0.854	0.831	0.023
2006 年	0.677	0.646	0.031	1.507	1.467	0.040
2009 年	0.763	0.697	0.066	2.294	2.214	0.080
地区						
1989 年	0.516	0.508	0.008	1.051	1.039	0.012
1991 年	0.346	0.344	0.002	0.532	0.527	0.005
1993 年	0.451	0.429	0.022	1.313	1.284	0.029
1997 年	0.422	0.414	0.008	0.596	0.586	0.010
2000 年	0.296	0.292	0.004	0.425	0.418	0.007
2004 年	0.478	0.431	0.047	0.854	0.797	0.057
2006 年	0.677	0.631	0.046	1.507	1.452	0.055
2009 年	0.763	0.732	0.031	2.294	2.252	0.042
行业						
1989 年	0.516	0.511	0.004	1.051	1.042	0.009
1991 年	0.346	0.340	0.006	0.532	0.524	0.008
1993 年	0.451	0.425	0.026	1.313	1.279	0.034
1997 年	0.422	0.414	0.008	0.596	0.587	0.009
2000 年	0.296	0.281	0.015	0.425	0.408	0.017
2004 年	0.478	0.425	0.053	0.854	0.794	0.060
2006 年	0.677	0.638	0.039	1.507	1.459	0.048
2009 年	0.763	0.731	0.032	2.294	2.251	0.043
性别						
1989 年	0.516	0.511	0.005	1.051	1.041	0.010

续表

	E_0			E_2		
	总的不平等	组内不平等	组间不平等	总的不平等	组内不平等	组间不平等
1991 年	0. 346	0. 341	0. 005	0. 532	0. 523	0. 009
1993 年	0. 451	0. 450	0. 001	1. 313	1. 305	0. 008
1997 年	0. 422	0. 409	0. 013	0. 596	0. 582	0. 014
2000 年	0. 296	0. 293	0. 003	0. 425	0. 420	0. 005
2004 年	0. 478	0. 462	0. 016	0. 854	0. 833	0. 021
2006 年	0. 677	0. 626	0. 051	1. 507	1. 453	0. 054
2009 年	0. 763	0. 749	0. 014	2. 294	2. 270	0. 024

注：根据式（3-3）和式（3-4）计算得到。

根据式（3-3）和式（3-4）把总体不平等指标 E_0、E_2 分解为组内和组间两部分，对按教育、地区、行业和性别的分组分解结果都显示，在所有年份，无论是以绝对数值衡量，还是以占总不平等的相对数衡量，组内不平等都比组间不平等大。原因在于自雇群体的异质性较强，如在这期间自雇群体中既有能力较强的自愿“下海”者，又有被买断的“下岗”者①；既有只是从事无雇工自雇者，又有从事带雇工的自雇者。此外，值得指出的是，在不平等上升时期，无论使用哪种分组标志，组间不平等占总不平等的份额也呈现上升态势，这表明自雇群体收入中存在某种程度的极化现象，这个结论对 E_0 和 E_2 都是稳健的。

接下来，我们转入对组内收入不平等的分析，组内收入不平等的分解结果如表 3-4 所示。

组内收入不平等分解显示：第一，虽然熟练劳动力的收入水平比非熟练劳动力高，但在 2004 年以前的多数年份里，熟练劳动力组内的收入不平等并不比非熟练劳动力组内不平等高，2004 年后，熟练劳动力组内的收入不平等

① 近年来，随着国民经济的持续增长，国有企业效益改观，国企下岗规模有递减趋势。1998～2003 年，下岗人数从 594 万逐年递减到 2003 年的 260 万，到 2005 年末，国企下岗职工仅有 61 万。但由于地区发展不平衡，目前仍存在很多地区下岗人数增加的情况。

表 3-4　组内收入不平等

	E_{0K}								$\bar{v}_k \Delta E_{0K}$						
	1989 年	1991 年	1993 年	1997 年	2000 年	2004 年	2006 年	2009 年	1989~1991 年	1991~1993 年	1993~1997 年	1997~2000 年	2000~2004 年	2004~2006 年	2006~2009 年
教育															
非熟练劳动力	0. 47	0. 36	0. 44	0. 42	0. 31	0. 46	0. 52	0. 62	-0. 08	0. 06	-0. 01	-0. 07	0. 09	0. 03	0. 06
熟练劳动力	0. 64	0. 20	0. 45	0. 37	0. 24	0. 45	0. 83	0. 80	-0. 08	0. 03	-0. 01	-0. 03	0. 07	0. 14	0. 00
地区															
东部	0. 30	0. 16	0. 10	0. 51	0. 33	0. 41	0. 77	0. 99	-0. 01	0. 00	0. 06	-0. 03	0. 02	0. 12	0. 08
中部	0. 31	0. 17	0. 38	0. 40	0. 24	0. 51	0. 54	0. 40	-0. 03	0. 03	0. 00	-0. 04	0. 10	0. 01	0. 00
西部	0. 61	0. 41	0. 49	0. 38	0. 31	0. 34	0. 52	0. 75	-0. 13	0. 05	-0. 06	-0. 03	0. 01	-0. 04	0. 06
行业															
服务行业	0. 43	0. 24	0. 32	0. 44	0. 30	0. 37	0. 54	0. 64	-0. 05	0. 03	0. 07	-0. 07	0. 03	0. 09	0. 05
非服务行业	0. 56	0. 35	0. 61	0. 37	0. 25	0. 50	0. 75	0. 82	-0. 15	0. 16	-0. 09	-0. 05	0. 11	0. 10	0. 02
性别															
男	0. 52	0. 33	0. 43	0. 42	0. 26	0. 54	0. 69	0. 73	-0. 09	0. 04	0. 00	-0. 08	0. 14	0. 07	0. 02
女	0. 49	0. 34	0. 47	0. 39	0. 32	0. 37	0. 55	0. 77	-0. 07	0. 06	-0. 03	-0. 03	0. 02	0. 08	0. 09

远远高于非熟练劳动力组内不平等。第二，1989 年，西部地区的自雇者比例最高，平均收入最低，该地区的收入不平等最高。随着时间的推移，东部地区的自雇者比例和平均收入均上升，东部地区收入不平等呈现最强的上升态势。第三，在 1989 年，不同行业的组内不平等几乎构成了不平等的全部，从 2000 年起，组间不平等开始上升。第四，男性受教育程度较高，收入也较高，但男性组内不平等并没有表现出比女性不平等更明显的趋高或趋低态势。

为了分析组内不平等和组间不平等对不平等变化的贡献率，本章使用式（3-5）对收入不平等的变动进行了分解，表 3-5 汇报了不平等的动态分解结果。

表 3-5　收入不平等变动分解

分组	收入不平等变化（%ΔE_0）	各分项占 E_0 变化的比（%）			
		组内不平等	人口比例		平均收入
		式(3-5)第一项	式(3-5)第二项	式(3-5)第三项	式(3-5)第四项
教育					
1989～1991 年	-32. 850	-32. 800	-0. 030	-2. 900	2. 880
1991～1993 年	30. 170	30. 940	-0. 810	0. 007	0. 033
1993～1997 年	-6. 360	-8. 130	-0. 540	0. 260	2. 050
1997～2000 年	-29. 660	-27. 970	-1. 120	0. 290	-0. 860
2000～2004 年	61. 150	58. 540	-0. 270	0. 080	2. 800
2004～2006 年	41. 570	37. 750	0. 870	0. 090	2. 860
2006～2009 年	12. 680	8. 170	-0. 580	-0. 060	5. 150
地区					
1989～1991 年	-32. 850	-32. 960	4. 020	-0. 150	-3. 760
1991～1993 年	30. 170	23. 090	-2. 060	0. 120	9. 020
1993～1997 年	-6. 360	-0. 640	-2. 690	1. 250	-4. 280
1997～2000 年	-29. 660	-23. 680	0. 100	0. 090	-6. 170
2000～2004 年	61. 150	43. 770	1. 690	-0. 120	15. 810
2004～2006 年	41. 570	18. 810	3. 120	0. 700	18. 940

续表

分组	收入不平等变化（$\%\Delta E_0$）	各分项占 E_0 变化的比（%）			
		组内不平等	人口比例		平均收入
		式(3-5)第一项	式(3-5)第二项	式(3-5)第三项	式(3-5)第四项
2006~2009 年	12.680	20.660	0.120	-0.050	-8.050
行业					
1989~1991 年	-32.850	-39.170	-6.010	-1.070	13.400
1991~1993 年	30.170	55.440	-30.730	1.090	4.370
1993~1997 年	-6.360	-4.430	1.560	0.210	-3.700
1997~2000 年	-29.660	-28.420	-1.020	0.020	-0.240
2000~2004 年	61.150	47.140	-0.850	-0.160	15.020
2004~2006 年	41.570	39.710	1.120	0.060	0.680
2006~2009 年	12.680	10.330	0.960	-0.000	1.390
性别					
1989~1991 年	-32.850	-31.490	-0.160	0.005	-1.205
1991~1993 年	30.170	28.870	0.080	0.000	1.220
1993~1997 年	-6.360	-8.950	-0.020	-0.006	2.616
1997~2000 年	-29.660	-26.050	-0.070	-0.001	-3.539
2000~2004 年	61.150	53.880	-0.960	0.040	8.190
2004~2006 年	41.570	31.340	1.130	-0.120	9.220
2006~2009 年	12.680	16.230	0.720	-0.340	-3.930

注：$\%\Delta E_0 = 100\times\Delta E_0/E_0\ (t)$。

教育：无论是对不平等的上升期而言，还是对不平等的下降期而言，组内不平等的变化都解释了总不平等变化的绝大部分。在组内不平等的上升中，非熟练劳动力组内不平等的上升发挥了更重要的作用，例外的情况发生在2004~2006年，这一期间熟练劳动力组内不平等的上升占据了更重要的位置。在组内不平等下降中，非熟练劳动力组内不平等的下降也起到了决定作用。在绝大多数时间段内，熟练劳动力比例上升有减少组内不平等的作用，而熟练劳动力比例上升则有增加组间不平等的作用。

地区：如果不存在地区的收入不平等，那么，1991~1993年、2000~

2004 年、2004~2006 年、2006~2009 年的不平等将会分别下降大约 23%、44%、19%、21%。地区平均收入差距增加对 2000~2004 年、2004~2006 年不平等上升的贡献率大约分别为 16%、19%。在不平等上升或下降中，组内不平等依然构成了最重要的部分。在组内不平等的上升中，尤其是 2004~2009 年，东部组内不平等的上升发挥了极其重要的作用。此外，东部地区自雇比例的上升对组内不平等从 1997 年开始就显现出了增强作用。

行业：除 1993~1997 年外，组内不平等在不平等上升或下降中的贡献都占最大份额，组间不平等变化的贡献只有边际意义。1997 年以前，组内不平等的上升或下降主要是由于非服务行业不平等的上升或下降造成的。1997 年以后，服务业和非服务业在组内不平等上升或下降的地位比较居中，并没有明确的答案。

性别：所有的不平等上升（下降）几乎全部可以用组内不平等的上升（下降）来解释。组间平均收入的变化并没有对不平等的变化产生太大的影响。对组内不平等的上升而言，男性组内不平等上升和女性组内不平等上升起到的作用大致相当，但对组内不平等的下降而言，男性组内不平等起到的作用更大。

2. 贫困分解

在过去的 20 年中，中国自雇者的相对贫困并没有减少，而是呈现增长态势，尤其是进入 21 世纪以来，自雇者的相对贫困更是居高不下。例如，在 2000 年，自雇者的相对贫困发生率为 16.8%，2004 年、2006 年、2009 年的相对贫困发生率均接近 30%，分别达到 37.1%、27.8%和 28.7%，这一时期也是自雇者收入不平等上升的时期。这说明与收入不平等上升相伴的往往是相对贫困的上升，不平等与相对贫困可能会形成恶性循环。

表 3-6 汇报了相对贫困的分组分解结果，它提供了自雇群体中的哪些个体更易陷入相对贫困问题的答案。女性、位于西部地区的自雇群体相对贫困发生率更高，表 3-6 显示相对贫困发生率在行业、教育上也存在明显差异，在 1993 年以前，服务行业的相对贫困率低于非服务行业，1993 年以后的各个年份中，服务行业的相对贫困发生率均远远高于非服务行业的相

对贫困发生率。在1997年以前，非熟练劳动力的相对贫困发生率有时比熟练劳动力还要低，1997年后的绝大多数年份里，非熟练劳动力的相对贫困发生率要高于熟练劳动力的相对贫困发生率。

表3-6　相对贫困的分组分解

	相对贫困发生率 P_0							
	1989年	1991年	1993年	1997年	2000年	2004年	2006年	2009年
教育								
非熟练劳动力	0.09	0.09	0.08	0.16	0.21	0.47	0.27	0.35
熟练劳动力	0.12	0.03	0.14	0.05	0.08	0.20	0.28	0.18
地区								
东部	0.06	0.05	0.00	0.11	0.09	0.20	0.25	0.25
中部	0.05	0.02	0.07	0.10	0.13	0.37	0.21	0.30
西部	0.12	0.10	0.11	0.15	0.22	0.50	0.40	0.30
行业								
服务行业	0.04	0.07	0.12	0.16	0.23	0.43	0.33	0.33
非服务行业	0.13	0.08	0.05	0.09	0.09	0.27	0.21	0.23
性别								
男	0.07	0.06	0.09	0.10	0.12	0.32	0.22	0.23
女	0.13	0.10	0.09	0.17	0.21	0.41	0.34	0.37

1989~2009年的相对贫困变动分解情况如表3-7所示。我们把相对贫困变动分解为组内效应、组间效应和交互效应三类。

表3-7　相对贫困（P_0）变动分解

分组	相对贫困变化（$\%\Delta P_0$）	各分项占 P_0 变化的比（%）		
		组内效应	组间效应	交互效应
		式（3-8）第一项	式（3-8）第二项	式（3-8）第三项
教育				
1989~1991年	-17.85	-23.39	-2.76	8.30
1991~1993年	15.79	13.37	-2.36	4.78
1993~1997年	38.96	51.10	5.89	-18.03

续表

分组	相对贫困变化（$\%\Delta P_0$）	各分项占 P_0 变化的比（%）		
		组内效应	组间效应	交互效应
		式（3-8）第一项	式（3-8）第二项	式（3-8）第三项
1997~2000 年	25.01	32.78	-6.61	-1.16
2000~2004 年	120.48	123.75	-1.60	-1.67
2004~2006 年	-24.89	-25.03	-2.09	2.23
2006~2009 年	3.20	2.22	-0.10	1.08
地区				
1989~1991 年	-17.85	-24.13	6.13	0.15
1991~1993 年	15.79	19.92	1.29	-5.42
1993~1997 年	38.96	45.42	-11.52	5.06
1997~2000 年	25.01	34.35	-3.67	-5.67
2000~2004 年	120.48	134.62	-7.37	-6.77
2004~2006 年	-24.89	-22.17	-7.95	5.23
2006~2009 年	3.20	2.57	4.98	-4.35
行业				
1989~1991 年	-17.85	-20.69	22.10	-19.26
1991~1993 年	15.79	-27.15	-6.86	49.80
1993~1997 年	38.96	43.51	-4.56	0.01
1997~2000 年	25.01	31.68	-3.37	-3.30
2000~2004 年	120.48	113.98	5.61	0.89
2004~2006 年	-24.89	-23.94	-1.31	0.36
2006~2009 年	3.20	4.40	-1.35	0.15
性别				
1989~1991 年	-17.85	-19.56	2.31	-0.60
1991~1993 年	15.79	15.73	-0.65	0.71
1993~1997 年	38.96	41.10	0.11	-2.25
1997~2000 年	25.01	26.38	-0.10	-1.27
2000~2004 年	120.48	117.82	2.74	-0.08
2004~2006 年	-24.89	-23.72	-0.84	-0.33
2006~2009 年	3.20	7.88	-4.23	-0.45

注：$\%\Delta P_0 = 100\times\Delta P_0/P_0(t)$。

组内效应：无论是对 1989~1991 年、2004~2006 年这两个时段相对贫困的短时下降而言，还是对其他时期的相对贫困上升而言，组内效应大都占据了绝对的支配地位，是不同组的组内相对贫困上升（下降）导致了总相对贫困的上升（下降）。

组间效应：在教育分组中，人口结构变化大多显示出了对相对贫困的抑制作用，这可以通过自雇群体的受教育程度呈现上升态势来解释，熟练劳动力发生相对贫困的倾向较低，熟练劳动力的增加使得相对贫困发生率下降。同样的道理，东部地区的自雇者相对贫困发生率较低，由于东部地区的自雇者比例上升，所以，在相对贫困上升的多数年份里，地区分组的组间效应是负向的。服务行业的构成在多数年份中的变动不是太大，组间效应微弱，而且，组间效应对相对贫困的影响方向也不明朗。性别分组的组间效应也存在这种现象。

为进一步对构成相对贫困主要原因的组内效应进行分析，表 3-8 汇报了各分组的组内相对贫困变化分解情况。

表 3-8　组内贫困的变化

	v_k (t) ΔP_{0k}						
	1989~1991 年	1991~1993 年	1993~1997 年	1997~2000 年	2000~2004 年	2004~2006 年	2006~2009 年
教育							
非熟练劳动力	-0.35	-0.28	6.49	3.60	16.68	-12.62	4.83
熟练劳动力	-2.03	1.40	-1.54	0.81	4.15	3.32	-4.21
地区							
东部	-0.02	-0.49	1.46	-0.34	2.47	1.32	-0.12
中部	-0.75	1.00	0.58	0.7	7.98	-6.16	3.23
西部	-1.67	1.15	2.35	4.26	12.21	-3.4	-2.38
行业							
服务行业	0.97	0.63	2.73	4.14	10.51	-6.28	0.35
非服务行业	-3.08	-2.90	1.48	0.12	8.68	-2.61	0.87
性别							
男	-0.67	1.76	0.16	1.24	10.81	-5.18	0.83
女	-1.32	-0.44	3.82	2.31	9.03	-3.62	1.36

组内相对贫困变化的特点可以归结为四个方面：第一，在 1989~1991 年的相对贫困下降中，主要由熟练劳动力的相对贫困下降引起，而在 2004~2006 年的相对贫困下降中，非熟练劳动力的相对贫困下降则起到了至关重要的作用。非熟练劳动力的相对贫困上升，几乎构成了自雇群体相对贫困上升的全部原因。第二，中西部自雇者的相对贫困下降，是导致自雇群体总体相对贫困下降的决定力量，而对总体相对贫困的上升而言，也是中西部自雇者的相对贫困上升所致，在相对贫困上升的绝大多数年份中，西部地区相对贫困上升要比中部地区相对贫困上升发挥的作用大很多。第三，在相对贫困下降的 1989~1991 年、2004~2006 年两个时间段中，前一时间段的相对贫困下降主要由非服务行业的相对贫困下降引起，而后一时间段的相对贫困下降则主要由服务行业的下降造成。除 2006~2009 年外，服务行业的相对贫困上升构成了相对贫困上升的最主要部分。第四，男性和女性的相对贫困下降在总相对贫困的下降过程中起到的作用大致相当，而对总相对贫困的上升而言，女性相对贫困的上升起到的作用更强一些。

四、小结

研究中国城市收入不平等和贫困的文献大多关注受雇群体，没有单独对自雇群体进行分析，本研究试图填补这一空白。我们之所以单独研究自雇群体，不仅是因为这一群体数量不容忽视，而且也因为他们在中国经济中处于社会边缘地位。本章研究目的是利用中国健康与营养调查 1989~2009 年数据，探寻在中国城市经历诸多变革的过去 20 年，自雇者收入不平等和相对贫困发生了怎样的趋势变化。研究发现：进入 21 世纪以来，自雇者收入不平等出现了持续上升的态势，相对贫困率也居高不下，我们把观测到的这种趋势分解为组内效应和组间效应，熟练劳动力的回报上升、地区差异及行业差异是收入不平等和相对贫困趋势变化的主要原因。

进一步的分析表明，对组内不平等而言，教育和地区对收入不平等上升的贡献较大。当然，在不平等上升时期，我们也发现了组间不平等占总不平等的份额呈现上升态势的证据。随着市场化进程的稳步推进，对熟练劳动力的需求及熟练劳动力的回报都相对增加，使得熟练自雇者和非熟练自雇者的收入差距加大，收入不平等上升。自雇者多为非熟练劳动力，相对较低的回报对他们而言就意味着相对贫困，非熟练劳动力的相对贫困上升，几乎构成了自雇群体相对贫困上升的全部原因。随着东部自雇人群比例的增加，东部地区对近年来的收入不平等上升起到了至关重要的作用，中西部自雇者的相对贫困上升则是总相对贫困上升的主因。在行业分组分解中，我们还发现服务行业的相对贫困上升构成了相对贫困上升的最主要部分。

第二节　老年家庭的贫困

除了城市自雇者，我国还存在另一个特殊的贫困群体需要特别关注，那就是老年贫困群体。生育率和死亡率下降以及医疗卫生系统的改善都引致了老龄人口的增长，这种趋势将会持续很长时间。据联合国 2007 年数据估计世界上 60 岁以上人口将从 2005 年的 6.7 亿（占总人口的 10%）上升到 2050 年的 20 亿（占总人口的 22%）。发展中国家普遍存在着未富先老的现象，人口老龄化对政府公共政策制定提出了多种挑战，加之社会经济转型、家庭变迁等因素，这都亟须发展中国家聚焦老年人保障问题，而发展中国家的社会保障往往覆盖不足。在我国只有少部分的老人能够领取养老金，更多的老人依靠家庭养老，一个潜在的问题是我国存在不少仅有老人的“空巢”家庭，家庭之间经济帮助的减少会使得老人的贫困加深，为采取有效的应对措施，研究者及政策制定者应把握老年人的经济、贫困现状及其困境。正是出于该目的，本节探寻老年家庭的多维贫困、经济脆弱性及贫困的决定因素，以期为老年家庭的反贫困政策制定提供参考。

一、老年家庭多维贫困

1. 研究背景与文献综述

21 世纪以来，中国人口老龄化趋势日益明显。据全国老龄工作委员会预测，到 2050 年，老年人口总量将超过 4 亿，老龄化水平推进到 30%以上。与此同时，北京大学国家发展研究院 2013 年 6 月发布的《中国健康与养老追踪调查》数据显示，全国有 22.9%的 60 岁以上老年人的消费水平位于贫困线以下，杨立雄（2011）利用最低生活保障数据，对中国老年贫困人口规模进行测算，结论认为老年贫困发生率超过 10%。当然，如果再考虑到老年人的健康贫困、未来信心贫困等多维贫困问题，那么老年人的福利状况可能会更加低下。近年来，政府在建立覆盖城乡居民社会保障体系方面进行了较大的改革，如实行城乡居民最低生活保障等社会救助制度；国务院 2014 年 2 月又把新型农村养老保险和城镇居民养老保险合并，并期待用这个制度覆盖所有老人，实现“老有所养”的社会保障目标。那么，低保、居民养老保险等这些公共转移支付的绩效如何？老年人的福利是否会因此得以改善？公共转移支付对老年人消费贫困、健康贫困、未来信心贫困等多维贫困的影响是否存在城乡差异？

按照阿玛蒂亚·森的理论，可行能力是衡量个体福利或贫困程度的核心指标。从动态发展的角度看，个体的福利或被剥夺并不能仅仅从消费或收入一个维度进行测量，而需要从可行能力和自由的多个维度进行考察（Sen，1999）。因为个体达到合意目标的可行能力在不同的生命周期会有所不同，福利的构成一般随年龄变化而变化，老年福利与适应性概念或称处理老龄挑战的能力相关联。例如，Brandstadter 和 Greve（1994）把老年福利定义为同化平衡、适应环境、免除策略（自选择过滤）以达到切实的自我感这样的动态平衡过程。George 和 Bearon（1980）认为老年人的福利有四个维度：一般健康和机能状况、社会经济状况、生活满意程度、自尊。Lawton（1982）提出了一个比较流行的生命质量定义，据此定义老年福利有四个方面构成：行为技能（以健康和社会行为的认知维度衡量）、感知的生命质量、心理福利（包括心理健康及生活满意程度的个体判断）、客观环境（包括住房、经济指数）。

基于阿玛蒂亚·森的可行能力剥夺理论，Alkire 和 Foster（2007，2011）提出了 A-F 多维贫困测度方法。据此方法国内外学者对多维贫困进行了三个方面的研究：一是多维贫困指数方法的稳健性探讨（Ferreira，2011；Ravallion，2011；Thorbecke，2011；Ramya et al.，2014）。二是多维贫困的测度与分解。Alkire 和 Santos（2014）采用健康、教育、生活水平等三个维度的贫困对 100 多个发展中国家的多维贫困进行了分解研究，结果分析还表明多维贫困指数并不随着临界值、权重的变化而变化。对中国多维贫困的研究大多基于 CHNS 微观调查数据库来进行分解（张全红、周强，2014；邹薇、方迎风，2011；王小林、Alkire，2009）。三是特定减贫项目的多维贫困瞄准研究。Virginia 和 Stephen（2013）利用孟加拉国 2002~2005 年的面板数据分析了针对赤贫家庭的公共项目对多维贫困的影响，结果表明公共项目显著地减少了初始期被剥夺维度较多家庭的多维贫困。

基于中国家庭追踪调查（CFPS）2010 年和 2012 年的个体面板数据，本节利用 A-F 多维贫困测量方法估计老年人在消费、健康、未来信心三个维度的多维贫困，并对比分析了农村老人和城市老人多维贫困的发展状况。

2. 方法与数据

（1）A-F 方法。A-F 方法利用“双界线”法来识别贫困。第一步设定多维贫困的维度，第二步设定判断样本为贫困的维度界限值即双重界限，第一层界限为识别样本在各维度是否被剥夺，第二层界限通过样本被剥夺的维度数识别样本是否为多维贫困。

各维度取值：令 $M^{n,d}$ 代表 $n\times d$ 维矩阵，令矩阵元素 $y\in M^{n,d}$，代表 n 个人在 d 个不同维度上所取得的值，y 中的任一元素 y_{ij}，表示个体 i 在维度 j 上的取值，$i=1, 2, \cdots, n$；$j=1, 2, \cdots, d$。行向量 $y_{i.}=(y_{i1}, y_{i2}, \cdots, y_{id})$ 包括了个体 i 在所有维度上的取值。同理，列向量 $y_{.j}=(y_{1j}, y_{2j}, \cdots, y_{nj})'$ 代表 j 维度上不同个体的取值分布。

剥夺矩阵：令 $z=(z_1, z_2, \cdots, z_d)$ 为剥夺临界值矩阵，用 z_j（$z_j>0$）表示个体在第 j 个维度被剥夺的临界值（$j=1, 2, \cdots, d$）。权重：令 $w=(w_1, w_2, \cdots, w_d)$ 为权重矩阵，w_j 表示维度 j 在多维贫困测度中所占的权重，这个权重代表了各个维度的相对重要程度（$j=1, 2, \cdots, d$）。一般 A-F 方法运用过程中采用的是等权重法。若设定各维度为等权重，则将 d 个维度所有指标的权重加起来，其和为 1。等权重法又分为指标等权重和维度等权重。当采用指标等权重时，多维贫困测度中共设定 d 个维度 p 个指标，则每个指标的权重为 1/p。若采用维度等权重法，则每个维度的权重均为 1/d。设其中 j 维度有 p 个指标，则 j 维度中每个指标的权重为（1/d）* p。指标等权重法通常测度出来的多维贫困发生率较维度等权重法测度出来的值偏大，指标等权重法侧重对每个指标的考察，结合对各指标多维贫困的分解可判断各个指标的相对变化趋势，判断造成多维贫困变化的相对重要的指标，但是当某个维度包含指标过多时，此时测度出的多维贫困中，包含相对多指标的维度的多维贫困贡献率也被加大。维度等权重侧重于对每个维度的多维贫困的考察。

剥夺计数：令 $c_i=(c_1, c_2, \cdots, c_n)'$ 表示剥夺计数，它反映个体的被剥夺的广度。c_i（$i=1, 2, \cdots, n$）表示个体 i 所经受的被剥夺的维度个数。

贫困识别：经过上述实施步骤，并且判定在给定剥夺临界值 z、权重 w 和贫困临界值 k 时，个体是否为贫困，个体为贫困时，贫困识别取值为 1，否则为 0。

A-F 多维贫困指数 MPI 和平均被剥夺份额计算公式分别为：

$$MPI=\sum_{i=1}^{n} c_i(b)/nd \tag{3-9}$$

$$A=\sum_{i=1}^{n} c_i(b)/qd \tag{3-10}$$

其中，n 表示个体数量，q 表示在维度贫困线为 b 时的多维贫困人数。c_i（b）表示维度贫困线为 b 时 c_i 的取值。贫困发生率 H=q/n，A 表示平均被剥夺份额。结合式（3-9）和式（3-10）不难发现 MPI=H * A，即给定维度临界线下，多维贫困指数由贫困发生率和平均被剥夺程度决定。此外，多维贫困指数可以按照维度、地区等不同的组进行分解。多维贫困指数从维度上的分解如下：

$$MPI(d_j; b) = \sum_{j=1}^{d} (\sum_{i=1}^{n} g_{ij}/nd) \tag{3-11}$$

其中，$\sum_{i=1}^{n} g_{ij}/nd$ 为维度 j 下的贫困指数。

（2）数据来源与指标权重。本节使用数据全部来自北京大学中国社会科学调查中心执行的“中国家庭追踪调查”（CFPS）中 2010 年和 2012 年的面板数据。CFPS 是一项全国性的综合社会跟踪调查项目，它通过跟踪收集个体、家庭、社区三个层次的数据，反映中国在社会、经济、人口、教育和健康方面的变迁，从而为学术研究和公共政策分析提供数据基础。本节样本选取为 2010 年、2012 年两次调查中个体年龄大于等于 60 岁的面板数据，删除关键变量缺失后的样本数量为 7350。

CFPS 的抽样设计关注初访调查样本的代表性，采用了内隐分层的、多阶段的、多层次与人口规模成比例的概率抽样方式（PPS）。样本覆盖了除香港特别行政区、澳门特别行政区、台湾省、新疆维吾尔自治区、青海省、内蒙古自治区、宁夏回族自治区、西藏自治区和海南省之外的 25 个省份。CFPS 的问卷分为三个层级：个体、个体生活的紧密环境即家庭、家庭的紧密环境即村居，因此形成了个人问卷、家庭问卷、村居问卷，其中根据年龄特征把个人问卷分为成人问卷和少儿问卷。

指标权重：本节选取消费、健康和信心三个维度考察老年人的多维贫困状况，具体维度及指标如表 3-9 所示。在上述三个单维度贫困基础上，结合 Alkire 和 Santos（2014）的研究，本节把多维贫困的截断点定义为 33%上①。

3. 老年人多维贫困测度

（1）单维贫困。本节计算了全部样本、城市样本、农村样本②在三个维

① 本节定义的多维贫困截断点与 Alkire 和 Santos（2014）把截断点定义为 30%稍有不同，因为本文的多维贫困包括了消费、健康、信心三个维度，用 33%来定义截断点更适当、直观。

② 城乡划分以户口为分组标志，因为现实中公共转移支付主要还是以户口作为标准。尽管如此，即使以国家统计局划分的城乡标准，公共转移支付对贫困的效果基本上没有改变。

表 3-9　维度、指标、临界值及权重选取与设定

维度	指标	临界值	权重
消费	家庭人均消费	消费贫困线①为 1.2500 $ / 人天	1/3
健康	身高体重	BMI② 值小于 18.5000 为健康维度贫困	1/3
信心	对自己未来信心程度	赋分为 3.0000 分③以下（不包括 3.0000 分）为信心维度贫困	1/3

度的贫困状况。从消费维度来看，农村消费贫困发生率下降的幅度较大，从 2010 年的 16.36%下降到 2012 年的 8.5%。然而城市消费贫困的变化并不是太大，2010 年和 2012 年城市消费贫困率分别为 1.6%和 1%。城乡全部样本消费贫困发生率由于农村的拉动作用呈现较大幅度的下降，从 2010 年的 11%下降到 2012 年的 6%。

从健康维度来看，无论城市、农村还是全部样本，健康维度贫困发生率均呈现小幅度的上升。例如，城市健康维度贫困发生率从 2010 年的 6%上升到 7%，农村则从 20.9%上升到 21.2%，全部样本健康维度贫困发生率维持在 16%，这可能反映了老年人追踪数据的健康特点，老年人的体质水平随着时间的推移而下降。

从信心维度来看，城乡老人的信心维度贫困发生率呈现出截然不同的趋势，农村老人的信心维度贫困发生率从 2010 年的 21.5%上升到 2012 年的 25.4%，增长了近 4 个百分点，城市老人的信心维度贫困发生率从 2010 年的 16.5%下降到 2012 年的 13.7%，下降了近 3 个百分点。城乡全部样本信心维度贫困发生率从 2010 年的 20%上升到 2012 年的 21%。

综合上述分析，无论是城市老人还是农村老人，消费维度剥夺状况均

① 其实，CFPS 中的消费数据是调查年份前一年的数据，即面板数据中的消费是 2009 年、2011 年的实际消费数额，所以本节使用世界银行国际比较项目数据库私人消费购买力平价进行贫困线换算时，使用了 2009 年和 2011 年的 PPP。

② BMI 指数（身体质量指数）：BMI 值 = 体重（kg）÷身高^2（m），亚洲 BMI 的正常值范围一般为 18.5~22.9 kg/m^2，低于 18.5 为体重过轻。

③ CFPS 中的选项您对自己的前途（未来）有多大信心打分的备选答案为五个（“1”表示根本没有信心，“5”表示非常有信心）。

有所改善，然而健康维度却呈现小幅度的恶化。在信心维度上，城市老人剥夺状况改善，而农村老人的剥夺状况持续恶化。无论处于期初还是期末，农村老人的消费、健康、信心贫困相较于城市老人严重，这些结果的出现可能与城乡统筹失调有关，也可能与城市公共转移支付强度、私人转移支付强度（即子女给父辈的时间和金钱帮助）高于农村有关。为进一步比较城乡之间的变化和相对重要性，本节将测度多维贫困发生率，并对多维贫困进行分解。

（2）多维贫困。采用 CFPS2010 年、2012 年的面板数据，按照 A-F 多维贫困测量方法，测度出中国老人多维贫困指数（见表 3-10）。

表 3-10　多维贫困指数

		年份	b=1	b=2	b=3
全部样本	H	2010	0.3826	0.0792	0.0103
		2012	0.3556	0.0686	0.0052
	A	2010	0.4113	0.7102	1.0000
		2012	0.4024	0.6918	1.0000
	MPI	2010	0.1574	0.0562	0.0103
		2012	0.1431	0.0474	0.0052
城市样本	H	2010	0.2266	0.0184	0.0008
		2012	0.2022	0.0164	0.0000
	A	2010	0.3616	0.6812	1.0000
		2012	0.3603	0.6667	1.0000
	MPI	2010	0.0819	0.0125	0.0008
		2012	0.0729	0.0109	0.0000
农村样本	H	2010	0.4629	0.1105	0.0153
		2012	0.4422	0.0987	0.0082
	A	2010	0.4239	0.7127	1.0000
		2012	0.4135	0.6942	1.0000
	MPI	2010	0.1962	0.0787	0.0153
		2012	0.1837	0.0685	0.0082

资料来源：笔者整理。

从表 3-10 中可以看出，当只有一个维度被考察时，2010 年的全国老人贫困发生率为 0.3826，这意味着 38.26%的老人存在三个维度中的任意一个维度的贫困，平均剥夺份额 A 为 0.4113，多维贫困指数 MPI 为 0.1574。2012 年相比于 2010 年，全国老人贫困发生率只下降了不到 3%，平均剥夺份额下降的幅度更小，只有不到 1%。多维贫困指数下降 1.43%。城市老人和农村老人 2012 年的贫困发生率、平均剥夺份额以及多维贫困指数均比 2010 年有所下降。但是无论期初还是期末，农村老人的贫困发生率、平均剥夺份额以及多维贫困指数均高于城市老人，2010 年农村老人多维贫困指数比城市高 11%左右，这个差距到 2012 年基本没有发生变动，贫困发生率、平均剥夺份额城乡差距在期初和期末之间也基本没有发生变动。当有两个维度被考察时，城市老人和农村老人 2012 年的贫困发生率、平均剥夺份额以及多维贫困指数均比 2010 年有所下降，但是无论处于期初还是期末，农村老人的贫困发生率、平均剥夺份额以及多维贫困指数仍高于城市老人。当有三个维度被考察时，城乡老人期初期末的平均剥夺份额均为 1，城市老人的贫困发生率从 2010 年的 0.08%下降到 2012 年的 0，多维贫困也从 2010 年的 0.08%下降到 2012 年的 0。农村老人的贫困发生率从 2010 年的 1.53%下降到 2012 年的 0.82%，其多维贫困数值到期末时不足 1%。总的来说，当考虑的维度相同时，由于贫困发生率 H 和平均剥夺份额 A 都在不断下降，使得多维贫困指数 MPI 也呈现下降态势。

从截面上看，以 2012 年为例，b = 2 时，全国老人贫困发生率为 0.0686，平均剥夺份额为 0.6918，多维贫困指数为 0.0474，而 b=3 时，全国老人贫困发生率为 0.0052，平均剥夺份额为 1，多维贫困指数为 0.0052。也就是说，同一年份中，随着维度的不断增加，平均剥夺份额在不断上涨，贫困发生率却不断降低，最终使得多维贫困指数 MPI 逐渐降低，这是因为贫困发生率的下降幅度要远远大于平均剥夺份额的上涨幅度，城乡分组样本均表现出这样的特点。

多维贫困能够从多维贫困发生率看城乡老人多个维度贫困的整体变化，要进一步分析造成这种变化的具体维度，还需要对多维贫困进行分解，分解结果如表 3-11 所示。

表 3-11　2010 年、2012 年多维度贫困各维度贡献率

		2010 年			2012 年		
样本	维度	消费（%）	健康（%）	未来信心（%）	消费（%）	健康（%）	未来信心（%）
全部样本	一维贫困贡献率	24.0411	33.9540	42.0242	13.4377	37.4487	49.1164
	二维贫困贡献率	29.2222	36.4536	34.3790	18.3399	39.9823	41.6687
城市样本	一维贫困贡献率	6.5095	26.4039	67.0880	4.75782	32.6643	62.5837
	二维贫困贡献率	21.2596	36.1413	42.5191	6.7250	43.1012	50.1318
农村样本	一维贫困贡献率	27.7937	35.5745	36.6278	15.4245	38.5430	46.0193
	二维贫困贡献率	29.8487	36.4958	33.7015	19.4086	39.6440	40.9088

资料来源：笔者整理。

到 2012 年，全部样本及城乡样本几乎不存在三个维度的贫困，因此本节多维贫困贡献率分解只进行到二维贫困。表 3-11 显示：2010 年、2012 年，全部老人、城市老人、农村老人的消费维度是多维贫困贡献率最小的部分。随着时间的推移，消费维度贡献率一直下降，健康维度贡献率一直上升，尽管城市一维贫困贡献率中未来信心数值出现下降，但未来信心维度是一维贫困贡献率最大的部分。2010 年，农村老人健康维度是二维贫困贡献率最大的部分，对于城市老人，二维贫困贡献率最大部分则是未来信心维度。全部样本中健康因素是二维贫困贡献率中最大的部分，当然健康和未来信心在二维贫困中贡献率的差别仅在 2%左右。2012 年，未来信心维度是多维贫困贡献率最大的部分。在城市老人中健康和未来信心维度两者总贡献率一直很高，在一维贫困以上的贫困中贡献率之和在 80%以上。对农村老人的多维贫困贡献率之和也一直在 70%以上。这说明健康和未来信心维度一直占有重要的地位。

4. 小结

由上述分析，本节发现城乡老人消费维度剥夺状况均有所改善，健康维度则呈现小幅度的恶化，在信心维度上，城市老人剥夺状况改善，而农村老人的剥夺状况持续恶化。无论处于期初还是期末，农村老人消费、健康、信心贫困相较于城市老人严重；虽然城乡老人的多维贫困呈现下降态势，但在2012年仍有老年人存在三个维度中任意一个维度的贫困；消费维度在多维贫困中的贡献率在减少，健康和未来信心是多维贫困的重要组成部分，而且这两个维度的贡献率呈上升趋势。

二、老年家庭贫困与经济脆弱性

1. 文献综述

贫困与经济脆弱性是有差异的，有一些家庭不贫困但会是经济脆弱的，有一些家庭不是经济脆弱性的但会陷入贫困。贫困是监测社会经济发展程度的重要指标，但标准的贫困指数只是在一个特定的时间点静态地度量了家庭的福利水平，没有将家庭的未来福利或与未来福利相关的风险考虑进去，只是一种事后测度，据此制定的反贫困政策是有局限的。然而脆弱性是对贫困的事前测度，具有前瞻性，即脆弱性定义反映了未来陷入贫困的概率。作为一种衡量剥夺程度的工具——经济脆弱性研究更具有吸引力，它不仅考虑到了生活水平的波动，而且把对总体风险和异质性风险的反映纳入其中。社会风险处理与经济脆弱性紧密相关，Holzmann等（2003）认为社会风险中的核心要素是脆弱性，并从以下三个方面对脆弱性进行了定义：第一，脆弱性是一种风险，对当前非贫困者而言是落入贫困线以下的风险，而对当前的贫困者而言，是继续维持贫困状态或陷入更深的贫困，即脆弱性是将来有较大的概率变为贫困或更贫困的同义词，这种定义是结果导向方式的脆弱性（Scaramozzino，2006）。第二，脆弱性是指当家庭面临收入冲击而又想保持最低限度的资产时无力平滑消费，这种脆弱性与消费的波动性是等价的。第三，Ligon和Schechter（2004）研究认为，脆弱性是由于风险冲击导致的效用损失，指预期家庭消费与确定性等价消费之间的差额，即测度脆弱性时的效用函数可以分解为两个截然不同的部分，贫困与风险（协同性风险和异质性风险）。

对脆弱性进行测度的方法包括期望贫困的脆弱性（Vulnerability as Expected Poverty，VEP）的理论、期望效用的脆弱性理论（Vulnerability as Low Expected Utility，VEU）、风险暴露的脆弱性理论（Vulnerability as Uninsured Exposure to Risk，VER）。基于上述方法，不少学者针对发展中国家的脆弱性进行经验研究，Bronfman（2010）利用面板调查数据测度了智利的贫困脆弱性，研究结果表明贫困脆弱性影响到的人群比实际贫困影响的人群多。Günther 和 Harttgen（2009）对马达加斯加的脆弱性进行了分层研究，并把消费冲击定义在家庭和社区两个层面，研究结果显示，家庭层面的冲击构成了城市脆弱性的主因，农村脆弱性更易受社区层面冲击的影响。杨文等（2012）使用 CFPS 数据对中国农村家庭脆弱性进行量化与分解。

与上述文献不同，本部分研究对象集中于特殊人群——老年人的经济脆弱性和贫困研究，把城乡纳入统一分析框架，结合 VEP 和 VEU 两种脆弱性测度方法进行对照研究；此外，考虑到家庭养老仍是中国养老的主要形式，子女的经济支持可能会作用于老年父母的经济福利，所以本部分把代际间向上流动的私人转移支付纳入模型中进行分析。

2. *方法与数据*

（1）方法。VEP（Vulnerability as Expected Poverty）方法采用 Chaudhuri（2002，2003）的分析框架评估脆弱性，在家庭层面数据可得的情况下，家庭 i 在时间 t 的脆弱性水平由下式测度：

$$VEP_t^i = Pr(inc_{t+1}^i \leqslant z) \tag{3-12}$$

其中，inc_{t+1}^i 是 i 家庭在 t+1 时期的人均收入，z 为贫困线。如果能事前估计出收入 inc 的概率分布，那么，脆弱性可以采用如下定义：

$$VEP_t^i = \int_0^z f(inc_{t+1}^i)\, dinc_{t+1}^i \tag{3-13}$$

测度脆弱性的主要挑战就是概率分布 f 的估计（Christiaensen and Boisvert，2002）。本部分采用 Chaudhuri 等（2002）标准假设即假设收入服从对数正态分布，VEP 有如下形式：

$$VEP_t^i = \varphi\left(\frac{\ln z - \ln inc_{t+1}^i}{\sigma_i}\right) \tag{3-14}$$

为预测出 i 家庭在 t+1 时期的收入及其方差 σ_i^2，特设定如下的回归方程：

$$\ln inc^i = X_i\beta + \varepsilon_i \tag{3-15}$$

$$\sigma_{\varepsilon i}^2 = X_i\theta + e_i \tag{3-16}$$

其中，X_i 代表一些家庭及户主的特征变量，如家庭人口、户主的年龄、性别、受教育程度等。

Chaudhuri 等（2002）讨论了计算脆弱性时门槛值的敏感性问题，本部分计算的 VEP 采用 Chaudhuri 等（2002）建议的 0.5 脆弱性门槛值，即家庭的脆弱性水平超过 50%时视为脆弱性家庭。

VEU（Vulnerability as Expected Utility）是对脆弱性进行测试的另一方法。Ligon 和 Schechter（2003）将特定时段的脆弱性定义为确定性等价效用与家庭期望效用之差：

$$VEU^i = U(z) - EU(inc^i) \tag{3-17}$$

其中，z 为收入贫困线，$EU(inc^i) = \frac{1}{T}\sum_{t=1}^{T} U(inc_t^i)$，$U(inc) = \frac{inc^{1-\gamma}}{1-\gamma}$，本部分中的 γ 取值为 2①。

VEU 可以分解为四个不同的组成部分，其中之一为贫困，另外三部分代表三种风险——协同风险、异质性风险及不可解释的风险。

$$VEU^i = U(z) - U(Einc^i) + \tag{3-18-1}$$

$$U(Einc^i) - EU[E(inc^i \mid \bar{x}_t)] + \tag{3-18-2}$$

$$EU[E(inc^i \mid \bar{x}_t)] - EU[E(inc^i \mid \bar{x}_t, x_t^i)] + \tag{3-18-3}$$

$$EU[E(inc^i \mid \bar{x}_t, x_t^i)] - EU(inc^i) \tag{3-18-4}$$

式(3-18-1)测度贫困与不平等，$E(inc^i) = \frac{1}{T}\sum_{t=1}^{T} inc_t^i$。式(3-18-2)和式

① 另外，我们还对 γ 的不同取值进行了比较分析，尽管在 γ 的不同设定值（1、2、3）下，VEU 值的变化非常大，但 VEU 分解分析中的各组成部分的符号方向、占比及其他控制变量的影响的结果大致相同，下文实证分析中只汇报了 γ 等于 2 时的情形。

(3-18-3)分别测定协同风险和异质性风险，其中，$EU[E(inc^i|\bar{x}_t)]$、$EU[E(inc^i|\bar{x}_t, x_t^i)]$可以通过下式来估计：

$$E(inc^i|\bar{x}_t)=\alpha^i+\eta_t \tag{3-19}$$

$$E(inc^i|\bar{x}_t, x_t^i)=\alpha^i+\eta_t+x_t^i\beta \tag{3-20}$$

式（3-18-4）测度不可解释风险，由 VEU 减去上述三部分得到。

（2）数据。

本部分使用的数据取自中国健康与营养调查（CHNS）数据集。该调查覆盖 9 个省份（辽宁省、黑龙江省、山东省、江苏省、河南省、湖北省、湖南省、广西壮族自治区、贵州省）的城镇和农村，采用多阶段分层整群随机抽样方法。从 1989 年开始，该调查迄今已进行了 9 次（1989 年、1991 年、1993 年、1997 年、2000 年、2004 年、2006 年、2009 年和 2011 年），虽然这一调查不是专门为研究贫困问题而设计的，但调查中包括了收入、家庭及个人特征的信息，为我们研究贫困的脆弱性提供了可能。本部分选取了 2006 年、2009 年两轮调查都参与的家庭，没有采用更长年份的数据，一方面是因为年份越长样本的数量下降越快，另一方面也是考虑到研究的时效性问题。为研究老年家庭经济脆弱性及贫困问题，剔除掉了户主小于 60 岁的家庭，得到了 904 户家庭两年共 1808 个样本。另外，本部分计算 VEU 效用将不是定义在消费上，而是定义在收入上，这样处理是考虑到 CHNS 数据搜集的消费数据比较粗糙（如无法得到食品支出一类的消费）。CHNS 提供了家庭净收入的计算数据，它等于家庭总收入减去家庭总支出，家庭总收入包括家庭小手工业和小商业收入、家庭渔业收入、家庭养殖收入、家庭农业收入、家庭果菜园收入、退休金收入、非退休的工资收入、补助收入、其他收入。家庭总支出包括家庭小手工业和小商业支出、家庭渔业支出、家庭养殖支出、家庭农业支出、家庭果菜园支出。虽然这里的家庭净收入概念与传统的净收入概念有一些不同，但因为该调查的家庭支出项中并没有包括全部的家庭支出数据，所以，本部分退而求其次使用了 CHNS 的家庭净收入定义。家庭人均收入用按 CPI 折算到 2009 年家庭总收入除以家庭规模计算得到。另外，本部分中的贫困线采用 1.25 美元标准。

养儿防老、家庭养老观念在一些地区中依然盛行（农村尤其如此），子女给予父母的经济帮助可能给老年家庭的收入提升提供了保障，本部分家庭控制变量中增加了代际间向上流动的私人转移支付，即子女给予父母的经济帮助变量，进而考察私人转移支付对老年家庭经济脆弱性、贫困的影响。本部分使用的控制变量及其均值描述如表 3-12 所示。

表 3-12　2006 年、2009 年均值描述

变量名称	变量描述	2006 年		2009 年	
		均值	标准差	均值	标准差
户主特征变量					
Age	年龄	68.61	6.12	71.61	6.11
Gender	性别（男）	0.74	0.43	0.74	0.43
Martial	婚姻状况（在婚）	0.74	0.43	0.71	0.45
Mid	初中毕业（小学毕业及以下为对照组）	0.16	0.37	0.15	0.36
High	高中毕业	0.10	0.31	0.10	0.30
Colle	大专毕业以上	0.04	0.21	0.04	0.20
Work	工作状态（工作）	0.32	0.46	0.27	0.44
家庭特征变量					
Size	家庭规模	3.16	1.88	3.09	1.86
Child	16 岁以下儿童数量	0.18	0.48	0.20	0.49
Private	收到子女（非家庭成员）给的现金	0.36	0.48	0.38	0.48
Pension	领取退休金人数	0.53	0.76	0.55	0.76
Area	东部地区（辽宁、山东、江苏）	0.33	0.47	0.33	0.47
Urban	城乡调查点（城市）	0.34	0.47	0.34	0.47
Income	家庭人均收入（元、2009 年价格）	7141.00	9166.20	10486.00	11147.30

3. 实证分析

（1）VEP 经验分析。这一部分脆弱性测度是基于 VEP 方法做出的。我们根据式（3-15）和式（3-16）计算出每一年份的收入均值及其方差，而且，我们还使用面板数据的 GLS 方法进行回归估计，计算结果如表 3-13 所示。

表 3-13　2006 年、2009 年计算 VEP 的回归结果

变量	2006 年		2009 年		GLS
	收入对数	方差	收入对数	方差	面板数据
Age	-0.007	0.016	-0.013**	0.017	-0.001
Gender	0.034	0.272	0.235**	-0.032	0.147**
Martial	-0.151	-0.742***	-0.367***	-0.165	-0.261***
Mid	0.167*	0.331	0.056	0.025	0.126*
High	0.442***	0.157	0.327***	0.147	0.395***
Colle	0.562***	0.220	0.522***	-0.310	0.534***
Work	0.459***	-0.301	0.421***	-0.100	0.440***
Size	-0.072***	0.055	-0.084***	0.111**	-0.077***
Child	0.027	0.090	0.112	-0.496***	0.094
Private	-0.013	-0.320*	0.029	-0.107	0.011
Pension	0.780***	-0.820***	0.919***	-0.803***	0.854***
Area	0.178**	-0.037	0.143*	0.257	0.165***
Urban	-0.102	0.076	-0.218**	0.325*	-0.179***
Cons	8.509***	-2.175**	9.337***	-2.689	8.304***
N	904		904		1808
R^2	0.345	0.081	0.341	0.067	Wald 卡方=871.290

注：***、**、*分别表示在 1%、5%和 10%的水平上显著。

从表 3-13 中可以看出，户主受教育程度低、户主不工作、家庭规模大、家庭中领取养老金人数少、居住中西部地区者其陷入贫困的概率较高。有趣的是，年龄变量除在 2009 年对收入对数有比较显著的负向影响外，在 2006 年及面板数据的 GLS 回归中，虽然表现出了户主年龄越大其收入对数越低的倾向，但均不显著。男性户主比女性户主更不容易陷入贫困，但该结论在 2006 年并不明显成立。在婚户主比非在婚户主的收入低（2006 年该变量并没有表现出显著性）。代际间向上流动的私人转移支付对贫困的影响方向并没有明确的答案，如 2006 年，该变量对收入对数的影响系数为负，而在 2009 年及面板数据回归中，该变量的系数又转为正，其对收入影响的不确定性产生的原因可能是转移支付数量较少，在老年家庭收入中占比较低引致的。城乡变量对收入对数的影响并不都是显著的。

表 3-13 还显示，家庭中领取退休金人数较多者其收入的方差在下降，这可能说明领取退休金人数较多的家庭有更平稳的收入流，收入风险下降。值得指出的是，在 2006 年，代际间向上流动的私人转移支付比较显著地降低了老年家庭的收入方差，说明这种私人转移支付可能为老年家庭收入提供了一些“保险”作用。

下面转向对每个年份、每个家庭 VEP 的测度计算，如果某个家庭收入将来陷入贫困线以下的概率超过 50%，那么，该家庭即被认为是经济脆弱性的家庭。表 3-14 汇报了 2006 年、2009 年贫困与脆弱性的情况，在 2006 年，我们预测 44. 80%的家庭在 2009 年将陷入贫困（概率超过 50%），2009 年的实际贫困率为 23. 34%。

表 3-14 还显示，虽然并非所有的贫困家庭都是经济脆弱性家庭，但贫困家庭陷入经济脆弱性的概率较高，如 2006 年，贫困家庭的 61. 26%是经济脆弱性家庭，2009 年 38. 86% 的贫困家庭是经济脆弱性家庭。另外，23. 52%~35. 20%的非贫困家庭是经济脆弱性家庭，这说明反贫困政策中不仅应包括减缓当前贫困的措施，还应包括预防贫困策略，同时，也说明减少经济脆弱性和减少贫困的策略并不完全相同。

表 3-14　2006 年、2009 年贫困与脆弱性　　单位：%

	非脆弱性	脆弱性	人口百分比
2006 年			
非贫困	64. 80	35. 20	63. 16
贫困	38. 74	61. 26	36. 84
人口百分比	55. 20	44. 80	100. 00
2009 年			
非贫困	76. 80	23. 52	76. 66
贫困	61. 14	38. 86	23. 34
人口百分比	72. 90	27. 10	100. 00

表 3-15 汇报了 2006 年、2009 年分组的贫困与脆弱性情况，比较时间序列可以发现，无论如何定义分组标志，贫困和脆弱性都显示出了如下规律：贫困与脆弱性随着时间的推移均呈现下降态势，而且，每个年份的经济脆弱性基本上都比贫困发生率高。

表 3-15　2006 年、2009 年分组的贫困与脆弱性

分组	2006 年		2009 年	
	贫困	脆弱性	贫困	脆弱性
城乡分组				
城市	25	32	17	18
农村	43	51	27	32
地区分组				
东部地区	25	28	12	13
中西部地区	42	53	29	34
是否收到私人转移支付				
收到	43	50	29	27
未收到	33	42	20	27
领取养老金人数				
没有	53	62	37	41
等于 1 人	14	28	2	7
大于 1 人	2	0	0	0
家庭规模				
小于等于 3 人	32	39	21	22
大于 3 人以上	46	55	28	36
受教育程度分组（户主）				
小学毕业及以下	44	56	29	36
初中毕业	32	32	14	10
高中毕业	13	10	9	5
大专以上毕业	2	7	0	0
年龄分组（户主）				
60~70 岁	35	60	19	42

续表

分组	2006年		2009年	
	贫困	脆弱性	贫困	脆弱性
70~80岁	41	27	25	22
80岁以上	36	12	29	7
是否工作（户主）				
是	39	45	22	30
否	36	45	27	20

农村的经济脆弱性和贫困均高于城市；中西部地区的经济脆弱性和贫困高于东部地区；除2009年收到子女私人转移支付的家庭和未收到私人转移支付的家庭在经济脆弱性上相等以外，收到子女给的私人转移支付的家庭贫困及脆弱性反而比未收到的高，这可能是子女给予父母的经济帮助是象征性的，其对老年家庭收入的提升只起到了杯水车薪的作用；老年家庭中没有领取养老金的人其贫困及脆弱性远远高于家庭中有领取养老金者，老年家庭中有两人领取退休金者其贫困及脆弱性几乎下降到0，这也说明社会保障在老年家庭中发挥着极其重要的作用；以老年人为户主的大家庭形态的贫困及脆弱性远高于小家庭形态的贫困及脆弱性；随着户主受教育程度提高到大专以上，2009年老年家庭的贫困及经济脆弱性的数值为0；年纪较轻的老人和高龄老人的贫困及脆弱性难以找到明确的比较结论；户主是否工作与年龄分组的结果也大致相同。

（2）VEU经验分析。表3-16显示了把平均脆弱性（VEU）分解为平均贫困（P）、平均协同性风险（AR）、平均异质性风险（IR）和平均不可解释风险（UR）四部分的分解结果。

表3-16 VEU回归分解结果（全部样本）

平均值	VEU	P	AR	IR	UR
	3.1486	−0.1767	−0.1013	0.7367	2.6899
Age	0.2040	0.0120**	−0.0530**	0.0440	0.2020

续表

平均值	VEU	P	AR	IR	UR
	3.1486	-0.1767	-0.1013	0.7367	2.6899
Gender	0.2650	-0.0700	-0.7440*	0.3890	0.6900
Martial	1.4990	0.1160	0.5400	-0.8220	1.6640
Mid	5.5850	-0.1540*	0.6900*	0.7210	4.3280
High	-0.2620	-0.2720**	0.2840	-0.4580	0.1830
Colle	0.7090	-0.2300	0.3780	-0.2270	0.7890
Work	3.3300	-0.3100***	0.0790	-1.1260	4.6880
Size	1.7430*	0.0350	-0.0760	-0.0400	1.8250*
Child	-5.1720	0.0030	0.3410	0.1800	-5.6970
Private	0.9610	0.0660	-0.0310	0.1210	0.8040
Pension	-2.1230	-0.5140***	0.2310	-0.9570	-0.8830
Area	-3.1060	-0.1690**	-0.2090	0.9530	-3.6800
Urban	-0.4020	0.1310	-0.4060	0.5520	-0.6800
Cons	-16.8460	-0.7640*	3.9030**	-1.7050	-18.2800

注：***、**、*分别表示在1%、5%和10%的水平上显著。

表3-16中VEU的数值为3.1486，说明如果不存在收入风险和不平等，那么老年家庭的平均效用将会提高314.86%。其中不平等减少脆弱性的贡献为5.6%，老年家庭受到了正向的收入不平等的冲击，老年家庭人均收入的基尼系数从2006年的0.55下降到2009年的0.51，然而风险因素增加脆弱性的贡献为105.6%，风险因素对脆弱性的贡献在绝对数值上远远大于不平等对脆弱性的贡献。不同风险类型在经济脆弱性中的角色也不尽相同，不可解释风险（UR）作用最大（85%），协同性风险（AR）作用最小。协同性风险（AR）减少脆弱性的贡献为3.2%，中国老年家庭受到了正向的协同性风险（统计不显著）冲击，可能的原因在于老年家庭享受到了经济发展的益处，更可能的原因在于近年来社会保障覆盖面的快速扩张。值得指出的是，异质性风险（IR）在经济脆弱性中的作用也不容忽视，其贡献为23%，这说明风险处置中应适当引入一些非正式的制度安排及市场导向

的风险管理工具的内容。

表 3-16 还汇报了经济脆弱性各组成部分对控制变量的均值的回归结果。年龄越大的户主其 VEU 的数值越大（并没有表现出统计显著性），这主要是这类家庭的不可解释风险导致，当然也是因为这类家庭有较高的贫困和不平等，还因为这类家庭可能由于收入手段单一容易受到异质性风险的侵袭。男性户主表现出了较大的不显著的 VEU 数值，但其在贫困不平等、协同性风险方面比女性户主低，但其异质性风险和不可解释的风险较高，这也从另一个侧面反映了女性户主的异质性风险较低，如女性户主为应对生活不测更普遍地具有勤勉特征（农村尤其如此）。户主在婚与否对 VEU 及 VEU 的各个组成部分的影响而言均没有表现出统计显著性。受教育程度变量大致表现出了对贫困不平等、异质性风险的抑制作用，但由于较高文化程度的户主其不可解释的风险及协同性风险较高，使得户主受教育程度变量对 VEU 并没有表现出统计显著性。有工作的户主能显著地降低家庭贫困，并且异质性风险也呈现降低态势，但由于较大的不可解释风险驱使，使得该变量对 VEU 表现出了不显著的正向影响。与 Ligon 和 Schechter（2003）、Raghbendra 等（2010）的研究结论相同，老年家庭规模越大，其经济脆弱性越高，可能的原因是规模较大的老年家庭其收入来源渠道较窄，分散收入波动的风险及应对负面冲击的能力更弱。家庭中的儿童数量对 VEU 及 VEU 的各个组成部分的影响而言均没有表现出统计显著性。代际间向上流动的私人转移支付除了会降低一些协同性风险外，该变量对脆弱性、贫困不平等、异质性风险和不可解释风险的影响均为正向，当然该变量的所有影响并没有表现出统计显著性，可能的原因之一是子女给予父母的经济帮助并没有达到临界值（一定的规模），而且，在富裕的老年家庭中，老年人给予子女的私人转移支付远远大于子女给予父母的私人转移支付，即富裕家庭中出现的啃老现象，还可能的原因是贫困的代际传递，贫弱老人的后代一般不会纵向流动到富裕阶层，子女自身尚且不能脱离贫困，遑论帮助父母摆脱贫困脆弱性，依靠这种非正式的制度安排来减少老年家庭的经济脆弱性在现阶段还难以奏效。家庭中领取养老金的人数多，经济脆弱

性呈现出降低倾向（统计不显著），并且贫困显著下降，异质性风险及不可解释的风险也呈现下行态势。居住东部地区的老年家庭其物质资本和人力资本的禀赋较高，更兼具地理优势，其贫困及不平等显著地低于中西部地区，经济脆弱性、协同性风险及不可解释风险均呈现出一些下降趋势。城市家庭的经济脆弱性低于农村，但没有表现出统计显著性，另外，城市家庭的异质性风险与农村家庭无差异，说明城市老年家庭应对收入冲击的工具并不比农村多。当然，出现这种结果的原因还可能在于 CHNS 对城乡的定义与传统的以户籍来划分城乡有所不同，CHNS 中的农村其实包括了县城，而县城中有不少公职人员。

表 3-17 和表 3-18 是城乡分组的 VEU 回归分解结果。城市的 VEU 为 0.6403，农村的 VEU 为 4.4662，说明如果不存在不平等和风险，那么城市和农村的平均效用将会分别增加 64.03%、446.62%，在城市家庭 VEU 的组成部分中，不平等减少脆弱性的贡献为 53%，风险因素增加脆弱性的贡献为 153%，风险因素对脆弱性的贡献在绝对数值上远远大于不平等对脆弱性的贡献，在风险因素构成中，不可解释的风险增加脆弱性的贡献最大（160%），协同性风险增加脆弱性的贡献最小（118%），异质性风险的贡献居中，其减少脆弱性的贡献为 125%。

表 3-17　城市家庭 VEU 回归分解结果

平均值	VEU	P	AR	IR	UR
	0.6403	−0.3389	0.7582	−0.8026	1.0236
Age	−0.0100	−0.0030	0.0500	−0.0530	−0.0040
Gender	−0.6220	−0.0420	2.1360	−1.9030	−0.8120
Martial	−0.0020	0.2370*	2.4930	−2.3980	−0.3340
Mid	−0.6620	−0.3540***	−1.3440	1.1010	−0.0650
High	−1.3110**	−0.3730***	−1.1388	0.8600	−0.6590
Colle	−0.6890	−0.3040**	−1.2530	1.0820	−0.2130
Work	−1.4760	−0.4110**	−2.5430	2.0680	−0.5900
Size	0.4280**	0.0070	−0.2970	0.3420	0.3760*

续表

平均值	VEU	P	AR	IR	UR
	0.6403	-0.3389	0.7582	-0.8026	1.0236
Child	-1.8560**	-0.0250	-0.2420	0.2690	-1.8570**
Private	0.4060	0.2950***	1.4710	-1.5450	0.1850
Pension	-1.5930***	-0.5660***	-1.8640*	2.0280**	-1.1910***
Area	0.2450	-0.1560*	-0.9780	0.9460	0.4330
Cons	2.9440	0.5050	-2.4590	2.2720	2.6200

注：***、**、*分别表示在1%、5%和10%的水平上显著。

与城市的结果基本类似，在农村家庭VEU的组成部分中，风险因素对脆弱性的贡献在绝对数值上远远大于不平等对脆弱性的贡献，不平等减少脆弱性的贡献为2%，风险因素增加脆弱性的贡献为102%。在风险因素构成中，不可解释的风险增加脆弱性的贡献最大（110%），协同性风险增加脆弱性的贡献最小（78%），异质性风险的贡献居中，其减少脆弱性的贡献为86%。

表3-18　农村家庭VEU回归分解结果

平均值	VEU	P	AR	IR	UR
	4.4662	-0.0915	3.4719	-3.8189	4.9047
Age	0.3160	0.0240***	-0.1180	0.1280	0.2820
Gender	1.8370	-0.0470	30.6870***	-29.9200***	1.1190
Martial	1.736	0.0310	-33.7140***	34.5110***	0.9070
Mid	8.7440	-0.0410	-1.9970	1.2020	9.5800
High	-0.3450	-0.2170	-0.7810	0.7670	-0.1130
Colle	0.0980	-0.2170	-4.1810	3.6120	0.8840
Work	3.6420	-0.2480**	-7.9580	8.5600	3.2890
Size	2.1570	0.0400	3.2870*	-3.2810*	2.1100
Child	-6.1770	0.0132	-9.4330	9.3980	-6.1550

续表

平均值	VEU	P	AR	IR	UR
	4.4662	-0.0915	3.4719	-3.8189	4.9047
Private	1.1700	-0.0650	0.4330	-0.2300	1.0320
Pension	-1.5420	-0.4580***	2.5630	-1.8040	-1.8420***
Area	-5.7030	-0.1940*	-8.8940	7.9350	-4.5480
Cons	-27.2060	-1.5970***	9.7630	-12.1240	-23.2480

注：***、**、*分别表示在1%、5%和10%的水平上显著。

城乡各控制变量的均值对VEU的影响不尽相同，如在城市家庭中，影响经济脆弱性的变量为受教育程度、家庭规模、家庭中儿童数量、领取退休金的人数。具体而言，随着受教育程度的提高，其经济脆弱性在下降，高中与小学毕业组的脆弱性下降显著，教育对不平等的下降也起到了明显的推动作用；家庭规模越大，经济脆弱性也越高，这主要由于不可解释的风险上升导致；子女给予父母转移支付反而增加了父母的贫困（不平等），在城市流行啃老的风气下，接受子女私人转移支付的父母自身可能是贫困的；领取养老金的人数越多，其家庭的经济脆弱性越低，而且不容易遭受贫困（不平等）的侵袭，其不可解释的风险也显著下降；居住在东部地区的老年家庭，其经济脆弱性的数值较低（统计不显著），而且其贫困（不平等）的程度也显著地比中西部地区低。在农村家庭中，户主年龄越大的家庭越容易陷入贫困，其脆弱性数值也较高（但统计不显著）；婚姻和性别变量对脆弱性的影响不显著，这些变量只是显著地影响到了协同性风险和异质性风险；受教育程度变量对VEU及其组成部分的影响均不显著；60岁以上继续工作的户主能降低贫困（不平等），但由于正向的异质性风险和不可解释的风险等原因，使得户主工作与否变量对家庭脆弱性表现出了不显著的正向影响；与城市家庭表现大致相同，农村家庭中领取养老金的人数越多，其家庭的经济脆弱性越低（统计不显著），而且不容易遭受贫困（不平等）的侵袭，其不可解释的风险也显著下降。

三、小结

本部分利用中国健康与营养调查（CHNS）2006 年和 2009 年的面板数据测度了老年家庭的经济脆弱性，检验各因素对经济脆弱性和贫困的相对影响力。结果显示，老年家庭的经济脆弱性高于贫困；户主特征和家庭变量不同程度地影响到了经济脆弱性及贫困，代际间向上流动的私人转移支付对老年家庭的经济脆弱性和贫困没有作用；超过 23.52%的非贫困家庭是经济脆弱性家庭；期望效用的脆弱性（VEU）方法表明，不平等虽然减少了脆弱性，但其影响经济脆弱性的程度最小，不可解释的风险是最重要的因素，异质性风险和协同性风险居中。

本研究的不足之处在于：由于数据的局限性，未能考虑老年人的居住安排、健康状况等变量，而这些变量可能会影响到老年家庭的福利水平。另外，在计算贫困脆弱性时没有考虑到社区因素的影响，这些都需要在未来数据可得时进行完善。

第四章　转移支付间的关系与反贫困

如之前章节所述，我国城市和农村家庭仍存在较为严重的贫困问题，贫困的形成也是复杂多样的，慢性、暂时的收入贫困会使得家庭出现多维剥夺，家庭资产积累不足、能源获得匮乏、人力资本积累不足等，均会增加贫困家庭的风险，使其较易陷入贫困陷阱、代际贫困，形成长期贫困。正如我们在前文中提及的，为解决此类问题，较为常见的一类手段是对贫困家庭进行转移支付，按照给予方主体的不同，转移支付可分为私人转移支付和公共转移支付。私人转移支付和公共转移支付之间在减贫中存在着怎样的关系，两种转移支付的减贫机制、效应和效率如何，怎样设计转移支付政策以提高其减贫效率等这一系列的问题，是我们将要在之后的章节中予以解答的。因此，本章将首先对私人转移支付和公共转移支付在减贫中的关系进行研究。

第一节　公共转移支付与私人转移支付的关系

一、研究概述与制度背景

家庭间的私人转移支付在社会中扮演着重要角色，发展中国家对个人支持的社会福利制度安排还不尽完善，家庭间私人转移支付的作用就变得尤为重要。许多研究试图解释个体为什么会有私人转移支付这种行为，其背后有什么动机驱使，这种研究对收入分配政策制定具有积极意义，因为私人转移支付与公共转移支付之间可能会有替代、互补关系，进而会稀释政策效力。基于此，本节的目的就在于探讨中国农村私人转移支付的动机是否为单调动机，当公共转移支付增加时，私人转移支付是增加还是减少抑或是没有变动。

私人转移支付的动机分为两种：利他动机（Barro，1974；Becker，1974）和交换动机（Bernheim et al.，1985；Cox，1987）。在利他动机下，公共转移支付数量的增加将会伴以私人转移支付的减少，即公共转移支付“挤出”了私人转移支付，在挤出效应影响下，旨在帮扶贫困的公共转移支付部分地流向了私人转移支付的发出者。在交换动机下，公共转移支付数量的增加会使得私人转移支付发出方增加私人转移支付数量，这时的公共转移支付就会“挤入”私人转移支付（Altonji et al.，2000）。在捐赠方要求接受私人转移支付方提供一定服务作为报偿的交换动机驱使下，公共转移支付和私人转移支付两者关系的符号方向不甚明确，多数学者认为该符号为正向（Nermin，2011），原因在于随着公共转移支付收入的增加，私人转移支付接受者的服务价格也会上升。另外，如果私人转移支付的动机由争取遗产驱使，公共转移支付收入增加会潜在增加遗产价值，遗产诉求下的私人转移支付也要求相应增加。在利他和交换动机综合影响下，公共转移支付和私人转移支付两者之间关系的符号方向就变成了一个纯实证问题。

多数实证研究文献并没有发现公共转移支付对私人转移支付有很强的挤出效应。例如，Cox 和 Jakubson（1995）发现美国的公共转移支付增加 1 美元将使得私人转移支付减少 12 美分；Schoeni（2002）利用美国既接受私人转移支付又接受公共转移支付的失业人群的数据研究表明，私人转移支付被公共转移支付替代，但替代比率远小于 1。然而，随着接受者收入增加，私人转移支付发出方的动机会发生转变，公共转移支付和私人转移支付之间的符号方向在不同收入水平上就会有差异，线性模型难以考察公共转移支付的真实效应。而且，只针对公共转移支付制度已经替换私人转移支付有很长历史的发达国家的实证研究结果可能并没有普适性。近年来，随着发展中国家微观数据的逐步完善，学者们开始分析公共转移支付和私人转移支付的非线性关系，Cox 等（2004）利用门槛模型对菲律宾的研究发现，最贫困家庭的转移支付衍生系数（公共转移支付对私人转移支付的挤出效应）为-0.4，富裕家庭接近于零；Robert（2003）对南非的研究表明，父母公共转移支付每增加 1 单位，子女给予父母的私人转移支付减少 0.25~0.3 单位；Lal 和 Sharma（2004）对印度农户的研究表明，1 单位的公共转移支付减少 0.56 单位的私人转移支付；Gibson 等（2006）对中国、印度尼西亚、巴布亚新几内亚、越南四个国家的实证发现，转移支付衍生系数在-0.08~0，并认为非线性挤出效应的作用微乎其微，针对贫困家庭的公共转移支付扩张不会受私人转移支付反应影响的侵袭。

中国农村的公共转移支付主要包括七个部分：第一，五保户补助。早在农业合作化时期，中国政府就重视安排和照顾无依无靠的鳏寡孤独残疾人的生活。1956 年 6 月，第一届全国人民代表大会第三次会议通过的《高级农业生产合作社示范章程》规定，农业生产合作社对于缺乏劳动力或者完全丧失劳动力，生活没有依靠的老、弱、孤、寡、残疾的社员，在生产和生活上给予适当的安排和照顾，保证他们的吃、穿和柴火的供应，保证年幼的受到教育和年老的死后安葬，使他们的生养死葬都有依靠。由于这个文件明确提出了对生活没有依靠的老、弱、孤、寡、残疾的社员，给予保吃、保穿、保烧及给予年幼的保教和年老的死后保葬五个方面的保障，便简称为“五保”，享受这种照顾的人和家庭被人们习惯称为“五保户”。改革开放后，中国政府于 1994 年制定了《农村五保供养工作条例》，主要包括供养对象、供养内容、供养形式等条文，2006 年新修订的《农村五保供养工作条例》进一步拓展了供养对象，明确了老年、残疾或者未满 16 周岁的村民，无劳动能力、无生活来源又无法定赡养、抚养、扶养义务人，或者其法定赡养、抚养、扶养义务人无赡养、抚养、扶养能力的，享受农村五保供养待遇。该条例还增加了农村五保供养标准不得低于当地村民的平均生活水平，农村五保供养资金在地方政府财政预算中安排等规定。第二，特困户补助。这种补助是在尚不具备建立农村低保条件的地区建立的一种农村救助制度，是指对因大病、重残、缺少劳动能力陷入长年生活困难的农村贫困人口进行现金、实物与服务方面定期、定量帮助的制度安排。第三，农村低保补助。中国对农村低保制度的探索，实际上还早于城市。只不过受传统农村集体福利思维定式的束缚和农村税费改革的影响，此项制度建设一直进展缓慢。2003 年，在城市低保制度取得重大突破后，民政部开始重新部署农村低保制度的建设工作。2004 年以前，全面建立农村低保制度的仅有北京、天津、上海、浙江、广东，且维持了较长时间，这也形成了中国农村低保制度和农村特困户救助制度“双轨并行”的局面。到 2007 年，农村最低生活保障制度在全国范围内普遍建立，共有 1608.5 万户得到了农村最低生活保障，人均补差 38.8 元/月，2010 年底，共有 2528.7 万户得到了低保补助，全国农村低保月人均补助水平 74 元。第四，工伤人员供养直系亲属抚恤金。第五，突发事件或重大灾难之后的补助。第六，退耕还林补助。退耕还林指把耕地退出粮食生产，植树或种草。国家按照核定的退耕还林实际面积，向土地承包经营权人提供补助粮食、种苗造林补助费和生活补助费。该政策自 1999 年开始试点，2002 年全面启动，2007 年，国务院下发《关于完善退耕还林政策的通知》，延长退耕还林补助期限，以巩固退耕还林成果、解决退耕农户长远生计问题。第七，农业补助。为促进粮食生产和农民增收，2004 年《中共中央　国务院关于促进农民增加收入若干政策的意见》出台，对种粮农民实施了粮食直补，2006 年又在粮食直补基础上实施了对种粮农民的农资综合直补政策。2008 年下半年金融危机以来，政府还实施了家电下乡、汽车摩托车下乡、汽车家电的以旧换新等公共转移支付政策。

二、理论模型与数据介绍

1. 私人转移支付的非单调动机

本节分析公共转移支付和私人转移支付关系主要是基于 Cox（1987）理

论分析框架做出的。私人转移支付给予方的效用（U_d）是自己的消费（c_d）、收到的服务数量（s）及接受者的效用（U_r）的函数：

$$U_d = U_d[c_d, s, U_r(c_r, s)] \tag{4-1}$$

给予方的效用是自己的消费数量（$\partial U_d/\partial c_d>0$）、自己收到的服务数量增函数（$\partial U_d/\partial s>0$）及接受者效用（$\partial U_d/\partial U_r>0$）增函数。接受者的效用随接受者消费数量的增加而增加（$\partial U_r/\partial c_r>0$）、随接受者提供服务数量的增多而减少（$\partial U_r/\partial s<0$）。

约束条件如下：

$$c_d \leqslant I_d - T \tag{4-2}$$

$$c_r \leqslant I_r + T \tag{4-3}$$

$$U_r(c_r, s) \geqslant U_0(I_r, 0) \tag{4-4}$$

式（4-2）和式（4-3）是预算约束，I_d、I_r 分别代表给予方和接受方在转移支付前的收入。式（4-4）代表参与约束，该式表明接受者参与到转移支付关系中来的条件，参与转移支付的效用至少要等于不提供服务、依靠自己的收入而消费时的效用水平。在式（4-4）不绑定（$U_r>U_0$）情况下，转移支付表现为利他动机，私人转移支付的接受者提供的服务会被更多地补偿。当式（4-4）绑定时，交换动机出现，私人转移支付是接受者提供的服务及服务的影子价格的函数：$T=ps$。比如，成年子女可能付给父母私人转移支付来交换父母照看孙子（女），当父母收入的时间价值随收入增加而上升时，私人转移支付就可能由相对价格的变动和照看服务的弹性来决定，父母照看孙子（女）服务的替代弹性较小时，有可能导致 p 上升，进而会使得 T 也上升。

与已有分析有所不同，本研究利用新方法验证私人转移支付发出方的非单调动机。私人转移支付的动机可能会随收入的变化而变化，发出方给予贫困家庭私人转移支付时可能是由利他动机驱使，发出方给予非贫困家庭私人转移支付时则可能是由交换动机驱使，这种联系如图 4-1 所示（Cox，1995），在收入水平较低时，公共转移支付和私人转移支付两者之间呈现负向关联，然后在某一门槛值（K 点）后，如贫困线后，利他动机向交换动机转变，随着收入继续增加，交换动机使得私人转移支付数量增加（一直增加到接受者的收入为图 4-1 中的 I′处停止），然后私人转移支付下降并停止（在接受者收入 I″处），公共转移支付和私人转移支付的关系在第一阶段呈现负向关系，在第二阶段则呈现倒 U 形关系。

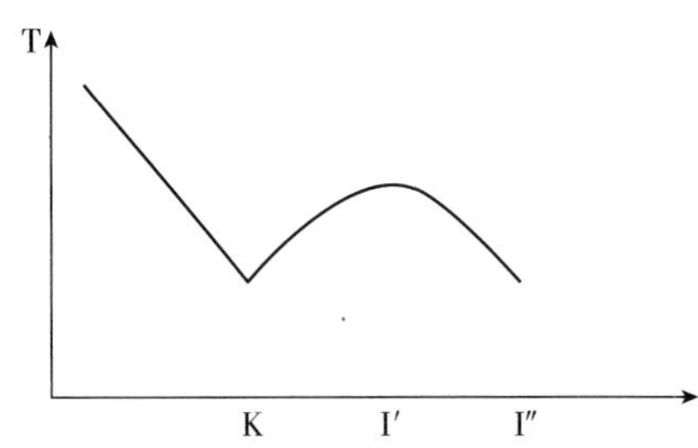

图 4-1　公共转移支付和私人转移支付的非线性联系

图 4-1 说明实证模型的设定要考虑到公共转移支付和私人转移支付之间的非线性联系，非单调动机的设定还要考虑到门槛值（K）及停止点（I″）。Cox 等（2004）认为，上述两种转移支付之间关系考察的是因变量为私人转移支付接受数量，而不是私人转移支付接受的可能性，即公共转移支付对私人转移支付的非线性、非单调影响是建立在因变量为私人转移支付数量的基础之上的。

2. 模型设定与估计方法

早期的实证研究一般使用 OLS 方法，这种方法往往会产生有偏和不一致的结果。所以，后来的研究发展了两种方法：单一步骤的 Tobit 方法，把私人转移支付接受的可能性和接受的数量结合在一起的分析模型。两步骤的 Heckman 方法，第一步先用 Probit 模型估计接受私人转移支付的可能性，第二步使用纠偏的 OLS 分析接受私人转移支付数量。Albarran 和 Orazio（2002）指出在研究挤出效应时，内生性问题不容忽视，因为公共转移支付的瞄准目标是急需公共转移支付的群体。然而，如前所述，中国农村的一些公共转移支付项目不是针对贫困者设计的，公共转移支付并不全是流向贫困群体，即使针对贫困者的特定公共转移支付项目，也会覆盖一些不合格的高收入者，公共转移支付存在漏损。在我国当前的农村社会中，社会资本仍发挥作用，公共转移支付更可能流入拥有较多社会资本的个体手中，公共转移支付漏损可能尤为严重。另外，私人转移支付可能会影响到接受者的劳动供给，Cox 等（2004）考察了转移支付前的收入和私人转移支付之后的劳动供给之间的反向因果关系，研究发现私人转移支付对劳动供给没有显著影响。

本节使用 Heckman 两步法模型：第一个阶段使用 Probit 方法考察公共转移支付和私人转移支付之间的关系，验证公共转移支付对私人转移支付的影响方向。第二个阶段基于家庭收到的公共转移支付和私人转移支付数量使用 Heckman 方法，并把第一阶段得到的逆米尔斯比率纳入第二阶段分析中。Altonji 等（2000）、António（2006）使用了这种方法来研究挤出效应问题。两步法模型利用两个不同的因变量为我们深入探讨公共转移支付对私人转移支付影响的方向和程度提供了方便，并且，通过在第二步模型中引入额外的变量来验证不同收入水平下非单调挤出效应是否存在。Heckman 模型中需要处理识别问题，第二阶段使用的所有变量应该被纳入第一阶段分析之中，否则会导致非一致结果的出现，另外，至少找到一个变量只出现在第一阶段中作为工具变量，修正计算逆米尔斯比率，否则，难以区分样本选择偏误和模型设定有误之间的差异。这个变量的选取是比较困难的，因为任何影响接受私人转移支付可能性的变量，也可能会同时影响接受私人转移支付数量。我们预期一些人口学变量如家庭规模、孩子数量等会影响到接受私人转移支付的可能性，而这些变量并不必然影响到私人转移支付的接受数量。

为检验公共转移支付和私人转移支付之间的非单调关系，我们在 Heckman 模型第二阶段中使用了不同的设定方式，第一种设定方式是引入了农村贫困线和公共转移支付的交叉项，以及这个交叉项的平方，来控制两种转移支付之间的非线性形状，因为给予贫困家庭的转移支付是出于利他动机做出的，所以，我们预期图 4-1 中的 K 点是农村绝对贫困线。第二种设定方式是引入收入五分位组哑变量及收入五分位组哑变量与公共转移支付的交叉项，利用收入五分位组哑变量来探讨不同收入水平下接受私人转移支付的概率，利用收入五分位组哑变量与公共转移支付的交叉项来揭示不同收入水平下“挤出”效应的方向和程度，在这种模型设定情况下，据图 4-1 可以预期低收入分位情况下公共转移支付对私人转移支付的影响是负向的，在中间收入分位情况下，公共转移支付对接受私人转移支付的影响是正向的，高收入分位情况下又转变为负向。第二种设定方式要优于第一种，因为第二种方式不需要假定截断点。

第一阶段 Heckman 模型的设定有如下形式：

$$Y=\alpha_0+\alpha_1 Preincome+\alpha_2 Publictrans+\alpha_3 Hh+\varepsilon_i \tag{4-5}$$

式（4-5）中，Y 为因变量，表示二元哑变量，当家庭收到的净私人转移支付大于零时，取值为 1，当没有收到私人转移支付或净私人转移支付小于零时，取值为 0。Preincome 代表转移支付前家庭人均年收入，单位为元。Publictrans 代表家庭收到的人均公共转移支付，单位为元。Hh 代表可能会影响接受私人转移支付的家庭人口学变量，包括户主性别（Gender），女性为 1；户主年龄（Age）；户主受教育程度（Noformal、Lesselementary、Elementary、Middle、High），当户主为文盲时，Noformal 取 1，其他受教育程度与此类似；户主婚姻（Marital），1 为在婚；户主自评健康（Health），1 为不太好和很不好；是否照看孙子（女）（Grandchild），1 为照看；家庭规模（Hhsize）及子女数量（Numchild）。ε_i为误差项。

为验证公共转移支付对私人转移支付的非线性、非单调性的影响，第二阶段 Heckman 模型的设定有两种形式，第一种形式如下：

$$Y=\alpha_0+\alpha_1 Preincome+\alpha_2 Publictrans+\alpha_3 Hh+\alpha_4 Poor+\alpha_5 Publicpoor+\varepsilon_i \tag{4-6}$$

式（4-6）中，Y 为因变量，表示家庭人均收到子女的净转移支付，即收到子女的净转移支付除以家庭规模。Preincome、Publictrans、Hh、ε_i代表的意义同式（4-5）。Poor 为二元哑变量，家庭人均收入低于贫困线为 1，否则为 0。Publicpoor 代表 Publictrans 和 Poor 的交叉项，用这个变量来验证私人转移支付的非单调动机。

第二种形式如下：

$$Y=\alpha_0+\alpha_1 Preincome+\alpha_2 Publictrans+\alpha_3 Hh+\alpha_4 Quin+\alpha_5 Quinpublic+\varepsilon_i \quad (4-7)$$

式（4-7）中的 Y、Preincome、Publictrans、Hh、ε_i同式（4-6）。Quin 代表收入五分位组的 4 个哑变量，第一分位组（最穷）作为对照组。Quinpublic 代表 Publictrans 和 Quin 的交叉乘积。

3. 数据

本节采用的是中国健康与养老追踪调查（China Health and Retirement Longitudinal Study，CHARLS）预调查数据，该数据是由北京大学国家发展研究院发布的，调查人群主要是 45 岁以上人群及其配偶，并且没有年龄上限。调查组于 2008 年 7~9 月在甘肃和浙江两省城乡开展了预调查，2009 年 4 月对外公布预调查数据，最终的调查样本包括 1570 户家庭中的 2685 人，预调查数据涵盖了健康、经济和家庭等方面的详细信息（Zhao et al.，2009）。因为本节的分析单位是家庭单元，所以我们定义了一个虚拟的“户主”（Cardak and Wilkins，2009），即把家庭受访者视为户主，并根据户主的户口性质保留了农村户口的样本，删除了城市户口的样本，把家庭规模缺失的样本删除后，样本家庭规模为 1254 个。CHARLS 中的收入数据是基于 2007 年计算得出的，所以，我们把转移支付前的绝对贫困线划定为国家统计局规定的 785 元。另外，本节中接受的私人转移支付为净值，即父母送给家庭成员以外的成年子女（不包括上学）的私人转移支付与非家庭成员成年子女（不含上学）给父母的私人转移支付的差额，父母接受的私人转移支付净值大于零时，定义为家庭收到了私人转移支付。家庭公共转移支付数量是主要受访者及配偶的公共转移收入及其他家庭成员的公共转移收入之和。

三、实证分析

表 4-1 汇报了变量的描述统计情况。对全部农村样本而言，家庭人均收到子女的净转移支付数量为 1482.03 元，占转移支付前家庭人均年收入的 24.7%，甘肃、浙江收到子女净转移支付的数量分别为 728 元、2191 元，分

别占各自省份转移支付前人均收入的34.6%、23.1%，经济发达地区农村家庭收到子女净转移支付数量远远大于落后地区，而落后地区的家庭收到子女净转移支付占转移支付家庭人均前收入的比重却远大于发达地区。家庭收到的人均公共转移支付为324.64元，只占转移支付前家庭人均年收入的5%。值得指出的是，以国家统计局划定的绝对贫困线为准，全部样本的贫困比率高达36%，这可能与CHARLS的样本人群的年龄有关，该调查的样本是中老年人群，所以贫困比率比较高。

表 4-1　变量描述统计

变量描述	变量名称	均值	标准差
家庭特征变量			
子女数量	Numchild	2.97	1.49
家庭规模	Hhsize	3.30	1.68
是否照看孙子（女）（1为照看）	Grandchild	0.56	0.49
户主性别（女性为1）	Gender	0.47	0.49
户主年龄	Age	60.57	10.72
户主受教育程度（1为文盲）	Noformal	0.48	0.49
户主受教育程度（1为小学毕业以下）	Lesselementary	0.20	0.40
户主受教育程度（1为小学毕业）	Elementary	0.17	0.37
户主受教育程度（1为初中毕业）	Middle	0.10	0.30
户主受教育程度（1为高中毕业及以上）	High	0.05	0.21
户主婚姻（1为在婚）	Marital	0.69	0.46
户主自评健康（1为不太好和很不好）	Health	0.26	0.44
收入变量			
转移支付前家庭人均年收入（元）	Preincome	5997.11	15505.29
家庭贫困（1为贫困）	Poor	0.36	0.48
转移支付变量			
家庭收到的人均公共转移支付（元）	Publictrans	324.64	1495.35
家庭人均收到子女的净转移支付（元）	Privatetrans	1482.03	3776.65

表4-2是家庭收到公共转移支付和私人转移支付的比例情况，从表4-2

中可以看出，有一半的家庭收到了子女净转移支付，甘肃、浙江两省家庭收到子女净转移支付的比例相差无几，甘肃省为 51%、浙江省为 49%。收到公共转移支付的家庭超过了 50%，达到 55%，甘肃、浙江两省家庭收到公共转移支付的比例有很大的差异，甘肃省为 73%、浙江省为 39%。表 4-2 还显示，同时收到私人转移支付和公共转移支付的家庭占比较高，高达 29.03%，这意味着公共转移支付对私人转移支付可能存在着“挤入”效应。

表 4-2　家庭收到公共转移支付和私人转移支付的比例　　单位：%

	没有收到子女净私人转移支付	收到子女净私人转移支付	合计
没有收到公共转移支付	24.00	21.13	45.13
收到公共转移支付	25.84	29.03	54.87
合计	49.84	50.16	100.00

表 4-3 是各模型的估计结果。其中模型 1 是接受私人净转移支付可能性的 Probit 模型，即 Heckman 两步法中的第一阶段模型，模型 2 和模型 3 是接受私人净转移支付数量的决定因素模型，即前述 Heckman 两步法中的第二阶段两种不同设定形式的模型。

表 4-3　各模型的估计结果

变量描述	变量名称	模型 1	模型 2	模型 3
家庭特征变量				
子女数量	Numchild	0.3345** (0.0462)	4.7871 (395.8570)	19.8114 (402.4469)
家庭规模	Hhsize	-0.2099*** (0.0324)	-450.0600* (265.1572)	-447.0647* (269.8822)
是否照看孙子（女）（1 为照看）	Grandchild	0.2008* (0.1133)	146.3594 (403.4357)	19.8114 (402.4469)
户主性别（女性为 1）	Gender	0.0835 (0.1240)	-139.9962 (356.4126)	-109.5930 (362.1800)

续表

变量描述	变量名称	模型 1	模型 2	模型 3
户主年龄	Age	0.0172** (0.0075)	26.6679 (29.2586)	27.3750 (29.7002)
户主受教育程度（1 为小学毕业以下）	Lesselementary	0.2379 (0.1509)	258.1070 (492.6020)	298.2698 (504.9551)
户主受教育程度（1 为小学毕业）	Elementary	0.2690* (0.1555)	233.1146 (540.3582)	286.9094 (559.2229)
户主受教育程度（1 为初中毕业）	Middle	0.2689 (0.2146)	-143.5175 (676.2168)	-120.0945 (688.1492)
户主受教育程度（1 为高中毕业及以上）	High	0.2854 (0.3129)	329.5653 (899.5083)	274.1788 (915.1141)
户主婚姻（1 为在婚）	Marital	0.1067 (0.1248)	542.8475 (364.3437)	563.4921 (368.6086)
户主自评健康（1 为不太好和很不好）	Health	-0.0354 (0.1172)	-299.8622 (330.5928)	-291.3546 (334.4124)
家庭人均年收入五分位组之 2（1 为年收入分位组之 2），基础组为家庭人均年收入五分位组之 1	Q2	—	—	-484.0993 (491.1992)
家庭人均年收入五分位组之 3（1 为年收入分位组之 3）	Q3	—	—	-579.1229 (513.1740)
家庭人均年收入五分位组之 4（1 为年收入分位组之 4）	Q4	—	—	-727.1540 (620.4614)
家庭人均年收入五分位组之 5（1 为年收入分位组之 5）	Q5	—	—	-341.9051 (986.4053)
收入变量				
转移支付前家庭人均年收入	Preincome	-3.61e-06 (1e-5)	0.0991** (0.0456)	0.0798 (0.0675)
转移支付前家庭人均年收入的平方	Squapreincome	2.46e-10 (4.02e-10)	-6.54e-07 (9.41e-07)	-4.59e-07 (1.11e-06)
家庭贫困（1 为贫困）	Poor	—	502.8170 (381.356)	—
转移支付变量				
家庭收到的人均年公共转移支付（元）	Publictrans	0.0002** (0.0001)	0.1183 (0.2543)	0.0518 (0.3777)

续表

变量描述	变量名称	模型 1	模型 2	模型 3
家庭收到的人均年公共转移与贫困的交叉项	Publicpoor	—	-0.0271 (0.3606)	—
收入五分位组之 2 与公共转移的交叉项	Q2public	—	—	0.2984 (1.1383)
收入五分位组之 3 与公共转移的交叉项	Q3public	—	—	-0.0452 (0.4249)
收入五分位组之 4 与公共转移的交叉项	Q4public	—	—	1.0873 (1.5064)
收入五分位组之 5 与公共转移的交叉项	Q5public	—	—	0.1301 (0.4232)
逆米尔斯比率（Inverse Mills Ratio）	Invmills	—	146.4821 (2397.2710)	248.1070 (2445.5090)

注：括号内为标准差；*** 表示 1%水平下显著、** 表示 5%水平下显著、* 表示 10%水平下显著。

逆米尔斯比率的系数不显著，说明接受私人净转移支付的样本选择性问题并不太严重。子女数量越多，家庭收到儿女净私人转移支付的可能性越大，但对收到净私人转移支付数量的影响却不显著。家庭规模的增大会降低收到净私人转移支付的可能性及数量，这可能反映了以下事实，一些成年子女选择与父母合住并担当起照顾父母的责任，另一些非合住子女在支持上了年纪的父母上起到的作用较小，并且他们给予父母的私人转移支付也较小。年纪越大的户主收到儿女净私人转移支付的可能性越大，但年龄对收到的儿女净私人转移支付数量影响不显著。相对于文盲而言，小学毕业的户主收到儿女净私人转移支付的可能性较大。照看孙子（女）与收到儿女私人转移支付的可能性呈现显著的正向关联，表明儿女对父母的净私人转移支付有交换动机现象出现。转移支付前家庭人均收入变量的影响比较有趣，在 Heckman 第一阶段，转移支付前家庭人均收入对接受净私人转移支付可能性的影响是负向的，转移支付前家庭人均收入的平方变量对接受净私人转移支付可能性的影响是转为正向，收入对接受私人转移支付的可能性表现出一些非线性影响，但统计上并不显著。在 Heckman 第二阶段的模型 2 和模型 3 中，转移支付前家庭人均收入对接受净私人转移支付数量的影响是正向的，转移支付前家庭人均收入的平方变量对接受净私人转移支付数量的影响是转为负向，除了转移支付前家庭人均收入在模型 2 中对接受净私人转移支付数量有显著的影响外，转移支付前家庭人均收入、转移支付前家庭人均收入的平方均对私人转移支付接受量均无显著影响。这也从一个侧面说明中国农村转移支付前收入与接受净私人转移支付之间的关系并不是非线性的。

接下来我们转向对本节焦点变量的分析，在模型 1 中，家庭收到的人均年公共转移支付变量系数显著为正，说明公共转移支付增加了接受净私人转移支付的可能性，即中国农村的私人转移支付主要出于交换动机。模型 2 和模型 3 中交叉项的解释需要特别加以留意，模型中包括交叉项会改变原始变量的意义，对交叉项系数的解释不能单独分离开来，需要把它们加总起来考察特定组对因变量的影响。为此，本节把原始变量的系数以及新类别的原始系数加总来反映缺省变量和特定组之间的差异。

表 4-4 是利用 STATA 软件中的 Lincom 命令进行的线性组合系数估计结果。

表 4-4　线性组合的系数估计

序号	组别	系数	标准差
模型 2			
1	公共转移支付：贫困	0.0912	0.3623
模型 3			
2	公共转移支付：收入五分位组之 2	0.3502	1.1132
3	公共转移支付：收入五分位组之 3	0.0065	0.3378
4	公共转移支付：收入五分位组之 4	1.1391	1.5013
5	公共转移支付：收入五分位组之 5	0.1819	0.3073

在模型 2 中，对照组是非贫困家庭组，公共转移支付的原始系数衡量了对非贫困家庭接受私人转移支付的影响，公共转移支付和代表贫困哑变量

的交叉系数，就衡量了公共转移支付对贫困和非贫困家庭之间接受私人转移支付的不同影响。贫困和非贫困家庭之间的系数并不显著，说明公共转移支付收入并不会影响接受净私人转移支付的数量。在模型 3 中，尽管我们控制了详细的家庭收入分位情况，但所有的系数均不显著，公共转移支付对接受净私人转移支付的数量没有影响。

我们把公共转移支付分为生产性和生活性公共转移支付两组，生产性公共转移支付包括退耕还林及农业补助，生活性公共转移支付包括低保补助、五保户补助、特困户补助、工伤人员供养直系亲属抚恤金等社会救助性质的公共转移支付。表 4-5 汇报了公共转移支付分组后的估计结果。

表 4-5　公共转移支付分组后的估计结果

变量名称	退耕还林及农业补助（生产性公共转移支付）			社会救助（生活性公共转移支付）		
	模型 1	模型 2	模型 3	模型 1	模型 2	模型 3
Numchild	0.3249***	-34.4785	-33.3366	0.3324***	-36.7970	-11.8032
Hhsize	-0.2147***	-423.1916***	-424.2905***	-0.2084***	-422.7750***	-429.6219
Grandchild	0.1992*	79.5868	151.0188	0.2045*	116.0825	109.1741
Gender	0.0961	-209.4630	-150.1367	0.0709	-163.5370	-123.5580
Age	0.0200**	16.8742	21.8524	0.0171**	21.9029	23.1797
Noformal	0.2214	147.4011	178.7899	0.2205	216.6613	269.0248
Elementary	0.2353	178.6540	269.2612	0.2206	213.6280	284.5866
Middle	0.2885	-252.8479	-157.3242	0.2549	-198.0552	-161.1185
High	0.2604	216.1933	152.2413	0.2710	280.3814	235.4522
Marital	0.1105	448.4678	465.2465	0.1060	486.3670	523.7986
Health	-0.0342	-274.6259	-242.1474	-0.0291	-305.4400	-306.0934
Q2	—	—	-278.6019	—	—	-540.1864
Q3	—	—	-354.1460	—	—	-643.6778
Q4	—	—	-487.4785	—	—	-753.2717
Q5	—	—	152.4748	—	—	-421.2059
Preincome	-1.70e-06	0.0949**	0.0805	-5.01e-06	0.0980**	0.0801

续表

变量名称	退耕还林及农业补助（生产性公共转移支付）			社会救助（生活性公共转移支付）		
	模型 1	模型 2	模型 3	模型 1	模型 2	模型 3
Squapreincome	2. 25e−10	−6. 52e−07	−5. 88e−07	2. 74e−10	−6. 69e−07	−4. 83e−07
Poor	—	383. 3993	—	—	514. 4923	—
Publictrans#	0. 0004	−1. 8280	2. 8873	0. 0002 *	0. 1382	−0. 0134
Publicpoor#	—	1. 7856	—	—	−0. 0785	—
Q2public#	—	—	−3. 7167	—	—	0. 6971
Q3public#	—	—	−4. 2960	—	—	0. 0191
Q4public#	—	—	−3. 4152	—	—	1. 2030
Q5public#	—	—	−10. 4025 *	—	—	0. 2029
Invmills	—	−208. 8313	−179. 2177	—	−128. 4323	57. 6640

注：#代表相应的生产性公共转移支付和生活性公共转移支付；*** 代表 1%水平下显著，** 代表 5%水平下显著，* 代表 10%水平下显著。

从表 4−5 的估计结果可以看出，在生产性公共转移支付的 Heckman 第一阶段模型中，影响接受净私人转移支付可能性的变量主要有家庭规模、子女数量、户主年龄、照看孙子（女）等变量，生产性公共转移支付对私人转移支付的影响虽然为正向，但并不显著。在 Heckman 第二阶段影响接受净私人转移支付数量的模型 2 和模型 3 中，与前述未分组样本相比，唯一的差别是收入五分位组的最高分位和生产性公共转移支付的交叉变量变得在 10%的水平上显著，通过对线性组合的系数估计发现，该变量在统计上也是不显著的。在生活性公共转移支付的 Heckman 第一阶段模型中，家庭收到的年人均生活性公共转移支付变量系数显著为正，说明生活性公共转移支付增加了接受净私人转移支付的可能性，在这里中国农村私人转移支付表现出了交换动机。利用线性组合的系数估计技术得出的结果与未分组的情形相同，生产性公共转移支付和生活性公共转移支付对接受净私人转移支付的数量没有影响。

前述动机分析中也表明，公共转移支付只是增加了私人转移支付的概率，但并不影响私人转移支付的数量，农村公共转移支付和私人转移支付呈现出的这种关系，可能与我国农村更重视“孝悌”文化、更珍视“声誉”有关，在“熟人社会”构成的农村社区中，子女成员可能更在意邻里对自己“孝悌”行为的评价，熟人社会这种社会资本通过惩罚机制（如孤立不孝者）得以加强，当这种机制普遍存在时，子女并不会因为父母收到公共转移支付而变动自己的私人转移支付数量。

四、小结

本节利用中国健康与养老追踪调查（CHARLS）数据分析了公共转移支付和私人转移支付之间的联系，Heckman 两步法模型结果显示：中国农村私人转移支付发出方的动机为交换动机，即私人转移支付概率随着公共转移支付的增加而增加，公共转移支付只是增加了接受私人转移支付的可能性，但未必“挤入”私人转移支付数量，因为公共转移支付对私人转移支付的数量影响不显著。这仅说明接受公共转移支付和私人转移支付之间有一定程度的“匹配”，或者说相同个体同时收到了两种转移支付。私人转移支付非单调动机的检验结果并不支持如下假说：给予贫困家庭的私人转移支付主要由利他动机驱使，而给予非贫困家庭的私人转移支付出于交换动机。把公共转移支付分为生产性和生活性转移支付后，两类公共转移支付对私人转移支付数量也没有影响，这可能是农村社区更好地维持了家庭养老的传统所致。

第二节　转移支付与反贫困

一、研究背景与文献综述

转移收入是减少贫困和不平等的潜在有效工具。在结构性贫困、耦合性（Conjunctural）贫困、极度贫困三种贫困中，第一种贫困只有通过经济增长来缓解，第二种和第三种贫困则分别需要暂时性转移收入和永久性转移收入来减弱（Lal and Myint，1996）。转移收入如果使接受者摆脱流动约束的困扰，投资于健康、教育等生产性活动，往往还能产生收入的放大效应，转移收入对接受者的生活水平起到了提升作用。与此同时，转移收入的保护作用则表现为降低贫困家庭的多元化投资需要，避免其陷入极度贫困（Ravallion，1988；Carter and Barrett，2006）。当然，这种转移收入可能会阻止收入和投资的持续增长。

转移收入并不能全部到达真正的贫困者手中。公共转移支付的瞄准目标往往是在正规部门就业的人群，没有覆盖真正的弱势群体和贫困人群，贫困者接受的公共转移支付可能低于中间收入者和高收入者（Howe and Longman，1992）。即使针对贫困者的特定公共转移支付项目，也会覆盖一些不合格的高收入者，公共转移支付存在漏损。Bernard 和 Waly（2009）以乍得的卫生公共转移支付为例研究表明，如果卫生公共转移支付真正惠及贫困者，患者及时就医的数量将会增加两倍。同样，能接受到私人转移支付的并非就是贫困者，富裕家庭能承担得起家庭成员的培训、迁徙等费用，迁出者以后的汇款会增加，富裕家庭在私人再分配的网络中处于有利地位。Stark 等（1986）认为农村家庭中成员的外迁决策就像新的生产技术采用一样有成本和风险，对于成员迁往国外的家庭来说，这些成本和风险就会更加巨大，在这种情况下，迁出人员更多地是来自中上层收入的家庭，迁移者汇往家中的款项会增加收入的不平等。

即使贫困家庭收到转移支付，其对贫困的影响也可能是不确定的。原因有两点：第一，转移收入数量太小不能使接受者脱离贫困。第二，收入的增加小于转移支付数量，转移收入使接受者的工作努力程度降低，非转移性收入下降（Nguyen and Marrit，2007；Lloyd-Sherlock，2006；Clark and Lee，2008；Sakiene，2009）。公共转移支付在增加收入方面的作用会更加微弱，因为与公共转移收入增加相伴的是私人转移收入的减少（Lal and Sharma，2004）。公共转移支付对私人转移支付有“挤出”效应。

西方国家的社会福利制度比较健全，私人转移支付数量与公共转移支付数量相比处于微不足道的地位，所以，国外文献对发达国家转移支付减少贫困和不平等效应的评估研究主要集中在公共转移支付方面。例如，O'Higgins 等（1990）的研究表明，私人转移收入在主要的 OECD 国家家庭收入中占比不足 1%，这样就很难期望私人转移支付有减少贫困和不平等的作用。近年来，随着发展中国家微观调查数据的完善，关于私人转移支付尤其是汇款对贫困和不平等的研究增多，如 Edward 等（2005）、Gyimah-Brempong（2009）、Nguyen（2008）、Duval 和 Wolff（2009）分别研究了墨西哥、加纳、越南、阿尔巴尼亚等国的汇款与贫困不平等关系，这其中有一些实证结论表明私人转移支付增加了贫困和不平等，有些文献的结论则持相反观点。

对我国公共转移支付缓解贫困的重要研究：都阳和 Park（2007）利用两轮城市微观调查数据研究表明，城市贫困的救助手段在城市经济体制转型过程中发生了明显的变化，和国际上类似的项目相比，中国目前的救助体系具有较好的救助效率；刘穷志（2009）研究发现，中国的公共转移支付并没有减少农村贫困而是使他们更加贫困。

本节试图对中国公共转移支付和私人转移支付对农村贫困和不平等效应进行比较研究，较完整地刻画公共转移支付和私人转移支付对农村贫困和不平等的影响方向、程度，并探讨其内在机理。

二、理论模型与数据介绍

1. 转移支付对收入和支出的影响

家庭接受转移支付（公共或私人转移支付）的数量用 D 表示。Y 代表可以观测到的结果变量，如人均收入、人均支出等，并且，进一步规定 Y_1 和 Y_0 分别代表有转移支付和没有转移支付时对应的潜在结果变量。那么，接受转移支付（公共转移支付或私人转移支付）对第 i 个家庭的影响可以定义为：

$$\Delta_i = Y_{i1} - Y_{i0} \tag{4-8}$$

Heckman 等（1999）效应评估文献中最常用参数是处理组的平均处理效应（Average Treatment Effect on the Treated，ATT），它等于：

$$ATT = E(\Delta_i \mid D_i > 0) = E(Y_{i1} \mid D_i > 0) - E(Y_{i0} \mid D_i > 0) \tag{4-9}$$

其中，E（$Y_{i0} \mid D_i > 0$）是不可观察的，需要估计，被称为反事实结果，即转移支付接受者的结果变量如果在没有接受转移支付时的结果。为了估计 E（$Y_{i0} \mid D_i > 0$），假设第 i 个家庭在时间 t 可观测到的结果变量具有如下的函数形式：

$$Y_{it} = \alpha_0 + \alpha_1 x_{it} + \alpha_3 D_{it} + \varepsilon_{it} \tag{4-10}$$

其中 x_{it} 是控制变量，即反映家庭或地区特征的变量，D_{it} 是接受的人均公共转移支付或人均私人转移支付的数量，Walle（2004）、Nguyen 和 Marrit（2007）使用了同样的方程估计了公共转移支付对个体消费的影响。当然只有公共转移支付和私人转移支付是相互独立的，才能把它们同时包括在一个方程中（Heckman and Lalonde，1999），否则，就需要对两种转移支付分别进行单独估计。一些具有不可观察的非时变特征的变量，如社会网络、能力等因素，会对转移支付产生影响，如果不控制这些变量，转移支付评估的测算就会受到影响。为消除式（4-10）中的内生性问题，我们使用面板数据的固定效应进行估计。利用式（4-10）我们可以得到 ATT：

$$ATT_t = (\alpha_0 + \alpha_1 x_{it} + \alpha_2 D_{it}) - (\alpha_0 + \alpha_1 x_{it}) = \alpha_2 D_{it} \tag{4-11}$$

那么，$\hat{ATT}_t = \frac{1}{n_t} \sum_{i=1}^{n_t} \hat{\alpha}_2 D_{it}$，其中，$n_t$ 是转移支付接受者的数量。我们可以利用 Bootstrap 得到 ATT 的标准差。

2. 转移支付对贫困、不平等的影响

我们采用 Foster 等（1984）构建的 FGT 指数测度贫困：

$$P_\alpha = \frac{1}{nz^\alpha} \sum_{i=1}^{q} g_i^\alpha \tag{4-12}$$

n 是按收入水平 y_i 升序排列的家庭总数，z 为贫困线，$g_i = z - y_i$，q 是贫困家庭数量，α 是不平等意愿参数，其数值越大贫困距的权重越大。$\alpha = 0$ 时，FGT 是贫困的人头指数的比重，即贫困发生率（P_0）；$\alpha = 1$ 时，FGT 是成比例贫困距，即贫困深度（P_1）；$\alpha=2$ 时，FGT 则成为成比例贫困距的平方（加权贫困距），即贫困强度（P_2），它对贫困人口的收入分配更为敏感。

我们采用三个指标来衡量不平等：Gini 系数、Theil's L 指数和 Theil's T 指数。家庭人均收入用 $\bar{Y}$ 表示。Gini 系数定义如下：$G=\frac{1}{2n(n-1)\bar{Y}}\sum_{i=1}^{n}\sum_{j=1}^{n}|Y_i-Y_j|$；Theil's L 指数为：$Theil\_L=\frac{1}{n}\sum_{i=1}^{n}\ln\left(\frac{\bar{Y}}{Y_i}\right)$；Theil's T 指数为：$Theil\_T=\frac{1}{n}\sum_{i=1}^{n}\frac{Y_i}{\bar{Y}}\ln\left(\frac{Y_i}{\bar{Y}_i}\right)$。

转移支付对接受者的贫困和不平等在时间 t 的影响计算如下：

$$\Delta PI=PI(D_t>0,\ Y_t)-PI[D_t>0,\ Y_{t(D=0)}] \tag{4-13}$$

式（4-13）中的 $PI[D_t>0,\ Y_{t(D=0)}]$ 是贫困和不平等的反事实测度，即转移支付接受者如果没有接受转移支付时的贫困和不平等，这需要利用式（4-10）来估计。

对全部的贫困和不平等的计算如下：

$$\Delta PI=PI(Y_t)-PI[Y_{t(D=0)}] \tag{4-14}$$

其中 $PI(Y_t)$ 是可观察的全部样本人群的贫困和不平等，$PI[Y_{t(D=0)}]$ 则是假设全部人群没有转移支付时的贫困和不平等。式（4-13）和式（4-14）的区别在于前者是考察转移支付对接受者的影响，而后者在于考察转移支付对全部人群的影响。转移支付对贫困和不平等 ATT 影响的标准差可用 Bootstrap 得到。

3. 数据

本节使用的数据取自中国健康与营养调查（CHNS）数据集。该调查覆盖 9 个省份（辽宁省、黑龙江省、山东省、江苏省、河南省、湖北省、湖南省、广西壮族自治区、贵州省）的城镇和农村，采用多阶段分层整群随机抽样方法。从 1989 年开始，该调查迄今已进行了 9 次（1989 年、1991 年、1993 年、1997 年、2000 年、2004 年、2006 年、2009 年和 2011 年），其数据集中有一部分是同一被调查者在不同年份的数据。

本节研究转移支付对农村贫困和不平等的影响，所以主要利用的数据为个人消费或收入。由于CHNS对收入进行了详细的记录，包括个人收入和家庭收入，家庭支出项目却没有详细的记录，只包括了家庭的主要消费（主要是嫁娶支出、随礼支出），所以本节贫困和不平等的测度主要利用收入数据。家庭收入构成：①家庭果菜园收入；②家庭农业收入；③家庭养殖业收入；④家庭渔业收入；⑤家庭小手工业、小商业收入；⑥家庭的其他收入来源，包括独生子女补助费、煤气燃料补贴、煤火费、用电补贴、收到单位发的免费或便宜食品的价值、出租家庭财产所得租金、寄宿和食宿费、退休金或养老金、困难补助、残疾补助或福利金、子女给的钱、父母给的钱、国内外其他亲属或朋友给的钱、其他现金收入、子女送的礼品的价值、父母送的礼品的价值、朋友或其他亲属送的礼品的价值、当地企业送的钱或礼品的价值。利用上述信息，可以得到相对准确的收入。

私人转移支付数量由子女（不是家庭成员）给的钱、子女送的礼品（不是家庭成员）的价值、父母（不是家庭成员）给的钱、父母送的礼品（不是家庭成员）的价值、国内外其他亲属或朋友给的钱、朋友或其他亲属送的礼品价值等组成。公共转移支付数量由困难补助、残疾补助或福利金组成。贫困标准采用政府公布的各年份的农村贫困线，再分别用调查地区消费者价格指数统一折算为2006年标准。舍弃掉城镇样本，有1521个农户连续参与了各年份的CHNS，面板模型样本数量共10647个。

三、实证分析

1. 转移支付流向

表4-6汇报了1989年、2006年按收入分位划分的转移支付家庭覆盖面、人均接受转移支付规模及转移支付占收入的比重等情况。

表4-6的结果表明，接受私人转移支付的家庭远远高于接受公共转移支付的家庭，在1989年，接受私人转移支付的家庭占比达到了5.13%，而同期接受公共转移支付的家庭只有1.51%。到2006年，虽然两种转移支付的覆盖面都有不同程度的提升，但接受公共转移支付的家庭仍只是接受

表 4-6　转移支付流向

年份	转移支付	指标	1（最穷）	2	3	4	5（最富）
1989	私人转移支付	接受家庭比重（%）	3.02	3.62	3.94	3.22	5.13
		家庭人均接受数量（元）	30.59	27.17	36.54	27.71	108.57
		占收入的比重（%）	3.25	1.64	2.79	1.48	3.67
	公共转移支付	接受家庭比重（%）	0.13	0.53	1.24	1.24	1.51
		家庭人均接受数量（元）	6.07	7.01	15.79	5.94	11.98
		占收入的比重（%）	0.69	0.95	1.24	0.34	0.50
2006	私人转移支付	接受家庭比重（%）	6.18	5.85	7.23	10.19	15.18
		家庭人均接受数量（元）	112.67	148.38	256.77	350.2	1345.83
		占收入的比重（%）	7.35	6.04	8.13	8.80	18.47
	公共转移支付	接受家庭比重（%）	0.99	0.79	0.72	1.31	1.38
		家庭人均接受数量（元）	78.61	409.90	428.54	290.75	1240.45
		占收入的比重（%）	4.87	15.89	14.03	7.25	9.64

注：为节省篇幅，未列出其他中间年份的转移支付流向情况。

私人转移支付家庭的1/11，人均接受公共转移支付和私人转移支付的数量也存在巨大差别，在考察期初和考察期末，在每一个收入分位上，人均接受私人转移支付的数量都高于人均接受公共转移支付的数量；从转移支付占家庭收入的比重来看，各个收入阶层收到的转移支付占收入的比重都在上升。在接受私人转移支付的贫困家庭和非贫困家庭中，转移支付占收入的比重相差较多，而在接受公共转移支付的贫困家庭和非贫困家庭中，转移支付占收入的比重差别相对来说要小一些。当然，表4-6还显示了这样一个信息，不论是哪种转移支付，都是富裕人群比贫困人群得到的要多，这表明公共转移支付可能并没有全部支付给真正的穷人，或者说公共转移支付存在漏损。总之，贫困者和非贫困者都得到了私人转移支付和公共转移支付，但两种转移支付中较大的部分流向了非贫困者。这里是按接受转移支付以后人群的收入来划分收入阶层的，没有考虑到转移支付可能会使得一些个体脱离贫困，接下来的任务是假设转移支付不存在的情况下分析人群的贫困和不平等如何变化。

2. 私人转移支付与公共转移支付：挤入还是挤出

为了检验私人转移支付和公共转移支付之间的关系，我们以私人转移支付为因变量，家庭特征、地域及公共转移支付为自变量进行回归（见表 4-7）。无论利用固定效应还是随机效应，结果都表明，私人转移支付和公共转移支付之间的关系并不显著。截断 Tobit 随机效应模型也说明公共转移支付并没有挤出或挤入私人转移支付。这些方法的同时运用增强了结果的稳健性。

表 4-7　家庭人均私人转移支付回归结果

变量	变量标识	固定效应	随机效应	Tobit 随机效应
Transpub	家庭人均公共转移支付（元）	-0.016 (0.0283)	-0.061 (0.046)	-0.094 (0.069)
Drwater	自来水：如果屋中或院内有自来水，等于 1	64.165*** (11.522)	54.637*** (8.865)	169.598*** (24.462)
Apartment	房屋产权：自己的，等于 1	32.091 (22.228)	10.143*** (19.743)	26.279 (52.933)
Roof	房屋装修：等于 1	103.579*** (29.614)	110.339*** (29.983)	331.146*** (66.872)
Child	家庭少年儿童扶养比（家庭中 14 岁以下人口占家庭人口比重）	-11.083 (26.232)	-44.907* (23.800)	-496.601*** (70.267)
Old	家庭老年扶养比（家庭中 65 岁以上人口占家庭人口比重）	397.825*** (28.921)	353.076*** (23.204)	662.148*** (54.611)
Nowork	家庭中没有工作的人口数	8.222 (5.395)	6.688 (4.811)	16.707 (13.164)
Land	家庭种地数量（亩）	1.107 (0.800)	1.354* (0.737)	3.028 (1.968)
Hhsize	家庭人数	-290.647*** (14.732)	-243.191*** (12.274)	-537.774*** (30.926)
$Hhsize^2$	家庭人数平方	22.738*** (1.511)	19.629*** (1.253)	43.507*** (3.192)

续表

变量	变量标识	固定效应	随机效应	Tobit 随机效应
East	家庭居住地为东部地区（山东省、江苏省、辽宁省）	—	-18.642* (11.039)	-46.338 (31.558)
Constant	常数项	772.941*** (41.342)	674.848*** (34.934)	649.962*** (88.500)
样本数		10647	10647	10647
家庭数		1521	1521	1521
R^2		0.130	0.132	—

注：括号内为标准误；***、*分别表示在1%和10%水平上显著。

3. 转移支付对收入和支出的影响

表4-8汇报了公共转移支付、私人转移支付及其他控制变量对家庭人均收入、家庭人均消费支出的影响情况，并且汇报了固定效应和随机效应的回归结果，Hausman 检验说明应该利用固定效应来估计转移支付对收入和支出的影响，我们主要讨论固定效应模型下回归结果。

表4-8　家庭人均收入、人均消费支出的回归

变量	家庭人均收入		家庭人均消费支出	
	固定效应	随机效应	固定效应	随机效应
Transpriv	1.539*** (0.076)	1.570*** (0.072)	0.461*** (0.039)	0.494*** (0.035)
Transpub	0.311 (0.203)	0.285 (0.194)	0.033 (0.105)	0.007 (0.095)
Drwater	884.189*** (82.599)	1171.851*** (67.029)	156.534*** (42.987)	163.645*** (30.838)
Apartment	256.857 (159.097)	-488.598*** (146.129)	74.493 (82.799)	-4.471 (70.572)
Roof	2300.867*** (212.086)	2419.149*** (205.107)	730.872*** (110.376)	751.059*** (101.836)

续表

变量	家庭人均收入		家庭人均消费支出	
	固定效应	随机效应	固定效应	随机效应
Child	-2222.086*** (187.739)	-1876.971*** (175.413)	-571.648*** (97.705)	-543.611*** (85.731)
Old	-288.564 (209.153)	-1407.338*** (175.883)	-667.385*** (108.849)	-721.944*** (82.292)
Nowork	19.044 (38.612)	167.992*** (35.582)	-12.611 (20.095)	31.501* (17.229)
Land	205.463*** (5.728)	184.111*** (5.418)	5.032* (2.981)	3.904 (2.663)
Hhsize	-942.541*** (107.696)	-727.464*** (93.332)	-159.084*** (56.048)	-98.067** (44.125)
$Hhsize^2$	61.503*** (10.955)	40.404*** (9.472)	14.024** (5.701)	7.368* (4.473)
East	—	667.995*** (88.864)	—	198.371*** (35.398)
Constant	4121.249*** (301.584)	4003.630*** (265.968)	657.849*** (156.953)	522.373*** (125.173)
样本数	10647	10647	10647	10647
家庭数	1521	1521	1521	1521
R^2	0.201	0.201	0.071	0.101
Hausman (prob)	446.33 (0)		26.750 (0)	

注：括号内为标准误；***、**、*分别表示在1%、5%和10%水平上显著。

私人转移支付和公共转移支付对家庭人均收入的边际影响分别为1.539、0.311，这说明接受人均转移支付每增加1元，将会使得家庭人均收入增加1.539元，收入的增加超过了私人转移支付的数量，私人转移支付对收入增长存在放大效应。然而公共转移支付对家庭人均收入的边际影响并不显著。

私人转移支付和公共转移支付对家庭人均支出的边际影响分别为

0.461、0.033，接受私人转移支付每增加1元，消费支出将增加0.461元，而公共转移支付对家庭消费支出的边际影响也不显著。因为这里的消费支出不是家庭的全部支出，主要是指家庭嫁娶支出、随礼支出等消费支出，所以，回归结果表明私人转移支付接受者可能把这笔转移收入用于消费、储蓄、投资。如果收入的获得是永久性的并且市场是完善的，消费一般会平滑地进行下去甚至还可能把收入完全用于消费，而如果收入的获得是暂时的和不确定的，如转移支付，接受者的选择可能是用它进行储蓄、投资而不是全部用来消费，农户缺少应对收入冲击的保险系统、农村借贷还存在诸多约束以及未来收入的不确定性都可能使农户把这种不确定的收入储蓄下来或进行投资。

我们使用ATT来估计转移支付对收入和消费支出总量的影响，ATT对转移支付规模可能具有依赖性，在不同年份和不同种类转移支付之间可能会有所不同，表4-9分年份汇报了私人转移支付和公共转移支付对收入和消费支出的ATT影响。

表4-9　转移支付对收入和消费支出的ATT影响

年份	转移支付	家庭人均收入			家庭人均消费支出		
		Y_1	Y_0	ATT	Y_1	Y_0	ATT
1989	私人转移支付	1544.888*** (55.823)	1462.688*** (49.996)	81.200*** (10.181)	280.017*** (12.724)	253.953*** (11.554)	26.064*** (3.318)
	公共转移支付	1778.055*** (80.558)	1774.741*** (82.727)	3.314 (2.956)	289.179*** (16.457)	288.825*** (16.261)	0.354 (0.457)
1991	私人转移支付	1633.682*** (52.833)	1550.915*** (55.331)	82.767*** (7.464)	281.078*** (12.954)	254.512*** (12.453)	26.566*** (2.217)
	公共转移支付	1765.477*** (64.819)	1759.887*** (70.262)	5.590 (3.785)	287.938*** (12.618)	287.341*** 12.307)	0.597*** (0.374)
1993	私人转移支付	2416.494*** (61.488)	2232.092*** (60.636)	184.402*** (19.608)	292.565*** (14.704)	233.377*** (12.180)	59.188*** (6.136)
	公共转移支付	2329.896*** (59.007)	2327.874*** (58.861)	2.022 (1.376)	308.720*** (11.265)	308.504*** (11.541)	0.216 (0.197)

续表

年份	转移支付	家庭人均收入			家庭人均消费支出		
		Y_1	Y_0	ATT	Y_1	Y_0	ATT
1997	私人转移支付	3012.153*** (65.137)	2607.502*** (45.015)	404.651*** (36.278)	426.454*** (15.677)	296.571*** (13.263)	129.883*** (9.886)
	公共转移支付	2471.206*** (93.411)	2415.489*** (91.493)	55.717 (33.168)	335.359*** (14.601)	329.405*** (15.554)	5.954 (4.873)
2000	私人转移支付	3254.988*** (82.655)	2717.627*** (41.142)	537.361*** (56.626)	486.870*** (19.505)	314.392*** (10.670)	172.478*** (17.055)
	公共转移支付	2781.987*** (100.091)	2728.343*** (92.391)	53.644 (34.226)	397.261*** (20.173)	391.539*** (19.768)	5.732 (3.167)
2004	私人转移支付	4081.401*** (79.924)	3230.109*** (43.461)	851.292*** (56.642)	670.405*** (21.233)	397.163*** (13.158)	273.241*** (18.104)
	公共转移支付	3513.023*** (156.853)	3469.896*** (156.901)	43.127 (28.521)	545.677*** (42.539)	541.069*** (40.743)	4.608 (3.819)
2006	私人转移支付	4115.314*** (97.184)	3169.093*** (42.671)	946.221*** (64.172)	655.961*** (22.632)	352.249*** (13.606)	303.712*** (22.357)
	公共转移支付	4761.158*** (1111.905)	4593.260*** (1035.539)	167.898 (142.239)	571.664*** (48.497)	553.724*** (48.637)	17.940 (6.365)

注：括号内为标准差；***表示在1%水平上显著；标准差用Bootstrap迭代500次得到。

从表4-9中可以看出，1989年私人转移支付使得接受者的人均收入增加了6%，1997年以前私人转移支付使得接受者的人均收入增加维持在10%以下，1997年私人转移支付使得接受者的人均收入增加超过15%，以后的年份逐年上升，2006年私人转移支付使得接受者的人均收入增加了30%。在每一年份，私人转移支付使得接受者的人均收入增加都在1%的水平上显著。

1989年私人转移支付使得接受者的人均消费支出增加了10.2%，1991年私人转移支付使得接受者的人均消费支出增加了10.4%，从1993年起，私人转移支付使得接受者的人均消费支出增加了54%以上，2006年私人转移支付使得接受者的人均消费支出增加了86%，在每一年份，私人转移支付使得接受者的人均消费支出的增加都在1%水平上显著。这说明近年来的私人转移支付接受者把私人转移支付用于构建社会网络的人情消费在逐年增强，尽管如此，私人转移支付人均消费ATT的影响总额远低于私人转移支付人均收入ATT的影响总额。例如，在2006年私人转移支付对收入的ATT影响为946.221元，同年私人转移支付对消费支出的ATT影响为303.712元，私人转移支付对收入的ATT影响是对消费支出影响的3倍多，这又一次说明，私人转移支付接受者可能把这笔转移收入用于消费、储蓄、农业生产投资或其他能带来永久收益的投资。

公共转移支付使得接受者的人均收入微弱地增加，并且，在每一个考察年份，公共转移支付使得接受者的人均收入增加都不显著。在1989年，公共转移支付使得接受者的人均收入增加了0.2%，在1997年以前，公共转移支付使得接受者的人均收入增加的比率维持在1%以下，1997年公共转移支付使得接受者的人均收入增加了2.3%，2000年和2004年，公共转移支付使得接受者的人均收入增加的比率在1.9%~1.2%，2006年公共转移支付使得接受者的人均收入增加了3.6%。

公共转移支付使得接受者的人均消费支出增加比接受者人均收入增加的总额和比率更小。1989年、1991年、1993年公共转移支付使得接受者的人均消费支出增加分别为0.354元、0.597元和0.216元，即使在公共转移支付使得接受者的人均消费支出增加最高的2006年，公共转移支付使得接受者的人均消费支出增加只为17.940元，公共转移支付使得接受者的人均消费支出增加了3.2%。并且，在每一个考察年份（除1991年外），公共转移支付使得接受者的人均消费支出增加都不显著。另外，表4-9还显示了这样一个信息，假设转移支付的接受者没有收到私人转移支付时的收入Y_0与假设接受者没有收到公共转移支付时的收入Y_0有着不小的差异，公共转移支付对应的收入Y_0大于私人转移支付对应的收入Y_0，这说明政府的转移支付可能并没有全部到达真正的贫困者手中，贫困的瞄准机制还有需要改进的地方。

4. 转移支付对贫困、不平等的影响

前面的分析表明，私人转移支付对接受者的收入有明显的增加作用，我们预期私人转移支付可能会对贫困有所影响。表 4-10 汇报了私人转移支付对接受者以及全部样本贫困的 ATT 影响。

表 4-10 私人转移支付对贫困的 ATT 影响

年份	贫困	转移支付接受者			全部样本		
		有	假设没有	影响	有	假设没有	影响
1989	P_0	0.1884*** (0.0238)	0.1920*** (0.0236)	-0.0036 (0.0037)	0.2486*** (0.0103)	0.2493*** (0.0105)	-0.0007 (0.0007)
	P_1	0.1149*** (0.0187)	0.1285*** (0.0198)	-0.0136*** (0.0038)	0.1442*** (0.0079)	0.1469*** (0.0084)	-0.0027*** (0.0009)
	P_2	0.1066*** (0.0221)	0.1230*** (0.0246)	-0.0164*** (0.0055)	0.1306*** (0.0101)	0.1338*** (0.0111)	-0.0032*** (0.0012)
1991	P_0	0.2313*** (0.0245)	0.2483*** (0.0269)	-0.0170** (0.0079)	0.2284*** (0.0110)	0.2298*** (0.0107)	-0.0014 (0.0009)
	P_1	0.1164*** (0.0186)	0.1274*** (0.0179)	-0.0110*** (0.0017)	0.1358*** (0.0081)	0.1377*** (0.0087)	-0.0019*** (0.0003)
	P_2	0.0991*** (0.0216)	0.1100*** (0.0211)	-0.0109*** (0.0021)	0.1168*** (0.0099)	0.1190*** (0.0107)	-0.0022*** (0.0005)
1993	P_0	0.1209*** (0.0203)	0.1423*** (0.0226)	-0.0214** (0.0089)	0.1139*** (0.0080)	0.1152*** (0.0083)	-0.0013 (0.0009)
	P_1	0.0412*** (0.0083)	0.0466*** (0.0091)	-0.0053*** (0.0011)	0.0455*** (0.0042)	0.0463*** (0.0041)	-0.0008*** (0.0002)
	P_2	0.0199*** (0.0050)	0.0238*** (0.0059)	-0.0038*** (0.0010)	0.0267*** (0.0036)	0.0274*** (0.0034)	-0.0007*** (0.0002)
1997	P_0	0.0947*** (0.0151)	0.1448*** (0.0191)	-0.0501*** (0.0117)	0.1113*** (0.0083)	0.1147*** (0.0089)	-0.0034** (0.0016)
	P_1	0.0305*** (0.0063)	0.0404*** (0.0075)	-0.0099*** (0.0017)	0.0414*** (0.0038)	0.0427*** (0.0040)	-0.0013*** (0.0004)
	P_2	0.0153*** (0.0041)	0.0208*** (0.0054)	-0.0055*** (0.0017)	0.0242*** (0.0030)	0.0253*** (0.0031)	-0.0011** (0.0005)

续表

年份	贫困	转移支付接受者			全部样本		
		有	假设没有	影响	有	假设没有	影响
2000	P_0	0.0786*** (0.0117)	0.1008*** (0.0144)	-0.0222*** (0.0067)	0.1069*** (0.0078)	0.1142*** (0.0082)	-0.0073*** (0.0021)
	P_1	0.0163*** (0.0031)	0.0236*** (0.0043)	-0.0074*** (0.0013)	0.0332*** (0.0034)	0.0346*** (0.0032)	-0.0015*** (0.0003)
	P_2	0.0053*** (0.0014)	0.0079*** (0.0019)	-0.0027*** (0.0005)	0.0185*** (0.0028)	0.0188*** (0.0027)	-0.0003*** (0.0001)
2004	P_0	0.0776*** (0.0099)	0.1194*** (0.0134)	-0.0418*** (0.0076)	0.0641*** (0.0066)	0.0688*** (0.0065)	-0.0047*** (0.0017)
	P_1	0.0168*** (0.0029)	0.0243*** (0.0033)	-0.0076*** (0.0012)	0.0152*** (0.0021)	0.0169*** (0.0021)	-0.0017*** (0.0004)
	P_2	0.0055*** (0.0013)	0.0080*** (0.0015)	-0.0026*** (0.0005)	0.0058*** (0.0011)	0.0064*** (0.0011)	-0.0006*** (0.0001)
2006	P_0	0.1119*** (0.0129)	0.1561*** (0.0129)	-0.0442*** (0.0078)	0.0764*** (0.0069)	0.0909*** (0.0072)	-0.0145*** (0.0029)
	P_1	0.0226*** (0.0035)	0.0372*** (0.0039)	-0.0146*** (0.0020)	0.0200*** (0.0023)	0.0240*** (0.0025)	-0.0040*** (0.0008)
	P_2	0.0079*** (0.0019)	0.0145*** (0.0022)	-0.0066*** (0.0013)	0.0084*** (0.0013)	0.0102*** (0.0014)	-0.0018*** (0.0004)

注：括号内为标准差；***、**分别表示在1%、5%水平上显著；标准差用Bootstrap迭代500次得到。

表4-10说明，在1989年私人转移支付减少接受者贫困发生率为0.36个百分点，但统计不显著。1991~1997年，私人转移支付减少接受者的贫困发生率作用增强，并且统计显著，1991年、1993年、1997年，私人转移支付减少接受者的贫困发生率分别为1.70%、2.14%、5.01%，2000年私人转移支付对接受者的贫困发生率减少作用有所下降，为2.22%，2006年私人转移支付对减少接受者的贫困发生率达到4.42%，其原因在于有相当一部分中下收入阶层收到了私人转移支付，而且贫困家庭得到私人转移支付的

数量也在增多。私人转移支付减少接受者贫困深度（内部贫困）及贫困强度（贫困严重程度）的作用要强于减少贫困发生率的作用。1989 年，私人转移支付减少接受者的贫困深度为 11%、减少贫困强度为 13%，2006 年，私人转移支付减少接受者贫困深度为 39%、减少贫困强度为 46%，而且在各个年份，私人转移支付对接受者的贫困深度及贫困强度减少效应都统计显著。

接受私人转移支付的家庭占全部样本家庭的半数以下，私人转移支付缓解全部人群的贫困作用小于私人转移支付缓解接受者人群的作用。私人转移支付减少全部人群的贫困发生率在 1989 年、1991 年和 1993 年作用不明显，其他年份统计显著。1997 年、2000 年、2004 年、2006 年，私人转移支付减少全部人群的贫困发生率分别为 0.34%、0.73%、0.47%和 1.45%。各个年份的私人转移支付在减少全部人群贫困深度和贫困强度方面统计显著，而且在减少全部人群贫困深度和贫困强度的幅度上远大于对贫困发生率的减少幅度。1989 年，私人转移支付减少全部人群贫困深度为 2%、减少贫困强度为 2%，2006 年，私人转移支付减少全部人群的贫困深度上升到 17%、减少贫困强度则上升到 18%。

前述的分析表明，公共转移支付使得接受者的人均收入增加不显著，我们预期公共转移支付对贫困的影响可能会很微弱。表 4-11 汇报了公共转移支付对接受者以及全部样本贫困的 ATT 影响。

表 4-11　公共转移支付对贫困的 ATT 影响

年份	贫困	转移支付接受者			全体样本		
		有	假设没有	影响	有	假设没有	影响
1989	P_0	0.0845** (0.0343)	0.0845** (0.0330)	—	0.2486*** (0.0117)	0.2486*** (0.0114)	—
	P_1	0.0365* (0.0198)	0.0368* (0.0195)	-0.0003* (0.0001)	0.1442*** (0.0086)	0.0144*** (0.0089)	—
	P_2	0.0270 (0.0186)	0.0272 (0.0186)	-0.0002* (0.0001)	0.1306*** (0.0106)	0.1306*** (0.0111)	—

续表

年份	贫困	转移支付接受者			全体样本		
		有	假设没有	影响	有	假设没有	影响
1991	P_0	0.2011*** (0.0161)	0.2011*** (0.0170)	—	0.2284*** (0.0101)	0.2284*** (0.0099)	—
	P_1	0.0809*** (0.0159)	0.0806*** (0.0173)	0.0003 (0.0003)	0.1357*** (0.0081)	0.1357*** (0.0079)	—
	P_2	0.0703*** (0.0111)	0.0701*** (0.0123)	0.0002 (0.0003)	0.1168*** (0.0097)	0.1168*** (0.0095)	—
1993	P_0	0.0382** (0.0153)	0.0382** (0.0152)	—	0.1139*** (0.0085)	0.1139*** (0.0083)	—
	P_1	0.0144** (0.0064)	0.0144* (0.0074)	—	0.0455*** (0.0039)	0.0455*** (0.0038)	—
	P_2	0.0082* (0.0045)	0.0082 (0.0052)	—	0.0267*** (0.0032)	0.0267*** (0.0031)	—
1997	P_0	0.0364** (0.0179)	0.0364** (0.0179)	—	0.1113*** (0.0094)	0.1113*** (0.0080)	—
	P_1	0.0149* (0.0087)	0.0150* (0.0082)	-0.0001 (0.0001)	0.0414*** (0.0043)	0.0414*** (0.0036)	—
	P_2	0.0078 (0.0048)	0.0079* (0.0046)	-0.0001 (0.0001)	0.0242*** (0.0033)	0.0242*** (0.0029)	—
2000	P_0	0.0420** (0.0193)	0.0420** (0.0198)	—	0.1069*** (0.0079)	0.1069*** (0.0074)	—
	P_1	0.0057* (0.0032)	0.0060* (0.0033)	-0.0003* (0.0002)	0.0332*** (0.0034)	0.0332*** (0.0034)	—
	P_2	0.0011 (0.0008)	0.0011 (0.0008)	—	0.0185*** (0.0029)	0.0185*** (0.0029)	—
2004	P_0	0.0404** (0.0189)	0.0404** (0.0179)	—	0.0642*** (0.0062)	0.0642*** (0.0063)	—
	P_1	0.0139* (0.0077)	0.0142* (0.0074)	-0.0003 (0.0003)	0.0152*** (0.0019)	0.0152*** (0.0019)	—
	P_2	0.0064 (0.0040)	0.0067* (0.0039)	-0.0003 (0.0003)	0.0058*** (0.0010)	0.0058*** (0.0010)	—

续表

年份	贫困	转移支付接受者			全体样本		
		有	假设没有	影响	有	假设没有	影响
2006	P_0	0.1266*** (0.0393)	0.1392*** (0.0405)	-0.0126 (0.0126)	0.0764*** (0.0073)	0.0764*** (0.0068)	—
	P_1	0.0263** (0.0111)	0.0284** (0.0118)	-0.0021** (0.0011)	0.0200*** (0.0025)	0.0200*** (0.0021)	—
	P_2	0.0101* (0.0056)	0.0106* (0.0058)	-0.0005* (0.0003)	0.0084*** (0.0013)	0.0084*** (0.0011)	—

注：括号内为标准差；***、**、*分别表示在1%、5%和10%水平上显著；标准差用Bootstrap迭代500次得到。

除2006年公共转移支付减少接受者贫困发生率不为零外，其他年份的公共转移支付对接受者的贫困发生率减少没有任何作用，而且，即使在2006年，公共转移支付减少接受者的贫困发生率也不显著。公共转移支付减少接受者贫困深度及贫困强度的作用也只在少数几个年份有所体现，公共转移支付对接受者的贫困深度和贫困强度影响均在1%以下，统计的显著性也不是很高。接受公共转移支付的家庭占全部家庭的5%，它对全部人群的贫困没有任何影响，每个年份的 P_0、P_1、P_2 的公共转移支付ATT影响均为0。出现这种现象的可能原因在于公共转移支付覆盖的贫困家庭有限，而且贫困家庭得到的公共转移支付数量相对较少。

表4-12汇报了私人转移支付对接受者之间以及全部样本的收入不平等的ATT影响。

表4-12 私人转移支付对收入不平等的ATT影响

年份	不平等	转移支付接受者			全体样本		
		有	假设没有	影响	有	假设没有	影响
1989	Gini	0.3025*** (0.0127)	0.2966*** (0.0112)	0.0059 (0.0038)	0.3189*** (0.0059)	0.3169*** (0.0057)	0.0020** (0.0009)
	Theil L	0.1794*** (0.0179)	0.1708*** (0.0141)	0.0086 (0.010)	0.2049*** (0.0082)	0.2022*** (0.0079)	0.0027 (0.0017)
	Theil T	0.1477*** (0.0123)	0.1419*** (0.0104)	0.0057 (0.0044)	0.1653*** (0.0059)	0.1631*** (0.0057)	0.0022** (0.0009)

续表

年份	不平等	转移支付接受者			全体样本		
		有	假设没有	影响	有	假设没有	影响
1991	Gini	0.3007*** (0.0124)	0.2989*** (0.0108)	0.0018 (0.0022)	0.3176*** (0.0054)	0.3162*** (0.0055)	0.0014** (0.0006)
	Theil L	0.1799*** (0.0163)	0.1825*** (0.0152)	-0.0026 (0.0024)	0.2039*** (0.0072)	0.2033*** (0.0074)	0.0006 (0.0006)
	Theil T	0.1473*** (0.0118)	0.1465*** (0.0104)	0.0008 (0.0021)	0.1649*** (0.0053)	0.1636*** (0.0054)	0.0013** (0.0007)
1993	Gini	0.2564*** (0.0118)	0.2492*** (0.0124)	0.0072* (0.0037)	0.2647*** (0.0071)	0.2630*** (0.0063)	0.0017* (0.0009)
	Theil L	0.1278*** (0.0131)	0.1255*** (0.0144)	0.0023 (0.0032)	0.1362*** (0.0075)	0.1356*** (0.0069)	0.0006 (0.0008)
	Theil T	0.1096*** (0.0107)	0.1059*** (0.0119)	0.0037 (0.0030)	0.1242*** (0.0089)	0.1236*** (0.0082)	0.0006 (0.0007)
1997	Gini	0.2353*** (0.0096)	0.2137*** (0.0081)	0.0216*** (0.0059)	0.2521*** (0.0057)	0.2408*** (0.0058)	0.0113*** (0.0021)
	Theil L	0.1075*** (0.0099)	0.0923*** (0.0092)	0.0152*** (0.0053)	0.1258*** (0.0068)	0.1177*** (0.0066)	0.0081*** (0.0018)
	Theil T	0.0921*** (0.0077)	0.0763*** (0.0061)	0.0158*** (0.0048)	0.1095*** (0.0057)	0.1011*** (0.0059)	0.0084*** (0.0019)
2000	Gini	0.2418*** (0.0113)	0.1968*** (0.0059)	0.0450*** (0.0102)	0.2635*** (0.0081)	0.2408*** (0.0067)	0.0227*** (0.0044)
	Theil L	0.1012*** (0.0105)	0.0692*** (0.0045)	0.0320*** (0.0094)	0.1304*** (0.0083)	0.1123*** (0.0068)	0.0181*** (0.0041)
	Theil T	0.1044*** (0.0161)	0.0624*** (0.0038)	0.0420*** (0.0158)	0.1270*** (0.0116)	0.1056*** (0.0090)	0.0214*** (0.0069)
2004	Gini	0.2556*** (0.0084)	0.1988*** (0.0056)	0.0568*** (0.0067)	0.2499*** (0.0056)	0.2088*** (0.0039)	0.0411*** (0.0040)
	Theil L	0.1099*** (0.0069)	0.0694*** (0.004)	0.0405*** (0.0052)	0.1066*** (0.0048)	0.0769*** (0.0032)	0.0297*** (0.0032)
	Theil T	0.1091*** (0.0075)	0.0643*** (0.0037)	0.0448*** (0.0062)	0.1059*** (0.0053)	0.0714*** (0.0029)	0.0344*** (0.0041)

续表

年份	不平等	转移支付接受者			全体样本		
		有	假设没有	影响	有	假设没有	影响
2006	Gini	0.2678*** (0.0101)	0.2108*** (0.0064)	0.0570*** (0.0088)	0.2761*** (0.0124)	0.2344*** (0.0154)	0.0417*** (0.0058)
	Theil L	0.1248*** (0.0098)	0.0834*** (0.0056)	0.0414*** (0.0081)	0.1353*** (0.0146)	0.1047*** (0.0176)	0.0306*** (0.0053)
	Theil T	0.1251*** (0.0129)	0.0738*** (0.0045)	0.0513*** (0.0122)	0.1556*** (0.0338)	0.1223*** (0.0449)	0.0333*** (0.0107)

注：括号内为标准差；***、**、*分别表示在1%、5%和10%水平上显著；标准差用Bootstrap迭代500次得到。

表4-12的计算表明，在大部分考察年份，私人转移支付对接受者之间的不平等产生了影响。在1997年以前，私人转移支付的影响表现为增加了接受者之间的收入不平等，但统计基本上不显著，从1997年开始，私人转移支付增加接受者之间的收入不平等在统计上变得显著，增加收入不平等的作用也呈上升趋势，1997年私人转移支付使接受者收入的基尼系数增加10%，2006年私人转移支付使接受者收入的基尼系数增加27%。这与私人转移支付覆盖的贫困和非贫困人口有差异相关，尽管接受私人转移支付的家庭占比也呈上升态势，但私人转移支付覆盖的非贫困家庭是贫困家庭的两倍之多，而且非贫困家庭的私人转移支付占收入的比重也远远高于贫困家庭（见表4-6）。私人转移支付对增加接受者收入的Theil L和Theil T的影响要大于对增加基尼系数的影响，并且也呈现影响增强的态势。例如，1997年私人转移支付使接受者收入Theil L、Theil T分别增加16%、21%，2006年私人转移支付使接受者收入Theil L、Theil T分别增加50%、70%。

私人转移支付对全部人群的收入不平等影响小于其对接受人群的影响，在大部分考察年份，私人转移支付对全部人群的收入不平等产生了影响，但在考察期的前几年作用也不是很强。例如，在1989年私人转移支付使得全部人群的收入基尼系数只增加了0.6%，只是从2000年起，私人转移支付使得全部人群收入基尼系数增加10%以上。与此同时，私人转移支付对增加全部人群收入Theil L和Theil T的影响要高于对基尼系数的影响，在考察期末，私人转移支付对增加全部人群收入 Theil L 和 Theil T 的百分比分别为 29%和 27%。

表 4-13 汇报了公共转移支付对接受者之间以及全部样本的收入不平等的 ATT 影响。

表 4-13 公共转移支付对不平等的 ATT 影响

年份	不平等	转移支付接受者			全体样本		
		有	假设没有	影响	有	假设没有	影响
1989	Gini	0. 1965*** (0. 0203)	0. 1970*** (0. 0201)	-0. 0005 (0. 0003)	0. 3189*** (0. 0061)	0. 3189*** (0. 0060)	—
	Theil L	0. 0764*** (0. 0186)	0. 0769*** (0. 0188)	-0. 0005** (0. 0002)	0. 2049*** (0. 0083)	0. 2049*** (0. 0084)	—
	Theil T	0. 0668*** (0. 0136)	0. 0671*** (0. 0137)	-0. 0003* (0. 0002)	0. 1653*** (0. 0061)	0. 1653*** (0. 0061)	—
1991	Gini	0. 2011*** (0. 0161)	0. 2011*** (0. 0170)	—	0. 3176*** (0. 0056)	0. 3176*** (0. 0055)	—
	Theil L	0. 0809*** (0. 0159)	0. 0806*** (0. 0173)	0. 0003 (0. 0003)	0. 2040*** (0. 0079)	0. 2040*** (0. 0074)	—
	Theil T	0. 0703*** (0. 0111)	0. 0701*** (0. 0123)	0. 0002 (0. 0003)	0. 1649*** (0. 0057)	0. 1649*** (0. 0055)	—
1993	Gini	0. 1882*** (0. 0105)	0. 1883*** (0. 0113)	-0. 0001 (0. 0001)	0. 2647*** (0. 0071)	0. 2647*** (0. 0069)	—
	Theil L	0. 0681*** (0. 0115)	0. 0683*** (0. 0127)	-0. 0002 (0. 0002)	0. 1362*** (0. 0075)	0. 1362*** (0. 0075)	—
	Theil T	0. 0584*** (0. 0072)	0. 0585*** (0. 0079)	-0. 0001 (0. 0001)	0. 1242*** (0. 0089)	0. 1242*** (0. 0086)	—
1997	Gini	0. 2101*** (0. 0147)	0. 2018*** (0. 0134)	0. 0083 (0. 0061)	0. 2521*** (0. 0057)	0. 2517*** (0. 0057)	0. 0004 (0. 0005)
	Theil L	0. 0780*** (0. 0126)	0. 0727*** (0. 0117)	0. 0053 (0. 0037)	0. 1258*** (0. 0068)	0. 1255*** (0. 0062)	0. 0003 (0. 0003)
	Theil T	0. 0719*** (0. 0102)	0. 0659*** (0. 009)	0. 0060 (0. 0044)	0. 1095*** (0. 0057)	0. 1092*** (0. 0058)	0. 0003 (0. 0003)

续表

年份	不平等	转移支付接受者			全体样本		
		有	假设没有	影响	有	假设没有	影响
2000	Gini	0.1954*** (0.0131)	0.2004*** (0.0134)	-0.0050 (0.0030)	0.2635*** (0.0071)	0.2639*** (0.0071)	-0.0004* (0.0002)
	Theil L	0.0628*** (0.0084)	0.0661*** (0.0087)	-0.0033* (0.0019)	0.1304*** (0.0073)	0.1306*** (0.0073)	-0.0002 (0.0002)
	Theil T	0.0617*** (0.0083)	0.0648*** (0.0088)	-0.0031* (0.0017)	0.1270*** (0.0103)	0.1274*** (0.0103)	-0.0004** (0.0002)
2004	Gini	0.2285*** (0.0167)	0.2296*** (0.0170)	-0.0011 (0.0007)	0.2499*** (0.0056)	0.2500*** (0.0057)	-0.0001 (0.0001)
	Theil L	0.0896*** (0.0137)	0.0904*** (0.0144)	-0.0008 (0.0006)	0.1066*** (0.0048)	0.1066*** (0.0049)	—
	Theil T	0.0863*** (0.0129)	0.0874*** (0.0134)	-0.0011** (0.0005)	0.1059*** (0.0053)	0.1059*** (0.0055)	—
2006	Gini	0.4125*** (0.1089)	0.4168*** (0.1137)	-0.0043 (0.0047)	0.2761*** (0.0124)	0.2757*** (0.0125)	0.0004 (0.0003)
	Theil L	0.3195* (0.1649)	0.3267* (0.1681)	-0.0072 (0.0076)	0.1353*** (0.0146)	0.1350*** (0.0149)	0.0003 (0.0002)
	Theil T	0.5438* (0.2971)	0.5676* (0.3119)	-0.0238 (0.0153)	0.1556*** (0.0338)	0.1555*** (0.0357)	0.0001 (0.0002)

注：括号内为标准差；***、**、*分别表示在1%、5%和10%水平上显著；标准误用Bootstrap迭代500次得到。

公共转移支付对接受者间收入基尼系数的影响在每一个考察年份都不显著，并且对接受者间收入不平等的影响极其微弱。公共转移支付对接受者间收入不平等的Theil L、Theil T的影响也基本表现为统计不显著，并且其影响的具体数值也非常有限。例如，Theil T指数在5%水平上显著的2004年，其影响作用也只有1%。出现这种结果的可能原因是在全部人群中，贫困人口毕竟占少数，即使非贫困者平均接受的公共转移支付大于贫困者平均接受的公共转移支付，公共转移支付在各自的收入占比中差异也并不是太大（见表4-6）。况且，接受公共转移支付的贫困家庭和非贫困家庭占总样本的比重几乎相同（见表 4-6）。

公共转移支付对全部人群的收入不平等影响更微乎其微。公共转移支付对全部人群收入不平等作用在 1993 年以前的年份为零。1997 年以后，公共转移支付对全部人群收入不平等作用虽然在有些年份表现出了统计显著性，但其影响数值几乎为零。

四、小结

本节分析 1989~2006 年公共转移支付和私人转移支付是否惠及贫困人群，并计算转移支付影响贫困和不平等的程度。我们估计了转移支付对收入、消费支出的影响，因为这种影响机制是非直接的，现金转移收入并不必然导致收入同等增长，当转移支付用作生产性投资时可能会产生收入的放大效应，公共转移支付还可能会挤出私人转移支付。在对待两种转移收入上，个体的消费偏好也可能不尽相同。当然，在估计转移支付对收入和消费支出的影响时应该考虑到转移支付的内生性问题，为此，我们使用面板数据模型的固定效应来控制不可观察的非时变变量。实证结果表明：第一，公共转移支付对农村贫困没有影响，其原因主要在于公共转移支付覆盖的贫困人群很少，贫困人群接受的公共转移支付数量有限，而不是由于公共转移支付挤出了私人转移支付，分析发现公共转移支付并没有影响到私人转移支付，而且，接受公共转移收入的个体也没有增加消费支出。第二，私人转移支付有效地减少了农村贫困，原因在于有相当一部分中下收入阶层收到了私人转移支付。私人转移支付使贫困发生率下降 1%~5%。第三，公共转移支付和私人转移支付流向富裕家庭的数额都较大，但由于这两种转移支付在贫困者和非贫困者收入中占比有较大不同，导致私人转移支付增加了不平等，而公共转移支付影响不平等的作用微弱。

当然，本节的效应评估没有考虑转移支付的直接或间接溢出影响，转移支付接受者可能用这笔资金进行投资或放贷，这会给整个经济或其他家庭带来间接影响，这需要结合宏观数据进一步研究。

第五章　私人转移支付与反贫困

在对私人转移支付和公共转移支付关系以及两者反贫困表现进行了详尽讨论的基础上，本章将进一步对私人转移支付在反贫困中的具体问题进行研究。我们将要探讨和回答的问题是私人转移支付的模式是由哪些因素决定的，私人转移支付对贫困的影响如何，以及私人转移支付能否有效缓解贫困脆弱性。

第一节　私人转移支付的模式及决定因素

一、研究背景与文献综述

21世纪以来，中国人口老龄化趋势日益明显。据全国老龄工作委员会办公室预测，到2050年，老年人口总量将超过4亿，老龄化水平推进到30%以上①，老年人比例提高无疑会增加对老年人照料服务的需求。目前，中国社会养老支持计划的覆盖范围和保障程度还相当有限且制度设计主要集中在对老人的收入支持方面，养老金系统仅覆盖了20%的60岁以上老人

① 该数据来源于全国老龄工作委员会办公室2006年公布的《中国人口老龄化发展趋势预测研究报告》。

(Salditt et al., 2008)，在此背景下，子女对老年父母的帮助就显得尤其重要，子女以时间帮助和经济帮助等形式表现出来的代际间向上流动的私人转移支付发挥着保障老人的功能，提高了老年人的福利水平，那么，两种私人转移支付的深度和广度如何？私人转移支付由哪些因素决定？社会养老服务对私人转移支付会产生何种影响呢？

利他动机和交换动机是研究私人转移支付文献常引用的两个模型。出于利他动机的子女给父母提供时间帮助和经济帮助是因为子女关心父母的福利（Barro，1974；Becker，1974），出于交换动机下的子女给父母提供生活照料是为了换得父母的经济回馈或遗产（Bernheim et al.，1985；Cox，1987）。不同动机的私人转移支付对公共转移支付的变化会有不同的反应，如利他动机下的子女在公共转移支付增加情况下会减少对父母的私人转移支付，而交换动机下的私人转移支付会强化公共再分配的效果。尽管如此，本节的分析重点并不在于区分私人转移支付的动机，而是把时间帮助和经济帮助两种私人转移支付结合在一起，聚焦于探寻两种私人转移支付的影响因素。

私人转移支付会受到微观（个体层面）、中观（家庭层面）和宏观（社会层面）等因素的影响（Szydlik，2008）。给父母私人转移支付的潜在个体，其本身应该具有充足的资源，无论是时间资源抑或是经济资源，以身体脆弱性或经济困境为特征的私人转移支付潜在接受方会需要不同形式的私人转移支付。另外，家庭成员构成对私人转移支付决策也会产生影响：兄弟姐妹分担照料父母的责任会减少个体的私人转移支付。这些个体和家庭层面因素对私人转移支付的影响在实证文献中得到了广泛的体现（Sloan et al.，2002；Kalmijn and Saraceno，2008；Ogg and Renaut，2006），与此同时，一些实证文献还在个体和家庭层面检验了两种私人转移支付之间的替代关系，但得到的结论却有所不同。例如，Zissimopoulos（2001）利用美国健康与退休调查（HRS）数据研究表明，子女财产和收入增加会增加给予父母的私人转移支付，子女工资增长则给予父母的经济帮助也会增长，但子女工资增长会减少对父母的时间帮助。Mcgarry 和 Schoeni（1995）、Sloan

等（2002）利用同样的数据（HRS）分析发现，家庭收入、工资增长对给予父母经济帮助有正向影响，而对给予父母时间帮助没有影响。Arrondel 和 Masson（2001）分析法国向上流动私人转移支付的研究表明，经济帮助和时间帮助之间不存在替代关系。Bonsang（2007）基于欧洲的健康、老龄化和退休调查（SHARE）研究得出了在空间距离上两种私人转移支付表现出替代关系的结论。社会宏观因素对代际间的私人转移支付也发挥着作用，养老金慷慨的福利国家中会出现如下情景：一方面，子女给予退休父母的私人转移支付会被公共转移支付挤出（Reil-Held，2006）；另一方面，丰裕的养老金会给向下流动的私人转移支付提供经济基础（Deindl and Brandt，2011）。Lingsom（1997）、Deindl 和 Brandt（2011）研究发现，那些接受公共照料服务越多的群体，其得到的子女时间帮助也越多。上述结果出现的原因是福利国家为私人资源提供了后备支持，进而强化了代际间的私人转移支付。

针对中国的研究，现有的文献非常有限，主要集中在向上流动的私人转移支付的某一个方面，如蒋承和赵晓军（2009）分析了中国老人时间帮助的机会成本问题，Kwok（2011）则关注子女给父母经济帮助的动机，陈欣欣和董晓媛（2011）虽然揭示了不同社会地位的老年人在时间帮助和经济帮助的差异，但该文献并没有把私人转移支付发出方的个体特征纳入分析，也没有比较两种私人转移支付的替代问题，并且，上述所有关于中国的文献均没有考虑宏观社会因素的影响。

二、理论模型与数据介绍

1. 理论模型

本节子女 k 给予父母 p 的私人转移支付分析框架采用 Cox（1987）的利他模型。假设子女的效用函数 U（C_k）依赖于自己的消费水平，$\partial U/\partial C_k$。假设 γ_k 是子女扩展效用函数中给父母私人转移支付时衡量父母满意程度的照顾参数，父母的效用函数 V（C_p，s_k）依赖于自己的消费水平和子女给予的照料时间，$\partial V/\partial C_p>0$，$\partial V/\partial s_k>0$。子女把总时间（$L_k$）分配给有酬时间（$H_k$）及照料父母的时间（$s_k$），即 $L_k=H_k+s_k$。子女的收入是其他外生收入 Y_k 和有酬劳动收入 wH_k 的和，w 是单位时间工资报酬。总收入用于消费和给予父母的私人经济转移支付 T_k，即 $T_k=wH_k+Y_k-C_k$。父母的消费来源于自己过去的收入 Y_p 和自己的私人经济转移支付 T_k，即 $C_p=Y_p+T_k$。假设 $T_k\geqslant 0$、$s_k\geqslant 0$，子女最大化如下扩展的效用函数：

$$\max_{s_k,T_k} U[Y_k+w(L_k-s_k)-T_k]+\gamma_k V(Y_p+T_k,\ s_k) \tag{5-1}$$

利用微分一阶条件，可以得到如下函数：

$$s_k=s_k(w,\ Y_k,\ Y_P,\ \gamma_k) \tag{5-2}$$

$$T_k=T_k(w,\ Y_k,\ Y_P,\ \gamma_k) \tag{5-3}$$

考虑到给予父母经济帮助和时间帮助可能有相互作用，我们在实证中使用如下的双因变量模型（Bivariate Probit）：

$$s^*=\beta_1 x^k+\beta_2 x^p+\varepsilon \quad 如果\ s^*>0，那么\ s=1，否则为\ 0 \tag{5-4}$$

$$T^*=\alpha_1 x^k+\alpha_2 x^p+\eta \quad 如果\ T^*>0，那么\ T=1，否则为\ 0 \tag{5-5}$$

$$E[\varepsilon]=E[\eta]=0 \tag{5-6}$$

$$Var[\varepsilon]=Var[\eta]=1 \tag{5-7}$$

$$Cov[\varepsilon,\ \eta]=\rho \tag{5-8}$$

其中，s^*、T^* 分别代表给予父母时间帮助和经济帮助的倾向，即子女给予父母私人转移支付的决策，x^k、x^p 分别代表子女和父母的特征变量。在子女给予父母私人转移支付的决策发生时，其私人转移支付的程度可用 Heckman 样本选择模型来表示，即存在下式：

$$ss=\beta'_1 x^k+\beta'_2 x^p+\beta'_3\lambda+\mu \tag{5-9}$$

$$TT=\alpha'_1 x^k+\alpha'_2 x^p+\alpha'_3\lambda+\nu \tag{5-10}$$

其中 ss、TT 分别代表子女在单位时间中给予父母时间帮助程度的对数、经济帮助程度的对数，λ 为逆米尔斯比率，代表可能的样本选择偏误，解释变量和决策方程中的变量基本相同。

2. 数据介绍

本节采用的数据是中国健康与养老追踪调查（China Health and Retirement Longitudinal Study，CHARLS）数据，该数据是由北京大学国家发展研究院发布的，调查人群主要是45岁以上人群及其配偶，并且没有年龄上限。调查组于2008年7~9月在甘肃和浙江两省城乡开展了预调查，在每个省按地区、城乡分层随机选择了13个县，在每个县选择了3个社区（农村为村落、城市为社区），然后在农村和城市分别选择了25户和36户作为调查单位，在每一个家庭中，大于45岁的个体随机作为主要受访者，其配偶也自动纳入调查，依据主要受访者的婚姻状况，1~2人作为主要被调查者。最终的调查样本包括1570户家庭中的2685人。

与美国健康与退休调查（HRS）数据内容相似，CHARLS由7个模块组成，涵盖人口社会学、家庭背景、健康状况与功能（包括身体功能障碍、认知及健康状况）、社会经济地位及社区环境等方面的详细信息（Zhao et al.，2009）。在家庭模块中，受访者（作为子女）回答了与已故和健在的父母、岳父/公公、岳母/婆婆的有关问题，包括父母的年龄、受教育程度、居住地等信息。在照顾父母选项中，有如下问题：您多长时间去看望一次您的父亲/母亲/岳父（公公）/岳母（婆婆）？①差不多每天；②每周2~3次；③每周一次；④每半个月一次；⑤每月一次；⑥每三个月一次；⑦半年一次；⑧每年一次；⑨几乎从来没有。本节对该问题的回答选项进行了重新编码，差不多每天为365；每周2~3次为130；每周一次为52；每半个月一次为24；每月一次为12；每三个月一次为4；半年一次为2；每年一次为1；几乎从来没有为0。在给父母提供经济帮助中，有受访者给每个父母成员的定期、不定期现金及实物（实物折合成现金）的调查内容，该调查还提供了父母给予受访者（作为子女）的经济帮助信息。其他关于父母的信息还包括最高职务、有无工作能力、有无房产等信息，但该调查并没有给出受访者（作为子女）的父母的收入信息，实证分析中用到更详细的父母及子女的变量如表5-1、表5-2、表5-3所示。

本研究的分析单位为父母，删除了父母/岳父、岳母/公公、婆婆双方都去世的样本，又因为CHARLS没有提供合住子女给予父母的时间和经济帮助信息，为此我们还删除了父母与子女合住的样本，并且把住养老院的父母也排除在外①，删除如父母年龄值等关键变量缺失及父母年龄小于 60 岁的样本以后，本节的样本总量为 1003 个。

三、实证分析

表 5-1 汇报了全部样本及分组样本的私人转移支付各类别占比情况，从表 5-1 中可以看出，没有给父母任何时间帮助和经济帮助的占比极其微小，仅占 3.29%。只给父母经济帮助的占比更小，仅有 1.40%。把同时给父母经济帮助、时间帮助与只给父母经济帮助、时间帮助的占比相加，给父母经济帮助的占比达到 44.37%，给父母时间帮助的占比达到 95.31%。

表 5-1　私人转移支付各类别占比　　单位：%

指标	全部样本	省份分组		城乡分组		父母年龄分组		
		浙江	甘肃	城市	农村	60~70 岁	70~80 岁	80 岁以上
只给父母经济帮助	1.40	1.25	1.66	2.03	1.29	0.74	1.23	1.84
只给父母时间帮助	52.34	50.39	55.80	44.59	53.68	57.35	52.67	50.13
同时给父母经济和时间帮助	42.97	46.80	36.20	49.33	41.87	36.03	42.39	46.19
没有给父母任何帮助	3.29	1.56	6.35	4.05	3.16	5.88	3.70	1.84
给父母经济帮助合计	44.37	48.05	37.90	51.35	43.16	36.76	43.62	48.03
给父母时间帮助合计	95.31	97.19	92.00	93.92	95.56	93.38	95.06	96.33

分省份比较的视角说明，浙江省父母没有得到子女任何帮助的占比比甘肃省低，浙江省父母得到经济帮助和时间帮助的占比均比甘肃省高，这表明中国赡养父母的传统和文化并不会随经济发展而有所削弱，经济的发展可能会强化这种传统。分城乡的样本数据显示，给父母经济帮助的占比城市高于农村，而给予父母时间帮助的占比农村则高于城市。分年龄组的

① 在没有进行样本选择以前的 1143 个父母样本中，只有 8 位依靠机构养老住在养老院，占比约为 0.7%，24 位与老人合住，占比约为 2.1%。删除这些样本对结果的影响不大。

结果表明，随着父母年龄的增长，没有给父母任何帮助的占比逐渐下降，而给予父母时间帮助、经济帮助的占比逐渐提高。

表 5-2 是给父母时间帮助的详细分布情况，从表 5-2 中可以看出，父母每天得到照料的占比为 27.92%，父母几乎从来没有得到任何照料的占比为 4.69%。在父母得到照料频次较高的选项如差不多每天、每周 2~3 次、每周 1 次、每半个月 1 次、每月 1 次中，甘肃省的占比高于浙江省，而在照料频次较低的选项中，甘肃省的占比低于浙江省。城乡分组的结果表明，城市父母每天得到照料的占比比农村低 8.17%，城市父母几乎没有得到时间帮助的占比比农村高。

表 5-2　给父母时间帮助的分布情况　　单位:%

给父母时间帮助	全部样本	省份分组		城乡分组	
		浙江	甘肃	城市	农村
差不多每天	27.92	23.48	30.40	20.95	29.12
每周 2~3 次	10.97	6.91	13.30	13.51	10.53
每周一次	10.07	9.67	10.30	18.92	8.54
每半个月一次	9.07	6.91	10.30	6.08	9.59
每月一次	14.26	12.15	15.40	13.51	14.39
每三个月一次	9.07	11.33	7.80	8.11	9.24
半年一次	8.28	12.71	5.77	4.05	9.01
每年一次	5.68	8.84	3.90	8.78	5.15
几乎从来没有	4.69	8.01	2.81	6.08	4.44

表 5-3 是向上流动的私人转移支付绝对额情况，从全部样本来看，给父母经济帮助的年绝对数是 1468 元，其中得到子女经济帮助的父母年接受的定期和不定期货币以及礼物折合现金均值为 3310 元。照料父母的均值为 125 次，其中得到子女时间帮助的样本均值为 132 次。浙江省的父母得到子女经济帮助以及时间帮助的绝对数均高于甘肃省，其中浙江省给父母经济帮助的均值达到了 2166 元，为甘肃省的 9 倍多。城乡分组的结果表明，

城市父母得到的经济帮助和时间帮助的绝对值均小于农村。父母年龄分组的结果说明，60~70 岁的父母得到的经济帮助绝对数额最小，70~80 岁的父母得到的经济帮助绝对数额最大，而 80 岁以上的父母得到的经济帮助数额居中。随着父母年龄的增长，子女给予父母的时间帮助次数呈现上升态势。

表 5-3　向上流动的私人转移支付绝对额

指标	全部样本	省份分组		城乡分组		父母年龄分组		
		浙江	甘肃	城市	农村	60~70 岁	70~80 岁	80 岁以上
给父母经济帮助均值（元）	1468	2166	234	1094	1533	199	2608	467
得到子女经济帮助样本均值（元）	3310	4508	617	2131	3553	542	5980	973
给父母时间帮助均值（次）	125	138	104	107	129	113	123	133
得到子女时间帮助样本均值（次）	132	142	112	114	135	121	129	138
父母给子女的经济帮助	—	—	—	—	—	—	—	—
占比（%）	4.89	4.37	5.80	12.84	3.51	5.88	5.00	3.41
均值（元）	102	121	70	586	19	57	63	168
得到父母经济帮助样本均值（元）	2107	2780	1209	4565	550	983	1108	4950

向下流动的经济帮助则呈现出了另一幅图景，父母给予子女的经济帮助占比仅为 4.89%，绝对数额为 102 元，这种现象与西方老年父母给予中年子女较多的向下的私人转移支付形成了鲜明的对比，可能的原因在于，西方的社会养老制度比较完善，老年父母的经济水平较高。浙江省向下流动的经济帮助占比比甘肃省低，但浙江省的绝对数额高于甘肃省。城市向下流动的经济帮助占比和绝对数额均比农村高。随着父母年龄的增长，子女

得到父母的经济帮助的占比在下降，但父母给予子女的经济帮助绝对数额随父母年龄的增长而增加。CHARLS 没有提供老年父母给予受访者（子女）时间帮助的信息，本节的重点也不在于分析向下流动的私人转移支付，以下分析集中于子女给予老年父母向上的私人转移支付情况。

本节研究向上流动的私人转移支付受哪些因素的影响，我们以老年父母作为分析单位，把受访者（作为子女）的有关变量纳入同一个框架中，由于 CHARLS 调查没有提供父母的收入数据，我们使用了父母的受教育程度、最高职务、有无房产等变量来表征父母的特征，样本均值的描述如表 5-4 所示。

表 5-4　样本均值描述

变量描述	变量名称	全部样本	有无时间帮助		有无经济帮助	
			有	无	有	无
父母变量						
年龄	Page	77.07	77.13	75.95	77.74	76.54
受教育程度为文盲（对照组）	Pedu 1	0.86	0.85	0.84	0.81	0.89
受教育程度为小学毕业	Pedu 2	0.09	0.09	0.10	0.13	0.06
受教育程度为初中毕业	Pedu 3	0.03	0.03	0.06	0.02	0.04
受教育程度为高中毕业及以上	Pedu 4	0.02	0.03	0.00	0.04	0.01
婚姻（1 为在婚，否则为 0）	Pmartial	0.46	0.47	0.38	0.35	0.01
最高职务（1 为科长/处长/局长及以上/乡镇干部/经理，否则为 0）	Pposition	0.01	0.01	0.00	0.02	0.01
有无工作能力（1 为有，否则为 0）	Pwork	0.06	0.06	0.04	0.05	0.06
给子女经济帮助（收到为 1，否则为 0）	Pprivate	0.04	0.04	0.04	0.08	0.01
有无房产（1 为有，否则为 0）	Phouse	0.49	0.50	0.46	0.57	0.43
户口（1 为农村，0 为城市）	Phoukou	0.85	0.85	0.80	0.82	0.87
子女变量						
年龄	Cage	51.84	51.75	53.74	51.22	52.33
受教育程度为文盲（对照组）	Cedu 1	0.45	0.45	0.53	0.38	0.51
受教育程度为小学毕业	Cedu 2	0.19	0.19	0.27	0.21	0.18

续表

变量描述	变量名称	全部样本	有无时间帮助		有无经济帮助	
			有	无	有	无
受教育程度为初中毕业	Cedu 3	0.19	0.20	0.08	0.21	0.18
受教育程度为高中毕业及以上	Cedu 4	0.17	0.16	0.12	0.20	0.13
婚姻（1为在婚，否则为0）	Cmartial	0.93	0.93	0.80	0.95	0.91
家庭年人均收入对数	Clnincome	8.78	8.82	8.15	9.03	8.59
健在的兄弟姐妹个数	Csiblings	3.83	3.83	3.76	3.77	3.87
离父母距离小于5千米（对照组）	Cdistance 1	0.67	0.68	0.31	0.67	0.67
离父母距离大于5千米小于25千米	Cdistance 2	0.19	0.19	0.17	0.21	0.18
离父母距离大于25千米小于100千米	Cdistance 3	0.07	0.07	0.06	0.06	0.07
离父母距离大于100千米小于500千米	Cdistance 4	0.02	0.03	0.02	0.03	0.02
离父母距离大于500千米	Cdistance 5	0.05	0.03	0.44	0.03	0.06
孩子数量	Cchildnum	2.14	2.14	2.17	1.95	2.29
家庭规模	Chhsize	3.09	3.10	2.97	3.12	3.07
健康状况（1为健康差）	Chealth	0.16	0.16	0.27	0.15	0.18
没有工作（对照组）	Cwork 1	0.14	0.14	0.18	0.15	0.15
做家务	Cwork 2	0.02	0.02	0.06	0.02	0.02
退休	Cwork 3	0.05	0.05	0.06	0.06	0.05
受雇	Cwork 4	0.23	0.23	0.19	0.25	0.20
自雇及做农活	Cwork 5	0.56	0.56	0.51	0.52	0.58
样本量	N	1003	956	47	445	558

从表5-4中有关父母的变量中可以看出，父母的平均年龄为77.07岁；受教育程度为文盲者高达86%；在婚者的比例为46%，有54%的父母处于丧偶或离异状态。有工作能力的样本仅占6%；没有房产的父母比例在49%左右；85%的父母户口为农村户口。有关子女的样本数据表明，子女的平均年龄为51.84岁；受教育程度为高中毕业及以上的比例达到17%，与同样受教育程度的父母比例相比高出15个百分点；子女在婚比例为93%；受访者健在的兄弟姐妹个数为3.83；受访者孩子平均数量2.14个；家庭人口为

3.09；离父母距离小于5千米的比例为67%；子女自评健康为差的比例为16%；子女工作状态中受雇和自雇及做农活的比例将近80%。表5-4还以老年父母有无得到时间帮助和经济帮助为标志进行了分组，从父母有无得到时间帮助来看，得到时间帮助的父母特征为年龄较大、在婚、有房产、户口为农村。给予父母时间帮助的子女特征为年龄较小、在婚、收入水平高、离父母的距离较近、孩子数量少、自评健康状况较好。年龄越大、有房产比例越大、给子女向下经济帮助越大的父母其得到的经济帮助比例也越大，年龄越小、收入越高的子女给予父母的经济帮助的比例越大。

接下来我们分别考察向上流动私人转移支付的发生概率及其程度，探讨向上流动的私人转移支付的决定因素。

1. 是否给父母私人转移支付的因素

如前文所述，我们用双变量模型（Bivariate Probit）来分析子女给父母私人转移支付的概率的决定因素。两个因变量分别为是否给父母提供了时间帮助和经济帮助。回归的结果如表5-5所示。

表5-5　给父母私人转移支付概率的影响因素

变量	时间帮助		经济帮助	
	系数	t值	系数	t值
Page	0.029*	1.680	0.034***	4.200
Pedu 2	-0.439	-1.540	0.583***	3.800
Pedu 3	-0.937**	-2.080	-0.285	-1.030
Pedu 4	4.854	0.000	0.429	1.580
Pmartial	0.414**	2.010	-0.690***	-7.290
Pposition	5.053	0.000	0.304	0.820
Pwork	-0.022	-0.050	0.023	0.130
Pprivate	-0.234	-0.590	0.678***	2.970
Phouse	0.109	0.590	0.374***	4.160
Phukou	0.383	1.320	0.226	1.460
Cage	-0.043**	-2.160	-0.032***	-3.140
Cedu 2	-0.253	-1.120	0.221*	1.830

续表

变量	时间帮助		经济帮助	
	系数	t 值	系数	t 值
Cedu 3	0.605*	1.750	0.256**	2.040
Cedu 4	0.261	0.840	0.451***	3.040
Cmartial	0.736***	2.920	0.163	0.890
Clnincome	0.157**	2.220	0.108***	3.020
Csiblings	0.029	0.500	-0.019	-0.760
Cdistance 2	0.009	0.040	0.196*	1.700
Cdistance 3	-0.509	-1.550	0.106	0.610
Cdistance 4	-0.465	-0.840	0.073	0.260
Cdistance 5	-1.964***	-7.650	-0.390*	-1.830
Cchildnum	0.068	0.750	-0.148***	-3.010
Chhsize	0.063	0.880	0.042	1.180
Chealth	0.060	0.250	0.064	0.510
Cwork 2	-0.332	-0.640	-0.083	-0.250
Cwork 3	0.128	0.280	0.006	0.030
Cwork 4	-0.271	-0.810	-0.150	-0.920
Cwork 5	-0.080	-0.280	0.004	0.030
Cons	-0.768	-0.490	-2.242***	-2.910
ρ	0.143（0.116 标准差）			

注：*** 表示 1%水平下显著、** 表示 5%水平下显著、* 表示 10%水平下显著。

从表 5-5 时间帮助的回归结果中可以看到，父母年龄增长，子女给予父母时间帮助的概率增加，原因在于随着父母年龄的增长，子女帮助父母日常生活、家务或者户外活动的需要也随之增加。与文盲程度相比，受教育程度为小学、初中毕业的父母得到子女照料的概率下降，而且初中毕业组在 5%的统计水平上显著。在婚父母与非在婚父母相比得到子女照料的概率更高，这可能是老年在婚父母双方并不能彼此相互提供照料，需要子女给予较多的时间帮助所致。我们选取了父母职务为科长/处长/局长及以上/乡镇干部/经理来反映父母的收入状况（这些群体往往有退休金保障），结果显示，父母职务为领导干部与父母没有领导职务之间在得到子女时间帮助概率方面没有差异，这也说明子女对父母的时间帮助在这一变量上表现出了利他特征。CHARLS 没有提供受访者父母身体健康状况的内容，我们选择了父母有无工作能力作为替代指标，回归结果显示，有劳动能力的，即健康状况较好的父母得到的时间帮助概率下降，但统计上并不显著。有房产的父母能得到子女时间帮助的概率更大，子女在这个变量上表现出了一些交换动机，但统计不显著。父母是否给子女经济帮助对子女提供照料的概率影响也不显著。农村户口的父母比城市户口的父母得到子女时间帮助的概率高，但没有表现出统计显著性。

子女的年龄增长会伴有体质下降，子女照料父母的概率也随之下降。子女受教育程度提高会增加照料父母的概率，这可能是受教育程度高者较为重视“声誉”的原因，比较有趣的是，初中毕业的子女更具有这种特征，高中毕业及以上受教育程度的子女对父母照料概率虽然也有正向影响，但并不显著。在婚子女对父母的时间帮助概率比非在婚子女高，可能是在婚子女用于自身家庭的时间约束由于有配偶的帮助而减轻。收入高的子女对父母的时间帮助概率也高。受访者（作为子女）兄弟姐妹照料责任的分担会对受访者照料父母有替代影响，也可能出现兄弟姐妹在父母时间帮助上的“搭便车”行为，即都不愿意承担照料责任，推诿之后的结果可能是受访者对父母的时间帮助概率下降，也可能出现兄弟姐妹间出于争夺父母遗产的动机而竞争“孝悌”这种公共品的局面，诸种效应的叠加效果表明兄弟姐妹变量对父母照料的时间并无影响。与距离父母小于 5 千米相比，除大于 5 千米小于 25 千米的变量外，25 千米以上变量对父母时间帮助的概率均表现出了负向影响，其中距离父母 500 千米以上变量在 1%的统计水平上显著，空间距离扩大增加了子女照料父母的时间成本，照料父母的概率随之下降，需要指出的是，子女与父母距离的选择可能与一些不可观测的变量有关（如对父母的眷恋程度），这可能会放大空间距离对父母时间帮助的概率[①]。受访者（作为子女）的子女越多，会形成父母和孙子（女）争夺中

① 有一些学者（Hank，2007；Perozek，1998）指出居住地的选择往往独立于子女与父母的亲疏关系，居住地选择更多是由如劳动力市场的机会等外部因素决定。

年人这个“夹心层”的时间分配的局面，中年人出于“示范效应”的考虑，即照料老年父母是让中年人的子女为中年人自己这个“夹心层”以后的养老做示范，而出现中年人对老年父母时间帮助概率的增加，两种相反的效应结合使得受访者（作为子女）的子女数量对父母的时间帮助概率没有影响。子女工作状态对父母照料的概率影响不大，初看这种现象似与成年子女，尤其是女性往往减少劳动力市场上的供给来增加照料老年父母的时间相矛盾，出现这种结果的原因可能与我们定义的时间帮助是一种“轻”度的概念有关，本节的时间帮助概念是一年中看望父母的次数，Carmichael 和 Charles（1998）利用英国的非正式照料数据研究表明，那些一周提供少于 20 小时照料的人与不提供照料的人相比，前者更倾向于进入劳动力市场，而一周提供多于 20 小时照料的人进入劳动力市场的机会就会下降。Wolf 和 Soldo（1994）、Stern（1995）得出工作状态对时间帮助的概率影响不显著的结果。

接下来我们转向子女给父母经济帮助概率的因素分析。表 5-5 的回归结果表明，父母的职务、工作能力、户口性质等变量均对子女给予的经济帮助概率没有影响。父母年龄增长，子女对父母的经济帮助概率增加。受教育程度为小学毕业的父母，其得到经济帮助的概率增加。父母给予子女经济帮助，父母得到的子女经济帮助的概率增加，这种双向的私人转移支付表现出了互惠特征。在婚父母得到子女经济帮助的概率比非在婚父母低。有房产的父母得到子女经济帮助的概率增加，可能是子女的交换动机所致。

年龄较长的子女给予父母经济帮助的概率下降。受教育程度较高的子女给予父母经济帮助的概率也较高。子女收入对父母经济帮助的概率有显著的正向影响，但这里需要指出的是，由于父母的收入变量缺失这种影响可能会被低估，如当子女的收入与父母的收入呈现正相关时，子女对父母经济帮助的概率就会与父母的收入呈现负相关。距离很远的子女给予父母的经济帮助概率下降。受访者（作为子女）子女的数量对父母经济帮助的概率有负向影响，与时间帮助概率表现有所不同，这里形成了父母和孙子

（女）竞争中年人这个“夹心层”的经济帮助的局面。子女的健康、工作状态及家庭规模对经济帮助的概率没有显著影响。

2. 影响向上流动的私人转移支付数量的因素

上述分析只研究了是否给予父母时间帮助和经济帮助的影响因素，但并没有对两种私人转移支付数量进行探讨。正如私人转移支付向上流动模式所分析得那样，私人转移支付的高比率并不一定伴随私人转移支付的高数量。估计的私人转移支付数量的结果如表 5-6 所示。逆米尔斯比率（λ）系数不显著，表明选择性偏误问题不严重。

表 5-6　给父母私人转移支付数量的影响因素

变量	时间帮助		经济帮助	
	对数系数	t 值	对数系数	t 值
Page	0. 024***	2. 810	0. 025**	2. 330
Pedu 2	0. 362**	2. 110	0. 014	0. 080
Pedu 3	0. 210	0. 690	-0. 162	-0. 470
Pedu 4	0. 246	0. 840	-0. 107	-0. 390
Pmartial	0. 301***	2. 840	0. 178	1. 130
Pposition	-0. 244	-0. 620	0. 317	0. 890
Pwork	-0. 007	-0. 040	0. 186	0. 830
Pprivate	0. 023	0. 100	0. 459**	2. 080
Phouse	0. 066	0. 660	0. 105	0. 840
Phukou	-0. 029	-0. 170	-0. 367**	-2. 080
Cage	-0. 041***	-3. 530	-0. 001	-0. 060
Cedu 2	-0. 055	-0. 400	-0. 033	-0. 220
Cedu 3	0. 007	0. 050	-0. 124	-0. 790
Cedu 4	0. 128	0. 770	0. 218	1. 210
Cmartial	-0. 268	-1. 220	0. 280	1. 140
Clnincome	0. 062	1. 550	0. 431***	8. 880
Csiblings	0. 002	0. 110	0. 010	0. 330
Cdistance 2	-2. 296***	-18. 250	-0. 285**	-2. 120

续表

变量	时间帮助		经济帮助	
	对数系数	t 值	对数系数	t 值
Cdistance 3	-2.964***	-14.910	-0.145	-0.690
Cdistance 4	-3.888***	-12.520	-0.476	-1.460
Cdistance 5	-3.299***	-8.260	0.218	0.730
Cchildnum	0.053	0.990	0.013	0.200
Chhsize	-0.066*	-1.660	0.081*	1.800
Chealth	-0.021	-0.160	-0.365**	-2.390
Cwork 2	-0.675*	-1.720	0.028	0.070
Cwork 3	0.021	0.080	0.422	1.620
Cwork 4	-0.014	-0.060	-0.249	-1.330
Cwork 5	-0.326**	-2.020	-0.399**	-2.370
Cons	4.552***	5.180	0.230	0.210
λ	0.075	0.496（标准差）	-0.090	0.259（标准差）

注：***表示1%水平下显著、**表示5%水平下显著、*表示10%水平下显著。

表5-6中时间帮助的数量估计结果表明，年龄越长的父母得到时间帮助的数量越多。与文盲组相比，父母受教育程度为小学毕业组得到子女时间帮助的数量较高。在婚父母得到时间帮助的数量更多。子女年龄对父母时间帮助的数量有负向影响。收入水平对父母的时间帮助数量呈现正向影响，但这个变量的系数并不显著。空间距离显著地降低了子女给父母时间帮助的数量。家庭规模对父母时间帮助的数量有负向影响。在子女工作状态中，做家务的子女会减少给予父母的时间帮助，但该组的系数只在10%的统计水平上显著，自雇及做农活的子女会降低对父母的时间帮助。

在经济帮助数量的估计结果中，年龄越长的父母得到经济帮助的数量也越多。父母给予子女经济帮助对父母得到子女经济帮助有显著的正向影响。农村父母比城市父母得到子女经济帮助的数量少，这可能与农村父母社会经济地位较低，在家庭决策中的话语权缺失有关，也可能是农村父母的子女多是为生计奔波的群体，供养自己的家庭尚有困难，就更难给父母大量的经济帮助。与距离父母较近的组相比，距离父母大于 5 千米小于 25 千米的子女给予父母经济帮助的数量显著降低，距离父母 500 千米的子女给予父母经济帮助数量的系数符号虽然为正，但没有表现出统计显著性。家庭规模越大的子女其给予父母经济帮助的数量也越多。身体健康状况较差的子女给予父母经济帮助的数量下降。与没有工作相比，自雇及做农活的子女给予父母经济帮助的数量下降，这可能是由于父母并不竞争子女生产性的时间，与前面的分析比较表明，劳动力市场中的工作状态只会影响到给予父母经济帮助的数量，而不影响是否给予父母经济帮助的决策。

3. 替代还是互补

本节分析的内容是针对各个不同的解释变量，两种向上流动的私人转移支付之间是否有替代或互补关系。表 5-5 时间帮助和经济帮助方程误差项之间的相关系数 ρ 为正（但统计不显著），表明不同个体之间的不可观测的异质性（如利他动机）对时间帮助和经济帮助的影响方向呈现出一致性的趋势。

先看表 5-5 中父母年龄这个变量，父母年龄增加得到子女时间帮助和经济帮助的概率均在上升，父母年龄是两种私人转移支付互补的源泉之一。父母在婚增加了子女给父母时间帮助的概率，而减少了子女给予的经济帮助概率，高龄的在婚父母可能由于身体原因不能再相互提供帮助，相比于子女的经济帮助而言，父母更倾向于得到子女的时间帮助，即使子女提供了经济帮助给父母购买市场化的正规照料，父母也不愿进入机构中养老，况且，让父母在机构中养老会使得子女和父母均有“耻辱感”，农村的子女和父母尤其如此。因此，在婚父母使得经济帮助和时间帮助之间出现了替代。子女年龄对两种私人转移支付均呈现负向影响，子女年龄在两种私人转移支付互补中起到了重要作用。随着子女受教育程度的提高，两种私人转移支付的可能性都在上升，可能的原因是受教育程度高的子女更重视“孝”文化、更珍视声誉。收入水平高的子女并没有用经济帮助来替代时间帮助，相反，收入水平较高的子女同时给予父母经济帮助和时间帮助的概率也都较高，子女收入水平在两种私人转移支付互补中扮演着重要角色。

有意思的是，离父母空间距离很远的子女由于不可忽视的时间成本和经济成本的原因，他们减少了对父母的时间帮助概率，与此同时，这些子女并没有通过给予父母经济帮助来购买正式的或非正式的时间照顾，可能的原因是离父母空间距离很远的子女多是一些非正规劳动力市场的从业者（如打工者），资金约束使得他们对父母的经济帮助概率下降。

4. 两代居住同一社区：考虑社会服务因素的私人转移支付

为了考察社会服务对向上流动的私人转移支付的影响，我们选取了居住在同一社区的两代人作为样本，这样的样本选择主要是出于如下考虑：CHARLS 仅提供了受访者（作为子女）所在社区的有关宏观变量。本节以社区是否有协助老人的组织作为社会服务的代理变量①。另外，CHARLS 没有提供居住在同一社区的两代人之间的空间距离的具体数值，实证分析中略去了两代人之间的空间距离变量。同一社区中子女给父母两种私人转移支付概率的因素决定双变量模型（Bivariate Probit）结果如表 5-7 所示。

表 5-7　同一社区中给父母私人转移支付概率的影响因素

变量	时间帮助		经济帮助	
	系数	t 值	系数	t 值
Page	0.064**	1.990	0.032***	2.630
Pedu 2	-0.733	-1.550	0.537**	2.330
Pedu 3	-0.087	-0.100	-0.582	-1.230
Pedu 4	4.465	0.000	1.158**	2.520
Pmartial	0.528	1.260	-0.753***	-5.290
Pposition	5.612	0.000	0.760	1.200
Pwork	-0.983	-1.580	0.238	0.780
Pprivate	-1.172**	-1.970	0.486	1.400
Phouse	0.047	0.120	0.394***	2.900
Phukou	1.058*	1.840	0.366	1.330

① 社区有协助老人组织的比率为 29.3%。

续表

变量	时间帮助		经济帮助	
	系数	t 值	系数	t 值
Cage	-0.092**	-2.550	-0.010***	-0.670
Cedu 2	-0.403	-0.800	0.330*	1.790
Cedu 3	0.777	1.160	0.300*	1.660
Cedu 4	-0.118	-0.190	0.524**	2.120
Cmartial	0.743	1.330	0.354	1.260
Clnincome	0.064	0.470	0.086	1.570（p=0.110）
Csiblings	-0.075	-0.730	0.002	0.060
Cchildnum	0.009	0.050	-0.236***	-3.000
Chhsize	-0.062	-0.480	0.033	0.620
Chealth	-0.014	-0.030	0.188	1.000
Cwork 2	5.186	0.000	-0.005	-0.010
Cwork 3	-0.149	-0.180	0.052	0.140
Cwork 4	0.067	0.090	0.028	0.110
Cwork 5	-0.536	-0.940	0.031	0.140
社区有协助老人的组织	0.916**	1.990	0.072	0.450
Cons	-0.691	-0.220	-3.510***	-2.870
ρ	0.306（0.216 标准差）			

注：*** 表示 1%水平下显著、** 表示 5%水平下显著、* 表示 10%水平下显著。

表 5-7 的回归结果表明，社区中有协助老人的组织对子女给予父母时间帮助有显著的正向影响，而对子女给予父母的经济帮助没有影响，老人的社会服务并没有产生替代效应，社会服务（或者称之为公共转移支付）反而挤入了时间帮助这种私人转移支付，其中的原因可能在于，在熟人社会构成的社区中（尤其是农村社区），其子女成员可能更在意邻里对自己"孝"行为的评价，熟人关系这种社会资本通过惩罚机制（如孤立不孝者）得以加强，当子女意识到本社区中的其他成员尚能给自己的父母提供服务时，子女可能会增加对父母的时间帮助概率。同时，社会服务挤入时间帮

助这种现象的出现也说明我国当前对老人照料的社会服务还远未达到高质量“专业化”的程度，不能满足子女、父母双方的要求①。比较有意思的是，居住在同一社区的子女的收入变量尽管对两种私人转移支付概率均有正向影响，但并没有表现出显著性（子女收入变量只在11%的统计水平上对经济帮助概率有影响）。居住在同一社区农村户口的父母得到时间帮助的概率较高，这可能是由于农村社区更好地维持了家庭养老的传统。其他变量对向上流动私人转移支付的影响表现出的结论与前述分析基本相同，这里不再赘述。

四、小结

本研究的目的在于探索子女给予父母时间帮助和经济帮助的决定因素，并验证两种私人转移支付之间是否存在“替代”或“互补”关系。由于缺乏高质量的数据，现有研究中向上流动私人转移支付的文献不能把微观层面的个体、中观层面的家庭和宏观层面的社会（社区）因素有机地结合起来。本节使用详细的微观调查数据，对非合住子女向上流动的私人转移支付进行分析，基于包含个人、家庭及社区调查的中国健康与养老追踪调查（CHARLS）数据的分析，结论如下：子女给予老年父母时间帮助和经济帮助是较为普遍的现象，父母得到经济帮助的比例达44.37%，父母得到时间帮助的比例达95.31%；收入水平高的子女并没有用经济帮助来替代时间帮助，相反，收入水平较高的子女给予父母经济帮助和时间帮助的概率也都较高；离父母空间距离很远的子女同时减少了对父母的时间帮助和经济帮助概率；兄弟姐妹数量对给予父母的两种私人转移支付均无影响；两代居住同一社区中的老人社会服务“挤入”了私人的时间帮助。

① 本小节居住同一社区的样本也没有包含父母住养老院的个体，如前文所述，居住在养老院的父母样本仅占0.7%，这从另一个侧面佐证了该问题的存在。

第二节　私人转移支付与贫困脆弱性

一、文献综述

包含现金和礼物的家庭间私人转移支付是发展中国家的一项重要制度安排（Cox，1987）。私人转移支付可能为那些受到暂时性负向冲击的人群（如疾病、失业）提供安全保护网，当富裕家庭给予贫困家庭私人转移支付时，收入和消费的差异可能会缩小。

绝大多数发展中国家的代际间私人转移支付模式与发达国家有所不同，在发达国家，父母给子女的私人转移支付远远大于子女给父母的私人转移支付，Gale 和 Scholz（1994）研究发现美国有 84.2%的子女会从父母那里收到私人转移支付，而只有 3.6%的子女会给予父母私人转移支付。发展中国家或地区的私人转移支付流动方向更多表现为子女对父母的向上流动，在孝道文化盛行的中国，子女给予父母的私人转移支付构成私人转移支付的重要组成部分，这种向上流动的私人转移支付呈现何种分布状态？代际间向上流动的私人转移支付是否会降低贫困脆弱性呢？

正如 Goldstein 等（2004）分析汇款这类私人转移支付所述，那些更需要帮助的贫困家庭并非能得到私人转移支付，私人转移支付更多地流向富裕家庭。当反贫困不是特别迫切时，即使暴露于慢性贫困风险中，或由于自身家庭特征原因陷入更深的贫困中，私人转移支付也不会与需求相吻合。Lucas 和 Stark（1985）认为私人转移支付是否发挥减贫作用要受到风险类型、私人转移支付发出方的环境约束、相对谈判能力以及非利他动机强弱的制约，所以不能想当然地认为私人转移支付一定会减少贫困脆弱性。

贫困是监测社会经济发展程度的重要指标，然而，标准的贫困指数只是在一个特定的时间点静态地度量了家庭的福利水平，没有将家庭的未来福利或与未来福利相关的风险考虑进去，只是一种事后测度，据此制定的反贫困政策是有局限的。然而脆弱性是对贫困的事前测度，具有前瞻性，即这里的脆弱性定义反映了未来陷入贫困的概率。现有相关文献绝大多数集中于分析私人转移支付与贫困关联，如 Edward 等（2005）、Gyimah-Brempong（2009）、Nguyen（2008）、Duval 和 Wolff（2009）分别以汇款这种私人转移支付为例研究了墨西哥、加纳、越南、阿尔巴尼亚等国的私人转移支付与贫困的关系，这其中有一些实证结论表明私人转移支付增加了贫困和不平等，有些文献的结论则持相反观点。出现这种争论的原因除 Lucas 和 Stark（1985）所陈述的缘由之外，还可能在于研究中的数据使用问题或解决样本自选择问题方法不一。除单独分析私人转移支付与贫困的关系外，不少学者还把公共转移支付和私人转移支付纳入同一分析框架，比较两种转移支付的减贫效力的大小（Berg and Cuong，2011；Verme，2010；Kim and Choi，2011；Lee and Phillips，2011），绝大多数分析结果表明，私人转移支付在减少贫困方面的作用强于公共转移支付的作用。相比于分析私人转移支付对贫困影响的较多文献而言，研究私人转移支付对贫困脆弱性影响的文献则十分缺乏，其中的部分原因可能在于发展中国家缺少微观调查面板数据，而计算贫困脆弱性常常离不开微观调查面板数据。在现有文献中，只有 Fuente（2010）以墨西哥为例分析了汇款这类私人转移支付对贫困脆弱性的影响。

本节的目的是利用中国微观调查面板数据实证检验代际间向上流动的私人转移支付对贫困脆弱性的影响。这里定义的贫困脆弱性是前瞻性的度量，它是测度家庭暴露于未来风险、冲击以及易受经济不稳定影响而给家庭生存及家庭成员发展能力带来约束的一种事前估计，对非贫困者而言，脆弱性是指陷入贫困的风险，对贫困者而言，脆弱性是指变得更加贫困，理论分析采用 Chaudhuri（2002，2003）提出的测度脆弱性的框架，然后利用倾向值匹配得分的双重差分法加以纠偏，来检验私人转移支付对脆弱性的效应。另外，在效应分析中我们还对慢性贫困和暂时性贫困进行了分组讨论。

二、实证方法

我们使用纠正选择性及内生性偏差的方法来评估公共转移支付对贫困脆弱性的影响，即基于 Chaudhuri 等（2002）的估计方法计算出脆弱性并使用倾向值得分（PSM）的双重差分（Difference-in-Difference，DID）方法来分析公共转移支付对贫困脆弱性的效应。测量贫困脆弱性的基本方程为：

$$VUL_{ht}=Pr(Y_{h,t+1}\leqslant poor) \tag{5-11}$$

其中，VUL_{ht} 代表第 h 个家庭在 t 时期的脆弱性，指家庭未来收入（$Y_{h,t+1}$）低于某个门槛值（即贫困线 poor）的概率。

未来收入可以表示为可观测到的变量（X_h）及包含冲击因素的误差项（e_h）的函数，未来收入的表达式如下：

$$Y_{h,t+1}=f(X_h,\ \alpha_t,\ e_h) \tag{5-12}$$

把式（5-12）代入式（5-11）可得到如下方程：

$$VUL_{ht}=Pr[Y_{h,t+1}=f(X_h,\ \alpha_t,\ e_h)\leqslant poor \mid \alpha_{t+1},\ e_{h+1}] \tag{5-13}$$

利用 Chaudhuri（2002）的估计步骤，第一步首先估计收入方程，即存在下式：

$$LnY_{h,t}=\alpha_h X_{h,t}+e_h \tag{5-14}$$

其中，$Y_{h,t}$ 代表个体 h 在 t 时期的收入，$X_{h,t}$ 是一些个体或家庭特征变量，在本节中我们主要纳入了以下变量，如年龄、教育、婚姻、家庭规模、工作状况等变量，为控制地区间的固定效应，我们还把以哑变量表示的城乡、东中西部变量纳入分析。利用式（5-14）可得到预测因变量 $\hat{Y}=Y_{h,t}$ 及残差项 $\sigma_{e,h}$，然后再估计收入对数的期望值 $\hat{E}$ 和方差 $\sigma^2_{e,h}=X_h\beta$，期望和方差的估计采用 Amemiya（1977）的三阶段可行广义最小二乘（FGLS）方法。

$$\hat{E}=[Ln \mid X_h]=X_h\hat{\alpha} \tag{5-15}$$

$$\hat{V}[LnY_h \mid X_h]=\sigma^2_{e,h}=X_h\hat{\beta} \tag{5-16}$$

假设收入服从对数正态分布，那么，脆弱性计算可以简化为下式：

$$\widehat{VUL_h} = \hat{P}_r(LnY_h \leq Lnpoor) = \varphi\left(\frac{Lnpoor - X_h\hat{\alpha}}{\sqrt{X_h\hat{\beta}}}\right) \tag{5-17}$$

在估计中，我们采用了1美元、1.25美元及2美元的贫困线标准。值得注意的是，脆弱性研究中，脆弱性的门槛值确定具有主观随意性，所以本节使用了两个脆弱性的门槛值来做敏感性分析，如果预测出的个体家庭人均收入对数低于贫困线以下50%的概率值，作为脆弱性的第一个门槛值，如果预测出的家庭人均收入对数低于贫困线以下75%的概率值，作为脆弱性的第二个门槛值，也称为高脆弱性。

因为接受公共转移支付并不是随机发生的，利用简单的均值分析接受公共转移支付组和非接受组之间的差异，将会存在选择性偏差、公共转移支付分配目标定位特点带来的内生性问题。为克服此类问题，本节采用了倾向值匹配方法（PSM），该方法在可观测的变量基础上把具有相近特征的个体相匹配，并且利用 Neighbor、Radius Caliper、Kernel 方法计算平均处理效应（ATT）。另外，本节还基于双重差分法（Difference-in-Difference，DID）对 PSM 匹配组之间的平均脆弱性进行了 ATT 的效应估计（Imbens and Wooldridge，2007；Caliendo et al.，2005）。

三、数据介绍

本节使用的数据取自中国健康与营养调查（CHNS）数据集，选取了2004年、2006年、2009年三轮调查都参与的家庭，剔除掉户主小于16岁及重要变量缺失的家庭，得到了一个容量为2224户家庭的6672个样本，没有采用更长年份的数据，一方面是因为年份越长样本的数量下降越快，另一方面是考虑到研究的时效性问题。CHNS 提供了家庭净收入的计算数据，它等于家庭总收入减去家庭总支出，家庭总收入包括家庭小手工业和小商业收入、家庭渔业收入、家庭养殖收入、家庭农业收入、家庭果菜园收入、退休金收入、非退休的工资收入、补助收入、其他收入。家庭总支出包括家庭小手工业和小商业支出、家庭渔业支出、家庭养殖支出、家庭农业支出、家庭果菜园支出。虽然这里的家庭净收入概念与传统的净收入概念有一些不同，但因为该调查的家庭支出项中并没有包括全部的家庭支出（如食品支出）数据，所以，本节退而求其次使用了 CHNS 的家庭净收入定义。家庭人均收入用按 CPI 折算到 2009 年家庭总收入除以家庭规模计算得到。代际间向上流动的私人转移支付指的是子女（非家庭成员）给父母现金、礼物折合现金的合计数量[①]。本节的分析单位为家庭，在脆弱性分析中除包含家庭特征变量外，我们还纳入户主的特征变量。基期 2004 年的变量均值的描述如表 5-8 所示。表 5-8 全部样本均值与收到私人转移支付样本均值的比较表明，户主为女性、年龄较长者、不在婚、受教育程度较低者、无工作及工作人数较少的家庭收到私人转移支付的概率较高，中国的私人转移支付动机呈现出一些利他性特点。

表 5-8 基期 2004 年变量均值描述

变量名称	变量描述	全部样本	城市样本	农村样本	收到私人转移支付样本	收到私人转移支付城市样本	收到私人转移支付农村样本
		均值	均值	均值	均值	均值	均值
户主特征变量							
Gender	性别（男）	0.87	0.80	0.90	0.83	0.72	0.87
Age	年龄	52.69	54.26	52.12	61.26	63.96	60.31
Agesqu	年龄平方	2919.00	3118.00	2847.10	3827.62	4166.15	3708.35
Martial	婚姻状况（在婚）	0.88	0.84	0.89	0.83	0.78	0.85
Mid	初中毕业（小学毕业及以下为对照组）	0.31	0.25	0.33	0.22	0.21	0.23
High	高中毕业	0.20	0.34	0.14	0.12	0.23	0.07
Colle	大专毕业以上	0.04	0.10	0.01	0.03	0.10	0.01
Work	工作状态（工作）	0.69	0.49	0.76	0.55	0.22	0.66

① 另外，本节还把子女给父母的现金、礼物分别作为私人转移支付的代理变量，其对贫困脆弱性的影响结论基本没有改变。

续表

变量名称	变量描述	全部样本	城市样本	农村样本	收到私人转移支付样本	收到私人转移支付城市样本	收到私人转移支付农村样本
		均值	均值	均值	均值	均值	均值
家庭特征变量							
Size	家庭规模	3.42	2.94	3.60	2.95	2.69	3.05
Child	6岁以下儿童数量	0.23	0.20	0.24	0.09	0.07	0.10
Worknum	工作人数	1.52	1.11	1.67	1.27	0.75	1.45
Selfnum	自雇人数	0.89	0.25	1.12	0.77	0.18	0.98
Area	东部地区（辽宁、山东、江苏）	0.33	0.31	0.33	0.39	0.41	0.38
Urban	城乡调查点（城市）	0.26	1.00	0.00	0.26	1.00	0.00
	家庭人均收入（元、2009年价格）	7036.00	9034.00	6311.30	7079.70	8885.61	6443.44
	家庭收到私人转移支付的比例（%）	28.82	28.20	29.04	100.00	100.00	100.00
	户均私人转移支付（元、2009年价格）	516.10	496.30	523.34	1790.80	1759.29	1801.91

四、经验分析

表5-9汇报了2004年、2006年、2009年代际间向上流动的私人转移支付的水平及比例情况。从表5-9中可以看出，户均子女（非家庭成员）给的现金、户均子女给的礼物折合现金的绝对数量和比例均呈现增长态势，在三轮面板数据中，代际间向上流动的私人转移支付的比重在30%左右。

以收入五分位划分的接受私人转移支付比例情况如表5-10所示，在2004年，最富裕的家庭收到私人转移支付的比例最高，其中，城镇最贫困的家庭收到私人转移支付的比例最高，而农村最富裕的家庭收到的私人转移支付比例最高，农村的私人转移支付呈现出了亲富人的特点。2006年的全部样本表现出了与 2004 年截然不同的情形，最贫困的家庭收到私人转移支付的比例最高，而农村最富裕家庭收到私人转移支付的比例仍然高于最贫困的家庭。2009 年全部样本中的私人转移支付继续呈现出与 2006 年相同的亲贫困特征，当然，农村的私人转移支付在各个收入分位上的比例差异并不是太大。

表 5-9　代际间向上流动的私人转移支付水平

变量	全部家庭			收到转移支付家庭		
年份	2004	2006	2009	2004	2006	2009
户均子女给的现金（元）	359.9	445.9	539.4	2140.3	2279.7	2418.8
子女给现金比例（%）	16.8	19.5	22.3	100.0	100.0	100.0
户均子女给的礼物折合现金（元）	156.2	185.4	254.8	660.5	680.6	796.0
子女给礼物比例（%）	23.6	27.2	32.0	100.0	100.0	100.0
户均子女给的现金或礼物折合现金合计（元）	516.1	631.3	794.2	1790.8	1955.5	2143.8
户均子女给的现金或礼物比例（%）	28.8	32.3	27.1	100.0	100.0	100.0

注：子女指非家庭成员。

表 5-10　以收入五分位划分的接受私人转移支付比例

变量＼分位	1（最穷）	2	3	4	5（最富）
2004 年	28.25	30.56	26.88	27.61	31.54
其中：城镇	35.29	27.83	24.44	27.04	29.31
农村	26.95	31.17	27.93	29.96	33.12
2006 年	36.87	35.94	27.85	29.51	29.70
其中：城镇	40.00	28.23	27.92	31.16	29.93
农村	26.25	37.62	27.82	28.51	29.52
2009 年	41.17	35.64	37.76	37.69	35.17
其中：城镇	51.02	34.88	36.58	36.36	32.86
农村	39.01	35.76	38.04	38.17	36.81

被调查者2004年、2006年、2009年分城乡的脆弱性估计结果如表5-11所示，这里提供了两条脆弱性的标准线，一条标准是预测的个体家庭人均收入对数低于贫困线以下50%的概率值，另一条把预测的家庭人均收入对数低于贫困线以下75%的概率值作为高脆弱性标准。

表5-11　2004年、2006年、2009年分城乡的贫困脆弱性及高脆弱性

单位:%

指标		2004年			2006年			2009年		
		城市	农村	全部	城市	农村	全部	城市	农村	全部
1美元贫困线	脆弱性（50%）	10.81	22.24	19.20	11.14	17.58	15.87	4.89	6.00	5.71
	高脆弱性（75%）	3.21	6.37	5.53	3.37	4.28	4.04	1.01	1.16	1.12
	贫困发生率	13.34	26.28	22.84	13.00	25.00	21.81	8.27	12.68	11.51
2美元贫困线	脆弱性（50%）	36.48	68.38	59.89	32.77	56.92	50.49	18.75	27.57	25.22
	高脆弱性（75%）	16.04	32.29	27.96	13.68	23.40	20.81	5.06	8.70	7.73
	贫困发生率	31.25	56.06	49.46	29.39	51.00	45.36	16.04	32.16	27.87

从表5-11的计算结果可以看出，中国2004年、2006年、2009年的贫困及脆弱性存在四个特点：第一，无论采用哪一条贫困线，全部样本以及城乡分组样本的脆弱性、高脆弱性、贫困发生率都呈现逐年下降态势。第二，农村贫困及贫困脆弱性均高于城市，中国农村的贫困依然是一个不容回避的问题，换言之，中国反贫困的重点依然应该放在农村。第三，当贫困线设定为1美元时，城市贫困发生率大于脆弱性，而当贫困线为2美元时，城市的脆弱性高于贫困发生率。第四，农村贫困发生率与脆弱性之间的差异比城市大，这可能是由于农村家庭的异质性强于城市家庭。

下面我们转入2004年估计的脆弱性与2006年实际贫困发生率、2006年估计的脆弱性与2009年实际贫困发生率的比较研究，比较结果如表5-12、表5-13所示。

脆弱性与贫困发生率的比较表明，2004年经历过脆弱性的家庭2006年陷入贫困的比例为29.98%，而2006年经历过脆弱性的家庭2009年陷入贫困的比例为 18.99%，2006 年经历过高脆弱性的家庭 2009 年陷入贫困的比例为 25.56%。2004 年没有经历过脆弱性的家庭 2006 年陷入贫困的比例为 19.87%，2006 年没有经历过脆弱性的家庭 2009 年陷入贫困的比例为 10.11%。当然，这里的比较研究并没有区分如就业变动或私人转移支付变动带来的变化。

表 5-12　2004 年估计的脆弱性与 2006 年的贫困发生率比较　　单位:%

指标		2006 年贫困发生率	
		否	是
1 美元贫困线	2004 年脆弱性		
	否	80.13	19.87
	是	70.02	29.98
	2004 年高脆弱性		
	否	78.72	21.28
	是	69.10	30.90

表 5-13　2006 年估计的脆弱性与 2009 年的贫困发生率比较　　单位:%

指标		2009 年贫困	
		否	是
1 美元贫困线	2006 年脆弱性		
	否	89.89	10.11
	是	81.01	18.99
	2006 年高脆弱性		
	否	89.08	10.92
	是	74.44	25.56

表 5-14 汇报了利用 Probit 模型估计的 2004 年、2006 年和 2009 年贫困决定因素的回归结果，以及利用 OLS 方法估计的 2004 年、2006 年、2009 年的 VEP 回归结果，因为 1 美元和 2 美元的贫困线回归结果基本相同，只报告了贫困线为 1 美元的回归结果。

表 5-14 贫困及脆弱性的决定因素

变量	贫困（Probit）			脆弱性（OLS）		
	2004 年	2006 年	2009 年	2004 年	2006 年	2009 年
Gender	0.139	0.241**	-0.054	0.029***	0.033***	0.031***
Age	0.016	0.007	-0.063**	-0.108***	-0.102***	-0.086***
Agesqu	-0.00010	-0.00004	0.00050***	0.00090***	0.00080***	0.00070***
Martial	-0.307***	-0.491***	-0.014	-0.151***	-0.171***	-0.035***
Mid	-0.263***	-0.226***	-0.245**	-0.123***	-0.097***	-0.050***
High	-0.546***	-0.573***	-0.387***	-0.194***	-0.178***	-0.098***
Colle	-1.326***	-1.464***	-1.011***	-0.232***	-0.232***	-0.131***
Work	0.108	0.110	0.370***	-0.018***	0.006	-0.006
Size	0.225***	0.251***	0.240***	0.067***	0.077***	0.056***
Child	0.135**	-0.025	0.085	-0.072***	-0.072***	-0.057***
Worknum	-0.515***	-0.678***	-0.782***	-0.089***	-0.112***	-0.067***
Selfnum	0.341***	0.485***	0.294***	0.082***	0.068***	0.021***
Area	-0.394***	-0.109	-0.161*	-0.093***	-0.059***	-0.053***
Urban	-0.217**	-0.135	-0.152	-0.059***	-0.030***	-0.038***
Cons	-1.142*	-1.073*	0.372	3.318***	3.143***	2.531***
Pseudo R^2	0.151	0.161	0.159	0.933	0.930	0.878

注：括号内为标准差；***、**、*分别表示在1%、5%和10%的水平上显著；贫困线为1美元。

户主的性别除在2006年对贫困的影响在5%的水平上显著外，其他年份的影响并不显著，男性对脆弱性产生了显著的正向影响，这与常识相背离，可能在于女性户主比男性户主面临更多的生产、生活不测，需要女性户主采取各种手段增加收入来减少脆弱性。户主年龄对贫困、脆弱性的影响是凸性的，随着户主年龄的增长，贫困及脆弱性先减少，而后随着年龄的增长再增加，这与生命周期理论不谋而合，说明最年轻的和最年长的人比中年人更易遭受贫困、脆弱性的侵袭，当然，年龄这个因素对2004年、2006年的贫困并没有表现出统计显著性。户主在婚较之于非在婚者的贫困及脆弱性有减少趋势，但该变量对2009年的贫困影响在统计上并不显著。受教

育程度的提高无一例外地对贫困、脆弱性下降起到了显著的推动作用。有工作的户主其 2004 年的家庭人均预测收入低于贫困线的概率相应减少，当然户主是否有工作对其他年份的脆弱性并没有表现出统计显著性，该变量对贫困的影响也没有明确的答案。家庭规模越大，陷入贫困及脆弱性的概率也越高。儿童数量对脆弱性有很强的负向作用，这可能与女性户主变量对脆弱性影响的原因相同，是“责任”驱使家庭主要成员千方百计增加收入来摆脱脆弱性。家庭中工作的成员越多其陷入贫困、脆弱性的概率越低。由于自雇这种非正规就业渠道的收入所限，家庭中自雇成员越多其陷入贫困、脆弱性的概率也越高。东部地区居民的贫困及脆弱性显著地低于中西部（除 2006 年没有表现出显著性外）。城市调查点的脆弱性显著地低于农村，在贫困的回归中，城市贫困呈现出了比农村贫困低的趋势，但在 2006 年后该趋势的显著性没有显现。总而言之，尽管有一些变量影响到脆弱性而没有影响到贫困，但绝大多数变量对贫困、脆弱性的影响方向呈现出了基本相同的态势。

除了对全部样本的研究外，本节还对样本进行了如下分组分析，将在全部考察年份中都处于贫困状态的样本归为慢性贫困，在考察年份中至少经历过 1 次贫困的归为暂时性贫困，通过这样的分组来深入研究接受私人转移支付与否对脆弱性产生的影响。数据显示，当贫困线为 1 美元时，2004 年、2006 年、2009 年，36%的家庭经历了暂时性贫困，3%的家庭经历了慢性贫困；当贫困线为 2 美元时，2004 年、2006 年、2009 年，50%的家庭经历了暂时性贫困，16%的家庭经历了慢性贫困，超过三成的家庭在某一个年份中经历了贫困，说明中国居民遭受的脆弱性不容忽视。另外，本节还以接受私人转移支付次组为分组标志把样本分为四组：第一组是 2004 年和 2006 年均未收到私人转移支付；第二组是 2004 年收到私人转移支付，而 2006 年未收到私人转移支付；第三组是 2004 年未收到私人转移支付，而 2006 年收到私人转移支付；第四组是 2004 年和 2006 年均收到私人转移支付。各组别的脆弱性及贫困发生率情况如表 5-15 所示。

表 5-15　全部样本、暂时性贫困及慢性贫困样本的脆弱性及贫困发生率

单位:%

全部样本							
指标		脆弱性			贫困发生率		
	年份	2004	2006	2009	2004	2006	2009
1 美元贫困线	第一组	22.90	15.96	4.22	21.38	19.55	9.81
	第二组	10.67	14.62	6.32	19.36	24.50	11.06
	第三组	17.57	16.06	6.96	29.39	25.75	13.03
	第四组	14.17	16.23	9.02	24.22	23.96	15.97
2 美元贫困线	第一组	62.33	51.15	24.34	47.72	42.13	24.34
	第二组	52.17	47.43	22.13	49.01	45.45	26.87
	第三组	63.63	51.21	26.67	54.84	51.81	32.12
	第四组	53.86	49.74	28.86	50.77	50.25	36.34
暂时性贫困样本							
指标		脆弱性			贫困发生率		
	年份	2004	2006	2009	2004	2006	2009
1 美元贫困线	第一组	30.87	22.32	5.22	56.76	51.30	22.32
	第二组	14.94	26.43	6.89	47.12	62.06	22.98
	第三组	26.11	20.38	8.91	58.59	50.95	24.20
	第四组	22.38	26.11	12.68	55.22	54.47	31.34
2 美元贫困线	第一组	72.01	59.11	27.35	67.61	56.6	21.54
	第二组	57.6	48.8	20.8	66.4	59.2	21.6
	第三组	69.94	56.06	21.38	65.31	59.53	21.96
	第四组	62.21	52.32	29.65	63.95	62.79	31.39
慢性贫困样本							
指标		脆弱性			贫困发生率		
	年份	2004	2006	2009	2004	2006	2009
1 美元贫困线	第一组	44.82	37.93	6.89	100.00	100.00	100.00
	第二组	12.50	12.50	12.50	100.00	100.00	100.00
	第三组	40.00	40.00	0.00	100.00	100.00	100.00
	第四组	45.00	50.00	30.00	100.00	100.00	100.00

单位:%

慢性贫困样本							
指标		脆弱性			贫困发生率		
	年份	2004	2006	2009	2004	2006	2009
2 美元贫困线	第一组	86.9	73.21	40.47	100.00	100.00	100.00
	第二组	78.04	82.92	39.02	100.00	100.00	100.00
	第三组	80.88	73.52	51.47	100.00	100.00	100.00
	第四组	80.45	73.56	50.57	100.00	100.00	100.00

从全部样本来看，2004 年、2006 年、2009 年第一组和第三组的脆弱性下降较多，而第二组和第四组的脆弱性下降得较少，当贫困线为 1 美元时，2004~2009 年第一组、第三组的脆弱性分别下降 18.68%、10.61%，而第二组、第四组的脆弱性分别下降 4.35%、5.15%。当贫困线上升到 2 美元时，第一组、第三组的脆弱性分别下降 37.99%、36.96%，第二组、第四组的脆弱性分别下降 30.04%、25.00%。第一组（2004 年、2006 年均未收到私人转移支付）的脆弱性下降较多，可能是该组年龄（户主平均年龄为 49 岁）正处于青壮年时期，即使没有女子给予的私人转移支付，其本身具有较高的教育和健康水平、较强的保险金融市场可及性，应对负向冲击风险能力更强。暂时性贫困样本中各组脆弱性的下降幅度与全部样本分组的结果基本相同，也表现为第一组和第三组的脆弱性下降较多，而第二组和第四组的脆弱性下降得较少。慢性贫困样本中各组脆弱性下降的程度在贫困线为 1 美元和 2 美元时表现有所不同，当贫困线为 1 美元时，第一组、第三组脆弱性下降的幅度较大，第二组、第四组下降的幅度较小；当贫困线为 2 美元时，第一组、第二组下降的幅度较大，第三组和第四组下降的幅度基本相同且较小。

仅仅以收到私人转移支付的频次为基础计算出的脆弱性均值会受到选择性偏差的影响，因为私人转移支付在人群中的分配并非随机，只通过估计接受私人转移支付和没有接受私人转移支付之间的脆弱性差异，评估私人转移支付对脆弱性的影响会存在不足，为准确评估私人转移支付的脆弱性影响，我们需要考虑到不存在私人转移支付时结果变量会是什么，即反事实状况，选择适当的控制组来反映私人转移支付对包括慢性和暂时性贫困组的脆弱性影响。本节首先使用倾向值匹配（PSM）方法构造出处理组和控制组，然后利用双重差分法（Difference-in-Difference，DID）来评估私人转移支付对脆弱性的影响，双重差分法能比较控制组和处理组随时间变动的脆弱性变化。表5-16汇报了PSM方法计算出的在2009年处理效应对全部样本脆弱性的平均影响，以及使用PSM方法后的双重差分计算结果，其中，平均处理效应（ATT）分别采用Neighbor、Radius Caliper、Kernel方法计算。城乡、年龄分组的实证结论与下述全部样本、慢性贫困样本、暂时

表5-16　2009年处理效应对全部样本脆弱性的影响

	PSM					PSM后的双重差分		
贫困线	处理	方法	ATT	标准差	t	组别	2009年与2004年差异	双重差分
1美元	第一组	Neighbor	-0.0030	0.0130	-0.2300	第一组	-0.0302	-0.0216
		Radius Caliper	-0.0320	0.0080	-3.7300	非第一组	-0.0086	
	第二组	Neighbor	-0.0004	0.0250	-0.0200	第二组	0.0307	0.0412
		Radius Caliper	0.0160	0.0150	1.0300	非第二组	-0.0105	
	第三组	Neighbor	-0.0030	0.0230	-0.1500	第三组	-0.0189	-0.0221
		Radius Caliper	-0.0150	0.0130	-1.1400	非第三组	0.0032	
	第四组	Neighbor	0.0090	0.0310	0.3000	第四组	-0.0192	-0.0056
		Radius Caliper	0.0008	0.0110	0.0800	非第四组	-0.0136	
2美元	第一组	Neighbor	-0.0040	0.0220	-0.2100	第一组	-0.0349	-0.0196
		Radius Caliper	-0.0470	0.0120	-3.6500	非第一组	-0.0153	
	第二组	Neighbor	-6E-05	0.0370	0.0000	第二组	0.0165	0.0269
		Radius Caliper	0.0030	0.0210	0.1400	非第二组	-0.0104	
	第三组	Neighbor	-0.0300	0.0350	-0.8400	第三组	-0.0387	-0.0496
		Radius Caliper	-0.0350	0.0180	-1.9400	非第三组	0.0109	
	第四组	Neighbor	0.0130	0.0400	0.3300	第四组	-0.0098	0.0105
		Radius Caliper	0.0040	0.0150	0.3300	非第四组	-0.0203	

性贫困样本的平均处理效应的作用方向、显著性基本相同，为节省篇幅，不再汇报城乡、年龄分组的具体 ATT 结果。另外，下文中以高脆弱性为门槛值的分析结果与脆弱性为 50%门槛值的分析结果类似，所以只汇报脆弱性为 50%门槛值的分析结果。

ATT 估计结果显示，当把贫困线设定为 1 美元时，除第一组使用 Radius Caliper 方法显示出处理组脆弱性与非处理组脆弱性相比下降 3. 20%较显著以外，其他组的处理效应对 2009 年的脆弱性没有显著影响。当把贫困线设定为 2 美元时，除第一组和第三组使用 Radius Caliper 方法显示出处理组脆弱性与非处理组相比下降较显著以外，其他组的处理效应对 2009 年的脆弱性也没有显著影响。双重差分法（DID）表明，把贫困线划定为 1 美元时，除第二组 2009 年的脆弱性表现出轻微增长以外，其他组 2009 年的脆弱性均呈现轻微下降态势。如果把贫困线划定为 2 美元，第一组和第三组 2009 年的脆弱性呈现下降态势，而第二组和第四组 2009 年的脆弱性呈现增长态势。

接下来的分析集中于对慢性贫困和暂时性贫困的研究，探讨私人转移支付是否降低了这些组的脆弱性，慢性贫困指的是在全部考察年份中都处于贫困状态，暂时性贫困是指在考察年份中至少经历过 1 次贫困，分组的估计结果分别汇报于表 5-17、表 5-18。

表 5-17　2009 年处理效应对暂时性贫困样本脆弱性的影响

贫困线	PSM					PSM 后的双重差分		
	处理	方法	ATT	标准差	t	组别	2009 年与 2004 年差异	双重差分
1 美元	第一组	Neighbor	-0. 0220	0. 0280	-0. 7800	第一组	-0. 0741	-0. 0431
		Radius Caliper	-0. 0560	0. 0140	-3. 8500	非第一组	-0. 0310	
	第二组	Neighbor	-0. 0530	0. 0530	-1. 0000	第二组	-0. 0005	0. 0114
		Radius Caliper	0. 0250	0. 0250	1. 0000	非第二组	-0. 0119	
	第三组	Neighbor	0. 0090	0. 0390	0. 2500	第三组	-0. 0294	-0. 0433
		Radius Caliper	-0. 0050	0. 0210	-0. 2600	非第三组	0. 0139	
	第四组	Neighbor	0. 0440	0. 0550	0. 8100	第四组	-0. 0216	-0. 0144
		Radius Caliper	-0. 0080	0. 0180	-0. 4800	非第四组	-0. 0072	

续表

贫困线	PSM					PSM 后的双重差分		
	处理	方法	ATT	标准差	t	组别	2009 年与 2004 年差异	双重差分
2 美元	第一组	Neighbor	0. 0250	0. 0270	0. 9500	第一组	-0. 0424	-0. 0242
		Radius Caliper	-0. 0700	0. 0150	-4. 5000	非第一组	-0. 0182	
	第二组	Neighbor	-0. 0830	0. 0560	-1. 4900	第二组	0. 0321	0. 0588
		Radius Caliper	-0. 0230	0. 0280	-0. 8300	非第二组	-0. 0267	
	第三组	Neighbor	-0. 0720	0. 0460	-1. 5500	第三组	0. 0063	0. 0033
		Radius Caliper	-0. 1060	0. 0210	-4. 9900	非第三组	0. 0030	
	第四组	Neighbor	0. 0960	0. 0620	1. 5500	第四组	0. 0062	0. 0036
		Radius Caliper	0. 0340	0. 0210	1. 6200	非第四组	0. 0026	

表 5-18　2009 年处理效应对慢性贫困样本脆弱性的影响

贫困线	PSM					PSM 后的双重差分		
	处理	方法	ATT	标准差	t	组别	2009 年与 2004 年差异	双重差分
1 美元	第一组	Neighbor	0. 0890	0. 0890	1	第一组	0. 1160	0. 1272
		Radius Caliper	-0. 0090	0. 0820	-0. 1200	非第一组	-0. 0112	
	第二组	Neighbor	0. 1060	0. 1170	0. 9100	第二组	0. 0851	0. 0827
		Radius Caliper	0. 1080	0. 1080	1. 0000	非第二组	0. 0024	
	第三组	Neighbor	0. 0420	0. 0660	0. 6400	第三组	0. 1497	0. 1099
		Radius Caliper	-0. 0060	0. 0570	-0. 1100	非第三组	0. 0398	
	第四组	Neighbor	0. 2750	0. 1450	1. 8900	第四组	-0. 0203	-0. 1275
		Radius Caliper	0. 1950	0. 0650	2. 9800	非第四组	0. 1072	
2 美元	第一组	Neighbor	0. 0330	0. 0680	0. 4900	第一组	-0. 0260	-0. 0348
		Radius Caliper	-0. 0240	0. 0400	-0. 6100	非第一组	0. 0088	
	第二组	Neighbor	0. 1560	0. 0930	1. 6700	第二组	0. 0529	0. 0793
		Radius Caliper	0. 1070	0. 0530	2. 0100	非第二组	-0. 0264	
	第三组	Neighbor	0. 04700	0. 0870	0. 5500	第三组	-0. 0479	-0. 0752
		Radius Caliper	0. 0100	0. 0390	0. 2600	非第三组	0. 0273	
	第四组	Neighbor	0. 0740	0. 0860	0. 8600	第四组	-0. 0317	-0. 0268
		Radius Caliper	0. 0220	0. 0310	0. 7200	非第四组	-0. 0049	

暂时性贫困的ATT效应与全部样本的ATT效应基本相同。除第一组（1美元贫困线）和第三组（2美元贫困线）在使用Radius Caliper方法显示出处理组脆弱性与非处理组相比下降较显著以外，其他组的处理效应对2009年的脆弱性也没有显著影响。双重差分法显示在贫困线为1美元时，除第二组2009年的脆弱性表现出轻微增长以外，其他组2009年的脆弱性均呈现轻微下降态势。当把贫困线划定为2美元时，除第一组2009年的脆弱性呈现下降态势，其他组2009年的脆弱性呈现增长态势。

暂时性贫困的ATT效应表现出的结果比较有趣，当把贫困线设定为1美元（2美元）时，使用Radius Caliper方法匹配，除第四组（第二组）的脆弱性与非处理组相比呈现较显著上升态势以外，其他组无论采用何种匹配方法的处理效应对2009年的脆弱性均没有显著影响。

上述分析表明，代际间向上流动的私人转移支付对降低贫困脆弱性起到的作用微乎其微，原因可能有两点：第一，代际间向上流动的私人转移支付数量有限，如全部样本中2004年、2006年、2009年家庭人均收到私人转移支付的绝对数额分别为226元、280元、381元，仅分别占相应年份家庭人均收入的3.2%、3.3%、3.07%，数量低下的私人转移支付对贫困脆弱性的降低只能起到杯水车薪的作用。第二，私人转移支付有亲富人倾向，即使子女对父母的向上流动的私人转移支付受“帮急不帮穷”传统观念影响较小，但由于贫困容易产生代际传递，子女尚不能脱离贫困或处于贫困边缘，其贫困的父母期望利用子女给予的私人转移支付摆脱贫困脆弱性就成为奢谈，前文按收入分位划分的私人转移支付分析表明，私人转移支付有时会呈现出亲富人的现象。这也从另一个侧面说明，出自道德、自律甚或“交换”动机约束的非正式制度的私人转移支付在减少贫困脆弱性方面存在不足。

五、小结

本节利用中国健康与营养调查2004年、2006年和2009年三轮微观调查面板数据实证检验子女给予父母的向上流动的私人转移支付对贫困脆弱性的影响。采用 Chaudhuri（2002）提出的理论框架测度贫困脆弱性，再利用倾向值匹配得分的双重差分法纠正选择性偏误后检验私人转移支付的效应。此外，在效应分析中还对慢性贫困和暂时性贫困进行了分组讨论。结果显示：第一，代际间向上流动私人转移支付的数量呈现增长态势，私人转移支付比例为 30% 左右；第二，尽管贫困发生率逐年下降，但有超过三成的家庭在某一个年份中经历了贫困，说明中国居民遭受的脆弱性不容忽视；第三，无论将贫困线定在何处，私人转移支付对慢性贫困和暂时性贫困的脆弱性基本没有影响。

本节的不足之处：由于数据的局限性，本节未能分析私人转移支付发出方面临的环境约束、利他动机的强弱以及私人转移支付接受方和发出方双方谈判能力的大小，以及这些因素会影响私人转移支付更多地流向贫困家庭还是富裕家庭。此外，本节在计算贫困脆弱性时没有考虑到社区因素的影响，这些都需要在未来数据可得时进行完善。

第六章　公共转移支付与反贫困

本章将对转移支付中的公共转移支付在反贫困中的具体问题进行研究。在第四章中，我们简单考察了公共转移支付整体的减贫效应，但由于我国公共转移支付的主要筹资来源是税收等财政收入，会受到宏观经济和微观个体行为的影响，且公共转移支付的种类较多，我们需要对其具体的收入再分配及反贫困作用进行深入分析。因此，本章将重点研究公共转移支付的收入再分配和反贫困问题。低保和养老金是我国公共转移支付的重要组成部分，在收入再分配和反贫困中发挥着重要作用，在考察公共转移支付的瞄准性和对特殊群体贫困的影响时，我们着重考察了低保的瞄准性以及养老金对老年贫困的作用，并进一步评估公共转移支付的减贫效率，以及公共转移支付能否有效缓解贫困脆弱性。

第一节　公共转移支付与再分配及反贫困

一、CGE-MS 模型下公共转移支付对再分配及贫困的影响

1. 研究背景与文献综述

改革开放以来，中国反贫困工作取得了巨大成效，贫困发生率大幅度

下降，1990~2010 年的贫困发生率变动显示：以每天 1＄ PPP 为贫困线标准，1989 年的贫困发生率为 28.9%，2010 年贫困发生率则下降到不足一成，与此同时，以基尼系数衡量的收入不平等上升态势自 2006 年后有所下降，但仍处于较高数值。

目前，中国面向城乡家庭的公共转移支付种类主要包括低保、退耕还林补助、农业补助、五保户补助、特困户补助、工伤人员供养直系亲属抚恤金、救济金、赈灾款及其他政府补助。给予个人的公共转移支付则包括失业保险金、独生子女父母退休奖励金、无保障老人生活补贴、伤残津贴、贫困医疗补助金等补助。表 6-1 列示了 2001~2014 年公共转移支付中占最大比例的城乡居民社会救助变化情况，可以发现公共转移支付呈现逐年增长态势。

表 6-1　社会救助转移支付

年份	城乡居民社会救助（亿元）	其中：城乡低保及其他城乡社会救济（亿元）	其中：城乡医疗救助（亿元）
2001	—	42	—
2002	—	109	—
2003	153	153	—
2004	224	221	3
2005	280	272	8
2006	372	351	21
2007	510	467	43
2008	807	720	87
2009	1098	970	128
2010	1302	1144	158
2011	1766	1550	216
2012	1867	1636	231
2013	2172	1915	257
2014	2198	1914	284

资料来源：历年《中国民政统计年鉴》。

提高收入再分配质量并减少贫困是公共财政的一个重要作用。Pigou-Dalton 的“转移支付法则”在再分配研究文献中处于核心地位，该法则认为从高收入者向低收入者转移收入的这种累进性转移具有减少不平等和增进社会福利的功效。Sen（1976）认为收入从贫困者手里转移到更为贫困者手里时贫困率会下降。Atkinson 等（1995）指出社会救助类公共转移支付系统不仅具有收入再分配和减少贫困的功能，该系统还具有私人部门不愿提供的如失业救助这种跨时家庭收入分配的保险功能。

瞄准较好的公共转移支付预期能减少不平等，因为这种转移支付是从高收入者转移到低收入者，换言之，公共转移支付的效率是以能较好瞄准穷人为条件的。然而，在实践中公共转移支付往往由于瞄准失效或价格政策失误而呈低效运行态势，如 Coady 等（2004a）对 48 个国家共 122 个反贫困公共干预项目的瞄准效率进行分析，研究结果表明，25%的转移支付项目呈现累退特征，穷人收到的公共转移支付小于其人口份额占比。该分析还指出，工具调查（Means-Tested）瞄准（通过工具调查变量预测家户的收支情况，同时又辅之以直接向家户询问其收支情况。相关工具调查变量包括家庭人口特征、家庭成员的受教育程度、家庭成员的健康状况、住房条件、基本生活条件、资产情况、职业等。直接询问的变量包括收入、食品、医疗、子女教育等方面的支出情况等）、地理瞄准即以地理区域为扶贫瞄准目标、建立在工作要求基础上的自选择等瞄准方式都与公共转移支付更多流向穷人有正向关联。工具调查替代瞄准、社区瞄准、人口瞄准等方式也有较好的结果但方差变异较大。广受诟病的是食品补助公共转移支付项目，该项目在生产和消费方面均产生了较大的经济浪费（Mellor and Ahmed，1988；Coady，1997；Newbery and Stern，1987）。除研究公共救助转移支付没有全部流向穷人却有较大部分流向中高层阶级的瞄准失效理论外，学者们还对公共转移支付存在的其他问题进行了理论探讨。在公共转移支付福利依赖研究方面，Lee（1987）指出税收和公共转移支付会干预工作动机、储蓄和投资，公共再分配项目可能会培养受助者的依赖习性从而使他们的贫困不降反增，生产技术较低的劳动者宁愿依靠社会救助生活也不从事低工资工作。此外，在工具调查类公共转移支付项目实施中，为把收入降低到某一门槛值以下，有些个体和其配偶会降低工作动机。在公共转移支付与经济增长方面，Arrow（1979）认为即使公共转移支付提供了暂时的救助，但从长期来看，公共转移支付会破坏经济增长，贫困并不能因此降低。在公共转移支付与私人转移支付关系方面，Cox 和 Jokubson（1995）指出公共转移支付会挤出如代际间或慈善组织等的私人转移支付。公共转移支付尽管存在一些问题，但公共转移支付收入流会为个体找寻工作的成本提供抵偿并资助一些小企业成长，这些成长企业以后会产生稳定的收入并可能会降低收入不平等（Kenworthy，1998）。

使用可计算一般均衡（CGE）方法评估转移支付减贫的相关文献是从 Adelman 和 Robinson（1978）研究韩国公共政策对贫困及再分配影响开始的，其后不同的方法开始出现，这些方法可分为三类（Savard，2003）：第一，CGE 结合代表性家庭方法（CGE-RH，Representative Households），贫困采用政策前后的贫困指数来衡量，该指数由代表性家庭收入变化计算得到，代表性家庭收入变化又由 CGE 模型根据家计调查数据计算得到，这种方法不能计算组内、组间的效应（Agenor et al.，2001；Coady et al.，2004b）。第二，CGE 结合多个家庭方法（CGE-IMH，Integrated Multi-Households），这种方法允许组间收入有变化，但是多个家庭使模型解法比较复杂（Cockburn，2001；Decaluwé et al.，1999），而且这种方法与第一种方法都没有考虑到个体的行为反应。第三，为克服前两种方法的不足，CGE 结合微观模拟方法（CGE-MS，Micro-Simulation）应运而生（Bonnet and Mahieu，2000；Bourguignon，2011），该方法又分为两种，其一称为自上而下方法（Top-Down），即首先求解 CGE 模型，价格、工资、总就业变量的变化传导到微观模拟模型中，微观模拟模型则计算个体工资、工作收入、就业状态的变化，这些个体的变量变动要与 CGE 模型产生的宏观变量相一致。该方法虽然考虑到了个体的行为反应，但个体反应没有回馈到 CGE 模型中。其二称为自上而下和自下而上结合方法（Top-Down/Bottom-Up，简称 TD/BU），该方法要求宏观和微观模型有双向联系，保证宏观和微观两个模型得到收敛解，即 MS 的汇总结果（如消费水平、劳动力供给）应纳入 CGE 模型中，使用循环程序得到两个模型的收敛结果。Giulia（2010）基于虚拟数据使用 TD/BU 方法评估公共政策变动对贫困和不平等的影响，Cury 等（2011）、Darío 和 Jennifer（2014）、Gomo（2015）基于真实数据使用 TD/BU 方法分别考察了巴西、墨西哥、南非的公共转移支付减贫问题。

在宏观层面上，Li 等（2010）利用可计算一般均衡模型研究了中国的公共转移支付、税收对地区收入不平等和贫困的影响，研究结果表明，税收对东部地区的收入及贫困有显著作用，在减少地区间差异的工具选择中，税收比转移支付更有效。Heerink 等（2006）使用 CGE 模型分析了江西省农业财政补助对谷物生产和农村不平等的影响问题。在微观层面上，张世伟和万相昱（2008）模拟计算了个人所得税制度的收入分配效应。解垩（2010）利用微观调查农户数据，分析了公共转移支付和私人转移支付对农村贫困、不平等的影响，结果表明公共转移支付影响不平等的作用微弱。目前，尚未在公开文献上看到结合可计算一般均衡模型和微观模拟模型来评估公共转移支付对中国收入不平等及贫困影响的研究。

本节使用计量估计的微观模拟模型与可计算一般均衡模型相结合的自上而下和自下而上的方法，评估中国公共转移支付对收入不平等和贫困的效应。该模型考虑到税收—收益系统改变可能会对个体劳动行为产生影响，公共转移支付变化对整个经济的一般均衡效应也纳入其中，在模拟中我们还假定公共转移支付以直接税或间接税作为筹资选择来维持财政收支平衡。本节的贡献在于为中国贫困研究构建一种自上而下和自下而上的微观模拟模型与可计算一般均衡模型相结合的方法；定量模拟公共转移支付对中国收入不平等和贫困的效应；评估不同的财政筹资选择对收入不平等和贫困的影响。

2. 模型、数据与参数校准

（1）模型。

可计算一般均衡模型（CGE）：标准的可计算一般均衡模型由国际食物政策研究所编程开发（Lofgren et al.，2002），是一个单期的静态模型，该模型为新古典结构模型。新古典学派以在可利用信息情况下最大化效用或最大化利润为特征，该模型较适用于发展中国家，如非市场交易的家庭自产自用物品、生产活动和商品的分离（一种生产活动可以产生多种商品，一种商品也可由多个生产产出）。下面简要介绍 CGE 模型：

第一，生产、活动及要素市场。本节把生产活动划为 17 个活动部门，包括农、林、牧、渔业，采矿业，食品、饮料制造及烟草制品业，纺织、服装及皮革产品制造业，其他制造业，电力、热力及水的生产和供应业，炼焦、燃气及石油加工业，化学工业，非金属矿物制品业，金属产品制造业，机械设备制造业，建筑业，运输仓储邮政、信息传输、计算机服务和软件业，批发零售贸易、住宿和餐饮业，房地产业、租赁和商务服务业，金融业，其他服务业。生产活动一般采用嵌套结构，每一生产者都能决定生产中的增值和中间投入的分布并最大化利润，在顶端，技术被设置为增值和中间投入数量的恒替代弹性生产函数（CES），增值部分被分解为两部分，一部分是资本，另一部分是劳动力，劳动力分为低技能劳动力、中技能劳动力、高技能劳动力，该方法借鉴了王其文和李善同（2008）、王美凤（2015）的划分办法，低技能劳动力、中技能劳动力、高技能劳动力对应于这些文献中的农业劳动力、产业工人、专业技术人员，在下文的微观模拟模型中结合个体受教育程度（小学毕业及以下、初中和高中毕业、专科以上）、职业类型等特征也进行了低技能劳动力、中技能劳动力、高技能劳动力的划分。不同劳动类型（F_l）在每一个活动部门 j 中组合成为其部门的总劳动（Ld_j）。

$$Ld_j = \prod_l F_{jl}^{\kappa_{jl}} \tag{6-1}$$

式（6-1）中，κ_{jl} 是劳动力类型的份额。每一个活动部门 j 中，总劳动（Ld_j）和总资本（K_j）组合得到生产水平（Y_j）。

$$Y_j = \zeta_j^D [\Theta_j Ld_j^{(\rho_{jp}-1)/\rho_{jp}} + (1-\Theta_j) K_j^{(\rho_{jp}-1)/\rho_{jp}}]^{[\rho_{jp}/(\rho_{jp}-1)]} \tag{6-2}$$

式（6-2）中，ζ_j^D 代表恒替代弹性生产函数转移参数，Θ_j 代表部门 j 中的劳动份额，ρ_{jp} 代表资本和劳动之间的替代弹性。中间投入（INT_j）使用 Leontief 函数，即存在下式：

$$INT_j = \sum_c a_{jc} * X_c \tag{6-3}$$

式（6-3）中，a_{jc} 代表投入 j 活动部门中 c 投入的技术系数。

第二，商品市场。本节假定每一生产活动只生产单一商品，相应地就有 17 个商品部门。生产者决定产出商品在出口和国内市场之间的分配，这种决策采用恒替代弹性转换函数（CET）。国内需求由家庭消费、政府消费、投资及中间投入等组成，国内消费者的购买决策建立在最小支出基础上并受由 Armington 函数支配的国内和进口商品不完全替代特征制约。在小国假设下，中国的需求和供给在给定世界价格条件下有完全弹性。

第三，机构收支。本节机构由家庭、企业、政府、世界其他地区组成。家庭分为城市和农村两类，家庭收入包括要素收入、政府和企业的转移支付收入，家庭用这些渠道获得的收入支付税收、消费或储蓄。企业主要从资本中获得收入并把收入用于直接税、储蓄或转移支付给提供劳动的家庭。世界其他地区和国内机构直接的收支以外币标价，世界其他地区接受出口商品并提供进口商品。政府征税和从世界其他地区接受转移支付并把这些收入用于消费或转移支付给其他机构。

第四，宏观闭合。Weiss 和 Kahn（2006）认为宏观闭合规则从数学角度看是指内生变量和外生变量的不同设定。CGE 模型一般包括外部均衡、政府均衡及储蓄—投资均衡。在外部均衡中假定国外储蓄外生，这意味着贸易的固定均衡；政府均衡与可用的筹资方式相关联，本节假定在各种筹资方式下政府收支账户都是均衡的，这会减少大量财政赤字带来的如通胀、高利息率及挤出私人投资等长期的附带效应。政府均衡又分为两个次均衡，每一个次均衡都假定一种税变动时，另一种税不变，如第一个次均衡中除直接税变动外，其他政府收入都不变，第二个次均衡中间接税则是可变的，这两个选择中政府收支账户保持均衡状态；在储蓄—投资均衡中，CGE 宏观闭合采用储蓄驱动形式，即投资由储蓄决定。

微观模拟模型（MS）：微观模拟模型假定公共转移支付能引致个体行为的变化，如个体参与劳动力市场的意愿、家庭消费支出水平。基于全国性微观代表样本使用微观模拟模型不仅能分析公共转移支付对个体劳动力供给意愿的影响，还能研究公共转移支付对收入不平等、贫困等指标的福利效应。微观模拟使用 Savard（2003）提出的方法，即假设工资（劳动报酬）

可以随着劳动供给和需求的变化而调整，个体的保留工资决定其是否进入劳动力市场，当可观测工资低于保留工资时，个体可能退出劳动力市场。本节使用三种劳动类型（低技能劳动力、中技能劳动力、高技能劳动力）来模拟公共转移支付的影响。公共转移支付增长对不同社会经济状况人群的劳动供给意愿影响也不尽相同，在估计劳动供给时间方程时，就需要把个体劳动时间作为公共转移支付变动后不同经济状况人群的工资—劳动时间的函数。除此之外，劳动参与的自选择纠偏问题也不容忽视。微观模拟模型步骤如下：

第一，以个体工资、转移支付收入、其他收入以及社会人口学变量为自变量估计一个简化的劳动时间方程，预测的劳动时间主要依据可观测的和不可观测的个体特征、家庭特征及个体工资得出（Blundell and Mccurdy，1999）。半对数预测劳动者 i 的劳动时间 h_i 方程有如下形式：

$$h_i = \alpha_i + \beta_i \log w_i + \gamma_i \log I_i + \eta_i \log A_i + \varphi_i(Z_i) + \mu_i \tag{6-4}$$

式（6-4）中，α_i、β_i、γ_i、η_i、φ_i 为待估参数，w_i 为个体 i 的小时工资收入，I_i 为家庭收入中个体 i 得到的部分，A_i 为个体 2012 年得到的公共转移支付，Z_i 代表个体可观测的特征变量。μ_i 是误差项，代表不可观测的影响劳动供给的特征变量。β 决定了劳动供给对工资变动敏感性的替代效应，γ、η 代表了非劳动收入对劳动供给的影响。为了控制潜在的自选择偏误，需要 Heckman 方法来纠偏。

$$\Pr(C_i = 1 \mid z) = \varphi\{\phi(Y_i Z_i)\} \tag{6-5}$$

式（6-5）中，φ 为累积分布函数。C_i 代表个体 i 的工作选择，提供劳动时为 1，否则为 0。ϕ 代表个体参与劳动力市场的概率。Y_i 代表影响劳动供给的劳动收入和非劳动收入。

式（6-4）和式（6-5）使用 Heckman 两步法来估计，式（6-5）逆米尔斯比率应用于式（6-4），这种估计方法能得到参数的一致估计。系数估计和逆米尔斯比率完成后，估计调整的个体工作时间 $\bar{h_i}$，进而再得出调整的工资收入。

第二，上述模型只适用于进入劳动力市场的个体，对非付酬个体而言，

Heckman（1974）、Savard（2003）使用了保留工资方法，即不可观测的保留工资可以从可观测和不可观测的个体特征、家庭特征等变量中获得，个体保留工资方程为：

$$\log\bar{w}_i=\alpha_i+\gamma_i\log I_i+\eta_i\log A_i+\varphi_i(Z_i)+\mu_i \tag{6-6}$$

式（6-6）结合类似于式（6-5）Probit 模型及两步法模型，可得出个体保留工资。如果个体没有进入劳动力市场，保留工资可构造潜在新就业个体的排序。对于进入劳动力市场的个体而言，用保留工资和可观测的工资相比可选出潜在就业或失业的人群。例如，个体估计的保留工资高于可观测的工资，该个体可能将要退出劳动力市场选择失业，否则，个体就继续维持就业。通过保留工资和可观测工资的比较进而可得出就业水平。Savard（2003）认为如果真实工资下降，最高保留工资个体将率先退出劳动力市场，如果真实工资上升，那些保留工资较低的个体将首先进入劳动力市场。

不平等测度指数主要包含 Gini 系数、Atkinson 指数、Entropy 指数、Coffecient of Variation Index 等指标，贫困测度工具由 P_0、P_1、P_2 组成。

基尼系数可通过下式估计得到：

$$\text{Gini}=1-\frac{\xi}{\mu} \tag{6-7}$$

式(6-7)中，$\xi=\sum_{i=1}^{n}\left[\frac{(V_i)^2-(V_{i+1})^2}{(V_i)^2}\right]f_i$，$V_i=\sum_{h=i}^{n}w_h$，$f_1\geqslant f_2\geqslant\cdots\geqslant f_{n-1}\geqslant f_n$。

Atkinson 指数的计算公式如下：

$$I(\varepsilon)=\frac{\mu-\xi(\varepsilon)}{\mu},\quad \mu=\frac{\sum_{i=1}^{n}w_if_i}{\sum_{i=1}^{n}w_i} \tag{6-8}$$

式（6-8）中，$\xi(\varepsilon)=\begin{cases}\left[\frac{1}{\sum_{i=1}^{n}w_i}\sum_{i=1}^{n}w_i(f_i)^{1-\varepsilon}\right]^{\frac{1}{1-\varepsilon}} & \text{如果}\varepsilon\neq 1\text{且}\varepsilon\geqslant 0\\ \xi(\varepsilon)=\text{Exp}\left[\frac{1}{\sum_{i=1}^{n}w_i}\sum_{i=1}^{n}w_i\ln(f_i)\right] & \text{如果}\varepsilon=1\end{cases}$

Entropy 指数的计算公式如下：

$$\text{Entropy}(\theta)=\begin{cases}\dfrac{1}{\sum_{i=1}^{n} w_i}\sum_i w_i \log\left(\dfrac{\mu}{f_i}\right) & \text{如果 } \theta=0\\[2ex] \dfrac{1}{\sum_{i=1}^{n} w_i}\sum_i \dfrac{w_i f_i}{\mu}\log\left(\dfrac{f_i}{\mu}\right) & \text{如果 } \theta=1\\[2ex] \dfrac{1}{\theta(\theta-1)\sum_{i=1}^{n} w_i}\sum_i w_i\left[\left(\dfrac{f_i}{\mu}\right)-1\right] & \text{如果 } \theta\neq 0,\ 1\end{cases} \tag{6-9}$$

Coffecient of Variation Index 的计算公式如下：

$$CV=\left[\frac{\sum_{i=1}^{n} w_i f_i^2/\sum_{i=1}^{n} w_i-\mu^2}{\mu^2}\right]^{\frac{1}{2}} \tag{6-10}$$

贫困测度工具 P_0、P_1、P_2 的计算公式如下：

$$\hat{P}(z;\ \alpha)=\frac{\sum_{i=1}^{n} w_i(z-f_i)_+^{\alpha}}{\sum_{i=1}^{n} w_i} \tag{6-11}$$

式（6-11）中，z 为贫困线，$x_+=\max(x,\ 0)$。标准化的 Foster-Greer-Thorbecke 指数计算公式为 $P(z;\ \alpha)=\hat{P}(z;\ \alpha)/(z)^{\alpha}$，当 $\alpha=0$、1、2 分别对应 P_0、P_1、P_2，分别表示贫困发生率、贫困深度、贫困强度。

可计算一般均衡与微观模拟结合（CGE-MS）：使用可计算一般均衡模型与微观模拟模型双向关联的方法分析公共转移支付对福利指标的影响，这两个模型主要通过工资、劳动力水平进行关联。两个模型结合的程序首先是在 MS 中计算公共转移支付变化，模拟出不同技能劳动者的劳动供给，然后再与 CGE 关联。由于公共转移支付变化，在 MS 中计算不同技能的劳动供给变化以及在 CGE 中计算政府支出的目的是计算出不同技能劳动者的工资以及价格等变量，工资变量作为外生变量又反馈到 MS 中，进而模拟出新的劳动水平，新的劳动供给作为外生变量又反馈到 CGE 模型中，产生出不同劳动者的工资水平，这些变量再传导到MS模型中，产生出与工资水平相符的劳动供给水平，上述步骤不断重复，直到相邻两次迭代间的劳动供给水平差异接近于零时迭代结束。具体的迭代包括如下步骤：第一步，用新的公共转移支付替代原来的公共转移支付，在微观模拟模型中，基于Heckman方法计算出公共转移支付变化后的不同技能的劳动供给水平，再与Heckman方法之前的劳动供给水平比较，并考虑初始劳动供给水平进而模拟出与新公共转移支付相符的劳动供给水平（LS_{ms}）。第二步，新的劳动供给水平、新的公共转移支付及为筹集新的公共转移支付而带来的税收变动应用于CGE，所有这些变动将引致经济系统达到新均衡，不同技能劳动者的平均工资也会达到新水平（W_{cge}）。第三步，不同技能劳动者平均工资的百分比变动（DletaWcge）反馈到MS模型，再模拟出相应技能劳动者的工资水平，如在CGE模型中高技能劳动者工资增加10%，在MS模型中相应技能劳动者工资也增加10%。新工资与保留工资相比后计算出失业或就业水平并考虑初始的劳动供给水平，就会得到新的就业水平（LS_{lms}）。第四步，新就业水平再传递到CGE，产生出新的工资及价格变量，这些变量再传递到MS，上述步骤迭代到循环收敛为止（见图6-1）。需要指出的是，在MS模型中不同技能劳动力收入的相对变化与CGE模型中相应不同技能劳动力收入的相对变动应该相等。MS和CGE中不同技能劳动者数量相对变动也应该相等。

（2）数据与参数校准。

本节使用微观数据来自北京大学中国社会科学调查中心执行的中国家庭追踪调查（CFPS）中2012年的调查数据。中国家庭追踪调查（CFPS）是一项全国性的综合社会跟踪调查项目，它通过跟踪收集个体、家庭、社区三个层次的数据，反映中国在社会、经济、人口、教育和健康方面的变迁，从而为学术研究和公共政策分析提供数据基础。该项目于2007年开始准备，2008年、2009年在北京、上海、广州三地进行2400户家庭的初访和追访预调查，2010年在全国25个省份进行基线调查，确定永久跟踪调查对象，并在2011年、2012年、2014年顺利进行了全国性跟踪调查。2012年调

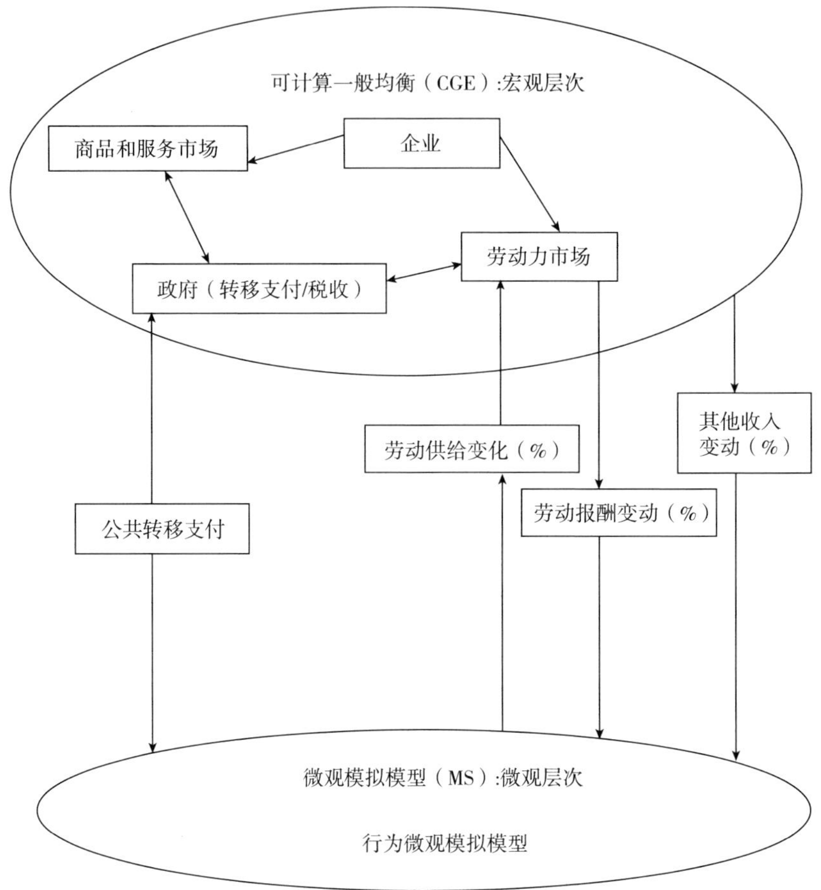

图 6-1　公共转移支付的再分配和贫困效应（CGE-MS 模型）

查中处于活动年龄内个体劳动力（16～60 岁）划为低技能、中技能和高技能劳动力三种类型。

社会核算矩阵（SAM）是 CGE 模型的数据基础，本节的社会核算矩阵主要建立在 2012 年中国投入—产出表基础之上，劳动、税务、财政、海关等年鉴及 CFPS 微观调查数据在构建 SAM 中也是不可或缺的一部分，采用交叉熵法对 SAM 进行了调平。恒替代弹性生产函数（CES）、恒替代弹性转换函数（CET）中的一些弹性虽然可以使用计量的方法测定，但这种方法并不常见，大多数研究都借用已有研究文献成果或经验值方法，本节在 Zhai

和 Hertel（2005）、郑玉歆和樊明太（1999）、谢杰（2010）、张晓光（2009）等的研究成果基础上，选取了生产函数弹性、CET 函数弹性、Armington 函数弹性等参数值。

3. 实证结果

假设公共转移支付增加一倍，政府有两种筹资选择使财政收支保持平衡，第一种筹资选择为增加家庭和企业的直接税，第二种选择为增加间接税。

（1）宏观影响、劳动力市场。

表 6-2 汇报了在两种筹资选择下增加公共转移支付对宏观变量的影响结果。在第一种选择中，家庭和企业的直接税作为内生变量并随政府公共支出变化而调整，公共转移支付增加的第一轮效应会导致低收入分位家庭的收入增加，这又会引致低收入家庭中消费比例较高的商品需求增加（如食品）。除第一轮效应之外，由于以下原因还会产生第二轮效应，一些商品价格上升会带动整个经济中的消费者价格指数上升，随之全部家庭的实际收入下降；企业会相应增加低收入家庭中消费比例较高商品的生产，而这些商品可能更多地由低技能劳动者来生产，低技能劳动者的就业及劳动报酬上升，最后，低收入家庭的收入将有较大增长；高技能劳动者就业下降（见表 6-3）可能是由于使用较高技术生产的商品产出下降（如资本品），这又使得那些高收入家庭对此类商品的需求降低；此外，政府为保持财政平衡将会增加国内机构的直接税，国内机构可支配收入下降会抵消消费的增长。在政府消费几乎没有发生变动的情况下，总消费基本由私人消费的变动决定，私人消费又依赖于穷人和富人边际消费倾向相对值的大小，如果收入增加个体的边际消费倾向大于收入减少个体的边际消费倾向，本节实证结果显示，总消费增加了 0.025%。其实，这也从另一个侧面说明低收入者不仅直接从公共转移支付中受益，还从公共转移支付中间接获益。总投资出现了轻微下降，因为整个经济中商品和服务供给增加，出口也呈现增加迹象，进口则由于低收入者把大部分收入用来购买国内商品而呈现较小幅度的增加。名义汇率（以本币表示的外币）出现了升值，为维持外部均衡进口将增加。

表 6-2　宏观变量模拟结果

宏观变量	公共转移支付筹资	
	直接税（%）（第一种选择）	间接税（%）（第二种选择）
GDP	0.013	-0.062
总消费	0.025	-0.009
投资	-0.040	-0.195
出口	0.049	-0.058
进口	0.020	-0.220
价格指数	0.170	0.270
汇率	0.090	-0.149

表 6-3　劳动供给、劳动报酬变化

劳动力市场	公共转移支付筹资	
	直接税（%）（第一种选择）	间接税（%）（第二种选择）
劳动供给变化		
低技能劳动力	-0.125	-0.734
中技能劳动力	-0.043	-0.727
高技能劳动力	-0.008	-0.526
劳动报酬变化		
低技能劳动力	0.048	-0.233
中技能劳动力	-0.102	-1.548
高技能劳动力	-0.119	-1.742

在以间接税为公共转移支付增加的第二种财政筹资中，间接税作为内生变量纳入 CGE 模型，公共转移支付增加的第一轮效应可能是低收入家庭收入增加使消费需求也随之增加。以下原因还可能引致间接效应，间接税引起最终商品价格上升，这又引起消费者价格指数上升，CPI 上升对家庭实际收入及消费有负向影响，进而在政府消费变化不大的情况下，总消费下降 0.009%。消费需求下降会伴随国内生产的低迷，失业随之上升，要素报酬下降可能会影响一些家庭的收入。出口由于国内生产减少而下降，在消

费和出口均出现下滑的情况下，GDP 呈现下行态势。

劳动供给、劳动报酬变化结果汇报于表 6-3 中，公共转移支付会产生纯的替代效应，即政府转移支付增加将使得接受者增加闲暇和减少劳动，劳动供给下降。然而税收产生替代和收入两个效应对劳动力供给决策产生了相左的结果，替代效应与收入效应的和产生对劳动力的净效应，本节实证结果表明在第一种财政筹资方式中劳动供给出现下降，这说明税收增加的替代效应超过了收入效应。对公共转移支付持批评态度者认为，公共转移支付会对劳动动机产生负面影响，税收和公共转移支付都降低工作努力，公共转移支付使劳动供给和产出下降，税收降低了劳动者本来应得的工资率进而引致替代效应产生，在类似工具调查（Means Test）的公共转移支付项目实施过程中，有些个体为了满足救助条件而有意使自己陷入某一标准之下，形成公共转移支付养懒人的尴尬局面。本节实证结果显示第一种公共转移支付筹资只有很小的劳动供给减少效应，说明公共转移支付并没有对劳动决策产生太大影响，这其中的原因可能在于，劳动时间的效应影响部分被推迟了（Lindbeck，1994），抑或是这种非劳动收入的数量较小不足以对劳动供给产生太大的影响（Imbens and Lemieux，2008），还可能是直接税增长与公共转移支付增长的劳动效应相互抵消（Gwartney and Stroup，1983）。与直接税筹资相比，间接税筹资引起劳动供给下降的数量更为显著一些。在要素回报下降和价格指数走高的情况下家庭收入受到的影响可能也不容忽视。

（2）不平等及贫困。

表 6-4 汇报了不同财政筹资状况下不平等指标的模拟情况。两种筹资模式下所有不平等指标模拟后均比模拟前有所下降，如基尼系数在模拟前为 0.5231，直接税筹资、间接税筹资模拟后的数值分别为 0.5073、0.5174。直接税筹资模拟后的不平等指标下降程度比间接税筹资模拟后的不平等指标下降程度大。原因在于直接税的税负直接由比较富裕的人口承担，此税收收入成为穷人的公共转移支付的来源，而第二种筹资模式并非直接减少高收入人群的收入，间接税这种筹资模式无一例外统一影响到了所有家庭。

表 6-4　收入不平等模拟

指标	模拟前	模拟后	
		直接税（第一种选择）	间接税（第二种选择）
Gini	0.5231	0.5073	0.5174
Atkinson［Epsilon（0.5）］	0.2425	0.2214	0.2345
Entropy	0.5459	0.5151	0.5321
Coffecient of Variation Index	1.7925	1.7412	1.7645

表 6-5 汇报的是 1.25＄ PPP、2＄ PPP 贫困线下，不同财政筹资的 P_0、P_1、P_2 模拟数值情况。

表 6-5　贫困模拟

贫困指标	模拟前	模拟后	
		直接税（第一种选择）	间接税（第二种选择）
贫困线为 1.25＄ PPP			
P_0	0.1372	0.1132	0.1227
P_1	0.0738	0.0532	0.0652
P_2	0.0510	0.0321	0.0421
贫困线为 2＄ PPP			
P_0	0.1985	0.1765	0.1865
P_1	0.1090	0.0896	0.0994
P_2	0.0767	0.0603	0.0543

从表 6-5 中可以看出，直接税降低贫困的作用大于间接税。直接税减贫作用强于间接税的原因在于前者从富人那里征缴的税收高于从穷人那里征缴的税收，所以低收入家庭受直接税的影响较小，增加的公共转移支付把低收入人群推向贫困线以上使他们摆脱贫困陷阱。间接税减贫作用较小的原因在于该税种对所有商品征税，对所有家庭的影响基本相同，而不仅仅是只有高收入家庭承担增加公共转移支付的绝大部分筹资责任。从表 6-5 中还可以看出模拟前后所有贫困指标的变化并不太大，无论在何种贫困线

下，第一种财政筹资的 P_0 约 0.02，第二种财政筹资情况下，P_0 下降约 0.01，P_1、P_2 的变化也大体如此。这其中有三点原因：第一，与特定公共转移支付项目的覆盖范围有关。例如，城乡居民养老金的覆盖范围是 60 岁以上的居民，尽管这种公共转移支付可能对 60 岁以上的居民贫困有较显著的降低作用，但这种公共转移支付项目放到整个国家的减贫效应中来考察其数值就会显得比较小，本节测度的是全部样本的贫困状况，所以得出了公共转移支付的减贫作用有限的结论。尽管如此，公共转移支付 1%~2%的减贫效应在全国角度上仍能算得上有较显著的反贫困作用。第二，与研究视角有关。本节从一般均衡而非局部均衡考察公共转移支付的再分配和贫困效应，穷人购买的商品价格上升，穷人也会承担一些直接税或间接税，进而其真实收入会受到不利影响。第三，与公共转移支付的错配有关。本该由穷人得到的公共转移支付（如低保）却转移到富人那里，政府救助转移到低收入人群，贫困发生率等指标可能在边际上发生较大变化，而如果政府救助转移到富裕人群，贫困指标的边际变化数值就可能很小。

4. 敏感性分析

模型模拟结果与外生给定的弹性值可能有较密切的关联。弹性值不同时，模拟结果可能会发生变化。为保证结果的可靠性，本节进行了模型的稳健性检验，即模型的敏感性分析。本节首先设定弹性值在给定弹性值的基础上上下浮动 50%，得到弹性值的试验变动区间，然后进行 CGE-MS 结合的自上而下和自下而上的公共转移支付对再分配和贫困的效应影响分析，模拟结果显示，各宏观变量、劳动力市场变量、不平等及贫困指标与给定弹性值下的求解值相差不大（只有 2%~4%的偏离）。这在一定程度上说明了前述模拟结果的稳健性。

5. 小结

从方法论的角度看，一般均衡方法不仅能评估公共转移支付增加后的效应，还能探析不同财政筹资选择下的经济影响，不包含可计算一般均衡模型（CGE 模型）的计算结果可信性会打折扣。在考虑个体异质性的情况下，微观模拟模型能把公共转移支付与劳动力市场的行为反应计算出来，不包含微观模拟模型（MS 模型）的计算结果同样值得商榷。

本节使用计量估计的微观模拟模型与可计算一般均衡模型相结合的自上而下和自下而上的方法，评估中国公共转移支付对收入不平等和贫困的效应。该模型能综合考虑到劳动力市场的互动、劳动者对工资变化的反应及与整个系统中经济结果相调适的价格和数量变化。结果显示：如果增加公共转移支付的筹资方式为直接税，GDP 可能会随着消费的增加而增加。直接税筹资只有很小的劳动供给减少效应，说明公共转移支付并没有对劳动决策产生太大影响。直接税筹资模拟后的不平等指标下降程度比间接税筹资模拟后的不平等指标下降程度大，原因在于直接税的税负直接由比较富裕的人口承担，此税收收入成为给予穷人的公共转移支付的来源，而间接税筹资模式并不只是直接减少高收入人群的收入，而是会统一影响所有家庭。如果增加 1 倍的公共转移支付的筹资方式为直接税，贫困率下降 2%；如果采用间接税筹资方式，贫困率下降 1%。直接税筹资方式的减贫效应大于间接税筹资方式的减贫效应，原因在于从富人那里征缴的直接税高于从穷人那里征缴的直接税，所以低收入家庭受直接税的影响较小，增加的公共转移支付把低收入人群推向贫困线以上使他们摆脱贫困陷阱；间接税对所有商品征税，对所有家庭的影响基本相同，而不仅仅是只有高收入家庭承担增加公共转移支付的绝大部分筹资责任。公共转移支付的减贫作用不大可能与研究范围有关，本节测度的贫困范围并非特定群体，而是全国的样本，所以公共转移支付减贫作用不是太大。同时，该结果也说明，贫困和不平等的解决办法除财政政策工具外，针对劳动年龄内群体的人力资本投资可能是不可或缺的可持续解决方案。

二、税收—转移支付系统对收入再分配的贡献

1. 研究背景与文献综述

税收—收益系统（或税收—转移支付系统）与收入再分配之间的关系一直是学者们比较感兴趣的研究主题（Hicks and Swank，1984；Myles，

1984）。在该领域研究中政府角色被认为在收入不平等及贫困变动中起到较为重要的作用，这会引出如下更深层次的问题，税收、转移支付在再分配效应中的贡献是什么？转移支付的反贫困效率如何？

平等主义者认为市场分配是不平等的，从而支持政府的收入再分配政策。相反，反平等主义者则认为收入的市场分配是平等的，他们反对政府干预。平等作为一个实证概念主要回答收入如何分配的问题，公平作为一个规范概念则回答收入应该如何分配，公平具有道德、伦理的特征。绝大多数的公平概念都允许分配中有一定程度的不平等存在，然而其中存在一个重要问题，公平分配的含义是什么呢？公平的基本观念与以下两个问题有关：其一，谁支付最高的税？其二，谁接受到最多的收益（公共转移支付）？本节中的收入分配趋好过程反映了平等取向提高的过程，意味着不同收入水平家庭之间的收入差距的缩小。税收—收益系统减少收入不平等称为再分配效应，该效应为税收—收益前（或称财政前）收入不平等与税收—收益后（或称财政后）收入不平等之差。通常而言，再分配过程中有两个相反“力量”——垂直平等和水平不平等（Čok et al.，2013），垂直平等是通过较富裕和较贫穷家庭（个体）之间不平等的减少来达到的，水平不平等是由比较富裕的家庭（个体）之间不平等扩大导致，基于此类概念，再分配分解框架一般也有两部分：垂直效应的垂直平等、水平效应的水平不平等。

由于设计机制不同，税收—收益工具在整个税收—收益系统中对垂直平等、水平不平等的影响可能会有所不同。例如，在国外收益实践中的两种补助，一种是经过收入调查的补助，它往往关注最贫困的个体或家庭；另一种是不经过收入调查的补助，其不考虑接受者的收入，可以预期经过收入调查的补助对垂直平等的贡献会大于不经过收入调查的补助对垂直平等的贡献。不经过收入调查的补助可能对水平不平等的贡献大一些。社保缴费通常与税基成比例，高收入者的个人所得税税负相对较高，社保缴费的提高可能也会使不平等下降，这是由于社保缴费者往往是雇佣人群，他们的收入比不缴纳社保的非活动人员的收入高。

已有研究就如何测定每一种财政工具对垂直、水平效应的贡献进行了大量探索，这些测度研究可分为两类：第一，只聚焦于单一的垂直效应（Ervik，1998；Zaidi，2009；Lambert，1985；Rao，1969；Lerman and Yitzhaki，1985）或单一的水平效应贡献分析（Duclos，1993）。第二，同时分析财政工具对垂直效应和水平效应的贡献（Hungerford，2010）。在再分配效应分解中比较著名的方法是 Kakwani（1984）模型，该模型把再分配效应分解为垂直效应和再排序效应，其中，再排序效应为财政后（如一项针对个人的强制支出，税收）引起收入排序变化而导致的不公平程度。将再分配效应分解为垂直效应、经典水平不平等效应、再排序效应的 DJA 模型（Duclos et al.，2003）在一定的参数下与 Kakwani 方法等价。Urban（2012，2013，2014）结合 Kakwani 方法以及 Lerman 和 Yitzhaki 的不同收入来源贡献法，测定了税收—收益（转移支付）工具对垂直效应、经典的水平不平等效应、再排序效应的贡献。

除上述理论测度研究以外，国内外学者还进行了再分配的实证研究，Wagstaff 等（1999）把 12 个 OECD 国家个人所得税的再分配效应分解为平均率效应、累进效应、水平平等效应及再排序效应四个部分。Kim 和 Lambert（2009）分析了美国税收和福利支出的再分配效应。Nicolas 和 Francisco（2014）分析了澳大利亚的税收—收益系统的再分配效应，发现税收—收益系统的再分配效应的贡献比较有限。国内相关文献更多集中于个人所得税的再分配效应研究，如岳希明等（2012）认为 2011 年的个人所得税改革弱化了本来就十分微弱的个人所得税的收入分配效应。徐建炜等（2013）指出个税政策调节收入分配的作用有限。刘柏惠和寇恩惠（2014）分析发现政府净转移收支改善了城镇居民逐渐增加的市场收入不平等，且改善程度随时间逐渐增大。汪昊和娄峰（2017）基于可计算一般均衡（CGE）的测算分析了中国财政再分配的效应，结果表明，我国的财政再分配从整体上对收入分配为逆向调节，财政再分配导致全国基尼系数上升 2%。解垩（2017）假设增加的公共转移支付有直接税和间接税两种筹资方式使财政收支保持平衡，使用微观模拟模型与可计算一般均衡模型相结合的方法，研究了公共转移支付增加对收入不平等和贫困的效应，与该研究不同，本节把公共转移支付细分出了如低保、失业补助等不同的种类，并把个人所得税和社保缴费也纳入同一框架来分析这些因素对垂直效应、经典水平不平等效应及再排序效应的影响。

2. 方法与数据

（1）不平等与再分配。

本小节分析的起点为财政引致的收入变化，即财政后收入（N）等于财政前收入（X）减去税收（T）再加上转移支付收入（B）：

$$N=X-T+B \tag{6-12}$$

如果 Δ 表示再分配效应，IX、IN 分别表示财政前、财政后收入不平等，那么，Δ=IX-IN。在分解计算中，不平等指数由如下的 Atkinson-Gini 社会福利函数得到：

$$W(X,\ \varepsilon,\ \rho)=\int_0^1 U(X(p),\ \varepsilon),\ \omega(p,\ \rho)dp \tag{6-13}$$

其中，ε代表伦理参数（也称为相对风险规避参数），它是 Atkinson 效用函数 $U[X(p),\ \varepsilon]=[X(p)]^{1-\varepsilon}/(1-\varepsilon)$ 中的组成部分，ε≠1，p 代表财政前收入分布的分位数，X（p）代表在 p 分位的收入；ε=0 时，边际效用函数为常数，表明增加穷人一定数量的收入和富人增加同样数量的收入会带来同样的社会福利影响；ε>0 时，代表增加穷人的收入比增加富人的收入带来社会福利的增进。ε数值越高，代表社会边际效用下降越快。ρ 代表另一个伦理参数（也称排序不平等规避参数），它是 S-基尼系数依排序的权重 $\omega(p,\ \rho)=\rho(1-p)^{\rho-1}$ 中的组成部分，ρ 越大，代表对平等的关注越大，随着排序 p 增加的权重 ω（p，ρ）下降越快，所以，ρ 数值越高，社会决策者在给个体赋予伦理或道德的权重时对排序的差异就越敏感（Duclos and Araar，2006）。Duclos 等（2003）、Urban 和 Lambert（2008）模型的再分配效应分解如下：

$$\Delta(RE)=V-H-R=[IX-INE]-[INP-INE]-[IN-INP] \tag{6-14}$$

垂直效应 V=IX-INE，代表潜在的再分配效应，或者说在水平平等系统成立条件下，不平等减少所能达到的程度。潜在的与实际的再分配效应差异分解为两个部分：其一为经典的水平不平等效应 H = INP - INE，这个效应违背经典水平平等原则（即相同条件的人应该同等对待）条件下的水平不平等；其二为再排序效应 R = IN - INP，这个效应评估违背无再排序效应原则（财政过程不应该改变财政前、财政后收入的个体排序）条件下的水平不平等。

Kakwani（1984）把再分配效应分解为垂直效应和再排序效应的差值。Čok 等（2013）又把该效应分解写成了 S-基尼系数形式：

$$\Delta^{\rho} = V^{\rho} - R^{\rho} = (G_X^{\rho} - D_{N;X}^{\rho}) - (G_N^{\rho} - D_{N;X}^{\rho}) \tag{6-15}$$

Urban（2013，2014）分解了 V、R 及 Δ 的边际变化，并把税收、转移支付的边际贡献率用下式表示：

$$G_X^{\rho} - D_{N;X}^{\rho} = \tau(D_{T;X}^{\rho} - D_{N;X}^{\rho}) + \beta(D_{N;X}^{\rho} - D_{B;X}^{\rho}) \tag{6-16}$$

$$(G_N^{\rho} - D_{N;X}^{\rho}) + (G_X^{\rho} - D_{X;N}^{\rho}) = \tau[(D_{T;X}^{\rho} - D_{T;N}^{\rho}) + (G_N^{\rho} - D_{N;X}^{\rho})] + \beta[(D_{B;N}^{\rho} - D_{B;X}^{\rho}) - (G_N^{\rho} - D_{N;X}^{\rho})] \tag{6-17}$$

$$D_{X;N}^{\rho} - G_N^{\rho} = \tau(D_{T;N}^{\rho} - G_N^{\rho}) + \beta(G_N^{\rho} - D_{B;N}^{\rho}) \tag{6-18}$$

其中，τ与 β 是税收、转移支付占财政前收入的比例，$D_{T;X}^{\rho}$ 与 $D_{B;X}^{\rho}$（$D_{T;N}^{\rho}$ 与 $D_{B;N}^{\rho}$）是税收、转移支付对财政前（财政后）收入排序 S-基尼集中系数，$D_{X;N}^{\rho}$ 是财政前收入对财政后收入排序的 S-基尼集中系数，式（6-16）至式（6-18）贡献率是在财政后进行的评估。另外，式（6-17）和式（6-18）反映的是再排序及再分配在边际上的变化，并非它们总值（R、Δ）的变化。

（2）数据。

本节数据来源于中国健康与养老追踪调查（China Health and Retirement Longitudinal Study，CHARLS）2013 年的全国追踪调查数据①。CHARLS 采用了多阶段抽样，在县/区和村居抽样阶段均采取 PPS 抽样方法。CHARLS 问

① 本节的分析单位为家庭，家庭成员的出生年龄分布为 1900~2013 年，年龄跨度比较大，所以结论还是能反映一部分中国税收和转移支付系统的再分配效应。该调查对家庭中大于 45 岁的主要受访者及配偶的个人所得税和社保缴费分开询问，对家庭其他成员的个人所得税及社保缴费则合在一起询问，因此在本节中并没有将个人所得税和社保缴费分开研究。

卷内容包括个人基本信息，家庭结构和经济支持，健康状况，体格测量，医疗服务利用和医疗保险，工作、退休和养老金、收入、消费、资产，以及社区基本情况等。首先对收入做了以下区分：财政前收入、财政后收入，这些收入均为家庭人均收入。本研究删除了关键变量缺失的家庭样本后样本容量为 9441 个。

另外，本节还根据养老金①的不同归属做了基准性和敏感性分析，在基准性分析中我们把养老金作为市场收入的一部分，而在敏感性分析中则把养老金作为政府公共转移支付的一部分。

财政前（市场）收入包括家庭农业收入（家庭生产的农林产品，包括所有卖出去的和家庭消费的减去种子、化肥、农药等投入）、家庭畜牧和水产品收入（家庭畜牧和水产品总收入减去相应投入）、家庭个体经营和私营企业净收入、家庭工资性收入、利息收入、社会捐助收入、房租收入、出租土地和其他家庭资产得到的收入、征地和拆迁补偿、养老金收入、离婚后的赡养费和子女抚养费等其他收入。

财政后收入指的是市场（财政前）收入减去家庭的个人所得税和社保缴费后再加上公共转移支付收入②。表 6-6 汇报了家庭年人均各类别公共转移支付、年人均个人所得税和社保缴费的均值描述情况。

表 6-6 均值描述 单位：元

类别	均值	标准差	最小值	最大值
养老金	1558.110	5053.767	0.000	148200.000
失业补助	3.076	97.172	0.000	4000.000
无保障老人补助	2.830	56.022	0.000	2200.000

① 不同学者之间对现收现付缴费型养老金的归属存在着争议，如 Breceda 等（2008）认为养老金应该归入市场收入，原因在于它是延迟的收入。然而 Lindert 等（2006）、Goñi 等（2011）认为当养老金系统得到政府大量补助时，养老金应该归入公共转移支付。

② CHARLS 中的公共转移支付由家庭和个人得到的公共转移支付两部分组成。其中对家庭的公共转移支付包括低保、退耕还林补助、农业补助、五保户补助、特困户补助、工伤人员亲属补助、重大灾难补助、给家庭的其他补助。对个人的公共转移支付包括失业补助、无保障老人补助、工伤补助、独生子女老年补助、医疗救助、给个人的其他补助。

续表

类别	均值	标准差	最小值	最大值
工伤补助	1.900	73.055	0.000	5200.000
独生子女补助	4.171	62.932	0.000	3533.330
医疗救助	2.482	63.557	0.000	4000.000
个体其他补助	34.450	321.570	0.000	13640.000
低保	63.840	292.160	0.000	4800.000
退耕还林补助	15.940	150.390	0.000	6666.667
农业补助	83.370	238.320	0.000	7000.000
五保户补助	7.117	108.920	0.000	2760.000
特困户补助	3.562	60.113	0.000	1666.667
工伤人员亲属补助	0.981	39.446	0.000	2010.000
灾难补助	1.940	75.850	0.000	5333.330
家庭其他补助	18.520	275.280	0.000	16500.000
个人所得税和社保缴费	395.300	1299.400	0.000	30600.000

3. 实证分析

表 6-7 汇报了分解结果，其中上半部分是不平等指数和不同伦理参数的组合情况，下半部分是利用 Kakwani（1984）方法及 Duclos 等（2003）分解方法估计的垂直效应、经典的水平效应及再排序效应。

在 $\rho=2$，$\varepsilon=0$ 情况下，能得到标准的基尼系数，这正如 Kakwani（1984）模型所揭示的那样，在这个极端情况下，经典水平不平等项基本为零。最后一个景象是 $\rho=1$，$\varepsilon=0.5$，这与 Duclos 等（2003）模型相符合，在该极端情况下，再排序效应基本为零。处于这两个极端的中间状况则显示了再排序效应和经典的水平不平等效应的大小。

从表 6-7 的比较中可以得到如下结论：第一，无论是总样本，还是分城乡的样本，财政后的收入不平等程度均比财政前的收入不平等程度低，但降低的程度并不是太高，如标准基尼系数只下降了 0.01 左右。第二，农村财政前收入不平等高于城市，农村再分配效应 Δ 占财政前收入 IX 的比例高于城市，说明农村再分配效应高于城市，即使是这样，农村财政后的

表 6-7　收入不平等、再分配效应及其分解

	ρ=2，ε=0						ρ=2，ε=0.5					
	全部样本		城市样本		农村样本		全部样本		城市样本		农村样本	
	值	占财政前不平等（%）	值	占财政前不平等（%）	值	占财政前不平等（%）	值	占财政前不平等（%）	值	占财政前不平等（%）	值	占财政前不平等（%）
IX	0. 5342	100. 00	0. 4846	100. 00	0. 5384	100. 00	0. 6410	100. 00	0. 5801	100. 00	0. 6466	100. 00
IN	0. 5226	97. 80	0. 4759	98. 20	0. 5215	96. 90	0. 6200	96. 70	0. 5648	97. 40	0. 6173	95. 50
INP	0. 5198	97. 30	0. 4732	97. 70	0. 5180	96. 20	0. 6170	96. 30	0. 5628	97. 00	0. 6144	95. 00
INE	0. 5197	97. 30	0. 4732	97. 70	0. 5179	96. 20	0. 6110	95. 40	0. 5585	96. 30	0. 6060	93. 70
Δ	0. 0117	2. 18	0. 0087	1. 80	0. 0168	3. 12	0. 0210	3. 34	0. 0153	2. 64	0. 0292	4. 52
	值	占再分配（%）	值	占再分配（%）	值	占再分配（%）	值	占再分配（%）	值	占再分配（%）	值	占再分配（%）
V	0. 0145	125. 00	0. 0114	130. 00	0. 0205	122. 00	0. 0300	139. 00	0. 0215	141. 00	0. 0405	139. 00
H	0. 0001	0. 85	0. 0001	0. 21	0. 0001	0. 64	0. 0060	28. 60	0. 0042	27. 70	0. 0084	28. 80
R	0. 0028	23. 80	0. 0026	30. 10	0. 0036	21. 10	0. 0020	10. 20	0. 0020	13. 10	0. 0029	9. 79

续表

	$\rho=3$，$\varepsilon=0.5$						$\rho=1$，$\varepsilon=0.5$					
	全部样本		城市样本		农村样本		全部样本		城市样本		农村样本	
	值	占财政前不平等（%）	值	占财政前不平等（%）	值	占财政前不平等（%）	值	占财政前不平等（%）	值	占财政前不平等（%）	值	占财政前不平等（%）
IX	0.7654	100.00	0.7084	100.00	0.7707	100.00	0.2470	100.00	0.2032	100.00	0.2526	100.00
IN	0.7425	97.00	0.6915	97.60	0.7399	96.00	0.2320	94.00	0.1934	95.20	0.2323	92.00
INP	0.7392	96.60	0.6887	97.20	0.7354	95.40	0.2320	94.00	0.1934	95.20	0.2323	92.00
INE	0.7325	95.70	0.6841	96.60	0.7260	94.20	0.2270	91.80	0.1895	93.30	0.2252	89.10
Δ	0.0229	2.99	0.0169	2.39	0.0308	4.00	0.0150	6.01	0.0098	4.83	0.0203	8.03
	值	占再分配（%）	值	占再分配（%）	值	占再分配（%）	值	占再分配（%）	值	占再分配（%）	值	占再分配（%）
V	0.0329	143.00	0.0243	144.00	0.0447	145.00	0.0200	137.00	0.0136	139.00	0.0274	135.00
H	0.0067	29.30	0.0046	27.20	0.0094	30.50	0.0050	36.50	0.0038	39.20	0.0071	35.20
R	0.0033	14.20	0.0028	16.40	0.0045	14.70	0.0000	0.00	0.0000	0.00	0.0000	0.00

收入不平等程度仍然高于城市，农村财政后的收入不平等比城镇高 10%左右。此外，在城市与农村的水平效应、城市与农村垂直效应大小的比较中均不能得到明确的结论，如城市垂直效应、水平效应占再分配的比例并不一直比农村高（除 $\rho=3$，$\varepsilon=0.5$ 外）。

当 ρ 为 2 或 3 时，ε从 0 变动到 0.9 时，城乡样本再分配和水平不平等占财政前不平等的比重情况的结果显示，农村再分配效应高于城市，并且这种差异随着ε的上升而上升；从水平不平等占财政前收入不平等的角度看，农村水平不平等效应高于城市，再分配效应和水平不平等结合起来的农村垂直不平等的效应高于城市。

接下来我们继续探析利用 Duclos 等（2003）分解的不同因素之间的关联，我们再次使用税收和转移支付的垂直效应是再分配效应、经典的水平不平等效应及再排序效应之和，来揭示它们之间的关系。再分配、经典水平不平等及再排序效应占垂直不平等的比重情况显示：城市的水平不平等范围从 23%（$\rho=2$，$\varepsilon=0$）到 26%（$\rho=3$，$\varepsilon=0.9$），农村水平不平等范围则从 17%（$\rho=2$，$\varepsilon=0$）到 39%（$\rho=3$，$\varepsilon=0.9$）；在ε的值较低时，再排序效应远比经典的水平不平等高，但随着ε的值增加，经典的水平不平等高于再排序效应；比较有趣的是，在 ρ 为 2 和 3 时，经典的水平不平等跨越不同的ε时，其值大体上维持不变。较大的 ρ 意味着在垂直效应中再排序效应的值也越大，这也说明随着 ρ 的增加，总的水平不平等在垂直效应中的份额也在增加。

上述分析表明，农村的税收和转移支付系统创造的再分配效应比城市高，与此同时，比较城市与农村水平效应、垂直效应占再分配比例并不能得到孰大孰小的明确结论。为什么会出现这种现象？税收、转移支付这些工具又对结果的出现起到了何种作用呢？表 6-8 使用 Urban（2013，2014）的分解方法汇报了垂直、排序及再分配效应分解情况①。

---

① 为节省篇幅，将城乡分组样本的分解情况略去，感兴趣的读者可向笔者索取。此外，值得指出的是，CHARLS 中把被调查者居住在城市、城郊、城镇、城镇郊区或者非农就业在 70%以上的特殊地区划入城市，这导致了一些城市样本出现了农业补助等公共转移支付。

表 6-8　全部样本垂直、排序及再分配效应分解（ρ=2）

	占财政前收入（%）	贡献			占总边际再分配（%）			标准化贡献		
		MCV	MCRank	MCDelta	MCV	MCRank	MCDelta	MCV	MCRank	MCDelta
税收和社保缴费	6.2123	-1E-03	-0.0040	0.0030	-0.7330	-3.0240	2.2918	-0.0000	-0.0000	0.1000
失业补助	0.0298	6E-05	5E-05	2E-05	0.0477	0.0355	0.0119	0.3000	1.1000	0.1000
无保障老人补助	1.0128	0.0102	0.0029	0.0074	7.7108	2.1529	5.5583	1.3000	1.8000	1.2000
工伤补助	0.0649	0.0003	8E-05	0.0002	0.2004	0.0627	0.1378	0.6000	0.8000	0.5000
独生子女补助	0.1431	0.0006	8E-05	0.0005	0.4684	0.0589	0.4092	0.5000	0.4000	0.6000
医疗救助	0.2533	0.0021	0.0007	0.0013	1.605	0.5641	1.0405	1.1000	1.8000	0.8000
个体其他补助	2.1067	0.0120	0.0048	0.0072	9.0343	3.6027	5.4315	0.7000	1.5000	0.5000
个体转移支付合计	3.6106	0.0252	0.0088	0.0164	19.067	6.4768	12.5890	0.9000	1.6000	0.7000
低保	7.0622	0.0556	0.0110	0.0447	42.0150	8.2770	33.7380	1.0000	1.0000	1.0000
退耕还林补助	2.2596	0.0119	0.0017	0.0102	8.9539	1.2248	7.7289	0.7000	0.5000	0.7000
农业补助	7.2638	0.0456	0.0041	0.0419	34.4210	2.8023	31.6190	0.8000	0.4000	0.9000
五保户补助	0.9316	0.0109	0.0032	0.0078	8.2284	2.3409	5.8877	1.5000	2.2000	1.3000
特困户补助	0.9450	0.0074	0.0023	0.0052	5.6143	1.693	3.9212	1.0000	1.6000	0.9000
工伤人员亲属补助	0.0428	0.0003	0.0001	0.0002	0.2178	0.0846	0.1333	0.9000	1.5000	0.7000
灾难补助	0.1173	0.0010	0.0004	0.0006	0.7632	0.2922	0.4710	1.1000	2.2000	0.8000
家庭其他补助	0.8135	0.0049	0.0027	0.0021	3.6797	2.0600	1.6198	0.8000	2.1000	0.4000
家庭转移支付合计	19.4360	0.1376	0.0259	0.1120	103.8900	18.7750	85.1190	0.9000	0.9000	0.9000
个人和家庭公共转移支付合计	23.0460	0.1628	0.0347	0.1280	122.9600	25.2520	97.7080	0.9000	1.0000	0.9000
税收和转移支付总计	29.2590	0.1619	0.0310	0.1300	124.0000	24.0000	100.0000	0.7000	0.7000	0.7000

从表 6-8 占财政前收入百分比一列可以看出，全部样本中税收和社保缴费占财政前收入的比例远远小于公共转移支付占财政前的比例，如税收和社会保障缴费占财政前的比例为 6%左右，而公共转移支付占财政前的比例为 23%左右，城乡分组样本的结论与此相同。全部样本、城市样本、农村样本的分解分别由三部分组成：第一部分为式（6-16）、式（6-17）、式（6-18）模型计算的边际变化占 Kakwani 垂直效应、Atkinson-Plotnick-Kakwani 效应及再分配效应的贡献率，分别以 MCV、MCRank 及 MCDelta 表示。第二部分将分项目的贡献与全部项目再分配效应的总贡献相比，得到占总边际再分配比重。第三部分将每一个分项目的原始贡献除以其占财政前的比例，再与低保的相应比例相除，得到分项目的标准化贡献。

从表 6-8 中可以看出，全部样本中低保是垂直效应和再分配效应的最大贡献因子，城市样本中低保也是垂直效应和再分配效应的最大贡献因子。农村样本中农业补助是垂直效应和再分配效应的最大贡献因子，低保在农村样本中的垂直效应和再分配效应是第二大贡献因子。然而，需要注意到低保在财政前收入的比重比较高，应当把贡献“标准化”后再进行比较，这样处理后五保户救助变成了最大的贡献因子，它引致了高于低保 1.5 倍的垂直效应和高于低保 1.3 倍的再分配效应；标准化后城市五保户高于低保 1.47 倍的垂直效应和高于低保 2.69 倍的再分配效应，农村工伤人员亲属补助高于低保 1.3 倍的垂直效应和高于低保 9.1 倍的再分配效应，而且农村中灾难救助高于低保 1.26 倍的垂直效应和高于低保 1.12 倍的再分配效应。

当然，从标准化贡献或总边际再分配的贡献角度来看，个人所得税和社保缴费在再分配中的贡献是非常有限的，如其只占总边际再分配 MCDelta 的约 2%。给予个人和家庭的公共转移支付在再排序中起到了最重要的作用，公共转移支付减少潜在再分配效应约为 25%。在城乡分组样本中，尽管个人所得税和社保缴费降低了不平等，但其对城乡再分配（MCDelta）的贡献则分别只有 1.6%、0.8%。本节分析结果与国内学者对个税的分配效应研究结论大致相同。例如，岳希明等（2012）认为个人所得税再分配效应微弱，税后基尼系数仅仅降低 0.62 个百分点。尽管不同学者对转移支付的定义不尽相同，但在比较转移支付与个税再分配效应大小的研究结论上均与本节结论一致，即中国转移支付再分配效应大于个税的再分配效应。例如，汪昊和娄峰（2017）认为社会保障缴费、个人所得税在再分配效应中使得 MT 指数分别下降 0.4% 和 0.7%。转移支付导致 MT 指数变化为 0.0127，影响为 3%。郭庆旺等（2016）测算出个人所得税仅使基尼系数缩小 0.0137，转移性支出使城镇居民的基尼系数绝对值缩小 0.0899。政府转移性支出的再分配效应是个人所得税的 6.56 倍。

4. 敏感性分析与国际比较

（1）敏感性分析。

把养老金划入政府转移支付时，不平等下降的程度更大，此时标准基尼系数下降 0.022。农村财政前、财政后收入不平等依然高于城市。与非敏感性分析结论不同，城市和农村的再分配 Δ 占财政前收入 IX 的比例随着两个伦理参数的变动而变动，无法比较城市与农村的比例值大小。无论是城市垂直不平等的值，还是城市垂直不平等占再分配的比例值均高于农村。此外，城市的水平不平等值（即 H 与 R 之和）、水平不平等占再分配的比例值也均大于农村相对应的数值，更大的水平不平等值意味着垂直效应会被削减，这也从另一个侧面解释了城市与农村最终的再分配效应差别并不是太大的原因。

ε变动的分析表明，城市水平不平等（H 与 R 之和占 IX 比）高于农村的数值，且随着ε的上升而上升；在 ρ=2，ε的值较小时，城市的再分配效应（RE/IX）高于农村，随着ε的上升，农村的再分配效应高于城市。在 ρ=3，ε的任意水平（0~0.9）下，农村的再分配效应（RE/IX）高于城市；在相同的 ρ、ε参数下，城市垂直不平等的值均高于农村，即城市的税收和转移支付系统的垂直效应高于农村。

我们仍然以全部水平不平等在垂直效应中的比例（H+R）/V 来衡量水平不平等程度，城市的水平不平等范围从 69%（ρ=2，ε=0）上升到 78%（ρ=3，ε=0.9），农村水平不平等范围则从 42%（ρ=2，ε=0）上升到 64%

（ρ=3，ε=0.9）；在ε的值较低时，再排序效应远比经典的水平不平等高，但随着ε的值增加，经典的水平不平等高于再排序效应；比较有趣的是，在ρ为2和3时，经典的水平不平等跨越不同的ε时，其值大体上维持不变。较大的ρ意味着在垂直效应中再排序效应的值也较大，这也说明随着ρ的增加，总的水平不平等在垂直效应中的份额也在增加。这些结论与非敏感性分析的结论基本相同。

全部样本中养老金是垂直效应（-418%）和再分配效应（129%）的最大贡献因子。养老金是转移支付中最大部分的收入（全部样本的养老金均值为1558.11元）。其实，这也可能从另一个侧面反映了养老金政策变动的效果，人力资源和社会保障部的统计公报显示，2010年各级财政补贴城镇职工基本养老保险基金1954亿元，2016年则增长到6511亿元，年均增长22.2%；在城乡居民养老保险制度改革方面，2009年全国新型农村社会养老保险试点开始部署，2011年起覆盖城镇户籍非从业人员的城镇居民社会养老保险开展试点，2014年国务院决定合并新型农村社会养老保险和城镇居民社会养老保险这两种养老保险，建立全国统一的城乡居民基本养老保险制度。2010年城乡居民基本养老保险基金支出为200亿元（此时仅为新型农村社会养老保险），2016年城乡居民基本养老保险基金支出达到2150亿元，年均增长48.56%。财政对城镇职工基本养老保险补助的增加及针对城乡居民的社会养老保险这种从无到有的制度的确立，都为增加养老金在再分配中的贡献率添加了重要的砝码。城市样本中养老金也是垂直效应（-458%）和再分配效应（108%）的最大贡献因子，农村样本中养老金仍是垂直效应（200%）和再分配效应（43%）的最大贡献因子。我们注意到养老金在财政前收入的比重比较高，在全部样本、城市样本、农村样本中该比值分别为596%、1299%、78%。当把贡献“标准化”后，全部样本中五保户救助变成了最大的贡献因子，它引致了高于养老金3.3倍的垂直效应和高于养老金7.9倍的再分配效应；标准化后城市五保户高于养老金3倍的垂直效应和高于养老金12倍的再分配效应，农村则是工伤人员亲属补助高于养老金1.6倍的垂直效应和高于养老金4倍的再分配效应，而且农村中五保户高于养老金 1.5 倍的垂直效应和高于养老金 4.3 倍的再分配效应。

当然，从标准化贡献或总边际再分配的贡献角度来看，个人所得税和社保缴费对再分配的贡献仍然非常有限（从占总边际再分配 MCDelta 的角度看，结论依然成立）。给予农村个人和家庭公共转移支付在再排序中起到了最重要的作用，公共转移支付减少潜在再分配效应的 182%，给予城市个人和家庭公共转移支付却增加了潜在再分配效应的 568%，这也引致了全部样本个人和家庭公共转移支付增加潜在再分配效应的 554%，这种现象可能与城市中各群体养老金待遇差距较大有关，现实中企业养老金、事业单位养老金、机关养老金、城镇居民养老金等各养老金待遇也确实存在差别。此外，我们还注意到，农村包括养老金在内的各种类转移支付均降低了不平等，全部样本、城市样本中，除养老金外的其他各种类的转移支付增加了不平等，但包含养老金的整体转移支付降低了不平等。

（2）国际比较。

前述分析表明，无论是把养老金划入市场收入，还是把养老金划入公共转移支付，中国 90%以上的再分配效应都是通过公共转移支付来实现的，而税收和社会保障缴费在再分配中的作用不到 10%。这个结论与 Wang 和 Koen（2011）的结论相近，他们研究了 36 个国家税收、转移支付再分配效应，结论表明税收在再分配效应中贡献占 15%，转移支付减少不平等的贡献为 85%，他们还把养老金归入财政前收入。Immervoll 等（2005）计算了欧盟的养老金、经过收入调查的补助、没有经过收入调查的补助、社保缴费、个人所得税的再分配效应，结果表明贡献最大的再分配因素是不经过收入调查的补助，其次是经过收入调查补助的个人所得税，贡献最小的是社保缴费。Clemens 等（2009）采用标准分析方法和因素来源方法分析税收—转移支付哪个因素在再分配中贡献最大，得出的结论迥异。Čok 等（2013）对比了克罗地亚和斯洛文尼亚两个国家的个人所得税、社保缴费、社会收益在再分配中的贡献，分析结果表明，税收（即个人所得税和社保缴费）占再分配的贡献为 80%，这可能与这两个国家的个人所得税的高度累进性、个人所得税改革方向朝注重垂直公平发展等特性有关。本节结论的出现可能与中国个人所得税存在两个问题相关：第一，个体收入征税的形式问题。例如，如何调整税基及标准扣除（补贴）使个人所得税具有更多的累进性，收入结构、纳税者结构变动带来的纳税者数量如何增减。第二，退休金免纳所得税问题，如果改变退休金的税收状态，使其作为可税收入，那么财政工具对再分配的贡献可能将随之发生改变。

5. 小结

本节分析了个人所得税（含社保缴费）、公共转移支付的再分配效应，再分配效应分解为垂直效应、经典水平不平等效应及再排序效应，并测算了每种财政工具对这三种效应的贡献。在经验分析中，把养老金作为市场收入的基准分析，再把养老金作为公共转移支付进行敏感性分析。结果显示：把养老金划入政府转移支付时，城市、农村收入不平等下降的程度比把养老金划入市场时更大，农村财政前、财政后收入不平等程度均高于城市。在敏感性分析中城市的水平不平等、垂直不平等均大于农村相对应的数值，这与非敏感性分析的结论有所不同。

如果税收、转移支付的实际值独立变动很小部分，在将养老金归入市场收入时，转移支付中再分配效应最大的贡献因素是低保，而将养老金划入公共转移支付时，转移支付中再分配效应最大的贡献因素则是养老金。中国90%以上的再分配效应通过公共转移支付来实现，税收和社会保障缴费在再分配中的作用不到10%。

相应的政策含义是，为增强个人所得税政策对收入分配的调控作用，需要调整税基、标准扣除（补贴）等税制要素使个人所得税具有更多的累进性。与此同时，如果改变退休金的税收状态，那么财政工具对再分配的贡献可能将随之发生改变。应继续保持如特困户救助、五保户补助、低保这类针对贫弱人群的公共转移支付制度。养老金优化方向的着力点应是消除阶层之间的不平等，在养老参保、养老缴费、养老待遇等方面不再把人群划分成“三六九等”，使养老制度与其建立宗旨相合。

三、财政流动、转移支付及其减贫效率

1. 研究背景与文献综述

改革开放以来，我国农村居民收入呈现较大幅度的增长，但农村贫困依然是一个沉重的主题，与此同时，农村内部的收入不平等也不容忽视，提高财政再分配及减困效率对农村发展具有重要作用，那么，我国农村当前的政府转移支付和税费系统减少了不平等和贫困吗？转移支付和税费系统是累进的还是累退的（是亲穷人的还是亲富人的）？转移支付在反贫困中的效率如何？

财政流动为解答上述问题提供了一个分析框架。Lustig（2011）认为财政流动与财政再分配的主要区别在于，财政再分配指的是财政政策对再分配指标（主要是不平等和贫困指数）的影响，财政再分配服从匿名原则，即财政政策后的收入分配排序处于 k 位的个人其财政政策前的身份并不明确。与此相比，财政流动是在收入分组（如轻度贫困、重度贫困）的社会经济阶梯中的一种非匿名的变动，即财政流动更多具有非匿名的特征。财政流动这一工具能判断哪些个体是转移支付或税费政策的受益或受损者，该特性是传统的匿名再分配分析工具（如基尼系数）所不具备的。识别财政干预的受益或受损者不仅对解决水平不平等问题有益，而且能判断哪些群体潜在地支持或反对财政改革。

国外学者对流动性测度也进行了多角度探讨。Fields（2008）认为“流动性”是同一家庭或个体的收入向量在两个不同时期的转换过程，但流动性概念也可适用于比较家庭或个体收入“前—后”“状况 A—现状”之间的变动，财政流动指的是同一家庭“财政前”收入向量向“财政后”收入向量的转化，此意义上的流动性没有涉及两个时期（Lustig and Higgins，2012）。Bourguignon（2011）认为对匿名和非匿名两者差异的认识还有不足，指出绝大多数所谓的标准的税收改革福利分析并没有把“现状”因素纳入进来，为此，他比较了税收改革的匿名和非匿名效应，并以法国为例进行了微观

的经验分析。事实上，财政政策遵从的原则应该与 Musgrave（1959）的同样的人应以同样的方式对待（Equal Treatment of Equals）原则一致，财政政策引起的家庭收入位置向上或向下的流动会对家庭福利产生影响。

中国学者对财政政策再分配的效应研究主要集中在两个方面：第一，税费政策效应（尹恒等，2009；聂海峰和岳希明，2012；平新乔等，2009；李实等，2005；徐建炜等，2013）。第二，转移支付减贫效应。都阳和 Park（2007）利用两轮城市微观调查数据研究表明，中国的救助体系具有较好的救助效率。刘穷志（2009）研究发现，中国的公共转移支付并没有减少农村贫困而是使他们更加贫困。卢盛峰和卢洪友（2013）认为政府救助资金未能有效发挥减贫作用。张川川和陈斌开（2014）利用微观调查数据的研究发现，具有转移支付性质的新型农村社会养老保险减少了贫困的发生。国内鲜有把公共转移支付和税费结合起来分析财政系统对再分配和贫困影响的研究，且没有比较匿名与非匿名财政归宿异同，也没有测度各类别公共转移支付在减贫中的相对效率大小。

本研究基于 2011 年中国健康与养老追踪调查（China Health and Retirement Longitudinal Study，CHARLS）的基线调查数据，利用事先定义的收入分组反映转移支付和税费前后收入的财政流动状况，收入分组可以任意选取，如重度贫困、轻度贫困、非贫困等，财政流动通过收入转移矩阵即财政流动矩阵测度，财政流动矩阵可以计算个体在转移支付和税费前的某个收入组（如非贫困）由于转移支付和税费的原因移动到另一个收入组（如贫困）的比例，转移支付和税费可能会引致个体收入向下或向上的流动。此外，本研究还分析了中国农村各类公共转移支付的垂直支出效率、减贫效率、溢出指数及贫困距效率。

2. *方法与数据*

（1）方法。

流动性概念随着其测度及解释的不同而不同，Fields（2008）曾对流动性做过详细的综述。本节采用两种方法测度财政流动：第一种称为财政流动剖面方法，这种方法类似于 Kerm（2009）的收入流动剖面方法，财政流动剖面方法使用图形工具描绘财政政策实施前后的收入流动，检验初始状态和个体实际流动两者的关联，它与匿名“财政归宿曲线”相比不同点在于，匿名的“财政归宿曲线”是基于财政政策实施后家庭收入再排序做出的，而财政流动剖面方法则能描绘出真实的变动轨迹。第二种称为财政流动矩阵方法（Lustig and Higgins，2012），该方法类似于马尔可夫收入转移矩阵，用于反映收入分组 k 在财政政策前后的位置变化。假设财政流动可由 $k*k$ 组成的转移矩阵 P 表示，P 中的第 ij 个元素 P_{ij} 代表个体在财政政策前的第 i 组收入移动到财政政策后的第 j 组收入的概率，P 为随机矩阵，$\sum_{j=1}^{k} P_{ij}=1$，$i\in\{1, \cdots, k\}$。定义 Z 为介于 $Z_{min}\sim Z_{max}$ 的贫困线向量，贫困线会影响 k 组中子集 $r(r<k)$ 的流动概率 P_{ij}，在 $i\in\{1, \cdots, k\}$，$j\in\{1, \cdots, r\}$，$j\leqslant r<i$ 条件下，如果 $P_{ij}>0$ 说明非贫困人群流动到了贫困人群。财政流动矩阵不仅能计算贫困（非贫困）转变为更加贫困（贫困）的占比，还能计算这些转变人群的收入流失数量。假设 L 为收入流失数量矩阵，L 在财政政策前后的收入分组分为 1，…，k 组，L 矩阵中的元素 l_{ij} 表示财政政策前处于 i 组收入的人群在财政政策后其收入变动到 j 组（$j\leqslant i$）收入流失的数量，基于以上定义，L 是半负定、轻度下三角矩阵，如果 $l_{ij}<0$（$i<r$）说明贫困群体的收入流失。

如果在贫困群体之间发生了向下的流动（如贫困转变为更加贫困），将不会出现一阶占优，也不会出现贫困人群（从非贫困到贫困）之间的再排序。另外，如果财政政策后的收入分布占优于财政政策前的收入分布并且贫困群体没有发生再排序，贫困群体之间就不会产生向下的流动。在再排序效应出现的情况下，尽管有向下的流动，仍然会产生一阶占优。向下流动和 Bourguignon（2011）提出的 Z（p，q）函数（p 代表最贫困群体由于政策实施带来的收入增加，q 代表次一级贫困群体由于政策实施带来的收入增加）之间存在关联，对任意的 $p<h$（h 代表贫困发生率）和任意的 q，如果 $Z(p, q)<0$，那么贫困群体之间的收入就会发生向下的流动。

Beckerman（1979）提出了基于贫困的效率指数，它包括垂直支出效率、减贫效率及溢出指数，Immervoll 等（2009）在此基础上又增加了贫困距效率。各效率指数的计算如下：

$$\text{垂直支出效率}=\frac{\sum_{\{i\mid y_i^n<z\}}\omega_i(y_i^d-y_i^n)}{\sum_i\omega_i(y_i^d-y_i^n)} \tag{6-19}$$

$$\text{溢出指数}=\frac{\sum_{\{i\mid y_i^n<z\leqslant y_i^d\}}\omega_i(y_i^d-z)}{\sum_{\{i\mid y_i^n<z\}}\omega_i(y_i^d-y_i^n)} \tag{6-20}$$

$$\text{减贫效率}=\frac{\sum_{\{i\mid y_i^d<z\}}\omega_i(y_i^d-y_i^n)+\sum_{\{i\mid y_i^n<z\leqslant y_i^d\}}\omega_i(z-y_i^n)}{\sum_i\omega_i(y_i^d-y_i^n)} \tag{6-21}$$

$$\text{贫困距效率}=\frac{\sum_{\{i\mid y_i^d<z\}}\omega_i(y_i^d-y_i^n)+\sum_{\{i\mid y_i^n<z\leqslant y_i^d\}}\omega_i(z-y_i^n)}{\sum_{\{i\mid y_i^n<z\}}\omega_i(z-y_i^n)} \tag{6-22}$$

其中，ω_i 代表第 i 个观测值的样本权重，y_i^n 代表第 i 个家庭的人均净市场收入，y_i^d 代表第 i 个家庭的人均可支配收入，z 为贫困线。垂直支出效率指的是转移支付前为贫困的家庭从财政支出中得到的收益份额；减贫效率指的是通过财政支出让贫困家庭减少其离贫困线的距离，这种距离减少没有超调；溢出指数指的是财政支出相对于严格达到贫困线所需支出的多余部分；贫困距效率指的是通过转移支付使得贫困距缩小的效率。

在图 6-2 中，总的转移支付为 A+B+C，转移支付给净市场收入贫困为 A+B，净市场收入贫困距为 A+D，可支配收入贫困距为 D。那么，垂直支出效率=（A+B）/（A+B+C）；溢出指数=B/（A+B）；减贫效率=A/（A+B+C）；贫困距效率=A/（A+D）。

另外，Lustig 等（2013）在家庭层面定义了财政的贫困及不平等效率指数，这种指数定义为转移支付的再分配效应或转移支付对贫困的影响尔后再除以转移支付的相对数量。例如，对公共转移支付而言，效率指数是净市场收入与可支配收入的基尼系数（或者贫困发生率）之差，然后再除以根据微观调查得到的总转移支付占根据微观调查的全部可支配收入之比。

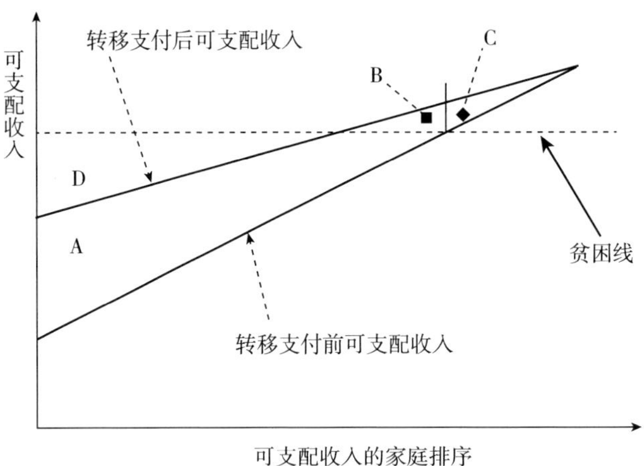

图 6-2　减贫效率指数

资料来源：Beckerman W, "The Impact of Income Maintenance Payments on Poverty in Britain", *Economic Journal*, Vol. 89, 1979, pp: 261-279.

（2）数据。

本节使用的数据为 2011 年中国健康与养老追踪调查（China Health and Retirement Longitudinal Study, CHARLS）的基线调查数据，该数据集收集了中国 28 个省份 45 岁及以上中老年人家庭和个人的微观数据，覆盖 150 个县级单位，450 个村级单位，约 1 万户家庭中的 1.7 万人。CHARLS 采用了多阶段抽样，在县/区和村居抽样阶段均采取 PPS 抽样方法。CHARLS 问卷内容包括：个人基本信息，家庭结构和经济支持，健康状况，体格测量，医疗服务利用和医疗保险，工作、退休和养老金、收入、消费、资产，以及社区基本情况等（Zhao et al., 2013）。本研究使用的是农村①地区样本，并且删除了关键变量缺失及市场收入为零和负的家庭样本，样本容量为 6962 个。

首先对收入做了区分，市场收入及转移支付和税费前、转移支付和税

① 如果被调查者居住在城市、城郊、城镇、城镇郊区或者非农就业在 70% 以上的特殊地区则划入城市。

费后收入，这些收入均为家庭人均收入。另外，本节还根据养老金①的不同归属做了基准性和敏感性分析，在基准性分析中我们把养老金作为市场收入的一部分，而在敏感性分析中则把养老金作为政府公共转移支付的一部分。

转移支付和税费前（市场）收入包括家庭农业收入（家庭生产的农林产品，包括所有卖出去的和家庭消费的减去种子、化肥、农药等投入）、家庭畜牧和水产品收入（家庭畜牧和水产品总收入减去相应投入）、家庭个体经营和私营企业净收入、私人转移支付收入（包括不是家户成员的父母、岳父母/公公婆婆、子女、孙子女、亲戚、非亲戚给的现金及实物）、家庭工资性收入、利息收入、社会捐助收入、房租收入、出租土地和其他家庭资产得到的收入、征地和拆迁补偿、养老金收入、离婚后的赡养费和子女抚养费等其他收入。所有价值量指标都进行了地区间价格指数调整。

转移支付和税费后的收入指的是市场收入减去家庭上交给政府相关部门的税费和杂费再加上公共转移支付收入②。家庭人均收到各种转移支付数量的均值描述如表6-9所示。

表6-9　家庭人均收到各种转移支付的数量　　单位：元

类型	均值	标准差	最小值	最大值
失业补助	1.443	65.844	0.000	4200.000
无保障老人补助	5.843	83.833	0.000	3600.000
工伤补助	2.569	79.017	0.000	5000.000
独生子女老年补助	3.421	69.199	0.000	4680.000
医疗救助	3.043	83.714	0.000	5000.000

① 不同学者之间对现收现付缴费型养老金的归属存在争议，如Breceda等（2008）认为养老金应该归入市场收入，原因在于它是延迟的收入。Lindert等（2006）、Goñi等（2011）认为当养老金系统得到政府大量补助时，养老金应该归入公共转移支付。

② CHARLS中的公共转移支付由家庭和个人得到的公共转移支付两部分组成。其中对家庭的公共转移支付包括低保、退耕还林补助、农业补助、五保户补助、特困户补助、工伤人员亲属补助、重大灾难补助、给家庭的其他补助。对个人的公共转移支付包括失业补助、无保障老人补助、工伤补助、独生子女老年补助、医疗救助、给个人的其他补助。

续表

类型	均值	标准差	最小值	最大值
给个人其他补助	35.210	257.800	0.000	10200.000
低保	41.170	204.450	0.000	8400.000
退耕还林补助	19.300	118.640	0.000	4333.000
农业补助	90.210	205.170	0.000	5000.000
五保户补助	10.100	122.320	0.000	3480.000
特困户补助	1.393	34.857	0.000	1667.000
工伤人员亲属补助	1.600	71.711	0.000	5230.000
给家庭其他补助	10.810	136.770	0.000	5000.000

从表6-9中可以看出，家庭收到各种类转移支付的数量存在较大差异，农村家庭收到低保、农业补助等转移支付数额较大，而收到失业补助、特困户补助等转移支付的数量较小。当然，家庭间收到同一种类转移支付的标准差较大，说明家庭间收到同一种类转移支付的数量差异较为显著。

3. 实证分析

如前文所述，把缴费型养老金归入市场收入还是政府转移支付存在争议，根据养老金不同的归属，经验研究首先进行的是把养老金划入市场收入的基准性分析。

(1) 财政流动。

我们首先比较公共转移支付和税费前收入（市场收入）与公共转移支付和税费后（简称财政后）的收入差异。从不平等的视角来看，转移支付和税费系统促进了收入均等化。转移支付和税费前的基尼系数为0.5516，而转移支付和税费后的基尼系数下降到0.5341，下降了3.2%。而且，转移支付和税费后的收入分布洛伦兹曲线占优于转移支付和税费前的收入分布。

从贫困的视角来看，转移支付和税费系统对穷人而言是比较有益的，以每天1＄ PPP、2＄ PPP国际贫困线标准衡量，贫困发生率、贫困深度和贫困严重程度均出现了显著的下降。例如，以每天1＄ PPP的标准衡量，转移支付和税费后的贫困发生率、贫困缺口、贫困缺口平方分别比转移支付和税费前下降 14.46%、20.97%、26.51%，而且均在 1%的统计水平上显著（见表 6-10）。

表 6-10　转移支付和税费前后的贫困与不平等

指标	转移支付和税费前	转移支付和税费后	转移支付和税费前后差异
基尼系数	0.552	0.534	-0.018***
贫困发生率（1$ PPP）	0.242	0.207	-0.035***
贫困缺口（1$ PPP）	0.124	0.098	-0.027***
贫困缺口平方（1$ PPP）	0.083	0.061	-0.022***
贫困发生率（2$ PPP）	0.401	0.375	-0.026***
贫困缺口（2$ PPP）	0.225	0.197	-0.028***
贫困缺口平方（2$ PPP）	0.158	0.131	-0.027***

注：*** 表示 1%水平下显著。

转移支付和税费的累进和累退对贫困和不平等有不可忽视的影响，计算转移支付或税费的累进累退的工具一般为集中曲线、集中系数以及 Kakwani 指数。税费的累进累退定义在文献中争议不大，而对转移支付累进或累退的定义则存在争议，Scott（2013）认为当人均转移支付数量随着收入的下降而下降时是累进的，Lindert 等（2006）则认为当转移支付占市场收入的比重随着收入下降而下降时是累进的，我们认为转移支付导致的结果比市场收入结果有更小（大）的不平等则是累进（累退）的。通过计算，税费的 Kakwani 指数为-0.0838（税费的集中系数为 0.4678，税费的基尼系数为 0.5516），表现出了累退特性。然而转移支付的 Kakwani 指数为 0.647（转移支付的集中系数为-0.0954，转移支付的基尼系数为 0.5516），转移支付则表现出了累进特征。尽管如此，转移支付和税费后相对于转移支付和税费前的 Reynolds-Smolensky 指数为 0.0206①，说明转移支付和税费系统作

① 基尼系数为 0.5516，转移支付和税费后的集中系数为 0.5310。另外，我们还把 Kakwani 指数进行了垂直效应和再排序效应的分解，结果显示垂直效应为 0.0206，Atkinson 再排序效应为 0.0031。

为一个整体而言是累进的，这也从另一个侧面佐证了前述结论。

公共转移支付是亲贫困还是亲富人的分析给我们提供了另一个关于财政累进累退的视角（O'Donnell，2008；Wagstaff，2012），给个人和家庭的各种转移支付[①]的集中系数中，如果某类公共转移支付集中系数为负，则表明该种转移支付为亲穷人的特征，即穷人得到此类公共转移支付较多，而如果某类公共转移支付集中系数为正，则说明此类公共转移支付具有亲富人的特征，富人得到此类公共转移支付较多。从公共转移支付各类别的集中系数可以看出，无论是给个人的公共转移支付还是给家庭的公共转移支付，其集中系数符号并非同一符号，给个人的各种公共转移支付集中系数同时含有正负，给家庭的公共转移支付集中系数也如此；失业补助、工伤补助、医疗救助、农业补助和工伤人员亲属补助这些公共转移支付集中系数符号为正，说明这些转移支付是亲富人的，富人得到此类公共转移支付反而较多，医疗救助的集中系数最高达到0.34。农业补助的集中系数最小为0.007，该类公共转移支付虽然与零差异不大，但也表现出了亲富人的一些特征，这可能与此类公共转移支付的“特惠”特征（如粮食直补）有关，此公共转移支付并非单独瞄准穷人；无保障老人补助、独生子女老年补助、低保、退耕还林补助、五保户补助、特困户补助、给家庭和个人的其他补助这些公共转移支付均为负，说明这些公共转移支付具有亲穷人的特征，其中，五保户补助和无保障老人补助集中系数的绝对数额较大，分别达到0.45、0.41，这同时也说明针对特定贫弱人群的公共转移支付政策与其初衷是相符的。通过对上述各类别公共转移支付集中系数的分析可知，以反贫困（公平分配）为目的的公共转移支付还有必要加以合并和整合。

在匿名归宿分析中，通过比较转移支付和税费前的d收入分位与转移支付和税费后的d收入分位（即使这两个分位并非同一个体），可知最贫困人群从转移支付和税费系统中获益较多。从以收入分位表示的财政归宿中可以看出，由于转移支付和税费的原因，最穷的两个收入分位上的收入

---

① 重大灾难补助在本节选择的农村样本中均为零，故公共转移支付分类分析中略去了对此种转移支付的探讨，下同。

增长幅度最大，第一个收入分位增长了 42.7%，第二个收入分位增长了 23.9%。

非匿名归宿分析结果更支持转移支付和税费有利于穷人的结论。由于转移支付和税费的原因，第一收入分位家庭收入平均增长了 88.4%，第二收入分位家庭收入平均增长了 28.7%，第三收入分位家庭收入平均增长了 17.3%。由于贫困群体收入处于这最低的三个收入分位中，所以这三个收入分位中的家庭是“净受益者”中的较大群体[①]，我们可以得到转移支付和税费系统惠及了贫困人群的结论。但即使非匿名归宿分析中比较的同一个家庭在财政前后的收入变化，仍没有考虑贫困群体向下流动这种情况，收入流失者可能被平均收入分位掩盖。

综上所述，转移支付和税费系统减少了不平等和贫困，转移支付和税费作为整体系统而言是累进的，从匿名和非匿名财政归宿的分析中可以看出，转移支付和税费系统使得最低三个收入分位的家庭收入增长幅度较大。但是该情况可能忽略了非贫困滑向轻度贫困、轻度贫困滑向重点贫困的现象。

表 6-11 汇报的是中国农村财政流动矩阵的情况。我们在表 6-11 的最后一行和最后一列分别增加了财政后收入分组人口百分比、市场收入分组人口百分比。收入共划分了六组，根据 Chen（2010）的文献并结合中国农村实际，我们把贫困分成了三组，每天 1＄ PPP 以下（重度贫困家庭）、每天 1＄ PPP～2＄ PPP（中度贫困家庭）、每天 2＄ PPP～2.5＄ PPP（轻度贫困家庭）；把非贫困群体同样划分了三组，每天 2.5＄ PPP～4＄ PPP（脆弱性家庭）、每天 4＄ PPP～10＄ PPP（较富裕家庭）、每天 10＄ PPP 以上（富裕家庭）。

表 6-11 的结果显示，尽管脆弱性家庭收到了公共转移支付，由于税费的原因，其滑入轻度贫困的比例为 0.28%、滑入中度贫困的比例为 0.09%，

---

① 值得指出的是，第十收入分位收入较高的家庭也从转移支付和税费系统中获益，尽管第十收入分位家庭由于转移支付和税费的原因，收入只增长了不到 1%（匿名财政归宿中增长 0.5%、非匿名财政归宿中增长 0.4%）。

轻度贫困滑入中度贫困的比例为0.67%，中度贫困滑入重度贫困的比例为0.09%。这种向下流动分析是前述常规的工具如基尼系数、累进性、财政归宿所不能及的。

表6-11 农村财政流动矩阵

市场收入分组	财政后收入分组（%）						人口百分比（%）
	y<1	1≤y<2	2≤y<2.5	2.5≤y<4	4≤y<10	10≤y	
y<1	85.63	12.53	0.53	1.13	0.18	—	24.10
1≤y<2	0.09	86.09	10.41	2.60	0.81	—	16.00
2≤y<2.5	—	0.67	79.33	19.78	0.22	—	6.50
2.5≤y<4	—	0.09	0.28	92.78	6.85	—	15.50
4≤y<10	—	—	—	0.10	98.94	0.96	28.40
10≤y	—	—	—	—	0.31	99.69	9.50
人口百分比（%）	20.70	16.90	6.90	16.50	29.40	9.60	100.00

上述内容分析了转移支付和税费在贫困群体之间引致的向下流动，接下来探讨向下流动的穷人流失的收入数量，表6-12汇报的是失去者收入流失数量矩阵。收入流失数量矩阵刻画了各组收入流失者在财政政策前的平均收入以及收入流失者流失的收入数量占财政政策前的比例。收入流失数量结果令人惊讶，那些收入流失的重度贫困家庭在财政政策前的收入每天只有0.51$且收入平均减少24.00%；中度贫困滑入重度贫困在财政政策前的收入为每天1.04$而且收入平均减少4.70%；轻度贫困滑入中度贫困在财政政策前的收入为每天2.24$，收入平均减少30.00%。

表6-12 失去者的收入流失数量矩阵

市场收入分组	财政后收入分组						人口百分比（%）	组平均
	y<1	1≤y<2	2≤y<2.5	2.5≤y<4	4≤y<10	10≤y		
y<1	-24.00% (0.51$)	—	—	—	—	—	24.10	-24.00% (0.51$)

续表

市场收入分组	财政后收入分组						人口百分比（%）	组平均
	y<1	1≤y<2	2≤y<2.5	2.5≤y<4	4≤y<10	10≤y		
1≤y<2	-4.70%（1.04＄）	-6.90%（1.51＄）	—	—	—	—	16.00	-6.70%（1.48＄）
2≤y<2.5	—	-30.00%（2.24＄）	-4.00%（2.35＄）	—	—	—	6.50	-11.00%（2.32＄）
2.5≤y<4	—	-43.00%（2.68＄）	-28.00%（3.15＄）	-2.90%（3.29＄）	—	—	15.50	-7.00%（3.25＄）
4≤y<10	—	—	—	-39.00%（4.76＄）	-3.00%（6.58＄）	—	28.40	-4.70%（6.52＄）
10≤y	—	—	—	—	-20.00%（12.05＄）	-3.60%（17.42＄）	9.50	-4.90%（17.02＄）
人口百分比（%）	20.70	16.90	6.90	16.50	29.40	9.60	100.00	—
组平均	-22.83%（0.54＄）	-11.74%（1.66＄）	-10.51%（2.57＄）	-5.70%（3.40＄）	-3.90%（6.79＄）	-3.60%（17.42＄）	—	-7.70%（6.26＄）

总之，财政流动矩阵和收入流失矩阵提供了其他方法和技术所不具备的信息，它不仅能计算有多少穷人发生了收入流失，而且还能给出具体的收入流失数量。

（2）减贫效率。

本部分主要分析政府转移支付的减贫效率。这里需要对收入定义做一下调整，我们把市场收入减去家庭上交给政府相关部门的税费和杂费后的收入称为净市场收入①，净市场收入加上政府转移支付收入则为家庭可支配收入。减贫效率的一个定义是净市场收入与可支配收入的基尼系数（或者贫困发生率）之差再除以转移支付总额占全部可支配收入总额之比。表6-13结

① 严格意义上的净市场收入应等于市场收入减去家庭上交给政府相关部门的税费和杂费，再减去家庭的社会保障缴费（在基准分析中不包括养老保险缴费）。CHARLS中只提供了主要受访者及配偶的社保缴费信息，并没有提供家庭全部人员的社会保障缴费的信息，为此这里的净市场收入定义为市场收入减去家庭上交给政府相关部门的税费和杂费后的收入，即便我们把不完全意义上的家庭社保缴费从市场收入中减去，分析结果也基本相同。

果显示，政府转移支付的再分配效率指数为 1.23。随着贫困线标准的提高，政府转移支付的减贫效率指数逐步下降，如在贫困线为每天 1＄ PPP 时，政府转移支付的减贫效率指数为 5.52，而当贫困线设定为每天 2.5＄ PPP 时，政府转移支付减贫效率指数急剧下降为 1.76，下降了 2 倍多，这说明政府补助标准较低，相对而言只在重度贫困的缓解问题上发挥较大作用。

表 6-13　不平等和贫困下降及效率

基尼系数（%）	-3.12
效率指数	1.23
贫困发生率（1＄ PPP）（%）	-13.99
效率指数	5.52
贫困发生率（1.25＄ PPP）（%）	-10.39
效率指数	4.09
贫困发生率（2＄ PPP）（%）	-6.48
效率指数	2.56
贫困发生率（2.5＄ PPP）（%）	-4.47
效率指数	1.76

反映减贫效率另外的指数包括垂直支出效率、减贫效率、溢出指数及贫困缺口效率，表 6-14 汇报了基于贫困的这些指数的计算数值。在贫困线为每天 2.5＄ PPP 时，对垂直支出减贫效率而言，54.6%的政府转移支付流向了在转移支付前为贫困的家庭，溢出指数达到 13.9%，这意味着转移支付总量超过了必须严格达到贫困线时的转移支付数量，这些结果与贫困线较低的每天 1＄ PPP 相比，我们发现转移支付并没有严格瞄准最贫困的家庭，只有近 30%的政府转移支付到达了转移支付前最为贫困的家庭。

表 6-14　减贫效率及效率指数

指标	垂直支出效率	溢出指数	减贫效率	贫困缺口效率
贫困线：1＄ PPP				
可支配收入	0.297	0.385	0.182	0.2174

续表

指标	垂直支出效率	溢出指数	减贫效率	贫困缺口效率
失业补助	0.418	0.979	0.008	0.0000
无保障老人补助	0.538	0.349	0.350	0.0106
工伤补助	0.240	0.596	0.097	0.0012
独生子女老年补助	0.265	0.218	0.207	0.0036
医疗救助	0.037	0.000	0.037	0.0005
给个人其他补助	0.301	0.411	0.177	0.0324
低保	0.411	0.301	0.287	0.0616
退耕还林补助	0.368	0.303	0.256	0.0257
农业补助	0.213	0.128	0.183	0.0860
五保户补助	0.503	0.398	0.302	0.0158
特困户补助	0.331	0.594	0.134	0.0009
工伤人员亲属补助	0.017	0.000	0.017	0.0001
给家庭其他补助	0.287	0.469	0.152	0.0085
贫困线：2.5 $ PPP				
可支配收入	0.546	0.139	0.470	0.1041
失业补助	0.418	0.154	0.353	0.0004
无保障老人补助	0.792	0.087	0.722	0.0040
工伤补助	0.386	0.019	0.379	0.0009
独生子女老年补助	0.568	0.287	0.405	0.0013
医疗救助	0.097	0.046	0.093	0.0002
给个人其他补助	0.555	0.131	0.482	0.0164
低保	0.665	0.091	0.604	0.0240
退耕还林补助	0.593	0.072	0.549	0.0102
农业补助	0.479	0.049	0.455	0.0398
五保户补助	0.805	0.078	0.742	0.0072
特困户补助	0.621	0.041	0.596	0.0008
工伤人员亲属补助	0.179	0.429	0.102	0.0001
给家庭其他补助	0.493	0.100	0.444	0.0046

从政府转移支付的各种类看，相对于医疗救助及工伤人员亲属补助等

政府转移支付而言，五保户补助、无保障老人补助、低保、特困户补助及退耕还林补助这些种类的政府转移支付对贫困的瞄准较好，其减贫效率相对较高，溢出指数也相对较小。如同“撒胡椒面”似的农业补助，其溢出指数虽然不高，但其对贫困家庭的瞄准有偏离，垂直支出效率在50%以下，其减贫效率也较低，减贫效率同样在50%以下。各种公共转移支付减贫效果有所不同的原因：有些转移支付并不瞄准贫困家庭或者说有些转移支付的出发点并非减贫，如农业补助，并不是土地面积较小的以种植业为主要经济来源的农户得到较多此类公共转移支付，反而是粮食播种面积较大的、经济比较富裕的种粮大户能得到更多此类转移支付。反观以反贫困为目的的转移支付其减贫效果就相应地突出一些，如五保户补助、低保、特困户补助，这些转移支付的集中系数为负，表现出了亲穷人的特征，且这些转移支付的减贫效率也较高。当然，我们也应该看到，即使是瞄准穷人的转移支付其减贫效果也不是十分理想，这可能是由于五保户补助、低保、特困户补助等此类转移支付存在漏损，即非贫困人口享用了此类公共转移支付，救助资格的确定具有“人情保障”“关系保障”的特征，不能对真正的贫困群体进行有效扶持，而且这些种类转移支付自上而下的名额配给制度使贫困进入和退出的动态监测受阻，影响了转移支付效率的提高。

为提高政府转移支付再分配效率及反贫困的能力，以便政府转移支付目标瞄准更精确，需要考虑把某些特殊类型的家庭纳入转移支付（或排除在转移支付之外），为此，我们考察了转移支付前贫困的决定因素与转移支付后贫困的决定因素的异同。表6-15汇报了以每天2.5＄ PPP[①] 衡量的转移支付前贫困可能发生概率的Probit回归结果，以及在转移支付前为贫困的条件下，转移支付后贫困可能发生概率的Probit回归结果。因为本节的分析单位为家庭，而CHARLS没有涉及户主方面的信息，所以我们定义了一个虚拟的“户主”（Cardak et al.，2009），即把家庭中的主要受访者视为户主。

① 每天1＄ PPP、2＄ PPP贫困线标准的Probit回归结果大致相同，不再赘述。

表 6-15　转移支付前后贫困的 Probit 回归结果

指标	Probit		条件 Probit	
	系数	t 值	系数	t 值
居住在东部省份	-0.118***	-2.61	-0.260**	-2.57
居住在中部省份	-0.035	-0.64	-0.008	-0.06
居住在东北省份	-0.237***	-4.22	-0.024	-0.17
户主年龄 60~70 岁	0.291***	7.12	-0.004	-0.04
户主年龄 70 岁以上	0.470***	8.90	0.156	1.28
户主受教育程度初中毕业	-0.148***	-3.16	-0.024	-0.20
户主受教育程度高中毕业	-0.272***	-3.60	0.155	0.65
户主受教育程度大专以上毕业	-0.779**	-2.26	—	—
户主工作为自雇类型	0.631***	11.52	-0.381**	-2.05
户主工作为退休类型	-0.564***	-4.09	-0.475	-1.18
户主工作为其他类型	0.571***	9.90	-0.272	-1.34
家庭中儿童数量（小于 16 岁）	0.111***	5.33	0.312***	5.04
户主在婚	0.066	1.63	0.176*	1.85
常数项	-0.787***	-12.59	1.756***	8.77

注：贫困线为每天 2.5 $ PPP；居住地区的对照组为西部省份、户主年龄的对照组为 45~60 岁、户主受教育程度的对照组为小学毕业及以下、户主工作类型的对照组为他雇；***、**、*分别表示在 1%、5%、10%的水平上显著。

正如预期的那样，相对于西部地区而言，居住在东部、中部、东北省份的家庭参与非农工作的机会较多，市场收入水平也相应较高，其贫困的发生概率下降（中部统计不显著）；随着户主年龄的上升，家庭陷入贫困的概率显著增加；相比于户主为小学毕业及以下受教育程度而言，受教育程度较高者发生贫困的概率显著下降；与他雇工作类型相比，户主工作类型为自雇（户主主要从事农业生产）或为其他工作类型的家庭其贫困发生的概率较高，而户主工作类型为退休（农民没有退休工作类型），其发生的概率下降，这可能是户主退休前在正规部门工作，其不菲的退休金帮助家庭远离贫困；由于少年儿童抚养比提高会影响到家庭劳动力进入市场的广度和深度，进而会给家庭贫困带来正向推动。结合表 6-15 中条件 Probit 模型回归结果，居住在东部家庭比居住在西部贫困家庭在转移支付后陷入贫困的概率下降，在转移支付前，与户主他雇家庭相比户主为自雇的家庭更易陷入贫困，但是这些在财政政策前户主自雇以及户主工作为其他类型的贫困家庭，在财政政策后则更易脱离贫困，儿童数量多的贫困家庭即使在财政政策后依然保持贫困，户主在婚家庭比户主非在婚贫困家庭在财政政策后更易保持贫困。据此可知如果要提高转移支付的再分配效率，那些具有特定属性的家庭就应该纳入转移支付范围（或排除在转移支付政策之外）。

4. 敏感性分析

把养老金划入政府转移支付中时，不平等下降的程度更大，转移支付和税费前的基尼系数为 0.5739，而转移支付和税费后的基尼系数下降到 0.5428，下降了 5.4%。而且，转移支付和税费后的收入分布洛伦兹曲线占优于转移支付和税费前的收入分布的趋势更明显。贫困也比基准性分析下降的更多，如以每天 1 $ PPP、2 $ PPP 国际贫困线标准衡量，贫困发生率分别下降了 30.3%、18.1%。税费的 Kakwani 指数仍为负值，表现出了累退特性。转移支付的 Kakwani 指数仍为正值，转移支付表现出了累进特征。转移支付和税费后相对于转移支付和税费前的 Reynolds-Smolensky 指数仍为正值，说明转移支付和税费系统作为一个整体而言是累进的。

各个种类的转移支付集中系数符号与基准性分析结果基本相同，数值为正表现出亲富人的政府转移支付包括农业补助、医疗救助、工伤补助、失业补助，数值为负表现出亲穷人的政府转移支付则包括无保障老人补助、独生子女老年补助、给个人其他补助、低保、退耕还林补助、五保户补助、特困户补助、工伤人员亲属补助以及给家庭其他补助，值得注意的是，养老金集中系数为负，而且其亲穷人的绝对数值只居于五保户补助、无保障老人补助之后，位列第三，这说明农村老人的养老金的减贫作用不可忽视。

匿名和非匿名财政归宿分析结果与基准性分析的结果也大致相同，由于转移支付和税费的原因，最穷的三个收入分位上的收入增长幅度最大，如在匿名财政归宿中，第一个收入分位增长了 28.4%，第二个收入分位增长了1.9%，第三个收入分位增长了0.9%。然而在非匿名财政归宿中，增长的比例分别为2.2%、0.7%、0.5%。财政流动矩阵结果显示转移支付和税费后中度贫困家庭向下流动到重度贫困的比例更低，中度贫困家庭（每天1$ PPP~2$ PPP）滑入重度贫困（每天1$ PPP以下）的家庭比例为0，转移支付和税费后轻度贫困家庭向下流动到中度贫困的比例与基准性分析相差无几，轻度贫困（每天2$ PPP~2.5$ PPP）滑入中度贫困（每天1$ PPP~2$ PPP）的比例为0.69%。

净市场收入与可支配收入的基尼系数（或者贫困发生率）之差再除以转移支付总额占全部可支配收入总额的比，这种定义的效率指数计算结果表明，基尼系数以及以各贫困线衡量的贫困发生率下降幅度比基准分析中的更大，但政府转移支付的再分配效率指数以及减贫效率指数均比基准分析中的效率指数低，这是由于虽然分子中的基尼系数和贫困发生率下降幅度比基准分析中的大，但分母包含养老金的政府转移支付总额占可支配收入总额的比重更大。

以包括垂直支出效率、减贫效率、溢出指数及贫困缺口效率这样定义的第二种效率指数分析结果表明，政府转移支付的瞄准目标比基准性分析中的瞄准精确了许多，如贫困线为每天2.5$ PPP时，对垂直支出减贫效率而言，相比于基准性分析中的54.6%的政府转移支付流向了在转移支付前为贫困的家庭，敏感性分析则上升到66.7%，但敏感性分析中的溢出指数也同时在上升，溢出指数甚至达到49%，这意味着转移支付总量大大超过了必须严格达到贫困线时的转移支付数量，当贫困线为每天1$ PPP时，垂直支出减贫效率以及溢出指数也呈现出了与每天2.5$ PPP相同的结果。当贫困线为每天1$ PPP时，各种类的政府转移支付垂直支出效率前四位为无保障老人补助、五保户补助、养老金、低保，减贫效率较高的政府转移支付有五保户补助、无保障老人补助、低保、特困户补助，溢出指数较高的是养老金、医疗救助，这说明农村养老金应该针对不同收入家庭设定不同的补助标准，使其符合垂直支出效率大、减贫效率高、溢出指数小的优化标准。

以每天 2.5 $ PPP 衡量的转移支付前贫困可能发生概率的 Probit 回归结果与基准性分析的结果基本相同。例如，居住在东部及东北省份相对于西部省份而言贫困下降；户主年龄上升贫困也随之上升；贫困随户主受教育程度提高而下降；与他雇类型相比，户主为自雇、退休及其他类型的家庭贫困发生概率较高；家庭中儿童数量越多，其贫困发生概率越高。条件 Probit 回归结果与基准性分析有所不同，除居住在东部家庭比居住在西部贫困家庭在财政政策后陷入贫困的概率下降、儿童数量多的贫困家庭即使在财政政策后依然保持贫困这些结论与基准性分析相同外，其他结论则有一些变化。例如，在转移支付前，户主年龄较大的家庭更易陷入贫困，但是这些在财政政策前户主年龄较大的贫困家庭，在财政政策后则更易脱离贫困。这又一次说明提高转移支付再分配效率需要把特定属性的家庭纳入财政政策范围（或排除在转移支付之外）。

四、小结

转移支付和税费对贫困、不平等的影响一般通过通常意义上的再分配标准指数（如基尼系数、贫困指数）来衡量，但这些标准指数具有匿名特征，无法告知谁是财政政策的受益者或受损者，为此，本节利用财政流动矩阵来识别财政政策的受益者和受损者，另外，还研究了转移支付的反贫困效率。在经验分析中，从把养老金作为市场收入的基准分析开始，然后把养老金作为公共转移支付进行敏感性分析。基于 2011 年中国健康与养老追踪调查（China Health and Retirement Longitudinal Study，CHARLS）的基线调查数据分析结果显示，转移支付和税费系统减少了农村不平等和贫困；虽然税费表现出了累退特性，但转移支付和税费系统作为一个整体而言是累进的；尽管家庭收到了公共转移支付，由于税费的原因，脆弱性家庭滑入轻度贫困的比例为 0.28%、滑入中度贫困的比例为 0.09%，轻度贫困家庭滑入中度贫困的比例为 0.67%，中度贫困家庭滑入重度贫困的比例为 0.09%；从政府转移支付的各种类看，五保户补助、无保障老人补助、低保、特困户补助及退耕还林补助这些种类的政府转移支付对贫困的瞄准较好，其减贫效率相对较高，溢出指数也相对较小；把养老金作为公共转移支付进行敏感性分析时发现养老金亲穷人的程度较高，农业补助仍然具有亲富人的特征；另外，为提高政府转移支付再分配效率及反贫困的能力，还考察了转移支付前贫困的决定因素与转移支付后贫困的决定因素的异同。

相应的政策含义是，应规范农村“一事一议”筹资制度，把发展农村公益事业所需的部分费用合理地分担给农民。应继续保持如低保、五保补助这类针对农村贫弱人群的公共转移支付制度。农村养老金在增加补助标准的同时需考虑家庭人均收入的差异。整合归并各部门掌控的转移支付资金，建立公共转移支付面向农村贫困家庭的瞄准机制，使公共转移支付符合垂直支出效率大、减贫效率高、溢出指数小的优化标准，达到公共转移支付减少贫困、不平等的再分配初衷。另外，转移支付后仍然贫困的个体是否需要更多的财政政策介入，是否会出现财政政策的弄巧成拙问题（如劳动力工作时间下降），这也是需要注意的。

由于数据的限制本节还存在一些不足：首先，尽管税费使得一小部分贫困人群的收入出现了向下的流动（如轻度贫困滑入重度贫困），但税收（费）给予贫困家庭的健康、教育、基础设施可及性的益处还无法测度。其次，由于缺少家庭全部人员社保缴费数据，家庭人均可支配收入定义与其严格意义上的定义还有差距。最后，本节没有分析个体生命期的再分配及财政支出的质量差异。这些问题将在未来数据可得时加以改善。

第二节　低保与反贫困

一、低保的瞄准性

贫困瞄准需要对目标群体进行精确定义，一旦目标群体确定，就必须找出哪些个人和家庭属于该群体，并排除非目标群体。这对技术能力和成本都提出了更高的要求。其实，贫困瞄准是在将项目利益集中于目标群体所带来的优势与这样做所带来的技术和财政难题之间的权衡。贫困瞄准是公共转移支付减贫取得成功的关键条件，它使决策者能将公共转移支付直接惠及贫困人口，从而最大限度地发挥有限资源的作用。

发展中国家公共转移支付减贫瞄准并不完善，如墨西哥有利于贫困人口的公共转移支付项目未能实现准确靶向定位，导致大部分项目收益漏损到比较富裕的个体那里，而大部分贫困人口被排除在外（Coady and Parker，2009），最穷的人有最少的机会从转移支付计划中获得援助，即使他们最需要它[①]。政策制定者尝试了很多方法来确保目标更好地被“瞄准”，其目的是将公共转移支付政策的好处集中到贫困人口身上，这些方法依数据可及性、工具的复杂性及成本的不同而变化。发达国家使用如基于税收记录的可靠收入数据这样的直接工具对贫困人口进行识别、瞄准具有可行性，而发展中国家识别贫困的挑战性则显著增加，因为发展中国家有较多人口在非正规部门就业，收入数据或其他可验证的经济福利指标数据较为缺乏。

在此背景下，一些不需要完整支出或收入数据的方法应运而生。例如，基于位置或居住地（受某类危害影响的地区或贫困率高的地区）的地理瞄准方法（Schady，2000）；受益人资格评估委托给当地人的社区瞄准方法（Conning and Kevane，2002）；特定种类工作[②]计划或对主要由贫困人口消费的商品或服务给予补贴构成的自我瞄准方法（Besley and Kanbur，1988），该方法主要基于自我选择或自愿参与，参与者会有某种程度的效用损失如排队引起的效用损失；工具测试方法（Means Test）则是基于对收入、资产和财富的评估来确定个人或家庭是否有资格获得政府援助的一种方法；代理工具测试方法（Proxy Means Testing，PMT）是基于与福利、被剥夺高度

① 关于转移支付援助是应仅限于贫困人口还是优先采用普遍覆盖的转移支付援助存在争论。与转移支付相伴的主要是激励问题。福利的“铁三角”理论认为，以经济有效的方式消除贫困的转移支付将涉及激励问题。

② 为获得现金或食物，个体必须执行较长时间的重体力劳作，这样全职劳动意味着个体必须减少其他活动的时间。

相关的特征的加权组合方法。

代理工具测试方法（PMT）在拉美国家的应用尤为广泛，智利是第一个基于 PMT 方法来瞄准养老、残疾项目的国家（Lindert et al.，2006），其他国家还有墨西哥、哥伦比亚、玻利维亚。该方法依据大量易观测、可证实的家庭特征来构建代理工具，并使用有限的变量来预测家庭的福利水平，PMT 数据基于客观数据而非自报，在可靠收入数据不可得或搜集这些数据成本十分昂贵的情况下可使用该方法。该方法的第一步为使用来自详细家庭调查的数据来提取易于观测的代理指标，这些代理指标与预先确定的经济福利指标相关，并拟合一个能反映经济福利与代理指标之间关系的计量经济模型。第二步，要求所有申请人填写缩短的问卷，以收集所有潜在受益人的代理数据，这些数据可以用来预测所有申请人的经济福利。根据这些预测（通常称为 PMT 评分），决定申请人是否有资格接受公共转移支付。Grosh 和 Baker（1995）把基于 PMT 模型的公共转移支付项目分配与不需要数据支撑的全部覆盖的项目分配相比，发现前者有较大的减贫效应。Coady 等（2004a）发现 PMT 在靶向结果方面优于其他如地理瞄准的方法。此外，PMT 的成本优势也是不容忽略的。PMT 方法的不足：如果管理能力有限或者代理指标及数据难以收集和验证，PMT 会受到操纵；如果申请人了解 PMT 的工作原理，基于 PMT 的瞄准就会产生不良的行为反应；为得出个人分数而使用的福利指标是否合适并非有明确答案。此外，Kidd 和 Wylde（2011）认为只有总人口的一小部分被瞄准且假定其为贫穷时，PMT 会产生较大误差，PMT 评分倾向于高估最贫困人群的支出而低估最富裕人群的支出。最优瞄准文献的结论表明，在准确识别最贫困人群方面没有哪一种方法明显占优。Coady 等（2004b）在针对 48 个国家的 122 项公共转移支付的瞄准研究中发现，转移支付反贫困瞄准绩效差异非常显著：中位数数量的转移支付给予贫困人口的资源只比随机分配资金多 25%，有 21 种公共转移支付是累退的，这意味着它们的表现比随机分配更差。为此，PMT 瞄准方法是否能识别出真正的贫困人口问题，这在很大程度上是一个实证问题，它取决于基础模型的形式、数据质量、瞄准变量和代理变量的联合分布、贫困及瞄准人口的比率等因素。

本节基于 PMT 模型并通过 ROC（Receiver Operating Characteristics）方法将家户区分为贫穷或非贫困的概率阈值进行改进，即利用 ROC 曲线和相关指数设计出一种方法，用于在预算约束下优化覆盖面、减少贫困和漏损。ROC 曲线是用于评估基于预测模型的诊断性能的最常用统计工具之一，它是通过在不同概率阈值下绘制真阳性分数与假阳性分数之间的关系而得出的。如果需要评估公共转移支付减贫计划，这将对应于从计划中获益的贫困人口比例（覆盖率）与从计划中受益的非贫困人口比例（漏损率）进行比较。该曲线可用于确定优化覆盖率和漏损率的概率分界点。例如，使用贫困预测模型，可以从微观数据估计出个人贫困的可能性。为将个体划分为贫困或非贫困，必须决定使用概率阈值作为截断点，通常的做法是将那些可能大于 50%的概率确定为贫困人口。但该做法可能导致覆盖率和漏损率不是最佳的，通过改变概率截点，可绘制所有可能的覆盖率和漏损率组合的曲线（ROC 曲线），并选择最佳组合的概率阈值。ROC 曲线主要应用于医学、诊断学以及信用风险分析，Wodon（1997）较早地把 ROC 应用于经济学分析，其后出现了为数不多的把 ROC 应用于反贫困问题的研究文献（Verme and Gigliarano，2019；Stephan and Simon，2015）。使用 PMT 模型和 ROC 相结合的方法，可以解答如下一些问题：财政预算需要增加多少才能使贫困率下降一定数值？覆盖率增加一定数值时相应的财政预算增加多少？贫困线的移动会使得贫困瞄准更精确吗？

针对中国低保瞄准问题，韩华为（2018）认为农村低保在社区瞄准中存在显著的精英俘获效应，规范贫困识别标准和克服精英俘获将是完善农村低保社区瞄准机制的重要方向。李艳军（2013）基于 PMT 目标瞄准效率检验发现，该体系对农户家庭经济状况具备较好的识别能力。曹艳春（2016）指出我国应提高城市“低保”制度的靶向精准度，建立修正的多维贫困指数对贫困群体进行精准救助。杨穗等（2015）研究发现，2002~2007年，城市的最低生活保障水平不断提高，但政策的瞄准有效性却降低了，表现为更高的人群瞄准误差和救助水平缺口。王有捐（2006）也对城市居民最低生活保障政策执行情况进行了考察。解垩（2016）认为农村低保瞄准失效，低保流向非贫困家庭的漏损率为10%，把贫困家庭排除在外的排斥率高达84%。这些文献都丰富了低保贫困瞄准的研究内容，但基于PMT模型并通过ROC方法来分析低保扶贫瞄准的文献较为罕见。

1. *数据与方法*

（1）数据来源。

本节使用中国家庭追踪调查（CFPS）2012年的数据①。该调查在2008年和2009年进行了测试调查，2010年、2011年、2012年、2014年和2016年进行了全国调查。2012年的家庭有效样本数量为13316户，变量的描述统计如表6-16所示。如无特别说明，本节以现价家庭人均每天消费2＄ PPP为贫困线。

表6-16 描述统计

变量	变量标识	全样本	城市	农村
Senior	家庭中大于60岁人口比	0.1873	0.2003	0.1786
Younger	家庭中小于15岁人口比	0.1346	0.1186	0.1479
Woman	家庭中女性人口比	0.4265	0.4415	0.4141
Familysize	家庭人口	3.8501	3.5260	4.1392
Hhage	户主年龄	50.6830	50.9470	50.4460
Hhedu 2	户主受教育程度为小学	0.2342	0.1855	0.2757
Hhedu 3	户主受教育程度为初中	0.2749	0.3036	0.2506
Hhedu 4	户主受教育程度为高中	0.1333	0.1909	0.0833
Hhedu 5	户主受教育程度为大专以上	0.0621	0.1194	0.0128
Hhgender	户主为男性	0.4293	0.3919	0.4700
Hhmartial	户主在婚	0.8751	0.8622	0.8865
Water	做饭用水为纯净水或自来水	0.6284	0.8079	0.4736

① 本节的研究主题是低保的瞄准问题，虽然2010年、2011年、2014年、2016年的CFPS涉及家户的低保调查问题，但低保与政府确定的其他种类补助对象（如农业补助、特困户补助）没有办法进行区分。

续表

变量	变量标识	全样本	城市	农村
Fuel	燃料为煤气、电	0.5879	0.7909	0.4120
Restroom	厕所为室内冲水	0.3862	0.6311	0.1737
Rubbish	垃圾倒在公共垃圾桶	0.4110	0.6590	0.1966
Middle	中部地区	0.2950	0.3051	0.2878
West	西部地区	0.2682	0.1740	0.3492
Car	家中有汽车	0.1188	0.1595	0.0832
Refrigerator	家中有冰箱	0.6652	0.8127	0.5392
Washing	家中有洗衣机	0.7162	0.8190	0.6294
Computer	家中有电脑	0.3346	0.5043	0.1884
Airconditon	家中有空调	0.2857	0.4555	0.1399
Incomeper	家庭人均收入	13437.0000	17899.0000	9537.1000
Expenper	家庭人均消费	11310.0000	14811.0000	8233.4000
Nonexper	去除低保人均消费	11238.0000	14727.0000	8174.7000

注：教育的基础组为文盲（Hhedu 1）；地区的基础组为东部（East）。

（2）ROC 方法。

PMT 的用途之一是识别贫困人口，即在经济福利空间中引入贫困线并计算总错误率（Total Error Rate），根据 PMT 得分正确划分出贫困与否的分类比例。总错误率的计算比较直观，非贫困人口划为贫困人口的数量及贫困人口划为非贫困人口的数量加总后除以总人口。但总错误率有时并不准确，它取决于贫困人口的比例，如只有少部分家庭为贫困时，没有任何人被确认为受益人仍然会导致总错误率接近于零，ROC 方法是专门为解决该问题而设计的（Wodon，1997）。

假设存在如表 6-17 所示的混淆矩阵（Confusion Matrix），每个单元格包含有关特定家庭数量的信息，如 A 是贫困家庭（个体）被划为低保受益者数量，C 则是非贫困家庭（个体）被划为低保受益者的数量。

在表 6-17 的数据信息可获情况下，真阳性比例（True Positive Rate，TPR，也被称为 Sensitivity）的定义为贫困者被划入低保受益者的比例；假阳性比例（False Positive Rate，FPR，也被称为 1-Specificity，其中 Specificity 为真阴性的比例）的定义为非贫困者被划入低保受益者的比例。

表 6-17　分类矩阵

贫困状态	低保状态		
	没有	有	全部
非贫困	D	C	N^{NP}
贫困	B	A	N^{P}
全部	N^{NB}	N^{B}	N

$$TPR=A/N^{P}，FPR=C/N^{NP} \tag{6-23}$$

TPR、FPR 取决于被允许进入低保政策的比例，取值范围为 0~1。在低保扶贫瞄准中，ROC 曲线是 TPR 与 FPR 对截断点变化的曲线图，用于识别 PMT 评分空间中的贫困人口。在瞄准文献中，与此相关的两个概念是覆盖不足率（Under-Coverage，指贫困人口没有被瞄准的比率）和漏损率（Leakage，是非贫困人口错误地获得福利的比率）。

因为贫困人口和非贫困人口的数量固定，随着更多的人被纳入低保计划，TPR 和 FPR 都将增加。当然，如果划类优于随机分类，即 PMT 传递了一些谁是贫困人口或谁不是贫困人口的信息，则 TPR 最初将以更快的速率增加进而产生凹的 ROC 曲线。在精确瞄准情况下即预测福利与实际福利间存在完全的线性关系时，只有 TPR 最初会增加，直到所有的贫困人口都被覆盖，此时 TPR 为单位 1，FPR 为 0。只有当所有的贫困人口都是受益者时，FPR 才会增加，最终直到所有家庭都被覆盖，此时 TPR 和 FPR 都为单位 1。此外，随机分类会引致 TPR 和 FPR 以相同的速率增加，两者比例预期为 1。因此，两者的比例在预期上是一致的。ROC 曲线向左上角弯曲得越远，瞄准越准确。ROC 曲线提供的信息汇总量可由曲线下面积（Area Under the Curve，AUC）来衡量，当分类没有误差时，该值最大为 1，AUC 越大说明模型拟合得越好。如果把低保随机分配给人群，AUC 的面积为 0.5。ROC 曲线可能会出现相交的情形，即一个模型在 FPR 的低水平下可能表现更好，但在更高水平下表现更差，两种模型都可以产生近乎相等的 AUC。Wodon

(1997)认为，只要政策制定者的偏好可以用以 TPR 和 FPR 为参数的拟凹函数来表示，就可以选择出一个合意模型：

$$U=U(TPR, FPR) \tag{6-24}$$

$$\frac{\partial U}{\partial TPR}>0 \text{ 并且} \frac{\partial U}{\partial TPR}<0$$

ROC 曲线 G_X（FPR）= TPR 由衡量代理财富审查回归模型（PMT）生成，X 是 PMT 回归模型中的变量集，这提供了式（6-24）的最大化约束条件：

$$MaxU=U(TPR, FPR) \tag{6-25}$$

约束条件为 $G_X(FPR)=TPR$

其一阶条件为：

$$\frac{\partial U/\partial TPR}{\partial U/\partial FPR}=\frac{\partial G_X(FPR)}{\partial TPR} \tag{6-26}$$

式（6-26）表明在社会福利的最佳水平上，TPR-FPR 空间中的无差异曲线的斜率等于 ROC 曲线的斜率。

ROC 曲线 G_X（FPR）依赖于 X，如果把最优福利水平 V 作为 G_X 的函数，则存在下式：

$$V(G_X)=Max\{U(TPR, FPR): G_X(FPR)=TPR\} \tag{6-27}$$

假设社会可从一组有限的替代性 PMT$\{X_1, X_2, \cdots, X_N\}$中进行选择，那么 PMT 的最佳选择为：

$$G_X^*=argMax\{V(G_{X_1}), V(G_{X_2}), \cdots, V(G_{X_N})\} \tag{6-28}$$

本节 PMT 的贫困模型选用如下的简单形式：

$$P_i=\alpha+\beta X_i+\varepsilon_i \tag{6-29}$$

式（6-29）中，P_i 为 1 时代表 i 家庭的福利指标（减去低保后的家庭人均消费）低于贫困线，P_i 为 0 时代表 i 家庭的福利指标高于贫困线。X_i 代表控制变量。贫困预测模型如下：

$$\hat{P}_i=\hat{\alpha}+\hat{\beta}X_i \tag{6-30}$$

式（6-30）中的 $\hat{P}_i$ 代表在给定 X 特征变量情况下成为贫困的预期概率，$\hat{\alpha}$、$\hat{\beta}$ 是式（6-29）中的估计值。一般情况下，预判家庭贫困或非贫困的标准方法为，当 $0 \leqslant \hat{P}_i \leqslant 1$ 时，则 i 为非贫困家庭；当 $0.5 \leqslant \hat{P}_i \leqslant 1$ 时，则 i 为贫困家庭。这种方法并非全部有效，因为 0.5 的分割点可能不是最大化覆盖率（即贫困部分被正确地预测为贫困）且最小化漏损率（非贫困部分被预测为贫困）的分割点，而最大化覆盖率和最小化漏损率是决策者的目标。解决这个问题的方法是使用一些指数来优化覆盖率和漏损率。Youden 指数（YI）、Distance 指数（DI）被普遍采用。

$$YI = \max\left(\frac{P_t}{P} - \frac{NP_t}{NP}\right) \tag{6-31}$$

$$DI = \sqrt{(P_{nt}/P)^2 + (NP_t/NP)^2} \tag{6-32}$$

式（6-31）、式（6-32）中的 P 代表贫困人口数量，NP 代表非贫困人口数量，t 代表瞄准，nt 代表没有瞄准。相应地，覆盖率（Coverage Rate）为 P_t/P；覆盖不足率为 P_{nt}/P；漏损率为 NP_t/NP。

2. 实证分析

（1）准确性评估。

探寻对贫困具有良好解释力的模型是本节实证分析工作的首要任务，表 6-18 是贫困回归模型的结果。因变量为二元哑变量表明家庭人均消费是否低于 2 $ PPP，在模型 1 中自变量包含家庭人口社会学变量、家庭生活条件、家庭地域等变量，模型 2 在模型 1 的自变量基础上添加了家庭耐用消费品变量。通过全样本及城乡分组样本回归结果发现，模型 2 优于模型 1，如全样本的模型 1、模型 2 的 Pseudo 的 R^2 分别为 0.1519、0.1946，全样本的模型 1、模型 2 的 AUC 分别为 0.7852、0.8162。下文如无特殊说明，均以模型 2 作为分析基础模型。

表 6-18 贫困回归模型

变量	城市				农村			
	模型 1		模型 2		模型 1		模型 2	
	Coef.	Z	Coef.	Z	Coef.	Z	Coef.	Z
Senior	-0.1722	-1.1500	-0.2000	-1.2900	0.0529	0.5400	-0.0280	-0.2800

续表

变量	城市				农村			
	模型 1		模型 2		模型 1		模型 2	
	Coef.	Z	Coef.	Z	Coef.	Z	Coef.	Z
Younger	0. 2594	1. 0200	0. 1021	0. 3800	0. 2391	1. 5300	0. 1545	0. 9600
Woman	−0. 2066	−1. 200	−0. 1230	−0. 7000	−0. 2830	−2. 3800	−0. 1890	−1. 5600
Familysize	0. 14562	6. 6800	0. 1981	8. 4000	0. 1291	9. 3500	0. 1595	11. 0700
Hhage	0. 01411	3. 9800	0. 0138	3. 7000	0. 0210	9. 0500	0. 0200	8. 3600
Hhedu 2	−0. 1677	−1. 7800	−0. 1480	−1. 5200	−0. 1290	−2. 3200	−0. 0680	−1. 1900
Hhedu 3	−0. 2717	−2. 8900	−0. 1760	−1. 7900	−0. 2810	−4. 5100	−0. 1800	−2. 7900
Hhedu 4	−0. 4149	−3. 2700	−0. 2570	−1. 9200	−0. 4770	−4. 8300	−0. 2980	−2. 8800
Hhedu 5	−0. 5464	−2. 5800	−0. 2830	−1. 2200	−0. 5740	−1. 9900	−0. 3860	−1. 2500
Hhgender	0. 0996	1. 6000	0. 0700	1. 1200	−0. 0030	−0. 1500	−0. 0090	−0. 4800
Hhmartial	−0. 4272	−4. 4700	−0. 3420	−3. 4200	−0. 1930	−2. 7100	−0. 1210	−1. 6500
Water	−0. 0919	−1. 1700	−0. 0940	−1. 1600	0. 0040	0. 0900	0. 03510	0. 7300
Fuel	−0. 3087	−4. 0700	−0. 1420	−1. 7700	−0. 2170	−4. 3000	−0. 0820	−1. 5400
Restroom	−0. 6454	−7. 6700	−0. 4780	−5. 3400	−0. 3890	−4. 9600	−0. 3200	−3. 8500
Rubbish	−0. 1998	−2. 6900	−0. 1570	−2. 0200	−0. 0410	−0. 6100	0. 0106	0. 1500
Middle	0. 2245	2. 8100	0. 1877	2. 2600	0. 1232	2. 1000	0. 1529	2. 5100
West	0. 1567	1. 6900	0. 0343	0. 3500	0. 0289	0. 5000	−0. 1110	−1. 7900
Car	−0. 3680	−2. 2800	−0. 5980	−4. 1400	—	—	—	—
Refrigerator	−0. 4570	−5. 5800	−0. 3640	−6. 7600	—	—	—	—
Washing	0. 0197	0. 2200	−0. 1340	−2. 5900	—	—	—	—
Computer	−0. 3380	−3. 4800	−0. 5570	−5. 7500	—	—	—	—
Airconditon	−0. 3610	−3. 4900	−0. 1540	−1. 5600	—	—	—	—
_ Cons	−1. 7554	−7. 0300	−1. 7120	−6. 5000	−2. 3370	−14. 3700	−2. 2320	−13. 3200

表 6-19 是全部样本及城乡分组样本家庭人口社会学变量、家庭生活条件、家庭地域、家庭耐用消费品四组变量中各单个贫困指数 ROC 曲线下的面积情况。如前文所述，单个贫困指数 ROC 曲线下的面积越接近于 1，其作为贫困指数的效率越高。

表 6-19　ROC 曲线下各单个贫困指数的面积

变量	全部样本	城市	农村
家庭人口社会学变量			
Senior	0. 5745	0. 5498	0. 5880
Younger	0. 5289	0. 5321	0. 5155
Woman	0. 5387	0. 5424	0. 5296
Familysize	0. 6173	0. 6302	0. 5849
Hhage	0. 6181	0. 5912	0. 6344
Hhedu 1	0. 6152	0. 6240	0. 5874
Hhedu 2	0. 5142	0. 5336	0. 5074
Hhedu 3	0. 5531	0. 5389	0. 5516
Hhedu 4	0. 5445	0. 5609	0. 5230
Hhedu 5	0. 5318	0. 5578	0. 5054
Hhgender	0. 5196	0. 5319	0. 5031
Hhmartial	0. 5235	0. 5407	0. 5215
家庭生活条件			
Water	0. 5877	0. 6218	0. 5258
Fuel	0. 6448	0. 6806	0. 5768
Restroom	0. 6466	0. 7301	0. 5480
Rubbish	0. 6218	0. 6598	0. 5381
家庭地域			
East	0. 5771	0. 6046	0. 5435
Middle	0. 5304	0. 5528	0. 5260
West	0. 5467	0. 5518	0. 5174
家庭耐用消费品			
Car	0. 5534	0. 5669	0. 5372
Refrigerator	0. 6702	0. 6826	0. 6289
Washing	0. 6068	0. 5920	0. 5886
Computer	0. 6487	0. 6928	0. 5861
Airconditon	0. 6170	0. 6773	0. 5479

从表 6-19 中可以看出，在家庭人口社会学变量中，户主年龄这个变量在全部样本中、城乡分组样本中的 AUC 最大，说明年龄是家庭人口社会学中用作贫困指示器最有效的一个变量；家庭规模的 AUC 紧随年龄之后，这是次优的贫困指示器；户主受教育程度为文盲的 AUC 居于第三位，这也说明受教育程度较低易引致贫困；家庭中大于 60 岁人口比这个变量在农村用作贫困指示器比城市好，这可能由于农村老人在劳动效率下降或丧失后，农村养老金制度不完善使其陷入贫困的概率增加；对比城乡单个贫困指数的 AUC 可以发现，家庭人口社会学变量中家庭规模、户主年龄分别是城市、乡村贫困指示器最有效的指数。

家庭生活条件中用作贫困指示器的优劣排序为卫生间类型、做饭燃料类型、垃圾倾倒位置、自来水情况；城市中贫困最有效的指示指数是卫生间类型，农村则是做饭燃料类型。家庭地域中全部样本东部地区的 AUC 最大，中部最小。家庭耐用消费品冰箱在全部样本中的 AUC 最大，电脑的 AUC 居于第二位；城市中贫困在家庭耐用消费品中最有效的指示器是电脑，农村则是冰箱。

综合来看，城市中单个贫困指数以卫生间类型、电脑情况等如家庭生活条件和家庭耐用消费品的拥有状况来衡量较为有效。农村单个贫困指数则以年龄、冰箱情况等如家庭人口社会学变量和家庭耐用消费品的拥有状况来衡量较为有效。

本节以模型 2 为最佳贫困模型，其正确预测贫困的能力如何呢？PMT 估计了贫困的概率后，接下来的问题是用什么样的截断点来确定个体或家庭是否有资格接受政府救助。选择截断点常常伴随着覆盖贫困人口和排除非贫困人口之间的权衡问题。通常而言，识别贫困人口的准确性越高，识别非贫困人口的准确性就越低；反之则反是。下文分析使用模型的参数来预测因变量（贫困/非贫困）的信息。表 6-20 汇报了贫困线为现价家庭人均每天消费 2 ＄PPP 时，使用不同概率阈值点下的覆盖率（这里是把贫困人口正确分类的概率）和漏损率（这里是把非贫困划为贫困的概率）情况。表 6-20 中的正确识别率是指贫困被识别为贫困、非贫困被识别为非贫困的比率。

表 6-20　覆盖贫困人口和排除非贫困人口的权衡

截断点≥	城市（%）			农村（%）		
	覆盖贫困人口率（敏感性）	排除非贫困人口率（特定性）	正确识别率	覆盖贫困人口率（敏感性）	排除非贫困人口率（特定性）	正确识别率
0.025	91.98	62.66	64.24	98.48	17.63	27.87
0.100	70.23	85.30	84.49	80.52	54.90	58.15
0.175	46.56	93.26	90.75	56.77	78.98	76.17
0.250	33.21	96.88	93.46	34.53	91.49	84.28
0.325	20.99	98.61	94.44	23.07	96.04	86.80
0.400	14.12	99.33	94.75	12.15	98.24	87.34
0.475	8.02	99.72	94.79	6.08	99.18	87.40
0.550	5.73	99.91	94.85	3.45	99.62	87.45
0.625	3.05	99.98	94.77	1.38	99.92	87.45
0.700	1.15	100.00	94.69	0.55	99.96	87.38

表 6-20 揭示了如下规律：对于一个较低的截断值点，其对应的覆盖率和漏损率都比较高。特别地，如果选择很低的截断点（如截断点为 0.025 时），90%以上的家庭被正确地识别为贫困；当截断点值很高（如截断点为 0.700 时），所有家庭将被正确地识别为非贫困。城市在贫困线为现价家庭人均每天消费 2 $ PPP、截断点为 0.100 时，如果家庭贫困的话，模型能正确地预测到贫困的概率为 70.23%，这也意味着该模型把贫困预测为非贫困的概率为 29.77%，即称覆盖不足率或称排除误差。如果家庭（个体）非贫困的话，这个模型也能正确预测到非贫困的概率为 85.30%，这也意味着该模型把非贫困预测为贫困的概率为 14.70%，即称漏损率或称包含误差（Inclusion Error）。当把城市的概率阈值点提高到 0.400 时，覆盖不足率恶化并提高到 85.88%，漏损率大幅度下降到 0.67%。农村不同概率阈值点下的覆盖率和漏损率也呈现出相同的规律。上述分析表明，概率阈值更改会影响瞄准结果，因此，最小化错误结果即最小化覆盖率不足和漏损的前提是需要将与概率阈值相关的参数进行校调。

其实，上述结果也表明贫困概率门槛值的选取可能要依据政策制定者对覆盖贫困人口和排除非贫困人口的相对重要性来考虑。从政策和福利角度来看，第一种类型的错误（低覆盖率）更成问题，而从预算角度来看，则第二种类型的错误（漏损）更成问题。当政策制定者把对覆盖贫困人口和排除非贫困人口的目标赋予同权重时，概率门槛值的选取应以贫困被识别为贫困、非贫困被识别为非贫困的比率最大为目标，即表 6-20 中城乡各自对应的最后一列正确识别率最大为最优点。此时，城市选取的贫困概率门槛值为 0.55，农村则为 0.575（表 6-20 未列示）。当政策制定者更关心减少被排除在计划福利之外的贫困人口的数量，而不是关注对非贫困人口的覆盖/漏损时，那么就可能选择较低的贫困截断点。例如，农村截断点选取 0.100 时将会保证 80.52%的贫困人口被正确识别，其代价为有 54.90%的非贫困人口被排除，此时，整个人群中贫困被正确识别为贫困、非贫困被正确识别为非贫困的比率下降到 58.15%。相反，当政策制定者把避免减贫资金漏损到非贫困群体中给予较大权重时，此时就可能选择一个较高的贫困截断点值来增加非贫困者的排除比率。例如农村截断点选取 0.700 时将会保证 99.96% 的非贫困人口被排除在政府救助项目之外，其代价为只有 0.55%的贫困人口被正确识别，此时，整个人群中贫困被正确识别为贫困、非贫困被正确识别为非贫困的比率有所下降。

最优的贫困概率门槛值还可以通过 Youden 指数（YI）、Distance 指数（DI）来计算最大化覆盖率和最小化漏损率。这两个指数计算出的最优贫困概率门槛值差异并不是太大，Youden 指数的最优门槛值为 0.0846（此时相应的覆盖率为 0.8237，相应的漏损率为 0.3545），Distance 指数的最优门槛值为 0.1083（此时相应的覆盖率为 0.7507，相应的漏损率为 0.2834）。

表 6-21 汇报了在贫困率为 10%（贫困线约为现价家庭人均每天消费 2.1 $ PPP）、25%（贫困线约为现价家庭人均每天消费 3.65 $ PPP）时不同受益比率[①]下的 TPR 值，此时 PMT 模型中的自变量包括家庭人口社会学变

① 对于表 6-17 的分类矩阵而言，当给定贫困率 $P_0=N^P/N$，受益比率 $B_0=N^B/N$，$TPR=A/N^P$，FPR 与 TPR 之间存在如下关系，$FPR=\frac{B_0-TPR\ P_0}{1-P_0}$。

量、家庭生活条件、家庭地域、家庭耐用消费品等变量。

表 6-21　在不同的受益比率下真阳性值

受益比率（%）	贫困率	
	10%	25%
10	0. 3631	0. 2607
25	0. 6572	0. 5299
50	0. 9000	0. 8341
60	0. 9504	0. 9056
70	0. 9700	0. 9583
80	0. 9900	0. 9845

表 6-21 显示，如果贫困率为 10%并且 10%的人群被瞄准，此时那些接受低保救助的个体或家庭中有 36. 31%的人是真实贫困的。这说明当贫困率较低且使用与贫困率相同的瞄准率时，PMT 在识别贫困方面较差。所以当目标为通过有限的公共转移支付达到最穷个体那里时，PMT 的有效性可能会打折扣。这个结果与现存文献的结果大致相符，如 Kidd 和 Wylde（2011）对孟加拉国、卢旺达、斯里兰卡和印度尼西亚的数据模型发现当贫困率为10%且 10%的人被瞄准时，TPR 的值为 29%～43%。Fábio 等（2008）报告巴西的公共转移支付救助 TPR 值为 20%～41%。Stephan 和 Simon（2015）对玻利维亚的分析显示公共转移支付救助的 TPR 值在 50%左右。表 6-21 还显示在贫困率给定的条件下，随着受益比率的增加，TPR 的数值也在增加，如果贫困率为 25%并且 25%的人群被瞄准，此时那些接受低保救助的个体或家庭中也只有 52. 99%的人是真实贫困的，而当 80%的人群被瞄准时纳入公共转移支付的贫困人口比例上升到 98. 45%。这说明当贫困率较高且公共转移支付项目受益比例也较高时，PMT 模型表现得更好。如果漏损不是主要问题，则可以通过较广的 TPR 实现较高的目标瞄准。

（2）考虑财政预算时的贫困模拟。

瞄准决策有时更大程度上取决于公共转移支付预算情况而非取决于覆

盖标准。实际上，如果贫困率非常高，按照伦理标准的覆盖将是普遍性的，因此，由预算限制决定的瞄准应是次优选择。假设低保公共转移支付的预算是固定的，本节假设总预算为家庭总消费的1%，此时城乡所有家庭每年接受低保的数额大约为870元。需要指出的是，贫困模拟计算具有局限性：第一，不考虑家庭的行为反应，如家庭不会改变其属性以获得公共转移支付资格。第二，不考虑公共转移支付资金出自何处，特别是家庭不需要征税。第三，将公共转移支付直接添加到家庭总消费中并计算人均数量，隐含地假设整个公共转移支付被消费掉。第四，公共转移支付预算固定，将公共转移支付接受者的人数减少一半会导致人均可用公共转移支付翻一番，预算对受益份额的弹性为零。

决策者有时会更倾向于事先固定一个覆盖率值，表6-22为在贫困线为现价家庭人均每天消费2＄PPP贫困线时不同覆盖率下的预算、漏损率及截断点情况。例如，农村为达到80%的覆盖率，此时所需的预算为全覆盖所需预算的53.15%，相应的漏损率和截断值分别为44.15%、10.20%。表6-22的结果说明，覆盖率下降时，所需预算为全覆盖预算的百分比也在下降，漏损率下降，贫困概率门槛值上升。

表6-22　不同覆盖率下的预算、漏损率及截断点情况　　单位:%

	覆盖	预算	漏损	概率门槛
城市（H0=0.053）	80	31.83	21.03	6.82
	60	18.52	10.60	13.04
	50	14.11	7.54	16.46
	40	9.68	4.46	21.20
	10	1.68	0.41	45.22
农村（H0=0.124）	80	53.15	44.15	10.20
	60	30.48	23.59	16.50
	50	22.44	16.65	19.50
	40	15.23	10.54	23.15
	10	2.50	1.32	42.56

表6-23则列示了不同预算下覆盖率、漏损率、概率门槛值及贫困率的模拟结果。城市的第一行数据显示，如果使用全覆盖所需预算80%时，此时的贫困率为4.97%，预算中的9.93%做覆盖之用，预算中的90.06%则成为漏损；当使用全覆盖所需预算20%时，贫困率上升到5.24%，而此时预算中做覆盖之用的比例上升到27.35%，而预算中漏损的比例下降到72.64%。当农村使用全覆盖所需预算的百分比下降时，覆盖率和漏损率也都与城市一样呈现下降态势，贫困率逐渐上升，预算中做覆盖之用的比例上升，而预算中漏损的比例下降。该方法不仅提供了覆盖率、漏损率、贫困之影响的计算结果，还计算出了漏损的成本信息，这给决策者提供了一个有用的工具。

表6-23　不同预算下覆盖率、漏损率、概率门槛值及贫困率　单位:%

	预算	覆盖率	漏损率	概率门槛	贫困率	预算覆盖率	预算漏损率
城市	80	99.20	65.24	0.49	4.97	9.93	90.06
	50	91.98	36.90	2.50	5.09	15.30	84.70
	20	61.83	11.90	12.03	5.24	27.35	72.64
	5	24.80	1.90	29.13	5.32	48.60	51.30
	0	0.00	0.00	100.00	5.37	—	—
农村	80	94.88	69.41	4.82	11.94	18.27	81.72
	50	77.34	40.23	11.24	12.08	23.93	76.06
	20	45.44	13.69	21.27	12.24	35.20	64.80
	5	15.88	2.66	36.79	12.36	49.42	50.57
	0	0.00	0.00	—	12.40	—	—

覆盖率和漏损率可能会受到贫困线变动的影响，通过不同的贫困线估计的贫困模型可获得相应的预测概率、覆盖率及漏损率，进而验证调整贫困线后的政策效果。作为例子，本节选取了家庭人均消费的十分位点的每一分位作为贫困线，并估计了每一贫困线下的覆盖率、漏损率及截断点值，十个分位点对应的覆盖率、漏损率之间的最大距离表明，随着贫困线的增加，覆盖率、漏损率之间的距离也在增加，但该距离的增加并非线性的。例如，以第四个消费分位的平均值作为贫困线（即贫困线为现价家庭人均

每年消费 5525 元）时，覆盖率为 72%、漏损率为 26%，如果贫困线增加到第五个消费分位的平均值（即贫困线为现价家庭人均每年消费 6826 元）时，覆盖率和漏损率基本没有变化，即贫困线从现价家庭人均每年消费 5525 元增加到现价家庭人均每年消费 6826 元时并无福利增进发生。然而贫困线从第六个消费分位的平均值增加到第七个消费分位的平均值时，覆盖率增加 0. 2%，漏损率下降 3%，出现了明显的福利增进。

3. 小结

作为亲贫困的一种公共转移制度安排，最低生活保障的反贫困瞄准情况如何？考虑预算约束，只瞄准最贫困个体的理想瞄准与普遍覆盖相比，哪个减贫的效果更好？本节使用中国家庭追踪调查（CFPS）数据，基于代理工具测试模型（PMT）并结合 ROC 方法研究低保的反贫困瞄准问题。结果显示：城市中单个贫困指数以卫生间类型、电脑情况等家庭生活条件和家庭耐用消费品的拥有状况来衡量较为有效。农村单个贫困指数则以户主年龄、冰箱情况等家庭人口社会学变量和家庭耐用消费品的拥有状况来衡量较为有效。更改贫困概率门槛值会影响贫困瞄准结果，对于一个较低的贫困概率门槛值，其对应的覆盖率（覆盖贫困人口）和漏损率（非贫困人口被纳入）都比较高。当政策制定者对覆盖贫困人口和排除非贫困人口的目标赋予相同权重时，贫困概率门槛值的选取应以贫困被识别为贫困、非贫困被识别为非贫困的比率最大为目标，此时城乡贫困概率门槛值约为 0. 5。当贫困率较低且使用与贫困率相同的瞄准率时，基于 PMT 模型的贫困瞄准较差。在贫困率给定的条件下，随着受益比率（包含率）的增加，贫困瞄准的精确性在提高。使用全覆盖所需预算的百分比下降时，覆盖率和漏损率也都呈现下降态势，贫困率逐渐上升，预算中做覆盖之用的比例上升，而预算中漏损部分的比例下降。贫困线的变动会影响覆盖率、漏损率。

本节结论的政策含义如下：第一，完善代理工具测试（PMT）设计并与社区参与相结合，提高瞄准效率。低保资格的认定和瞄准中存在的主要问题之一是准确的家庭收入（消费）信息较难获得，根据家庭的一些较容易观测的特征，如居住地、耐用消费品拥有情况、房屋质量、受教育程度、家庭人口社会学特征等，应用PMT模型赋权计算得分并结合社区参与方式来识别家庭的贫困状况是适宜的方法。完善的PMT模型既绕开收入测量的难题，又便于实施分类救助，并且还可以把边缘人群纳入其中。这有助于低保制度的公平和透明，减轻主观判断的干扰。第二，重视行政成本问题。Besley和Coate（1992）指出反贫困公共转移支付瞄准越精确，行政成本也越高。尽管如此，中国地区差异、治理模式差异如此之大仍需个别地区制定符合当地实际的贫困测度识别的单一或综合指标。第三，加强中央财政对财政困难地区低保转移支付力度。由于地方政府预算约束，其"因财施保"策略行为时有发生，为使城乡低保救助水平不因地方财力的制约而受影响，中央财政需对财政困难地区增加转移支付力度。当然，扶贫资金的来源还可借助捐赠等其他渠道。第四，建立完善的低保信息系统和健全低保动态监测系统也是反贫困瞄准的题中之义。建立完善的低保信息管理系统需要整合财税部门、金融系统、社保系统等多方关系，防范"人情保、关系保"现象发生。对低保农户的"进入""退出"进行动态监测评估，实现低保人员的"进出"有章可循，既要避免产生低保的福利依赖，又要采取反贫困的事前救助的预防措施。

资料所限，本节没有对低保的"补差"问题进行定量分析，假定预算对受益份额的弹性为零也与现实有些差距。以人均消费为贫困与否的福利指标，如用其他反映贫困代际传递的营养、人力资本投资等福利指标是否更有效？如果考虑到公共转移支付救助的行为反应、福利耻辱的隐藏处罚等问题，结论会怎样？其实，这些问题也构成了下一步研究的重点。

二、低保的消费效应与反贫困

1. 低保消费效应评估数据与策略

（1）数据。

本节使用的数据为2011年中国健康与养老追踪调查（China Health and Retirement Longitudinal Study，CHARLS）的基线调查数据，该数据集收集了中国28个省45岁及以上中老年人家庭和个人的微观数据，覆盖150个县级单位，450个村级单位，约1万户家庭中的1.7万人。CHARLS采用了多阶段抽样，在县/区和村居抽样阶段均采取PPS抽样方法。CHARLS问卷内容包括个人基本信息，家庭结构和经济支持，健康状况，体格测量，医疗服务利用和医疗保险，工作、退休和养老金、收入、消费、资产，以及社区基本情况等（Zhao et al.，2013）。本研究删除了城市家庭及关键变量缺失的样本，最后，我们得到了7128户农村家庭样本。

（2）低保消费效应评估策略。

我们使用断点回归方法（Regression Discontinuity，RD）估计低保对贫困家庭消费的影响。断点回归能在断点处无偏地把实验效应估计出来，具体到低保制度而言，在低保线附近存在一个较窄的带宽，如低保线为800元，理想的带宽可能在790~810元。较窄带宽下低保线（截断线）就能把样本随机地分为两个子样本，当人均家庭收入（不含低保）很接近低保线时，即使超过低保线的程度不大也不具有领取低保的资格，但该家庭其实是贫困家庭，两个子样本中一个是家庭人均收入超过低保线的家庭，称之为控制组，该组不具有领取低保的资格，另一组为实验组，即家庭人均收入低于低保线具有领取低保的资格。因为不同调查地区的低保线标准不同，我们首先把不同地区的收入进行标准化变化，利用各地低保线作为工具变量把收入标准化，标准化后的变量命名为得分，得分即家庭人均收入减去低保线后的分数，如果家庭人均收入等于低保线，该家庭的得分定义为0，得分大于0为非贫困，得分小于0则为贫困家庭，因此就可以比较低保在截断线上下对消费的效应。断点回归这种方法认为个体特征在断点两侧几乎是相同的，即个体特征在分配变量（或称强制变量，如本节中的人均收入减去低保线后的得分变量）上的变化是连续变化的，实验组和控制组在断点附近差异的唯一来源为是否接受了实验，即是否领取低保金，断点回归利用个体接近截断点方法来进行政策评估，具有实验设计的一些特征。

断点回归对实验选择主要依据一个连续变量S（本节即得分变量），这种依据或者是概率性的或者是确定性的，当实验选择是确定性地依赖于S或

S 的函数时，即在断点 $\overline{S}$ 处产生非连续变化，这种实验称为尖锐（Sharp）断点回归，而当实验选择是概率性变化时，即实验变化的概率在断点处产生非连续变化，这种实验称为模糊（Fuzzy）断点回归。本节中家庭人均消费 Y 表示为实验 D（如本节中的低保）和控制变量 X 的函数，$Y=\alpha D+\beta X$，α 就是在断点附近的低保对消费的效应，这种回归其实是一种局部回归，因为它只利用了在家庭人均收入减去低保线后分数为 0 这种断点附近的实验组和控制组个体信息。

为识别低保对家庭人均消费 Y 的影响，即 α 值，我们首先使用 Wald 断点方法（Hahn et al.，2001；Klaauw，2002；Imbens and Lemieux，2008），估计以下比率：

$$\hat{\alpha}=\frac{\lim\limits_{s\to \bar{s}^{+}} E[Y \mid S=\overline{S}]-\lim\limits_{s\to \bar{s}^{-}} E[Y \mid S=\overline{S}]}{\lim\limits_{s\to \bar{s}^{+}} E[DIBAO \mid S=\overline{S}]-\lim\limits_{s\to \bar{s}^{-}} E[DIBAO \mid S=\overline{S}]} \tag{6-33}$$

式（6-33）中 $\lim\limits_{s\to \bar{s}^{+(-)}} E[Y \mid S=\overline{S}]$ 是断点 $\overline{S}$ 右边（$\overline{S}$ 右上角的减号代表左边）的消费 Y 的期望值，$\lim\limits_{s\to \bar{s}^{+(-)}} E[DIBAO \mid S=\overline{S}]$ 是断点 $\overline{S}$ 右边（$\overline{S}$ 右上角的减号代表左边）的加入低保 DIBAO 的概率。另外，基于前文分析，我们还使用模糊断点参数回归的 2SLS 方法（Klaauw，2002），这需要估计以下方程：

$$Y=\alpha.\ E(DIBAO \mid S)+\beta X+K(S)+\varepsilon \tag{6-34}$$

式（6-34）中 Y 仍代表家庭人均消费，X 代表控制变量，DIBAO 是二元哑变量，表示是否接受了低保，S 代表得分，K（S）代表 S 的多项式，下文如无特殊说明，K（S）一般设定为 $\sum\limits_{1}^{3}\beta_j S^j$，式（6-34）中的期望可以采用第一阶段估计方法得出：

$$DIBAO=\beta X+f(S)+\gamma.\ 1[S\leqslant\overline{S}]+\omega \tag{6-35}$$

式(6-35)中 $f(S)=\sum\limits_{0}^{3}\Theta_{0k}S^k+\sum\limits_{1}^{3}\Theta_{1k}(S-\overline{S})^k.\ 1[S\leqslant\overline{S}]$，$1[S\leqslant\overline{S}]$是指示函数即当括号中为真时取值为 1，否则为 0，其实，$1[S\leqslant\overline{S}]$就是 DIBAO

的一个工具变量。γ≠0 的系数的显著性保证了在断点处加入低保概率的非连续性。

2. 实证结果

依据前述定义方程，表 6-24 汇报了 Wald 断点与模糊断点回归的估计结果。其中，因变量分别为家庭人均食品消费对数、家庭人均非食品消费对数、家庭人均总消费对数①，Wald 断点方法中分别取了得分断点左右各 50 元、100 元和 200 元的带宽，式（6-33）中的分子和分母分别用 Numer 和

表 6-24　低保效应的断点估计：调查点农村低保线

估计方法	带宽	变量	食品消费对数		非食品消费对数		总消费对数	
			Coef.	Z	Coef.	Z	Coef.	Z
Wald Estimates	100	Numer	0. 146	0. 510	-0. 017	-0. 050	-0. 010	-0. 040
		Denom	-0. 028	-0. 230	0. 035	0. 300	0. 022	0. 180
		l wald	-5. 253	-0. 200	-0. 485	-0. 050	-0. 487	-0. 030
	50	Numer	-0. 109	-0. 330	-0. 317	-0. 630	-0. 270	-0. 650
		Denom	-0. 131	-0. 780	-0. 063	-0. 370	-0. 059	-0. 350
		l wald	0. 838	0. 330	5. 041	0. 330	4. 569	0. 310
	200	Numer	0. 231	0. 840	0. 061	0. 200	0. 090	0. 340
		Denom	-0. 012	-0. 150	0. 049	0. 440	0. 033	0. 300
		l wald	-13. 553	-0. 150	1. 256	0. 180	2. 757	0. 240
Regression Estimates (2SLS)	100	A	-11. 601	-0. 190	1. 918	0. 270	4. 210	0. 270
		B	-15. 706	-0. 220	4. 623	0. 380	9. 115	0. 260
	50	A	1. 024	0. 140	81. 114	0. 020	12. 041	0. 090
		B	-8. 581	-0. 330	-20. 140	-0. 130	-11. 740	-0. 190
	200	A	-15. 806	-0. 070	-0. 740	-0. 160	-2. 114	-0. 290
		B	-10. 166	-0. 120	0. 506	0. 110	-0. 679	-0. 110

注：A 表示没有控制变量只有 S 的多项式，B 表示加入控制变量及 S 的多项式。

① CHARLS 中的家庭消费种类较多，为简单计，本节只分成了食品、非食品及总消费三类，实证显示，低保对任何消费如 CHARLS 中比较细分的包括交通、教育培训、外出就餐、日用品、衣着消费的影响结论基本没有大的改变。

Denom 表示，两者的比率即 l wald 是我们关注的焦点变量。对模糊断点回归而言，采用的带宽也分别为 50 元、100 元和 200 元，A 表示没有控制变量只有 S 的多项式，B 表示加入控制变量及 S 的多项式，控制变量主要选取了家庭中的儿童数量、户主受教育程度、户主年龄等变量。

Wald 断点方法估计结果显示，无论带宽定义为多少，分母的系数均与 0 无差异，并且分子与分母比值的系数也与 0 无差异。所以，我们得到的结论是，低保对家庭人均食品消费对数、非食品消费对数及总消费对数均没有显著影响。

如果我们把样本进行分组研究，东、中、西部的结果是否会出现异质性？表 6-25 汇报的是以家庭人均收入减去调查点农村低保线后的得分为分配（强制）变量后东、中、西部对比的估计结果。

表 6-25　分地区低保的断点估计：调查点农村低保线

东部								
估计方法	带宽	变量	食品对数		非食品对数		总消费对数	
			Coef.	Z	Coef.	Z	Coef.	Z
Wald Estimates	100	Numer	0. 260	0. 640	0. 552	0. 800	0. 353	0. 700
		Denom	-0. 213	-0. 770	-0. 112	-0. 400	-0. 158	-0. 570
		l wald	-1. 222	-0. 410	-4. 921	-0. 320	-2. 235	-0. 370
	50	Numer	0. 596	1. 160	0. 166	0. 190	0. 385	0. 600
		Denom	-0. 229	-0. 620	-0. 299	-0. 830	-0. 269	-0. 740
		l wald	-2. 606	-0. 440	-0. 554	-0. 170	-1. 430	-0. 390
	200	Numer	0. 301	0. 730	0. 689	1. 090	0. 398	0. 840
		Denom	-0. 183	-0. 740	-0. 032	-0. 120	-0. 084	-0. 330
		l wald	-1. 648	-0. 440	-21. 732	-0. 120	-4. 706	-0. 280
Regression Estimates（2SLS）	100	A	-1. 483	-0. 510	-30. 600	-0. 100	-4. 900	-0. 320
		B	-2. 491	-0. 710	-19. 730	-0. 230	-5. 820	-0. 470
	50	A	-0. 580	-0. 250	-2. 290	-0. 490	-1. 030	-0. 400
		B	-27. 410	-0. 090	46. 400	0. 110	-101. 400	-0. 030
	200	A	-6. 119	-0. 480	9. 169	0. 360	30. 420	0. 080
		B	-6. 680	-0. 530	11. 607	0. 360	58. 080	0. 050

续表

中西部								
估计方法	带宽	变量	食品对数		非食品对数		总消费对数	
			Coef.	Z	Coef.	Z	Coef.	Z
Wald Estimates	100	Numer	0.060	0.170	-0.246	-0.610	-0.174	-0.500
		Denom	0.035	0.260	0.083	0.650	0.084	0.650
		l wald	1.749	0.160	-2.951	-0.420	-2.088	-0.370
	50	Numer	-0.349	-0.850	-0.509	-0.860	-0.496	-0.990
		Denom	-0.095	-0.540	0.010	0.060	0.010	0.060
		l wald	3.657	0.520	-49.340	-0.060	-48.104	-0.060
	200	Numer	0.167	0.500	-0.172	-0.480	-0.056	-0.180
		Denom	0.034	0.270	0.076	0.640	0.076	0.640
		l wald	4.944	0.250	-2.246	-0.360	-0.736	-0.170
Wald Estimates (2SLS)	100	A	6.704	0.250	-1.754	-0.310	0.036	0.010
		B	7.573	0.240	-1.145	-0.240	0.645	0.190
	50	A	-5.616	-0.150	-5.957	-0.390	-4.378	-0.380
		B	473.000	0.000	-1.883	-0.130	-0.105	-0.010
	200	A	-3.683	-0.120	-4.474	-0.370	-5.327	-0.410
		B	-11.770	-0.080	-4.585	-0.300	-5.912	-0.330

注：A 表示没有控制变量只有 S 的多项式，B 表示加入控制变量及 S 的多项式。

表 6-25 的结果表明，无论采用哪种估计方法和估计带宽，低保对东、中、西部的家庭人均食品消费对数、非食品消费对数及总消费对数都没有显著影响。

前述分配（强制）变量定义为家庭人均收入减去调查点农村低保线后的得分，如果把强制变量定义为家庭人均收入减去全国农村统一贫困线（国家统计局 2010 年标准 1274 元）后的得分，结论又会有什么改变呢？地区间是否出现异质性？表 6-26 和表 6-27 分别汇报了全部样本和分地区样本的 Wald 断点与模糊断点回归情况。

表 6-26　低保效应的断点估计（2010 年全国农村统一贫困线：1274 元）

估计方法	带宽	变量	食品对数		非食品对数		总消费对数	
			Coef.	Z	Coef.	Z	Coef.	Z
Wald Estimates	100	Numer	-0.066	-0.210	-0.573*	-1.690	-0.558**	-1.990
		Denom	-0.069	-0.760	-0.076	-0.850	-0.069	-0.800
		l wald	0.944	0.200	7.498	0.750	8.075	0.720
	50	Numer	0.001	0.000	-0.918**	-2.140	-0.806**	-1.970
		Denom	-0.046	-0.650	-0.056	-0.850	-0.052	-0.800
		l wald	-0.021	0	16.269	0.760	15.513	0.720
	200	Numer	0.030	0.100	-0.392	1.170	-0.372	-1.370
		Denom	-0.115	-1.260	-0.129	1.480	-0.123	-1.440
		l wald	-0.265	-0.100	3.025	0.910	3.019	0.970
Regression Estimates (2SLS)	100	A	-0.942	-0.390	2.075	0.810	1.879	0.840
		B	-2.325	-0.930	0.060	0.030	-0.116	-0.070
	50	A	10.318	0.140	-21.590	-0.350	-18.329	-0.430
		B	-1.035	-0.200	6.500	0.310	12.471	0.280
	200	A	1.278	0.360	4.100	1.080	2.661	0.940
		B	-1.454	-0.480	1.108	0.530	-0.020	-0.010

注：A 表示没有控制变量只有 S 的多项式，B 表示加入控制变量及 S 的多项式。** 表示 5%水平下显著、* 表示 10%水平下显著。

表 6-27　分地区低保效应的断点估计（2010 年全国农村统一贫困线：1274 元）

东部								
估计方法	带宽	变量	食品消费对数		非食品消费对数		总消费对数	
			Coef.	Z	Coef.	Z	Coef.	Z
Wald Estimates	100	Numer	-0.253	-0.650	-0.895	-1.050	-0.602	-1.110
		Denom	-0.066	-0.370	-0.079	-0.470	-0.070	-0.420
		l wald	3.829	0.290	11.318	0.420	8.569	0.380
	50	Numer	-0.551*	-1.800	-3.115***	-3.940	-1.866***	-2.990
		Denom	0.016	0.120	0.015	0.130	0.015	0.130
		l wald	-34.792	-0.120	-201.338	-0.130	-120.600	-0.130
	200	Numer	-0.081	-0.210	-0.599	-0.710	-0.422	-0.810
		Denom	-0.053	-0.290	-0.065	-0.400	-0.061	-0.380
		l wald	1.549	0.160	9.097	0.350	6.856	0.330

续表

东部								
估计方法	带宽	变量	食品消费对数		非食品消费对数		总消费对数	
			Coef.	Z	Coef.	Z	Coef.	Z
Regression Estimates (2SLS)	100	A	-0.271	-0.030	8.400	0.310	6.050	0.300
		B	-5.840	-0.200	2.190	0.120	2.940	0.230
	50	A	96.400	0.100	-142.280	-0.120	-88.680	-0.120
		B	4.480	0.640	4.310	0.520	3.540	0.530
	200	A	-3.410	-0.720	-12.470	-0.760	-8.790	-0.750
		B	-2.030	-0.310	-13.320	-0.510	-9.510	-0.460

中西部								
估计方法	带宽	变量	食品消费对数		非食品消费对数		总消费对数	
			Coef.	Z	Coef.	Z	Coef.	Z
Wald Estimates	100	Numer	0.005	0.010	-0.438	-1.300	-0.529	-1.600
		Denom	-0.078	-0.740	-0.090	-0.870	-0.081	-0.810
		l wald	-0.064	-0.010	4.829	0.710	6.515	0.720
	50	Numer	0.123	0.250	-0.543	-1.280	-0.627	-1.400
		Denom	-0.068	-0.840	-0.084	-1.060	-0.077	-1.000
		l wald	-1.812	-0.250	6.449	0.780	8.119	0.780
	200	Numer	0.083	0.220	-0.302	-0.920	-0.342	-1.070
		Denom	-0.138	-1.330	-0.162	-1.570	-0.152	-1.520
		l wald	-0.603	-0.220	1.862	0.790	2.242	0.870
Regression Estimates (2SLS)	100	A	-1.010	-0.400	1.108	0.600	1.228	0.640
		B	-2.450	-0.980	-0.512	-0.360	-0.681	-0.470
	50	A	0.679	0.050	-23.530	-0.180	-21.570	-0.270
		B	-2.506	-0.430	-1.099	-0.200	5.328	0.430
	200	A	-0.064	-0.030	0.873	0.580	0.480	0.330
		B	-1.479	-0.670	-0.605	-0.460	-0.998	-0.740

注：A 表示没有控制变量只有 S 的多项式，B 表示加入控制变量及 S 的多项式。*** 表示 1%水平下显著、* 表示 10%水平下显著。

表 6-26 全部样本的 Wald 断点方法结果表明，低保对食品消费对数没

有显著影响。在非食品消费对数回归方程中，当带宽为 100 元时，分子项的系数在 10%的统计水平上显著为负，但是分母项的系数不显著，即在断点处加入低保的概率不显著，导致分子和分母的比率系数不显著。总消费对数的回归方程也表现出了同样的态势，分子项的系数在 5%的统计水平上显著为负，但是分母项的系数不显著，表明断点处加入低保的概率不显著，导致分子和分母的比率系数也不显著。当把带宽缩小为断点左右各 50 元时，非食品消费对数和总消费对数的分子均在 5%的统计水平上显著为负，但分子和分母比率的系数仍然不显著。当带宽增加到断点处左右各 200 元时，分子项、分母项及两者比率项的系数均不显著。模糊断点回归的结果也表明低保对食品消费对数、非食品消费对数及总消费对数没有显著影响。当我们把强制变量定义为家庭人均收入减去 2010 年全国农村统一贫困线（国家统计局 2010 年标准 1274 元）时，全部样本回归得到的结论基本没有改变。

表 6-27 分地区样本的 Wald 方法结果表明，低保除只对带宽为 50 元时的东部地区的非食品消费对数和总消费对数的分子项系数产生较强的显著负向影响外，对分母项系数、分子分母比率项系数均没有显著影响。当东部地区带宽增加到 100~200 元时，低保对东部地区的消费效应与 0 无差异。中西部地区 Wald 断点方法、模糊断点回归的结果及东部地区的模糊断点回归的结果都表明低保对消费没有显著影响。另外，我们还使用了其他不同的设定方式，如 S 的多项式变动，食品消费、非食品消费及总消费不使用对数形式而使用水平形式，不使用家庭人均消费形式而使用家庭总消费形式等方式，这些不同的设定方法得到的结论基本没有大的改变。

为什么会出现低保对农村消费没有影响的结论呢？我们试着结合断点回归分析过程和中国农村低保实践对此问题进行解答。前述 Wald 断点方法中表明无论采用国家统计局贫困线还是各调查地区贫困线，也无论带宽在断点左右设置的宽窄如何，分母项的系数均不显著，即在断点处加入低保的概率不显著，这种“应保未保”局面的出现或者说瞄准失效的原因可能有三个：第一，农户方面的原因。低保制度的渐进推进性使得当时的一些贫困家庭可能不知道有这种制度存在，或者即使知道存在这种制度，但对其申领过程却知之甚少。当时数量不多的低保金不能抵偿领取这种救助的耻辱感，担心被标上社区网络所排斥的“无能”标签。第二，农村社区（村委会）的原因。农村低保在有些地区实行“指标化”管理，乡镇政府把低保指标分配到村社区，村社区负责人在社区中如何分配这些指标往往会出现异化行为，现实中有些地区的农村社区负责人并不是按村民家庭的实际生活状况分配指标，而是按有利于社区负责人利益的非规范分配，如按宗族、社会关系亲疏来指派低保对象，“关系低保”“人情低保”盛行，社区负责人还可能采取不是按户发放低保金，而是按超过一定年龄标准把低保金以“撒胡椒面”方式普惠到这些村民人头上（这就出现了低保金最小值每年为 25 元的情形）的做法，以换取村民配合其开展其他方面的工作。有些农村社区负责人甚至采取把低保金当作退休村干部的养老金这种做法，为自己退职后获得收益而事先制定一个供后来在职者遵守的不成文法则。第三，双方的原因。低保监督机制在农村社区中或者缺失或者流于形式，随着年轻劳动力大规模进城务工，留守的老弱儿童对低保的监督乏力，即使村社区把不应该享受低保资格的个体公示出来，由于农村社区关系网络的复杂性和紧密性，为避免落下“世仇”或者碍于“抬头不见低头见”的邻里“熟人”社会关系，群众监督成为虚设。贫困家庭缺少社会资本，这会阻止社区负责人对其的关注程度，而社区负责人的喜恶往往决定着低保的流向。县乡（镇）级由于工作人数、信息化等原因对村社区低保申请授予全过程的监督也受到限制。此外，虽然中央政府和地方政府都相应地承担了一部分低保筹资责任，但有些地方政府财力缺口较大难免出现“因财政状况实施低保”的现象，低保水平的提高受困。总之，农村低保瞄准失效及较低的保障水平可能促成了低保对消费没有影响的局面。

3. 稳健性检验：PSM 方法

断点回归只能在断点附近给出低保的效应估计，如果采用一种其他方法，这种方法是基于断点左右更广范围内的样本信息来做估计，作为断点回归方法的补充，那将是十分有益的。本节将使用倾向值匹配（PSM）方法来完成这项工作，倾向值匹配（PSM）的关键是具有相同观测变量的个体被随机分配到实验组和控制组，为与断点回归相对照，在 PSM 中选取的观测变量仍为家庭中的儿童数量、户主受教育程度、户主年龄等变量，我们首先选取断点左边较小的一个带宽，然后继续增加断点左边的带宽，最后再分析全部样本。其实，在断点左边进行的 PSM 分析都是针对贫困家庭进行的分析，实验组为接受到低保的贫困家庭，控制组则是没有接受到低保的贫困家庭，表 6-28 汇报了低保项目的平均实验效应（ATT）①。

表 6-28　PSM 方法的低保效应

	试验组	控制组	差异	se	t
人均收入减各地低保线后小于 0 大于-200 元样本					
食品消费对数（ATT）	8.242	8.262	-0.020	0.321	-0.060
非食品消费对数（ATT）	8.517	8.211	0.306	0.264	1.160
总消费对数（ATT）	9.125	8.878	0.247	0.271	0.910
人均收入减各地低保线后小于等于 0 样本					
食品消费对数（ATT）	8.090	8.243	-0.150	0.125	-1.230
非食品消费对数（ATT）	8.321	8.379	-0.060	0.121	-0.480
总消费对数（ATT）	8.973	9.086	-0.110	0.109	-1.030
全部样本					
食品消费对数（ATT）	8.331	8.418	-0.090	0.057	-1.530
非食品消费对数（ATT）	8.588	8.683	-0.100	0.061	-1.560
总消费对数（ATT）	9.260	9.354	-0.090	0.053	-1.760

结果表明，在断点左边带宽为 200 元时，虽然低保使得非食品消费对数、总消费对数有增加趋势，但均没有在 10%的统计水平上表现出显著性。低保对食品消费对数的效应也同样没有表现出统计显著性。如果我们把断点左边的带宽继续增加，带宽设置为断点左边的所有样本，结果仍显示，低保对食品消费对数、非食品消费对数及总消费对数仍没有显著影响。当使用全部样本时，低保对三种消费对数的影响的符号与断点左边的所有样本的符号相同，均为负号，但并没有表现较强的统计显著性。综上所述，PSM 方法得到的结论与断点回归方法得到的结论基本相同，这表明结论具

① 为节省篇幅，这里只给出了一对一匹配下的结果，其他匹配方法结论基本相同。

有稳健性特点。

三、小结

作为亲贫困的一种制度安排，中国于 2007 年在农村实施了最低生活保障（简称低保）制度。现有文献对较早建立的城市最低生活保障的研究较多，由于时滞及微观数据缺失的原因，对农村低保研究的文献较少，而农村当前较为突出的矛盾之一就是低保问题，所以亟须对农村低保政策的绩效进行全面系统的评估。本节基于 2011~2012 年中国健康与养老追踪调查（China Health and Retirement Longitudinal Study，CHARLS）数据，使用 Wald 断点及模糊断点 2SLS 参数回归方法评估低保的消费效应，结果显示，农村低保补助金水平较低，降低贫困的作用有限，其降低贫困率的幅度只有 1% 左右；低保对农村家庭的食品消费、非食品消费及总消费均无显著影响，倾向值匹配（PSM）方法的稳健性检验同样支持该结论。

相应的政策含义如下：在解决相对贫困问题中，如果只是简单地降低或提高地区贫困线，而不是提高瞄准效率，反贫困的效果依然会打折扣，所以，当前首要考虑的因素是如何同时降低农村低保的漏损率和排斥率，这就必然要求对低保资格评估、分配及监督各环节功能失调的原因进行研究，避免瞄准失效，只有识别出真正贫困的家庭并相应地提高低保补助水平，才能使低保惠及贫困家庭进而提高其经济福利水平。低保（或称贫困）识别机制可统筹五个因素来设计：

第一，上移低保瞄准的决策权。由县乡两级民政部门直接接受村民的低保申请并组织核查程序，村委会只辅助参与家庭经济状况调查，在确定低保对象时，需要村民代表参与民主评议并规范民主评议的程序和方式。

第二，科学界定低保标准。这可通过借鉴拉美国家社会项目受益人选择系统指数法来界定，如通过县级（或更大范围）农村统计调查，基于家庭人口学特征、家庭成员受教育特征、家庭资产等指标利用统计模型构造指数得分，因地制宜以得分范围确定救助资格和救助标准，这样既绕开收

入测量的难题，又便于实施分类救助，并且还可以把边缘人群纳入其中。

第三，财政支出责任上移。中央政府应该在社会救助领域发挥更积极的作用，减少乃至取消地方政府的低保支出责任，增加中央财政转移支付的平衡作用，使农村贫困家庭获得救助的资格和救助水平不因地方财力的制约而受到影响。

第四，建立动态绩效评估系统。评估主要在两个层次上进行，在微观层次，需要对低保农户的“进入”“退出”进行动态监测评估，既要避免产生低保的福利依赖，又要采取反贫困的事前救助的预防措施。在宏观层面，通过绩效评价，促使地方政府关注财政资金的使用效益。

第五，整合低保、农村社会保障及扶贫开发制度。例如，提高农村老年群体的养老金，老年贫困率下降可能将使得低保群体发生变动，同理，新农合补偿标准的提高也将会影响到农户的贫困脆弱性。选择五保户补助继续与低保并轨还是整合为一也需规范。低保与扶贫开发都密切维系农村民生，相关性很强，但两项制度分属不同部门实施（其实，中国农村社会保障和社会救助工作也分属不同的政府部门负责），为提高工作效率、节约行政成本，应当使两项制度在一定程度上融为一体。当然，在更长的时间内，还需要考虑农村低保与城镇低保的衔接问题。此外，如何加快信息化建设、强化县乡两级的低保管理能力及完善农村低保立法也是应该考虑的问题。

第三节　养老金与老年贫困

一、养老金与老年人劳动供给及福利

2009 年 9 月国务院开始新型农村社会养老保险（以下简称“新农保”）的试点工作，标志着中国农村社会养老保障体系进入了一个新的发

展阶段。此后，“新农保”试点工作在全国有序铺开，截至2012年底，参保人数已达到4.6亿。

新农保制度的目标是建立覆盖城乡居民的社会保障体系，扩大国内消费需求，促进家庭和谐，实现农村居民老有所养。那么，新农保制度实施后，家庭总消费、各分项消费以及老人的心理健康福利是否会有所改变？新农保对老年人的劳动供给决策、劳动时间又会产生何种影响？本节根据中国健康与养老追踪调查（CHARLS）微观面板数据，将回答这一重要问题。

研究发展中国家公共转移支付（养老金）对劳动力市场影响的文献较少，而且结论不一。Case 和 Deaton（1998）认为养老金对劳动供给的扭曲效应不存在，其原因在于发展中国家有比较高的失业率和就业不足。对发展中国家特别贫困的家庭而言，养老金不能满足生活需要，劳动供给的扭曲效应就更难以出现（Albarran and Orazio，2002）。Filho（2008）、Neeraj（2014）、Bosch 和 Guajardo（2012）分别对巴西、印度和阿根廷的研究表明，养老金使得老年人退出劳动力市场的概率增加。Juarez（2010）对墨西哥的研究出现了截然不同的结论，指出养老金并没有改变劳动力供给行为。产生这些相左结论的原因可能在于：如果养老金收益使得闲暇相比于消费更廉价，那么老人留在劳动力市场中的概率就会下降。相反，如果个体对总收入有较强偏好，那么养老金对劳动供给可能就没有影响。此外，养老金还可能对家庭中青壮年的劳动供给、家庭结构等产生影响。这些竞争机制使得养老金对老年劳动力供给的效应研究更多具有实证特征。

养老金的行为影响文献中，再分配效应是其研究的重要内容。Martinez（2005）对玻利维亚一项针对65岁以上老人的公共转移支付的研究发现，接受者的食品消费会显著增加，对贫困家庭而言，公共转移支付可能投资于食品生产或其他小规模生产活动，进而增加了此类产品的供给。当然，这种额外收入也可能用于人力资本投资。Case 和 Deaton（1998）检验了南非的非缴费型养老金对食品消费、衣着消费、住房消费、教育消费、健康消费、交通消费、汇款、保险及储蓄的再分配效应，研究结论显示，养老金对食品消费、教育消费、交通消费及储蓄有再分配效应。Neeraj（2014）

认为印度的养老金收入主要被用于医疗和教育消费。Sebastian 等（2014）指出墨西哥的养老金使家庭消费增长 20%左右。另外，该研究还发现养老金对老年人的心理健康也有显著影响，老人的抑郁值下降 12%。

养老金对家庭内部的再分配也可能起到一定作用，家庭其他成员的劳动、教育、私人转移支付行为、家庭结构可能会因养老金而改变。例如，Sebastian 等（2014）发现非缴费型养老金对物质福利产生了正向影响，并没有对劳动力年龄内的家庭其他成员的劳动供给产生负向影响。养老金还会使儿童的入学率增加、劳动供给减少（Edmonds，2006）。Duflo（2003）研究发现与领取养老金的奶奶生活在一起的年龄较小的孙女，其体重除以身高的比重增加（孙子则不尽然）。养老金增加使得不与父母同住的子女给予父母的私人转移支付减少（Fan，2010；Ward - Batts，2000；Jensen，2003）。Edmonds（2006）对南非的研究发现，养老金并没有维持老年黑人的独立性，养老金获益者会改变其家庭居住安排。Albarran 和 Orazio（2002）则认为墨西哥的养老金并没有改变家庭结构。

国内学者对新农保政策效应评估的研究文献集中于两个方面[①]：一是新农保与家庭代际支持、居民养老模式关系的研究（陈华帅和曾毅，2013；程令国等，2013）。二是新农保对老年劳动力供给的研究（黄宏伟等，2014）。这些文献丰富了新农保的研究内容，为本节的研究提供了重要的参考价值。然而，现有文献均没有涉及新农保与家庭总消费、各分项消费、主观健康之间关系的内容，即使分析了新农保对劳动供给的影响，但因为使用截面数据无法消除异质性问题，仍需要使用面板数据进行深入的探讨和研究。

1. 新农保制度变迁及数据来源

新农保的雏形是曾于 20 世纪 90 年代初在各地广泛开展的老农保。1992 年，民政部出台了《县级农村社会养老保险基本方案（试行）》，该方案规定，资金筹集坚持以个人交纳为主、集体补助为辅、国家给予政策扶持的

① 关于新农保试点中存在的问题、参保影响因素等问题的综述参见陈华帅和曾毅（2013），此处不再赘述。

原则。个人的交费和集体的补助（含国家让利，分别记账在个人名下）。自此，农村社会养老保险在全国逐步发展起来。1998 年末，31 个省份的 2123 个县（占县域总数的 3/4）建立了老农保制度，8000 万农村劳动者缴费，60 万人收到了养老金（Mark et al.，2013）。同年，农村养老保险的管理责任由民政部转到劳动和社会保障部。20 世纪 90 年代末期到新农保建立之前，农村养老保险经历了停滞、创新两个阶段。1999~2002 年为老农保的停滞阶段，在 2001 年，老农保的参加者不足 6000 万人。2003~2009 年为老农保的创新阶段，2003 年劳动和社会保障部发布了指导性文件《关于做好当前农村养老保险工作的通知》，积极稳妥地推进农村养老保险事业的健康发展。部分省区市对农村养老保险制度进行了创新，依据政府在养老金筹集及发放方面承担的责任不同，创新模式可归为三类，社会统筹加个人账户、普遍保障加个人账户、单纯的个人账户。

2009 年 9 月，国务院召开全国新型农村社会养老保险试点工作会议，开始部署新农保制度。新农保与老农保制度的明显区别为：新农保强化了政府尤其是中央政府的筹资责任，如老农保制度规定集体补贴一个月仅为 2 元，新农保则是在入口处政府每年补贴个人账户 30 元，出口处每月补助 55 元的基本养老金。当然，两者的区别还体现在个体缴费水平以及个体受益等方面，如老农保缴费从 2 元到 20 元计 10 个档次，新农保缴费从 100 元到 500 元计 5 个档次，新农保还实行缴费家庭绑定政策（已年满 60 周岁的，可以不用缴费直接领取基础养老金，但其符合参保条件的子女应当缴费）。在受益方面，老农保规定 60 岁以上个体每月养老金领取数量为个人账户积累除以 120 个月直至死亡，新农保规定 60 岁以上个体每月养老金领取数量为个人账户积累除以 139 个月再加上每月 55 元的基本养老金。2014 年 2 月，国务院决定合并新型农村社会养老保险和城镇居民社会养老保险，建立全国统一的城乡居民基本养老保险制度①。

本节基于中国健康与养老追踪调查（China Health and Retirement Longi-

① 在此之前，有些地区已经实行了新农保与城镇居民社会养老保险（简称城居保）合并为城乡居民社会养老保险的试点工作。

tudinal Study，CHARLS）面板数据估计新农保对老年人劳动供给、消费[①]及抑郁指数主观福利[②]的效应。中国健康与养老追踪调查数据（CHARLS）的调查人群主要是45岁以上人群及其配偶，并且没有年龄上限。2008年7~9月在甘肃和浙江两省城乡开展了预调查，在每个省按地区、城乡分层随机选择了13个县，在每个县选择了3个社区，然后在农村和城市分别选择了25户和36户作为调查单位，在每一个家庭中，大于45岁的个体随机作为主要受访者，其配偶也自动纳入调查，依据主要受访者的婚姻状况，1~2个人作为主要被调查者，最终的调查样本包括1570户家庭中的2685人，2012年该数据集进行了追踪调查。CHARLS问卷包括个人基本信息，家庭结构，健康状况，体格测量，医疗服务利用和医疗保险，工作、退休和养老金、收入、消费、资产等内容。值得指出的是，2012年的CHARLS没有提供社区调查数据，我们结合家庭调查问卷中个体回答有关新农保的问题[③]，确定一个社区是否实行了新农保制度，即首先选择2012年实行了新农保社区样本，然后再匹配两个年份的平衡面板数据。数据预处理后共有2892个样本（即1446个个体参与了两轮数据调查）。

表6-29汇报了2012年以年龄划分的有无养老金资格的结果变量均值以及个体的一些基本特征变量均值的对比情况，从左到右描述了在60岁左右，年龄带宽下降情况下的三个年龄分组的均值。各分组中的前两列是小于60岁没有养老金资格和大于60岁具有养老金资格的变量均值，各分组中的第

① 价值量指标统一为2012年价格。

② 抑郁指数（Center for Epidemiological Survey，Depression Scale，CES-D）采用CHARLS中的十个有关问题的答案汇总计算。上周因一些小事而烦恼、做事时很难集中精力、感到情绪低落、觉得做任何事都很费劲、对未来充满希望、感到害怕、睡眠不好、很愉快、感到孤独、觉得我无法继续我的生活，这十个问题的选择答案为：①很少或者根本没有（<1天）；②不太多（1~2天）；③有时或者说有一半的时间（3~4天）；④大多数的时间（5~7天）。负面情绪答案为：①赋值为0分、②赋值为1分、③赋值为2分、④赋值为3分；正面情绪答案为：④赋值为0分、③赋值为1分、②赋值为2分、①赋值为3分。10个问题答案汇总得分即为抑郁指数。总分小于10分表明无抑郁，大于10分则表明有抑郁。

③ 这些问题包括是否参加了新型农村社会养老保险、没有参加新型农村社会养老保险的原因（如某个社区中的个体回答本地还没有开展新型农村社会养老保险）、从什么时候加入新型农村社会养老保险（新农保）、是否已经领取了新型农村社会养老保险（新农保）发放的养老金、从哪年哪月开始领取新型农村社会养老保险待遇。

三列是有无养老金资格的结果变量和基本特征变量差异的P值。

表6-29 均值描述

变量	有无养老金资格年龄：50~69岁			有无养老金资格年龄：55~64岁			有无养老金资格年龄：57~62岁		
	没有 50~59岁	有 60~69岁	P值	没有 55~59岁	有 60~64岁	P值	没有 57~59岁	有 60~62岁	P值
ln总消费	9.76	9.54	0.00	9.75	9.67	0.31	9.66	9.68	0.83
ln食品消费	8.96	8.63	0.00	8.99	8.78	0.03	8.89	8.78	0.38
ln衣着消费	6.73	6.52	0.01	6.66	6.62	0.70	6.52	6.75	0.13
ln保健消费	6.86	6.74	0.50	6.82	6.99	0.38	6.86	7.06	0.43
ln医疗消费	5.63	5.87	0.53	5.83	6.14	0.51	5.61	6.33	0.21
ln耐用品消费	7.99	7.50	0.00	7.91	7.62	0.19	7.78	7.78	0.97
ln其他非耐用品消费	8.37	8.38	0.88	8.36	8.43	0.48	8.28	8.42	0.21
上周是否工作	0.80	0.67	0.00	0.78	0.72	0.10	0.79	0.73	0.18
每天工作时间	7.96	5.77	0.00	7.63	6.21	0.00	7.69	6.44	0.04
CES-D	8.51	9.76	0.01	8.57	9.03	0.48	8.54	9.01	0.58
收到养老金	0.00	0.21	0.00	0.01	0.18	0.00	0.01	0.18	0.00
男性	0.48	0.51	0.31	0.50	0.53	0.43	0.48	0.49	0.89
小学以下	0.77	0.91	0.00	0.84	0.94	0.00	0.88	0.94	0.06
初中	0.13	0.06	0.00	0.07	0.04	0.07	0.05	0.02	0.15
家庭人口	3.24	3.48	0.02	3.23	3.53	0.05	3.20	3.72	0.00
在婚	0.86	0.79	0.00	0.83	0.84	0.84	0.84	0.85	0.86
ln去除养老金家庭人均收入	8.66	8.11	0.00	8.70	8.25	0.00	8.68	8.34	0.03

注：60岁以下个体收到养老金可能是由于自报年龄和身份证年龄不一致①。

表6-29显示，没有养老金资格50~59岁组的总消费对数为9.76，有养老金资格60~69岁组的总消费对数为9.54，消费差异比较显著，食品消费、衣着消费、耐用品消费的差异也比较显著，有无养老金资格的劳动供给、

① 农村社区负责人登记社区居民年龄时往往采用估计方法。

抑郁指数之间的差异同样比较显著。当然，有无养老金资格分组结果变量之间的显著差异，可能并不是由于养老金驱使，其他变量可能也起作用，如受教育程度、家庭人口、人均收入这些基本特征变量之间的差异就非常显著。表 6-29 还显示，随着年龄带宽的缩小，有无养老金资格组的结果变量之间的差异方向、差异程度有所改变，而且有无养老金资格组的总消费之间及各消费分项之间的差异、劳动供给之间的差异、抑郁指数之间的差异变得基本上不再显著，上述这些结果说明揭示养老金与老年人劳动供给、消费及主观福利之间是否存在因果关系是十分重要的。

2. 研究设计

定义 Y 为我们关心的结果变量：劳动供给、消费、抑郁指数。同时，定义一个二元哑变量，是否领取了新农保发放的养老金（以下简称养老金）作为一种处理，本节的目的是识别处理对结果变量的效应。但是，我们并不能同时观测到个体收到养老金情况下的结果变量（如劳动供给）以及在反事实情况下，即没有收到养老金情况下的结果变量（如劳动供给）。养老金资格依赖于年龄 A，年龄在截断点 $\bar{A}$ 处往往是非连续的，进而就可以使用断点回归（Regression Discontinuity Design，RDD）来分析养老金资格对结果变量的效应，定义 D_A 等于 1 时为处理个体，否则 D_A 等于 0，即 60 岁或刚超过 60 岁的个体 D_A 赋值为 1，而那些比 60 岁稍年轻的个体 D_A 赋值为 0。

$$Y=\alpha+\beta D_A+f(A-\bar{A})+U_1 \tag{6-36}$$

式（6-36）中我们关心的参数为 β，即养老金对 Y 的影响，f（$A-\bar{A}$）是断点回归中年龄 A 与截断点 $\bar{A}$ 之间差异的多项式，代表年龄与结果变量（如劳动供给）之间潜在的非线性关联。RDD 识别假定认为截断点 $\bar{A}$ 左右两侧的个体具有相同的特征，如具有相同的社会经济状况，换言之，个体年龄比具备养老金资格的截断点年龄或大或小，完全可以看作一个随机冲击，因为个体年龄一般不能被操纵。虽然识别假定并不能直接进行验证，但如果在截断点附近个体的基本特征相同，一般认为 RDD 识别假定成立。我们在实证分析部分将验证识别假定是否成立。

然而，在公共政策要求具有同样资格的条件下，RDD 估计的公共政策变动效果可能会出现偏误，如“老农保”和“新农保”政策的受益条件均为 60 岁以上，为消除这种偏误，本节结合两个因素进行分析：第一，养老金资格在 $\bar{A}=60$ 岁处的非连续变动。第二，时间 T 在 $\bar{T}=2009$ 年（9 月）出现了政策变动，即该年实施了“新农保”政策。养老金对结果变量的效应由两部分的差分构成，第一部分是具不具有养老金资格，第二部分是政策变化前后。基于 Grembi 等（2011）、Miguel 和 Marcello（2013）提出的差分—断点（Difference-in-Discontinuity）方法，存在下式：

$$D=\begin{cases}0 & \text{如果 } A<60,\ T<2009.9\\ 0 & \text{如果 } A<60,\ T\geqslant 2009.9\\ 1 & \text{如果 } A\geqslant 60,\ T\geqslant 2009.9\end{cases} \tag{6-37}$$

式（6-37）中，处理 D 等于 1，表明个体年龄在 2009 年（9 月）后的年龄大于等于 60 岁，否则 D 为 0。定义 $D_T=I\ [T\geqslant 2009]$，该函数表示时间在 2009 年（9 月）后等于 1，否则为 0，那么处理效应也可以表示为 $D=D_T*D_A$。同时，定义 $A^*=A-60$，那么局部线性回归方程可表示为：

$$Y=\delta_0+\delta_1A^*+D_A(\gamma_0+\gamma_1A^*)+D_T[\alpha_0+\alpha_1A^*+D_A(\beta_0+\beta_1A^*)]+U_2 \tag{6-38}$$

式（6-38）中的 β_0 即养老金对结果变量的处理效应。除线性方程以外，本节还使用了如下的非线性形式：

$$Y=\sum_{k=0}^{p}\delta_kA^{*k}+D_A(\sum_{k=0}^{p}\gamma_kA^{*k})+D_T[\sum_{k=0}^{p}\alpha_kA^{*k}+D_A(\sum_{k=0}^{p}\beta_kA^{*k})]+U_3 \tag{6-39}$$

同理，式（6-39）中的时间截断和年龄截断的交叉乘积 D_T*D_A 前的系数 β_0，即养老金对结果变量的处理效应。

实证分析部分，式（6-36）和式（6-39）中我们使用了个体年龄与断点年龄 60 岁之间的距离二阶多项式回归，并添加了个体的一些特征如受教育程度、家庭人口、性别等控制变量，不同年龄带宽的引入是为了检验估计结果是否稳健。

3. 实证分析

（1）设计有效性检验。

检验公共转移支付效应的实验设计是否有效，主要的标准是看实验设计是否具有控制实验的特征，即接受公共转移支付的实验组和没有接受公共转移支付的对照组是否具有随机特征。检验实验设计是否具有控制实验的特征，要求检验个体的基本特征（如性别）在年龄截断点处是否平衡，因为接受公共转移支付（养老金）的资格在60岁门槛值处是非连续的，还要求检验年龄分布在断点处是否平滑。表6-30汇报了实验组和对照组的基本特征变量均值之间差异的结果。

表6-30　平衡性检验

变量	年龄带宽分组的局部线性回归				年龄带宽分组的二阶多项式			
	15	10	5	3	15	10	5	3
男性	0.041 (0.042)	0.056 (0.051)	0.071 (0.076)	0.126 (0.125)	0.069 (0.063)	0.067 (0.081)	0.242 (0.158)	0.191 (0.133)
小学以下	-0.037* (0.022)	-0.027 (0.028)	-0.028 (0.041)	-0.021 (0.068)	-0.200 (0.034)	-0.037 (0.044)	-0.039 (0.086)	0.000 (0.060)
初中	0.043** (0.019)	0.023 (0.022)	0.008 (0.030)	-0.002 (0.054)	0.010 (0.027)	0.022 (0.035)	0.002 (0.070)	0.030 (0.050)
家庭人口	0.051 (0.151)	0.080 (0.185)	0.099 (0.276)	-0.431 (0.436)	0.101 (0.228)	0.107 (0.294)	-0.525 (0.551)	-0.750 (0.511)
在婚	-0.006 (0.030)	-0.013 (0.040)	-0.052 (0.061)	-0.127 (0.101)	-0.019 (0.050)	-0.039 (0.066)	-0.189 (0.128)	-0.080 (0.100)
去除养老金后家庭人均收入对数	-0.298 (0.127)	-0.247 (0.155)	-0.153 (0.232)	0.157 (0.382)	-0.173 (0.193)	-0.019 (0.249)	0.212 (0.480)	-0.193 (0.407)

注：括号内为标准差；** 表示5%水平下显著、* 表示10%水平下显著。

表6-30中结果基于式（6-36）的设定获得，我们把每一个基本特征变量对表示年龄的二元哑变量进行回归，年龄二元哑变量中1代表60岁以上，年龄带宽分组的二阶多项式是个体年龄与60岁差异的二阶多项式。从表6-30中可以看出，无论是使用局部线性或二阶多项式回归，也不论是使用哪种年龄带宽，实验组和对照组的每一个基本特征变量的差异基本上统计都不

显著，这意味着这些基本特征变量在截断点处是平衡的。

表 6-31 利用 2008~2012 年的全部微观面板数据及分性别样本数据，基于式（6-36）估计了养老金对消费、劳动供给及主观福利影响的 RDD 回归结果。表 6-31 包含局部线性回归结果和年龄与门槛值之间距离及交叉项的二阶多项式回归结果。依据 Imbens 和 Kalyanaraman（2009）的带宽选择规则，我们在局部线性回归、二阶多项式回归中变动了年龄带宽来验证结果的敏感性。

表 6-31　断点回归

变量	年龄带宽分组的局部线性回归				年龄带宽分组的二阶多项式			
	15	10	5	3	15	10	5	3
ln 总消费	0.022 (0.074)	0.052 (0.090)	0.006 (0.132)	0.211 (0.220)	0.070 (0.111)	0.037 (0.142)	0.240 (0.273)	0.115 (0.229)
ln 食品消费	-0.027 (0.084)	0.052 (0.102)	0.097 (0.145)	0.432* (0.241)	0.105 (0.125)	0.097 (0.157)	0.442 (0.303)	0.266 (0.270)
ln 衣着消费	-0.011 (0.100)	0.012 (0.122)	0.086 (0.186)	0.302 (0.306)	0.036 (0.152)	0.112 (0.200)	0.225 (0.392)	-0.103 (0.312)
ln 保健消费	0.555* (0.287)	0.658** (0.333)	0.594 (0.437)	1.762** (0.763)	0.737* (0.399)	0.480 (0.478)	1.512 (0.960)	1.280 (0.837)
ln 医疗消费	-0.179 (0.201)	-0.240 (0.243)	-0.470 (0.355)	-0.163 (0.597)	-0.341 (0.297)	-0.556 (0.384)	0.137 (0.770)	0.279 (0.648)
ln 耐用品消费	0.451* (0.245)	0.496* (0.298)	0.766* (0.425)	1.663** (0.690)	0.666* (0.364)	0.791* (0.445)	2.082** (0.850)	0.639 (0.837)
ln 其他非耐用品消费	0.003 (0.094)	-0.100 (0.114)	-0.270 (0.173)	-0.265 (0.281)	-0.212 (0.142)	-0.257 (0.185)	-0.360 (0.357)	-0.341 (0.297)
上周是否工作	0.072* (0.037)	0.060 (0.046)	-0.003 (0.072)	-0.135 (0.118)	0.053 (0.059)	-0.032 (0.077)	-0.180 (0.148)	0.056 (0.123)
其中：男性	0.053 (0.042)	0.018 (0.053)	-0.073 (0.084)	-0.245* (0.140)	-0.021 (0.068)	-0.111 (0.090)	-0.318* (0.173)	-0.120 (0.139)
女性	0.069 (0.060)	0.081 (0.074)	0.039 (0.114)	-0.117 (0.185)	0.095 (0.094)	0.015 (0.121)	-0.167 (0.235)	0.105 (0.190)

续表

变量	年龄带宽分组的局部线性回归				年龄带宽分组的二阶多项式			
	15	10	5	3	15	10	5	3
每天工作时间	-0.067 (0.451)	-0.300 (0.552)	-0.640 (0.801)	-1.937 (1.316)	-0.479 (0.677)	-0.903 (0.858)	-2.180 (1.655)	0.847 (1.449)
其中：男性	-0.381 (0.604)	-0.723 (0.739)	-1.286 (1.089)	-2.451 (1.791)	-1.039 (0.906)	-1.622 (1.168)	-3.669 (2.250)	-0.221 (2.020)
女性	0.024 (0.633)	-0.119 (0.777)	-0.229 (1.107)	-2.213 (1.807)	-0.181 (0.965)	-0.439 (1.186)	-2.000 (2.270)	0.932 (2.060)
CES-D	0.261 (0.630)	0.210 (0.758)	0.126 (1.123)	-0.716 (1.868)	0.061 (0.941)	0.386 (1.211)	-1.330 (2.351)	0.225 (1.868)
其中：男性	-0.294 (0.764)	-0.464 (0.911)	-0.753 (1.349)	-0.102 (2.307)	-0.800 (1.129)	-0.695 (1.476)	-1.164 (2.899)	1.816 (2.227)
女性	0.901 (1.028)	0.969 (1.245)	1.217 (1.873)	-0.607 (3.086)	0.958 (1.550)	1.604 (1.977)	-0.141 (3.790)	-1.257 (3.100)

注：括号内为标准差；** 表示5%水平下显著、* 表示10%水平下显著。

RDD 回归结果显示，养老金对总消费有正向的影响，在局部线性回归中，当年龄带宽为3岁时，养老金使得消费增长最大，达到21.1%。年龄带宽为5岁时，养老金使得消费增长最小，只有0.6%；在二阶多项式回归中，当年龄带宽为5岁时，养老金使得消费增长最大，达到24.0%。年龄带宽为10岁时，养老金使得消费增长最小，达到3.7%。但是无论采用局部线性或二阶多项式回归，也无论是采用哪种年龄带宽，养老金对总消费的正向影响均未在统计上显示出显著性。在分项消费中，除局部线性回归中带宽为3岁时养老金对食品消费有正向影响且在5%的统计水平上显著以外，其他年龄带宽下的局部线性回归或二阶多项式系数均未有统计显著性。养老金对衣着消费影响也没有明确的方向，而且衣着消费的系数也没有表现出统计显著性。养老金对健身锻炼及产品器械、保健品这些保健消费在局部线性回归中基本上表现出了显著的正向效应，但二阶多项式回归的系数基本上没有统计显著性。养老金对医疗消费影响的系数符号有正有负，且均未有统计上的显著性。养老金对耐用品消费基本上表现出了正向的显著性（除二阶多项式年龄带宽为3岁外）。养老金对其他非耐用品消费的影响方向基本均为负向，但没有表现出统计显著性。

养老金对劳动供给决策的影响方向不甚明确，在局部线性回归中，上周是否工作的系数符号有正有负，在二阶多项式回归中，上周是否工作的系数符号也有正有负，养老金对劳动供给决策的影响基本上没有表现出统计显著性。分性别的样本中，养老金对男、女劳动供给决策的影响与对总样本的影响基本上相同，养老金对男、女劳动供给决策的影响基本上也没有表现出统计显著性。养老金对总样本劳动供给时间的影响基本上与其对劳动供给决策的影响相同，方向不明确且均未有统计显著性。在男性样本中，劳动供给时间的系数均为负号但没有表现出统计显著性，养老金对女性劳动供给时间的影响方向有正有负且均未有统计显著性。养老金对全样本或分性别样本中的抑郁指数的影响基本上没有任何作用，这同时也说明农村老人的抑郁产生可能并非仅仅由于经济原因，抑郁更可能是由多方面原因导致的。

正如前文所述，使用式（6-38）和式（6-39）的差分—断点方法对养老金的效应进行评估会更有说服力，表6-32利用2008~2012年的全部微观面板数据及分性别样本数据，基于式（6-38）和式（6-39）估计了养老金对消费、劳动供给及主观福利影响的差分—断点回归结果。表6-32包含局部线性回归结果和年龄与门槛值之间距离及交叉项的二阶多项式回归结果。我们还在局部线性回归、二阶多项式回归中变动了年龄的带宽来验证结果的敏感性。

表6-32　差分-断点回归

变量	年龄带宽分组的局部线性回归				年龄带宽分组的二阶多项式			
	15	10	5	3	15	10	5	3
ln总消费	0.230*** (0.082)	0.245*** (0.095)	0.246** (0.121)	0.264* (0.147)	0.209 (0.204)	0.334 (0.248)	0.514 (0.488)	0.003 (0.456)

续表

变量	年龄带宽分组的局部线性回归				年龄带宽分组的二阶多项式			
	15	10	5	3	15	10	5	3
ln 食品消费	-0.124 (0.098)	-0.106 (0.116)	-0.145 (0.150)	-0.161 (0.184)	-0.200 (0.235)	-0.184 (0.294)	-0.255 (0.548)	-0.850 (0.538)
ln 衣着消费	0.318*** (0.103)	0.376*** (0.119)	0.348** (0.151)	0.288 (0.181)	0.463* (0.258)	0.447 (0.321)	0.815 (0.615)	-0.615 (0.593)
ln 保健消费	0.343 (0.269)	0.379 (0.321)	0.156 (0.444)	0.060 (0.595)	0.381 (0.962)	0.998 (0.994)	-0.131 (2.330)	0.996 (0.867)
ln 医疗消费	-0.744** (0.321)	-0.572 (0.355)	-0.180 (0.458)	0.129 (0.563)	1.566 (1.118)	2.270 (1.624)	3.212 (3.638)	1.849 (2.408)
ln 耐用品消费	1.042*** (0.242)	1.180*** (0.293)	1.434*** (0.397)	1.896*** (0.469)	0.219 (0.743)	0.656 (0.954)	-1.342 (1.839)	1.553 (1.589)
ln 其他非耐用品消费	0.759*** (0.095)	0.795*** (0.110)	0.952*** (0.146)	1.117*** (0.171)	0.410 (0.225)	0.421 (0.272)	0.298 (0.517)	0.179 (0.517)
上周是否工作	-0.001 (0.040)	-0.029 (0.048)	-0.041 (0.063)	-0.066 (0.077)	0.025 (0.102)	0.024 (0.128)	-0.052 (0.238)	-0.503** (0.245)
其中：男性	0.033 (0.045)	-0.001 (0.055)	-0.003 (0.074)	-0.037 (0.089)	0.132 (0.118)	0.168 (0.144)	0.416 (0.271)	-0.187 (0.282)
女性	-0.031 (0.062)	-0.035 (0.072)	0.012 (0.094)	0.027 (0.115)	-0.128 (0.165)	-0.158 (0.210)	-0.501 (0.401)	-0.739* (0.387)
每天工作时间	0.297 (0.489)	-0.020 (0.573)	0.073 (0.741)	0.168 (0.888)	-0.042 (1.351)	-0.056 (1.722)	-0.867 (3.328)	-2.825 (2.868)
其中：男性	0.185 (0.657)	-0.048 (0.791)	0.375 (1.059)	0.425 (1.304)	1.232 (1.837)	2.018 (2.270)	7.686* (4.358)	0.907 (4.004)
女性	0.511 (0.681)	0.259 (0.780)	0.528 (1.000)	0.969 (1.153)	-2.243 (1.830)	-2.870 (2.368)	-8.537* (4.673)	-5.895 (3.720)
CES-D	0.906 (0.643)	0.967 (0.734)	1.116 (0.917)	0.887 (1.117)	0.147 (1.685)	-0.866 (2.064)	-4.806 (4.045)	-5.647 (3.717)
其中：男性	0.628 (0.780)	0.583 (0.888)	0.367 (1.109)	0.017 (1.355)	0.157 (2.195)	0.343 (2.635)	-2.824 (5.143)	-2.686 (4.700)

续表

变量	年龄带宽分组的局部线性回归				年龄带宽分组的二阶多项式			
	15	10	5	3	15	10	5	3
女性	1.205 (1.050)	1.334 (1.188)	1.502 (1.522)	1.504 (1.894)	0.816 (2.668)	-1.693 (3.333)	-9.536 (6.680)	-10.727* (5.894)

注：括号内为标准差；*** 表示 1%水平下显著、** 表示 5%水平下显著、* 表示 10%水平下显著。

从表 6-32 中可以看出，在局部线性回归中，养老金对总消费均显示出了较为显著的正向影响，而且随着年龄带宽的增加，总消费的系数值在减少，从年龄带宽为 3 岁的 26.4%减少到年龄带宽为 15 岁的 23.0%。在二阶多项式回归中，养老金对总消费虽然仍表现出了正向影响，但无论在哪种带宽条件下均没有表现出统计显著性。从分项消费看，养老金对食品消费的影响符号均为负，但均没有表现出统计显著性；养老金对衣着消费的影响在局部线性回归中基本上表现出了较为显著的正向效应，但在二阶多项式回归中，衣着消费的系数在所列年龄带宽下基本上没有统计显著性；养老金对保健消费、医疗消费基本上没有显著的影响。在局部线性回归中，养老金对耐用品消费的影响表现出了显著的正向效应，且均在 1%的统计水平上显著，随着年龄带宽的缩小，耐用品消费系数在增加，但在二阶多项式回归中，耐用品消费的系数无论在哪种带宽条件下基本上都没有表现出统计显著性；在局部线性回归中，养老金对其他非耐用品消费的影响表现出了显著的正向效应，且均在 1%的统计水平上显著，随着年龄带宽的缩小，其他非耐用品消费的系数在增加，但在二阶多项式回归中，其他非耐用品消费的系数无论在哪种带宽条件下基本上没有表现出统计显著性。

局部线性回归中，养老金对劳动供给决策的影响不显著，而在二阶多项式回归中，劳动供给决策的系数符号却是有正有负，且大多没有表现出显著性。分性别的样本中，养老金依然没有对男、女劳动供给决策产生显著的影响；二阶多项式回归方程中，养老金不显著地减少了劳动供给时间，但在局部线性回归中，劳动供给时间的符号方向变得不明确，也没有表现出显著性。分性别的样本中，养老金对男、女劳动供给时间基本上没有显著影响。除二阶多项式年龄带宽为3岁时养老金对女性抑郁有抑制作用外，抑郁指数的系数无论是在全部样本中还是分性别样本中均没有统计显著性。

断点回归和差分—断点回归的结果均表明，养老金使得总消费及耐用品消费增加，但增加的效应在统计上不显著；养老金对食品、衣着、保健、医疗及其他非耐用品的消费基本上没有作用；养老金对全部样本及分性别样本的劳动供给、抑郁指数均没有影响，养老金在对劳动供给及主观福利影响方面没有性别的异质性效应出现。

（2）稳健性检验。

在本节稳健性检验中，我们使用安慰剂实验，假设农村领取养老金年龄资格为65岁的实验结果会如何变化，表6-33汇报了截断点年龄为65岁时差分—断点的回归结果。

表6-33　安慰剂实验：截断点年龄为65岁

变量	年龄带宽分组的局部线性回归				年龄带宽分组的二阶多项式			
	15	10	5	3	15	10	5	3
ln 总消费	0.034 (0.102)	0.005 (0.122)	—	—	-0.257 (0.212)	-0.381 (0.246)	—	—
ln 食品消费	-0.166 (0.118)	-0.072 (0.144)	—	—	-0.091 (0.236)	-0.154 (0.271)	—	—
ln 衣着消费	0.203 (0.134)	0.233 (0.166)	—	—	-0.310 (0.307)	-0.301 (0.360)	—	—
ln 保健消费	-0.518 (0.367)	-0.361 (0.452)	—	—	7.507*** (2.063)	-0.318 (0.617)	—	—
ln 医疗消费	-1.596*** (0.405)	-0.989** (0.406)	—	—	0.726 (0.931)	0.937 (1.140)	—	—
ln 耐用品消费	0.433* (0.241)	0.220 (0.288)	—	—	-0.148 (0.748)	-0.193 (0.888)	—	—

续表

变量	年龄带宽分组的局部线性回归				年龄带宽分组的二阶多项式			
	15	10	5	3	15	10	5	3
ln 其他非耐用品消费	0.608*** (0.119)	0.520*** (0.139)	—	—	-0.366 (0.260)	-0.379 (0.301)	—	—
上周是否工作	0.005 (0.050)	-0.000 (0.062)	—	—	-0.006 (0.114)	-0.033 (0.132)	—	—
其中：男性	0.023 (0.057)	0.011 (0.067)	—	—	-0.006 (0.124)	-0.069 (0.136)	—	—
女性	0.034 (0.082)	0.025 (0.100)	—	—	0.017 (0.182)	0.050 (0.209)	—	
每天工作时间	0.861 (0.625)	0.654 (0.743)	—	—	0.148 (1.317)	-0.272 (1.522)	—	—
其中：男性	0.298 (0.726)	-0.030 (0.852)	—	—	-1.315 (1.716)	-1.893 (2.011)	—	—
女性	1.935* (1.058)	1.784 (1.259)	—	—	1.591 (1.878)	1.484 (2.104)	—	—
CES-D	0.671 (0.853)	0.003 (1.069)	—	—	-1.841 (1.986)	-2.090 (2.375)	—	—
其中：男性	0.071 (1.127)	-0.449 (1.445)	—	—	-3.127 (2.591)	-3.731 (3.121)	—	—
女性	0.889 (1.264)	0.032 (1.559)	—	—	-0.809 (3.053)	-1.740 (3.611)	—	—

注：括号内为标准差；***表示1%水平下显著、**表示5%水平下显著、*表示10%水平下显著；—代表回归系数值缺省。

表6-33和表6-32的结果对比有以下特点，年龄带宽小于5岁时，局部线性回归和二阶多项式结果变量的系数值均出现了缺失；总消费、耐用品消费的二阶多项式回归的系数均为负号；尽管养老金对其他结果变量的影响基本上不显著，但结果变量的系数符号大多与表6-32的符号相异。这些结果说明前述分析结果比较稳健。

（3）讨论。

实证分析结果表明，新农保对农村老人的消费产生了一些微弱的正向作用，对劳动供给、主观福利的影响基本不显著，这些结论背后的机制是什么呢？我们试图结合新农保的保障水平及农村老人的养老观念进行讨论。表 6-34 汇报了基于 CHARLS 数据的农村老人领取养老金的分布及养老观念的情况。

表 6-34　养老金分布及养老观念

每月领取养老金分布			
55 元以下	55~60 元	60~200 元	200 元以上
17.84%	57.30%	14.59%	10.27%
您最主要依靠什么养老			
2008 年样本	比率（%）	实行新农保社区样本	比率（%）
子女	85.37	子女	68.28
储蓄	4.88	储蓄	4.05
养老金或退休金	5.44	养老金或退休金	21.57
商业养老保险	0.07	商业养老保险	0.52
其他	4.25	其他	5.59

注：在 2008 年出现依靠养老金养老的选项可能是老农保存在所致。

从表 6-34 上半部分中可以看出农村老人每月领取养老金的数额在 60 元以下的比例达到 75.14%，而且，一些地区养老金缴费还实行与子女绑定的政策，在子女不能为老人缴纳养老保险时，领取养老金的老人自己缴费（或称父母为子女缴费）的比例达到 50%，无论是站在包含子女的大家庭角度还是个体的角度，老人对减去缴费后的养老金收入的评价可能比领到的养老金更低，杯水车薪的养老金就难以发挥显著的消费功能。

表 6-34 下半部分汇报了实行新农保政策前的 2008 年样本和 2012 年实行新农保社区样本老人养老观念的对比情况。在 2008 年老人认为依靠养老金或退休金养老的比重只有 5.44%，依靠子女养老的比重高达 85.37%，而

在2012年实行新农保的社区中老人认为依靠养老金或退休金养老的比重上升到21.57%，依靠子女养老的比重下降到68.28%。这种观念的变化可能反映了新农保政策的积极效应，即养老金对总消费产生了一些微弱的正向推动（尽管统计上不显著）。养老金还使得耐用品消费微弱增加（尽管仍没有表现出统计显著性），“花甲”之年后增加耐用品消费，与生命周期理论有些相悖，可能是老年人在年轻时由于家庭拖累或收入所限等原因，耐用品添置受阻，领取养老金后可能会释放年轻时无法满足的这类消费需求。此外，这种耐用品还可能以遗产的形式留给下一代，在老人的自利和利他动机驱使下耐用品消费可能出现些许增加。表6-34下半部分还显示，尽管老人养老观念中依靠子女养老的比重出现下降，但仍有近七成的老人认为子女是最主要的养老方式，在养老主要还是靠子女的观念支配下，新农保这种补助强度不大的外部干预政策难以在短期内使老人的主观福利快速得到改善。即使对新农保政策有稳定的预期，由于农村老人的“活到老，干到老”的劳作习惯及给予子女的遗产动机，老年人的劳动供给也没有出现明显的下降。上述分析表明，老年人福利改进与政府方、子女方乃至整个社会伦理文化观念均有关联，社会养老替代家庭养老可能会需要较长的时日。

此外，养老金对劳动供给没有显著影响，也从另一个侧面验证了养老金对心理健康（抑郁指数）没有影响这个结论的稳健性。成年人失业的研究文献表明，不工作的情况常常会伴有对生活的低满意度及较高的压抑程度（Blanchflower and Oswald，2004；Kahneman et al.，2004），没有工作对成人心理健康会造成两方面的影响：第一，不能找到工作的悲哀效应；第二，时间构成效应（Time-Composition），是指当个体能把更多的时间投入更快乐的活动中时，所产生的幸福感（Knabe et al.，2010；Krueger and Mueller，2012）。随着年龄增长，时间构成效应变得越来越重要，如果养老金为时间构成效应较大的老年人提供了切实的经济安全保障，就会促使老年人退出劳动力市场而享受生活。

4. 小结

本节基于中国健康与养老追踪调查（China Health and Retirement Longitudinal Study，CHARLS）两期面板数据，采用差分—断点方法，评估新型农村社会养老保险（以下简称“新农保”）对老年人劳动力供给、消费及主观福利的影响，结果显示：新农保对总消费及耐用品消费增长有正向作用，但统计不显著，对食品消费、衣着消费、保健消费、医疗消费及其他非耐用品的消费基本没有影响；老年人劳动供给决策、劳动供给时间不受新农保政策的影响；新农保对反映心理健康的抑郁指数没有任何作用；性别分组的结果也表明，男性、女性老人的劳动供给决策、劳动供给时间及抑郁指数没有因为新农保而产生变化。结论的政策含义是，公共财政应该增加新农保基础养老金，建立养老金调整机制，为老年人提供切实的经济安全保障。将第二代的参保与第一代的收入捆绑在一起，可能会使老人为子女缴纳养老保险费，解除捆绑式的参保方式对提高农村老人的福利也有积极影响。

本节还存在以下问题值得探讨：尽管使用的面板数据样本量接近3000，调查地区既包含东部发达地区（浙江），又包含西部相对不发达地区（甘肃），样本具有一定的代表性，但毕竟不是全国样本，使用涵盖劳动、消费、主观福利等变量的具有代表性的大规模面板数据，是需要改进的地方。此外，新农保对家庭内部再分配效应的研究，如新农保对家庭其他成员的劳动、教育及主观福利有何影响，也需要在数据完善时进一步研究。

二、养老金与老年人的多维贫困、多维不平等

如我们在前面章节中所述，作为贫困群体的重要组成部分，老年人除面临经济收入弱势外，还存在身体健康、精神慰藉等维度的弱势。首先，就经济收入而言，发展中国家老年贫困发生率普遍超过60%（封进等，2010），在2014年，我国43%的老年人全部收入低于国际贫困线（朱火云，2017）。其次，老年人是重病、慢性病等疾病的高发群体，身体健康显著低于非老年群体，65岁以上老年人四周发病率平均达到27%（封进等，2010）。当前家庭结构小型核心化趋势产生的老年独居现象使得老人的精神贫困凸显，

高达78%的中国老年人态度偏消极（朱火云，2017）。有关老年人不平等的数据虽然缺乏，但因贫困是不平等的另一个侧面，老年贫困问题的严重性说明不平等问题也同样严峻。老龄化背景下老年贫困成为一个突出且迫切需要解决的问题。以养老保险制度为核心的社会保障政策是实现老年人减贫的重要举措。我国于2009年和2011年分别实施了新型农村社会养老保险制度和城镇居民社会养老保险制度试点，2014年，国务院决定合并新农保和城居保这两种非强制养老保险，建立全国统一的城乡居民基本养老保险制度。截至2015年底，全国城乡居民基本养老保险参保人数达到5.1亿，领取养老金人数为1.5亿。然而，睢党臣等（2014）、朱火云（2017）通过对新农保和城居保的研究发现，这两种制度在政策设计和执行上都存在一些不足，如以家庭为参保单位的规定、城乡居民养老保险的财政转移支付补贴了中高收入者而没有流向低收入者等问题。为进一步完善城乡居民基本养老保险制度，充分发挥其养老保障功能，需要对其减少老年人贫困的效果进行评估。

按照阿玛蒂亚·森的理论，个体的福利或被剥夺并不能仅仅从消费或收入一个维度进行测量，而需要从可行能力和自由的多个维度进行考察（Sen，1999）。基于可行能力理论的应用例子不胜枚举，从比较早期的人力发展指数（HDI）到最近使用的人类贫困指数（HPI）和性别发展指数（GDI）。已有较新的文献把测度贫困和剥夺的视角从宏观转向了微观家庭和个体，其中，Alkire和Foster（2007，2011）构造的双截断值多维贫困（Multidimensional Poverty Index，MPI）指数（也称为A-F多维贫困指数）最为著名，多位学者也对该方法的稳健性进行了探讨（Ravallion，2011；Thorbecke，2011；Ramya et al.，2014）。虽然A-F方法能利用调整的多维贫困计算不平等，但多维贫困没有基数变量而使人际间的不平等计算受阻，Rippin（2015，2012，2010）创建的相关敏感贫困指数也称多维不平等（Correlation Sensitive Poverty Indices，CSPI）考虑到了这个问题，多维不平等把贫困分解为三个部分：发生率、强度及不平等。贫困发生率是指剥夺的发生率，贫困强度指贫困家庭总的剥夺状况，不平等则是剥夺家庭的贫困不平等（Atika，2016）。不平等特征是多维贫困指数所不具备的，即只要两个家庭依据 MPI 指数都保持贫困，物品从贫困家庭转移到一个不太贫困的家庭时，贫困指数并不改变；当物品从贫困家庭转移到一个不太贫困的家庭时，多维不平等指数会增加。当实施一项特定人群的贫困瞄准政策时，考虑多维不平等特征可能会带来更好的效果，如把那些离贫困线很近的人提升到贫困线以上会降低总的贫困发生率，但这样做的后果可能是不平等的恶化，因为那些剥夺最严重的个体状况并没有改变。此外，多维贫困只计算个体或家庭缺乏的维度（项目）数，且假定它们之间没有关联，而该假定与现实不符，如适当的卫生条件、安全饮用水与健康和教育之间应该有关联，多维不平等则考虑了贫困项目之间的关联情况。因为个体的可行能力在生命期间会有差异，即福利的构成一般随年龄变化而出现差异，老年福利与处理老龄挑战的能力相关联。George 和 Bearon（1980）定义的老年人福利包括四个维度：经济状况、身体健康机能、对生活满意程度的心理福利、自我尊重。

对中国多维贫困的研究大多基于 CHNS 微观调查数据库来进行 A-F 方法分解（郭熙保和周强，2016；王春超和叶琴，2014）。养老金减贫效应的研究主要使用倾向值匹配（PSM）方法（朱火云，2017）。但现存文献缺少对老年人多维不平等的分析内容，也没有以城乡比较视角切入分析两种非强制养老保险对老年人福利的影响差异，本节把城乡两种非强制养老保险纳入同一分析框架利用断点回归技术分析养老保险对老年人多维贫困、多维不平等的影响。

1. 数据来源说明、指标选取与多维贫困及多维不平等测度

（1）数据来源说明。

本节所用数据来自北京大学中国社会科学调查中心的中国家庭追踪调查（CFPS）中 2012 年和 2014 年的面板调查数据。CFPS 的抽样设计采用了概率抽样方式（PPS），样本覆盖了 25 个省份。该调查问卷分为个人、家庭、村居三种，其中个人问卷又分为成人问卷和少儿问卷。

本节的研究目的是考察非强制性养老保险对老年人福利的影响。由于

2011 年起城镇居民社会养老保险才开展试点，而 CFPS 的 2010 年基线调查中并没有涉及城镇居民养老保险的调查项目，因此，本节选取 2012 年、2014 年两次调查中个体年龄大于等于 56 岁的面板数据，剔除关键变量缺失后的最终样本数量为 6634 个，其中，城市和农村样本分别为 788 个、5846 个。需要指出的是：①选择个体年龄大于等于 56 岁主要是为断点分析中的带宽选择做稳健性比较之用，新农保和城居保领取养老金的年龄均为 60 岁以上，排除掉城镇职工养老保险规定的男性大于 60 岁及以上、女工人（干部）55 岁及以上（60 岁）具有领取养老金资格的情形。②2012 年调查涉及城乡居民社会养老保险调查项目，而 2014 年调查没有涵盖这部分的内容，参加 2012 年城乡居民社会养老保险的样本量仅为 260 个。

（2）指标选取与被剥夺临界值。

本节选取消费、健康、生活条件（住房有无困难）、生活满意程度和未来信心五个维度考察老年人的多维贫困状况，其中，家庭人均消费（CONSUM）数据使用购买力平价进行贫困线换算，消费贫困线为 1.25 ＄ PPP；健康使用身高体重（BMI）表示，即 BMI 值小于 18.5 为健康维度贫困；生活条件（住房 HOUSE），用住房条件衡量，分为住房困难（6 种情况）和住房不困难；生活满意程度（LIFES）的临界值赋分为 3 分，3 分以下表示对生活满意程度低；未来的信心程度（FUTUS）的临界值赋分为 3 分，3 分以下表示对未来信心程度低。本节采取大部分文献都采用的维度等权重方法，即每一维度的权重为 1/5。

（3）多维贫困、多维不平等的测度与城乡比较。

表 6-35 汇报了把 2012 年、2014 年两个调查年份数据合在一起后的社会经济及人口学描述统计情况。

表 6-35　2012 年、2014 年两个调查年份数据描述统计

变量含义	城市样本			农村样本		
	均值	最小值	最大值	均值	最小值	最大值
多维贫困（MPI）	0.1022	0.0000	0.8000	0.1305	0.0000	1.0000

续表

变量含义	城市样本			农村样本		
	均值	最小值	最大值	均值	最小值	最大值
多维不平等（CSPI）	0.0360	0.0000	0.6400	0.0470	0.0000	1.0000
家庭人口（HHSIZE）	3.8573	1.0000	13.0000	4.2239	1.0000	14.0000
年龄（AGE）	62.0930	56.0000	87.0000	63.5520	56.0000	93.0000
在婚（MARTIAL）	0.8706	0.0000	1.0000	0.8404	0.0000	1.0000
受教育程度（EDU）	2.1954	1.0000	6.0000	1.6279	1.0000	5.0000
性别（GENDER）	0.6028	0.0000	1.0000	0.5214	0.0000	1.0000
东部（EAST）	0.5532	0.0000	1.0000	0.4127	0.0000	1.0000
中部（MIDDLE）	0.3324	0.0000	1.0000	0.3210	0.0000	1.0000
人均收入（INCOME）	17216	1.2500	234867.0000	8671.2000	0.8300	304715.0000
不含养老金人均收入（INCOMENO）	13199.0000	0.0000	234867.0000	8153.5000	0.0000	304715.0000
养老金（PENS）	1885.2000	0.0000	37200.0000	676.5900	0.0000	86400.0000

注：据 CFPS 收入数据调整为 2010 年价格。

从表 6-35 中可以看出，城市老年家庭的多维贫困和不平等均低于农村；城市老年家庭人均收入均值大约为农村的 2 倍，城市老年家庭养老金均值约是农村的 2.8 倍，城市老年家庭人均收入是养老金的 9 倍多、农村老年家庭人均收入约是养老金的 13 倍；农村老年家庭人口高于城市；城市老年家庭的受教育程度、在婚比例高于农村。

为深入分析城乡家庭有无领取养老金的多维贫困变动情况，表 6-36 汇报了大于 60 岁有无领取养老金个体的多维贫困、多维不平等状况。

表 6-36　2012 年、2014 年有无领取养老金的多维贫困、多维不平等（大于 60 岁）

变量	城市				农村			
	无养老金		有养老金		无养老金		有养老金	
	2012 年	2014 年	2012 年	2014 年	2012 年	2014 年	2012 年	2014 年
人均收入（INCOME）	9648	17130	13263	17279	7898	8876	7217	8294

续表

变量	城市				农村			
	无养老金		有养老金		无养老金		有养老金	
	2012 年	2014 年	2012 年	2014 年	2012 年	2014 年	2012 年	2014 年
多维贫困（MPI）	0.127	0.110	0.115	0.086	0.192	0.112	0.145	0.114
多维不平等（CSPI）	0.044	0.041	0.038	0.028	0.078	0.038	0.052	0.039
贫困发生率（P_0）	0.088	0.113	0.063	0.041	0.211	0.178	0.141	0.145
贫困深度（P_1）	0.041	0.053	0.017	0.025	0.111	0.091	0.059	0.063

无论在城市还是农村，2014 年的多维贫困、多维不平等指标均比 2012 年有所下降。从城市的人均收入、贫困发生率和贫困深度看，领取养老金家庭的人均收入高于不领取养老金的家庭人均收入，领取养老金家庭的贫困发生率（P_0）和贫困深度（P_1）均小于不领取养老金的家庭。对城市的多维贫困而言，领取养老金的家庭多维贫困小于没有领取养老金的家庭。农村领取养老金的家庭人均收入低于没有领取养老金的家庭，领取养老金家庭的贫困发生率（P_0）和贫困深度（P_1）均小于不领取养老金的家庭。与城市多维贫困表现不同，2014 年，农村领取养老金的家庭多维贫困大于没有领取养老金的家庭。2014 年，农村领取养老金家庭的多维不平等大于没有领取养老金的家庭。

表 6-37 汇报的是各个维度对多维贫困的贡献率情况，2012 年，无论城市还是农村，对多维贫困最大的贡献因素均为未来信心程度，而贡献最小的是消费。2014 年，无论城市还是农村，对多维贫困最大的贡献因素均为住房状况，该结论可能与 2013 年全国实施的“单独二孩”政策有关，家庭人口数量变动使城乡老年人的居住空间受到影响，而贡献最小的仍是消费，说明提高老年人的未来信心及住房条件是反贫主题的应有之义。

表 6-37　2012 年、2014 年各个维度对多维贫困的贡献率

变量	城市		农村	
	2012 年	2014 年	2012 年	2014 年
身高体重（BMI）	0.1350	0.1379	0.1936	0.2595

续表

变量	城市		农村	
	2012 年	2014 年	2012 年	2014 年
家庭人均消费（CONSUM）	0.0353	0.0432	0.0793	0.0802
住房（HOUSE）	0.2044	0.3573	0.1730	0.3024
对自己生活的满意程度（LIFES）	0.2932	0.1775	0.2320	0.1322
对自己未来的信心程度（FUTUS）	0.3321	0.2842	0.3222	0.2257

以有无领取养老金分组计算各单个维度对多维贫困的贡献率如表 6-38 所示。从城市来看，2012 年，除消费维度外，有无养老金的各个维度对多维贫困贡献率差异较大；2014 年，有无养老金的各个维度对多维贫困贡献率差异并不是太大。从农村来看，2012 年，除未来信心外，有无养老金的各个维度对多维贫困贡献率差异不大（差异范围在 1%~5%）；2014 年，除身高体重外，有无养老金的各个维度对多维贫困贡献率差异也不是太大（差异范围在 0.4%~6%）。

表 6-38　2012 年、2014 年有无领取养老金分组的各维度对多维贫困的贡献率

变量	城市				农村			
	2012 年		2014 年		2012 年		2014 年	
	有	无	有	无	有	无	有	无
身高体重（BMI）	0.2197	0.1188	0.1326	0.1404	0.2224	0.1793	0.3003	0.2069
家庭人均消费（CONSUM）	0.0000	0.0420	0.0568	0.0368	0.0901	0.0740	0.0820	0.0778
住房（HOUSE）	0.0455	0.2348	0.3182	0.3754	0.1489	0.1849	0.2852	0.3245
对自己生活的满意程度（LIFES）	0.2197	0.3072	0.1894	0.1719	0.1977	0.2490	0.1041	0.1684
对自己未来的信心程度（FUTUS）	0.5152	0.2971	0.3030	0.2754	0.3409	0.2490	0.2283	0.2224

2. *养老金对多维贫困、多维不平等影响的断点回归方法*

（1）养老金对多维贫困、多维不平等影响的模型选择。

本节使用 2012 年、2014 年的微观个体面板数据来研究新型农村养老保险、城市居民养老保险对老年人多维贫困、多维不平等的影响。模型结构如下（Atika，2016）：

$$Y_{it}=\beta_{it}X_{it}+\delta_{it}\theta_{it}+\mu_{it} \tag{6-40}$$

其中，Y_{it} 为剥夺分数。X_{it} 代表微观个体的人口社会学特征变量，如家庭人口数量、受教育程度、性别、所在省份等变量。θ_{it} 是我们主要关心的自变量，代表养老金价值。μ_{it} 代表随机误差项。鉴于新型农村养老保险、城市居民养老保险这两种养老保险均具有非强制性特点，导致贫困个体可能更愿意参加这种养老保险，式（6-40）的内生性问题就不容回避。养老金潜在资格的工具变量（Z）在 2SLS 的第一阶段被引入：

$$\theta_{it}=\beta_{it}X_{it}+\varphi_{it}z_{it}+\mu_{it} \tag{6-41}$$

其他变量设定与式（6-40）相同，由工具变量可以得到内生变量 θ 的预测值 $\hat{\theta}$，而后，在预测值基础上由下式产生参数的一致估计：

$$Y_{it}=\beta_{it}X_{it}+\gamma_{it}\hat{\theta}_{it}+\mu_{it} \tag{6-42}$$

为确保工具变量是内生变量的一个好的预测替代，系数 φ 在第一阶段应该统计显著，另外，有效的工具变量还要求具有排斥性限制特征，即外生工具变量与其他决定多维贫困、多维不平等的变量没有关联。下文实证分析中会使用模糊断点回归的 2SLS 方法（Klaauw，2002）。断点回归背后的逻辑是对一个特定的处理（本节是收到养老金）而言，处理的分配会受到特定的门槛值的影响。在本节背景中，该特定的门槛值是年龄资格，即男女年龄为 60 岁。断点回归假定落入断点两侧的个体特征基本上没有差异，门槛值把个体随机地分配给处理组或非处理组，截断点两边唯一不同的方面在于一方接受了处理，而另一方没有接受处理，本节中结果的差异即老年人多维贫困、多维不平等是由处理效应造成的，换言之，处理组和非处理组在断点附近不同的唯一来源为是否领取养老金。个体年龄与具备养老金资格的截断点年龄相比的差异，可视为一个随机冲击，因为个体无法操纵年龄大小。

在断点回归研究设计中有尖锐（Sharp）断点回归和模糊（Fuzzy）断点回归两种形式，在本节中前者是指对实验选择的年龄这个连续变量，当实验选择是连续变量的函数时，在断点处产生非连续变化，这种实验称为尖锐断点回归；当实验变化的概率在断点处产生非连续变化时，该实验即模糊断点回归。本节新农保、城居保的尖锐断点是指当个体越过门槛值时，处理的概率从 0 直接跳至 1，当个体年龄从 59 岁到 60 岁变化时，他就会有这种公共转移支付的资格并确定无疑地得到这种公共转移支付。模糊断点是指处理的概率增加但并非从 0 直接跳至 1，出现非顺从迹象，个体即使超过了门槛值，他没能或他选择不接受养老金这种公共转移支付。其实，在现实世界中，即使个体大于 60 岁越过了门槛值，由于一些因素的存在，如不完全信息问题，养老金的领取会受到影响。

（2）养老金对多维贫困、多维不平等影响的模型设计有效性检验。

有效的断点回归要求个体不能操纵年龄来影响其获得养老金的概率，对断点附近个体的频数分布、密度进行检测，结果显示，截断点处并没有出现明显的跳跃，断点处的分布基本上呈现出了平滑特征。使用 Mccrary（2008）提出的密度函数分析表明，断点附近观测值的密度并没有出现非平滑变化，城乡年龄断点附近基本上呈现连续态势，因此本节并没有发现数据操纵的证据。另外，断点回归使用的适宜性还要求个体的其他协变量不能在断点处出现跳跃变化，我们对表 6-35 协变量进行了连续性检查，结果表明这些协变量在断点处没有呈现非连续的特征。上述这些检验表明实验设计比较有效。

3. 养老金对多维贫困、多维不平等影响的实证分析

（1）养老金对多维贫困、多维不平等影响的模糊断点回归。

本节实证分析先从把样本大于 60 岁的数据合在一起运行 OLS 回归的基础模型设定开始，结果显示：尽管城市水平值养老金、对数值养老金的系数符号均为负号，但其对多维贫困和多维不平等的影响均没有表现出统计显著性。如果不考虑内生性问题，以水平值衡量的农村养老金显著地使多维贫困、多维不平等下降，以对数值衡量的养老金对多维不平等虽然有负向影响，但统计并不显著。

异质性可能会导致 OLS 回归结果产生偏误，为此，我们使用面板数据

结构控制一些不可观测的异质性后，得出城市养老金依然对老年人的多维贫困、多维不平等没有显著影响。农村养老金增长降低了多维贫困和多维不平等。养老金影响老年人剥夺程度的渠道有哪些，养老金的数量是否影响到老年人福利？为此，我们在面板数据模型中引入了养老金的平方项，验证养老金是否有非线性效应。结果表明，养老金处于高位时，其对老年人的多维贫困（5%统计水平上显著）和多维不平等（10%统计水平上显著）有一些较为显著的正向影响（城市则表现出不显著的负向影响）。实证中另一个可能出现的情况是养老金成为收入的有益补充，一些家庭可能只依靠养老金维持生活，所以有必要检验养老金是否通过这种渠道对老年人福利有影响，为此，本节把养老金和其他收入交叉相乘，结果表明，该项系数并没有表现出统计显著性。

上述结果是在不考虑内生性的前提下得出的，而内生性问题在本研究主题中又是不容回避的重要问题，因为得到养老金公共转移支付的个体可能往往是较贫困的个体，这两者之间可能存在正向关联，我们需要控制这种同时性问题。在使用工具变量解决内生性问题前，我们先使用一些粗略的方法消除一些同时性问题。以哑变量代替养老金数量，这可能会减轻一些偏误（对农村老年人而言可能尤其如此），如在新老农保并行期间，如果有个体回答收到了两种养老金公共转移支付，哑变量的引入使得其与只收到新农保的个体同等对待，因此可能会减弱一些前述讨论的反向因果关系问题。养老金作为哑变量时，其对城市老人的多维贫困、多维不平等的影响方向虽然为负，但仍然没有表现出统计显著性，哑变量与其他收入的乘积项前的系数也没有表现出统计显著性。农村养老金哑变量对老年人的多维贫困、多维不平等有显著的负向影响（1%统计水平上显著），农村养老金哑变量与其他收入的乘积项前的多维贫困、多维不平等系数符号虽然为负，但并没有表现出统计显著性。另一个减轻内生性问题的较粗略方法是考虑动态效应，如 T 时期的养老金可能与 T 及 T-1 期剥夺程度有关，但 T 时期的养老金与 T+1 期的贫困程度关联性可能就会较弱一些，引入动态效应也是出于养老金制度设计初衷就有减贫之意的考虑。此外，借助动态因素，我们也能评估个体是即时还是累积一段时间把养老金用于家庭消费。回归结果表明，城市养老金滞后一期后，其对多维贫困、多维不平等的影响为不显著的正号。滞后一期的农村养老金对多维贫困、多维不平等的影响虽然为负向，但没有表现出统计显著性，在此之前的分析工具中养老金表现出的对农村的多维贫困、多维不平等较显著的负向效应消失，引入滞后的养老金后，其对老人的福利效应没有表现出统计显著性。

养老金滞后变量的使用结果也说明修正反向因果关系的必要性，下面将使用 2SLS 模糊断点回归方法对养老金对老年人福利的影响进行探讨，结果汇报于表 6-39 中。

表 6-39 2SLS 模糊断点回归

年龄断点	变量	城市		农村	
		多维贫困（MPI）	多维不平等（CSPI）	多维贫困（MPI）	多维不平等（CSPI）
加减 1 岁	养老金哑变量	0.051	0.015	0.004	0.009
	不含养老金人均收入	-1.06e-06*	-3.92e-07**	-1.56e-06***	-6.76e-07***
加减 2 岁	养老金哑变量	0.870	0.427	0.108	0.062
	不含养老金人均收入	-1.77e-06*	-7.36e-07	-8.17e-07	-3.69e-07
加减 3 岁	养老金哑变量	3.367	1.279	-3.531	-2.006
	不含养老金人均收入	-2.1e-07	-7.83e-07	-5.61e-07	-2.36e-07
加减 4 岁	养老金哑变量	-0.024	0.057	-0.074	-0.028
	不含养老金人均收入	-8.53e-07***	-3.58e-07***	-1.01e-06***	-4.67e-07***

注：*** 表示 1%水平下显著、** 表示 5%水平下显著、* 表示 10%水平下显著。表 6-35 描述性统计中的其他变量作为控制变量纳入回归方程，结果如文献预期，不再列出。

表 6-39 的结果表明，农村养老金对多维贫困、多维不平等系数符号在断点加减 1 岁、2 岁时为正号，断点加减 3 岁、4 岁时为负号，城市养老金对多维贫困、多维不平等的系数符号并没有表现出与农村大体相同的特征，其系数符号大多为正号（除断点加减 4 岁时为负号外）。新农保、城居保尽

管均存在选择高档次缴费的激励性措施不足、低收入群体缴费难、基金来源渠道窄等共性问题，也存在参保率不同、政府补助不同等差异性问题，但新农保对农村多维贫困、多维不平等的效应与城居保对城市多维贫困、多维不平等的效应表现出了一致性，即无论城乡分组、年龄带宽设置为宽或窄，养老金对老年人的多维贫困、多维不平等中每一单一维度均无显著影响。出现这样结论的原因可能在于：①养老金保险覆盖面都较低。在2012年（2014年），60岁以上农村人口中只有43.5%（54.1%）的老年人领取了养老保险，城市户口60岁以上居民中领取城镇居民医疗保险仅为城镇总调查人数的4.2%（11.29%），城市户口60岁以上居民中领取城镇居民医疗保险占没有任何养老保险和领取城镇居民医疗保险之和的比例为26%（39.7%）。②保障水平不高，养老金数额较低。例如，调查年份中农村居民每年领取养老金数额仅为676元，城市居民领取养老金数额为1885元。在价格水平较高的情况下（对城市居民来说尤其如此），"杯水车薪"的居民养老金对老年人的单维、多维贫困的作用微乎其微。③与子女绑定的养老金缴费政策。一些地区养老金缴费实行家庭参保方式，即与子女绑定的政策，在子女不能为老年人缴纳养老保险时，即使老年人年龄超过60岁也不能享受养老金待遇，所以有时会出现领取养老金的老人给自己缴费的现象，或称父母为子女缴费的现象，如此缴费的养老金政策降低了老年人对其的评价分数，也减弱了养老金减少老年人贫困的积极作用。④家庭养老观念依然存在。中国健康与养老追踪调查数据显示，2012年有近七成的老人认为子女养老是最主要的养老方式，补助较少的这种养老保险政策难以在短期发挥明显作用，多维贫困及多维不平等下降受阻。

表6-40、表6-41汇报了基于2SLS模糊断点回归城乡养老金对多维贫困、多维不平等每一维度的影响结果。

表6-40、表6-41的回归结果表明，除城市养老金对多维贫困、多维不平等中消费分项的系数均为不显著的负号以外，城市养老金对多维贫困、多维不平等中的其他分项的影响符号并不明确；除农村养老金对多维不平等中的未来信心分项有不显著的降低趋势外，农村养老金对多维贫困、

表 6-40　2SLS 模糊断点回归下养老金对城乡多维贫困的每一维度影响

	年龄断点	变量	身高体重	家庭人均消费	住房	生活满意程度	未来信心程度
城市	加减 1 岁	养老金	0.167	-0.060	0.090	-0.230	-0.110
		不含养老金人均收入	-1.07e-08	-1.30e-07	-6.78e-08	-5.24e-07	-3.87e-07
	加减 2 岁	养老金	0.074	-0.040	-0.260	-0.330	-0.210
		不含养老金人均收入	-2.92e-08	-1.05e-07*	-3.37e-07	-4.77e-07*	-4.77e-07*
	加减 3 岁	养老金	0.047	-0.050	-0.170	-0.050	0.100
		不含养老金人均收入	-5.82e-08	-9.42e-08**	-3.09e-07*	-3.35e-07***	-3.24e-07*
	加减 4 岁	养老金	-0.030	-0.030	-0.130	0.087	0.100
		不含养老金人均收入	-7.57e-08	-8.27e-08**	-2.20e-07	-2.49e-07**	-2.31e-07
农村	年龄断点	变量	身高体重	家庭人均消费	住房	生活满意程度	未来信心程度
	加减 1 岁	养老金	0.010	0.001	0.017	0.010	0.010
		不含养老金人均收入	-4.18e-07***	1.34e-08	-7.74e-08	-5.01e-07***	-4.18e-07***
	加减 2 岁	养老金	0.020	0.060**	0.036	0.030	0.020
		不含养老金人均收入	-2.60e-07***	-7.60e-08	-1.60e-07	-1.74e-07	-2.60e-07***
	加减 3 岁	养老金	-0.860	-1.340	0.267	-1.210	-0.860
		不含养老金人均收入	-1.49e-07	5.43e-08	-1.67e-07	-8.64e-08	-1.49e-07
	加减 4 岁	养老金	-0.030	-0.020	0.031	-0.030	-0.030
		不含养老金人均收入	-2.25e-07***	-8.87e-08**	-1.70e-07**	-2.43e-07*	-2.25e-07***

注：*** 表示 1%水平下显著、** 表示 5%水平下显著、* 表示 10%水平下显著。表 6-35 描述性统计中的其他变量作为控制变量纳入回归方程，结果如文献预期，不再列出。

表 6-41 2SLS 模糊断点回归下养老金对城乡多维不平等的每一维度影响

	年龄断点	变量	身高体重	家庭人均消费	住房	生活满意程度	未来信心程度
城市	加减 1 岁	养老金	0.0300	-0.0100	0.0200	-0.0400	-0.0200
		不含养老金人均收入	-2.15e-09	-2.60E-08	-1.36E-08	-1.05E-07	-7.75E-08
	加减 2 岁	养老金	0.0100	-0.0090	-0.0500	-0.0600	-0.0400
		不含养老金人均收入	-5.85e-09	-2.11e-08*	-6.74E-08	-9.54e-08*	-9.54e-08*
	加减 3 岁	养老金	0.0090	-0.0100	-0.0300	-0.0100	0.0200
		不含养老金人均收入	-1.16e-08	-1.88e-08**	-6.18e-08*	-6.71e-08***	-6.49e-08*
	加减 4 岁	养老金	-0.0060	-0.0060	-0.0300	0.0100	0.0200
		不含养老金人均收入	-1.51e-08	-1.65e-08**	-4.41E-08	-4.98e-08**	-4.62E-08
农村	年龄断点	变量	身高体重	家庭人均消费	住房	生活满意程度	未来信心程度
	加减 1 岁	养老金	0.0020	0.0003	0.0030	0.0020	-0.0070
		不含养老金人均收入	-0***	2.68e-09	-1.55e-08	-0***	-0***
	加减 2 岁	养老金	0.0040	0.0100*	0.0070	0.0070	-0.0090
		不含养老金人均收入	-0***	-1.52e-08	0	-3.47e-08	-2.94e-08
	加减 3 岁	养老金	-0.1700	-0.2600	0.0530	-0.2400	-0.0700
		不含养老金人均收入	-2.98e-08	1.09e-08	0	-1.73e-08	-4.26e-08
	加减 4 岁	养老金	-0.0060	-0.0040	0.0060	-0.0060	-0.0030
		不含养老金人均收入	-0***	-0**	-0**	-0*	-0*

注：*** 表示 1%水平下显著、** 表示 5%水平下显著、* 表示 10%水平下显著。表 6-35 描述性统计中的其他变量作为控制变量纳入回归方程，结果如文献预期，不再列出。

多维不平等中的其他分项的影响符号也不明确；同样，可能由于前述的养老金覆盖面有限、养老金水平偏低等原因，养老金对多维贫困和多维不平等中的身体健康、消费、住房等非精神维度没有显著作用。养老金对老年人生活满意程度、未来信心程度等精神维度没有影响的原因可能与中国传统观念有关，也与当前老年人社会活动参与较少有关。老年人在文化传统影响下优先履行家庭责任，如照顾子女与孙子女、参与家务劳作，然后才考虑社会参与。社团缺失、活动场地紧张等硬件问题阻碍了老年人的社会参与，尽管养老金提高了老年人的收入，由于缺少社会参与，老年人的精神生活仍显示出偏消极状态。

（2）养老金对多维贫困、多维不平等影响的稳健性分析。

首先，基于尖锐断点回归方法对城乡养老金的福利效应进行图形的定性分析，结果表明，城乡老年人的多维贫困、多维不平等在断点处均没有发生显著的非连续性变化。使用尖锐断点回归模型的结果表明，城乡养老金对多维贫困、多维不平等中的每一单一维度均没有显著影响。其次，如果把单一维度临界值加以改变，如把消费维度提高到世界银行 2015 年规定的贫困线 1.9＄ PPP 时，模糊断点、尖锐断点回归结果仍表明养老金对老人的多维贫困和多维不平等没有显著的减少作用。最后，我们还使用 2012 年领取城乡居民养老保险的 260 个截面样本进行分析，结果表明城乡居民养老保险没有显著发挥减少老年人多维贫困和多维不平等的作用。综上，结论具有稳健性特点。

三、小结

为了检验新型农村社会养老保险和城镇居民社会养老保险这两种非强制养老保险对老年人福利的影响，本节利用中国家庭追踪调查（CFPS）2012 年和 2014 年的个体面板调查数据，首先对老年人在消费、健康、生活条件（住房）、生活满意程度及未来信心维度的多维贫困和多维不平等进行估计。然后使用模糊断点回归的 2SLS 方法继续检验。结果显示：2014 年的城乡多维贫困、多维不平等指标均比 2012 年有所下降；在 2012 年，对城乡多维贫困最大的贡献因素为未来信心程度，而 2014 年对多维贫困最大的贡献因素则为住房状况；新型农村社会养老保险和城镇居民社会养老保险不仅对老年人总的多维贫困和多维不平等没有显著的降低作用，对多维贫困和多维不平等中的单一维度的剥夺也没有任何影响。上述结果可能与这两种非强制养老保险推行时间较短有关，还可能与养老金保险覆盖面较低、保障水平不高、子女绑定的养老金缴费政策、家庭养老观念依然存在等因素有关。

基于上述研究结果，本节的政策含义如下：①政府应关注老年人多维贫困、多维不平等的动态特征，并建立反贫困的动态监测系统。②公共财政应增加对养老金的扶持力度，适当提高基础养老金的补助标准，针对无经济能力参保的困难群体，可由政府为其代缴最低标准的养老保险费。③政府应当营造和谐的外部环境，如以社区为依托，组建老年社团和组织，促进老年群体社会参与度，这将提升老年人的主观生活满意程度和未来信心程度，减轻老年人的被剥夺感。

本节还存在以下问题值得探讨，因为只有 2012 年和 2014 年两期的面板数据，在养老金对多维贫困和多维不平等的长期反贫困效应中，上述结论是否依然成立，答案并不确定，多维贫困和多维不平等的长期反贫困效应研究可能需要更长年份的长期数据。此外，借助长期数据，分析中遇到的问题及转移支付的滞后可能性会得以处理，这也是将来研究的一个主题。

第四节　公共转移支付与贫困脆弱性

一、研究背景与文献综述

在过去的几十年里，中国的反贫困工作取得了巨大进展，从收入和消费的角度来衡量，贫困发生率均大幅度下降。世界银行（2009）把中国贫困减少的原因归结为两点：第一，经济增长带来的就业和收入增长。第二，通过公共转移支付的扩张为贫弱人群提供社会保护。研究中国公共转移支付对贫困影响的文献不多，研究中国公共转移支付对贫困脆弱性影响的文献则更加罕见。

贫困是监测社会经济发展程度的重要指标，然而，标准的贫困指数只是在一个特定的时间点静态地度量了家庭的福利水平，没有将家庭的未来福利或与未来福利相关的风险考虑进去，只是一种事后测度，据此制定的反贫困政策是有局限的。因此，近年来涌现出了不少针对发展中国家贫困脆弱性问题的研究文献，如有报告指出，尽管拉丁美洲的慢性贫困在高位上运行，但暂时性贫困问题比慢性贫困还严重，在非正规劳动力市场中就业的个体其应对风险冲击的能力有限，公共卫生服务供给数量和质量不足也使得家庭暴露在风险之下，即使平均收入没有落入贫困线以下，脆弱性程度依然较高，导致一些家庭不得不增加借贷或变卖资产来维持生存。

研究贫困脆弱性的文献克服了贫困在测度未来家庭经济状况方面的不足，但是研究脆弱性需要面板数据来反映贫困的动态性，而发展中国家往往缺少微观面板数据，Chaudhuri（2002）提出了一种使用2~3轮有限面板数据来估计脆弱性的方法，这种改进的截面数据方法缓解了面板数据的可及性问题，该方法假定脆弱性来自消费流跨期替代弹性的随机特征，这些特征又受到个体、家庭变量及环境变量的影响。另外，除这种测度脆弱性也可称为期望贫困的脆弱性（Vulnerability as Expected Poverty，VEP）的理论方法外，还有Ligon和Schechter（2003）的期望效用的脆弱性理论（Vulnerability as Low Expected Utility，VEU）、Dercon和Krishnan（2000）的风险暴露的脆弱性理论（Vulnerability as Uninsured Exposure to Risk，VER）。

基于Chaudhuri（2002）的理论方法研究脆弱性的文献主要集中在两个方面：第一，脆弱性的测度研究。例如，Bronfman（2010）利用面板调查数据测度了智利的贫困脆弱性，研究结果表明贫困脆弱性影响到的人群比实际贫困影响的人群多。Zhang 和 Wan（2008）基于中国健康与营养调查（CHNS）的面板数据研究指出，其他条件保持不变，高贫困线下的脆弱性预测精确性较高，在永久收入服从对数正态分布时，未来是贫困的概率为50%作为脆弱线比较合适。第二，脆弱性影响因素分析。Günther 和 Harttgen（2009）对马达加斯加的脆弱性进行了分层研究，并把消费冲击定义在家庭和社区两个层面，研究结果显示，家庭层面的冲击构成了城市脆弱性的主因，农村脆弱性更易受社区层面冲击的影响。其他学者也比较了家庭层面和社区层面对脆弱性影响的大小（Harrower and Hoddinott，2004；Christiaensen and Subbarao，2004）。Bourguignon 和 Goh（2004）使用重复的截面数据构造了伪面板数据并与实际的面板数据分析结果相对照，表明这两类数据的实证结果基本相同，失业是导致脆弱性最重要的因素。

公共政策对贫困脆弱性影响的研究更多地聚焦于贫困方面，Agostini 和 Brown（2007）研究发现，现金补助对降低贫困和不平等有显著作用。都阳和 Park（2007）利用两轮城市微观调查数据研究表明，对于城市贫困的救助手段在城市经济体制转型过程中发生了明显的变化，而且和国际上类似的项目相比，中国的救助体系具有较好的救助效率。Jha 等（2009）分析了印度对工作补助和对食品补助的两种公共政策在缓解贫困、营养不良、脆弱性中的作用，倾向值匹配和处理效应模型方法得到的结论是，加入两种公共政策的个体其贫困、营养不良和脆弱性均有显著降低。

本节的目的是利用中国的微观调查面板数据把城乡纳入同一分析框架实证检验公共转移支付对贫困脆弱性的影响。本节定义的贫困脆弱性是前瞻性的度量，它是测度家庭暴露于未来风险、冲击以及易受经济不稳定影响而给家庭生存及家庭成员发展能力带来约束的一种事前估计，对非贫困者而言，脆弱性是指陷入贫困的风险，对贫困者而言，脆弱性是指变得更加贫困，理论分析采用 Chaudhuri（2002，2003）提出的测度脆弱性的框架，然后利用倾向值匹配得分的双重差分法加以纠偏，来检验中国的公共转移支付对脆弱性的效应。另外，在效应分析中我们还对慢性贫困和暂时性贫困进行了分组讨论。

二、数据介绍

本部分用于测量贫困脆弱性的基本方法与第五章中所介绍的方法一致，此处我们不再赘述。本研究使用的数据取自中国健康与营养调查（CHNS）数据集。该调查覆盖9个省份（辽宁省、黑龙江省、山东省、江苏省、河南省、湖北省、湖南省、广西壮族自治区、贵州省）的城镇和农村，采用多阶段分层整群随机抽样方法。从1989年开始，该调查迄今已进行了9次（1989年、1991年、1993年、1997年、2000年、2004年、2006年、2009年和2011年），虽然这一调查不是专门为研究贫困问题而设计的，但调查中包括了收入、转移支付和家庭及个人特征的信息，为我们研究贫困的脆弱性提供了可能。本节选取了最后两轮都参与的家庭，剔除掉户主小于16岁及重要变量缺失的家庭，得到了一个容量为2835户家庭的5670个样本，没有采用更长年份的数据，一方面是因为年份越长样本的数量下降越快①，另一方面也是考虑到研究的时效性问题。CHNS提供了家庭净收入的计算数据，它等于家庭总收入减去家庭总支出，家庭总收入由以下部分组成，家庭小手工业和小商业收入、家庭渔业收入、家庭养殖收入、家庭农业收入、家庭果菜园收入、退休金收入、非退休的工资收入、补助收入、其他收入。家庭总支出包括家庭小手工业和小商业支出、家庭渔业支出、家庭养殖支出、家庭农业支出、家庭果菜园支出。虽然这里的家庭净收入概念与传统的净收入概念有一些不同，但因为该调查的家庭支出项中并没有包括全部的家庭支出（如食品支出）数据，所以，本节退而求其次使用了CHNS的家庭净收入定义。家庭人均收入按CPI折算到2009年家庭总收入除以家庭规模计算得到。公共转移支付是不以取得劳务和商品为报偿的政府支出，所以，本研究以困难补助、残疾补助或福利金的现金收入为公共转移支付的代理变量，另外，养老金的归类并不确定，Lustig（2011）认为养老金收入应包含在资本收入中，因为在缴费型的养老保险系统中，养老金是从储

① 尽管如此，本节仍对包含2004年的三轮调查面板数据进行了分析，结论基本相同。

蓄中得到的收入，还有学者认为养老金应为公共转移支付的组成部分，我们采用 Lustig 的定义，没有把养老金归入公共转移支付①。本节的分析单位为家庭，在脆弱性分析中除包含家庭特征变量外，我们还把户主的特征变量纳入进来。基期 2006 年的变量均值的描述如表 6-42 所示。从表 6-42 中可以看出，在户主特征变量中，全部样本均值与收入公共转移支付样本均值的比较表明，户主为女性、年龄较长者、不在婚、受教育程度较低者以及无工作的家庭收到公共转移支付的概率较高，这可能与我们定义的公共转移支付的类型有关。

表 6-42　基期 2006 年的均值描述

变量		全部样本	城市样本	农村样本	收到公共转移支付样本	收到公共转移支付城市样本	收到公共转移支付农村样本
变量名称	变量描述	均值	均值	均值	均值	均值	均值
户主特征变量							
Gender	性别（男）	0. 85	0. 78	0. 88	0. 72	0. 65	0. 78
Age	年龄	54. 35	56. 15	53. 62	60. 50	62. 06	59. 13
Agesqu	年龄平方	3103. 30	3323. 60	3014. 10	3803. 12	3983. 23	3646. 00
Martial	婚姻状况（在婚）	0. 87	0. 83	0. 89	0. 62	0. 60	0. 63
Mid	初中毕业（小学毕业及以下为对照组）	0. 29	0. 23	0. 32	0. 27	0. 26	0. 27
High	高中毕业	0. 21	0. 33	0. 15	0. 10	0. 14	0. 06
Colle	大专毕业以上	0. 05	0. 13	0. 01	0. 01	0. 02	0. 00
Work	工作状态（工作）	0. 65	0. 48	0. 71	0. 34	0. 21	0. 44
家庭特征变量							
Size	家庭规模	3. 43	2. 93	3. 64	2. 76	2. 75	2. 76
Child	6 岁以下儿童数量	0. 20	0. 16	0. 22	0. 10	0. 12	0. 08
Worknum	工作人数	1. 42	1. 04	1. 58	0. 81	0. 60	1. 00

① 即使把养老金归为公共转移支付后的分析结果也没有改变。另外，本节还把与工作（或工作单位）相关的补助收入归入转移支付，这类公共转移支付归类也没有改变分析结果。

续表

变量		全部样本	城市样本	农村样本	收到公共转移支付样本	收到公共转移支付城市样本	收到公共转移支付农村样本
变量名称	变量描述	均值	均值	均值	均值	均值	均值
家庭特征变量							
Selfnum	自雇人数	0.90	0.29	1.14	0.32	0.21	0.42
Area	东部地区（辽宁省、山东省、江苏省）	0.32	0.31	0.32	0.23	0.17	0.29
Urban	城乡调查点（城市）	0.28	—	—	0.46	—	—
	家庭人均收入（元、2009 年价格）	8320.40	10865.00	7290.40	4341.56	3271.85	5274.71
	家庭收到公共转移支付的比例（%）	3.01	5.01	2.32	100.00	100.00	100.00
	家庭人均公共转移支付(元、2009 年价格）	1324.50	1136.30	1488.60	1324.50	1136.30	1488.60

三、实证分析

1. 贫困、脆弱性测度

以面板数据为基础，我们分析了以 1 美元、1.25 美元及 2 美元贫困线为标准的贫困的转移情况，动态面板数据反映的贫困的转移情况可以使我们分析哪些群体从未脱离过贫困（慢性贫困），哪些群体只在特定时间处于贫困线以下（暂时性贫困），2006 年、2009 年贫困转移矩阵如表 6-43 所示。

表 6-43　2006 年、2009 年贫困转移矩阵

贫困线标准	2006 年	2009 年	
		非贫困	贫困
1 美元贫困线	非贫困	90.41%	9.59%
	贫困	74.60%	25.40%

续表

贫困线标准	2006 年	2009 年	
		非贫困	贫困
1.25 美元贫困线	非贫困	88.65%	11.35%
	贫困	68.37%	31.63%
2 美元贫困线	非贫困	84.35%	15.65%
	贫困	53.52%	46.48%

表 6-43 中的贫困转移矩阵表明，2006 年和 2009 年见证了较大的社会流动性存在，以 1.25 美元贫困线为例，在 2009 年，11.35%的贫困是新增加的贫困，意味着这些群体在 2006 年并非贫困，2006 年 68.37%的贫困群体能脱离贫困，而有 31.63%的贫困群体依然保持贫困。如果把贫困线提高到 2 美元，2009 年新增加的贫困高达 15.65%，2006 年只有略微超半数的贫困群体能脱贫，近一半的贫困群体依然贫困。

尽管从下文截面分析中可得贫困发生率逐年下降的结论，但表 6-44 的面板数据分析的贫困动态特征结果说明，无论贫困线划定在哪里，都有超过 1/4 的群体在某一个年份中经历了贫困，这同时也说明中国居民遭受的脆弱性不容小觑。

表 6-44 贫困的动态特征

贫困线标准	贫困类型	2006~2009 年
1 美元贫困线	从未经历过贫困	68.57%
	暂时性贫困	25.29%
	慢性贫困	6.14%
1.25 美元贫困线	从未经历过贫困	61.76%
	暂时性贫困	28.64%
	慢性贫困	9.59%
2 美元贫困线	从未经历过贫困	45.04%
	暂时性贫困	33.30%
	慢性贫困	21.66%

表 6-45 汇报了以 FGLS 方法估计出的回归结果，家庭人均收入对数以及误差项方差的回归结果分别以 2006 年和 2009 年列示，因为 1 美元、1.25 美元和 2 美元的贫困线标准回归结果大致相同，这里只汇报了中间水平的贫困线标准 1.25 美元估计结果。

表 6-45　2006 年、2009 年家庭人均收入对数、方差的 FGLS 回归结果

变量	收入对数		方差	
	2006 年	2009 年	2006 年	2009 年
Gender	-0.1669***	0.0027	-0.0330	0.1249
Age	0.0030	0.0327**	-0.0636**	-0.0747**
Agesqu	-0.0001	-0.0002**	0.0005**	0.0006**
Martial	0.2934***	0.1129*	-0.0703	-0.1272
Mid	0.2723***	0.2933***	-0.0707	-0.2906**
High	0.5484***	0.5785***	-0.1322	-0.3986***
Colle	0.9763***	0.8780***	-0.4103*	-0.6694***
Work	-0.0779	-0.1205**	-0.3271**	0.0512
Size	-0.2217***	-0.2253***	0.0288	0.0605
Child	-0.05070	0.0220	-0.1895*	-0.0803
Worknum	0.4548***	0.4193***	-0.3706***	-0.5777***
Selfnum	-0.2460***	-0.1733***	0.3148***	0.3117***
Area	0.2331***	0.2359***	0.0977	0.0998
Urban	0.0554	0.1318***	-0.0656	0.0063
Cons	8.3568***	7.9245***	0.5742	0.7168
R^2	0.2600	0.2300	0.0400	0.0300

注：括号内为标准差；***、**、* 分别表示在 1%、5%和 10%的水平上显著；贫困线为 1.25 美元。

表 6-45 的计量结果说明，除少数几个变量外，大多数变量系数在 2006 年、2009 年表现出了相同的符号，下面我们主要分析家庭人均收入对数方程回归结果，户主性别对收入的影响并没有明确的答案，户主的性别只在 2006 年对收入产生了作用，但在 2009 年并没有表现出显著性。户主年龄（年龄的平方）对收入的影响只是在 2009 年表现出了正向的（负向的）统

计显著性，但2006年、2009年户主年龄及年龄平方的回归系数符号表现出了一致性，这暗示着随着家庭中户主年龄的增长，收入呈现非线性增长态势。在婚户主的收入比未婚、丧偶、离婚、分居等非在婚户主的收入高。受教育程度是决定收入的一个重要变量，而且随着受教育程度的提高其对收入的边际影响也越来越大。户主是否工作对2009年的收入在5%的水平上有影响，但对2006年的收入影响不显著，这说明该变量与收入之间的联系不强。家庭人口越多，收入水平越低。家庭中工作人口数量越多，收入水平也相应越高。家庭中从事自雇活动的人口数量越多，收入水平越低，这可能是由于自雇活动这种职业性质决定的，非正规就业部门的声望、社会保障及收入还与正规部门存在较大差异。东部地区家庭人均收入显著高于中西部地区，地区收入差距在每一个调查年份都显著存在着。城市调查点的居民家庭人均收入在2009年显著高于农村调查点，但在2006年，城市调查点居民家庭人均收入与农村调查点相比并没有显著的差异。这种现象可能与CHNS中定义的城乡有关，该调查把县城居民列为农村调查点，而在县城却存在着一些薪酬较高的部门，这些部门的人员收入远比CHNS中定义的城市调查点中弱势人群（如城市下岗的自雇工作者）的收入高，这种结果的出现在误差项方差回归的方程中得到一些呼应，如家庭自雇者的人数对方差的影响表现出了显著的正向效应，说明自雇群体的收入风险较高。

被调查者2006年、2009年分城乡的脆弱性估计结果如表6-46所示，这里提供了两条脆弱性的标准线，一条标准是预测的个体家庭人均收入对数低于贫困线以下50%的概率值，另一条把预测的家庭人均收入对数低于贫困线以下75%的概率值作为高脆弱性标准。

表6-46　2006年、2009年贫困脆弱性及高脆弱性

贫困线标准	脆弱性标准	2006年			2009年		
		城市	农村	全部	城市	农村	全部
1美元贫困线	脆弱性（50%）	12.73%	19.72%	17.17%	5.75%	7.43%	6.94%
	高脆弱性（75%）	4.41%	5.50%	5.18%	0.97%	1.49%	1.34%
	贫困率	15.91%	28.00%	24.16%	10.77%	14.47%	13.40%

续表

贫困线标准	脆弱性标准	2006 年			2009 年		
		城市	农村	全部	城市	农村	全部
1.25 美元贫困线	脆弱性（50%）	18.48%	29.33%	26.20%	8.32%	12.58%	11.35%
	高脆弱性（75%）	7.22%	9.96%	9.17%	1.83%	2.87%	2.57%
	贫困率	20.07%	34.00%	30.33%	12.60%	19.47%	17.49%
2 美元贫困线	脆弱性（50%）	34.27%	58.62%	51.60%	20.44%	30.77%	27.79%
	高脆弱性（75%）	15.79%	25.47%	22.68%	6.73%	10.55%	9.45%
	贫困率	31.94%	53.00%	46.59%	19.21%	34.39%	30.01%

从表 6-46 的估计结果中可以看出，中国 2006~2009 年的贫困及脆弱性存在三个特点：第一，无论采用哪一条贫困线，全部样本以及城乡分组样本的脆弱性、高脆弱性、贫困发生率都呈现逐年下降态势。第二，农村贫困及贫困脆弱性均高于城市，中国农村的贫困依然是一个不容回避的问题，换言之，中国反贫困的重点依然应该放在农村。第三，随着贫困线标准的提高，贫困发生率与脆弱性之间的差异越来越小。例如，当贫困线为 1 美元时，2006 年全部样本的脆弱性与贫困率相差 7%左右，2009 年两者相差 6%左右，而当贫困线设定为 2 美元时，2006 年全部样本的脆弱性与贫困率相差 5%左右，2009 年两者仅相差 2%左右。此外，表 6-46 中还显示出了这样一个信息，当贫困线设定为 2 美元时，2006 年全部样本、城乡分组样本及 2009 年城市样本的脆弱性均高于贫困发生率。

下面我们转入 2006 年的估计脆弱性与 2009 年实际贫困发生率的比较研究，比较结果如表 6-47 所示。

表 6-47 的结果表明，当贫困线设定为 1 美元、1.25 美元及 2 美元时，2006 年经历过脆弱性的样本在 2009 年分别有 21.92%、25.98%、39.79%陷入了贫困，2006 年没有经历过脆弱性的个体其在 2009 年陷入贫困的概率分别为 11.57%、14.49%、19.61%。当然，这里的比较研究并没有区分如就业状况改善或公共转移支付增加带来的变化。

表 6-47　2006 年脆弱性与 2009 年的实际贫困发生率比较

		2009 年贫困	
		否	是
1 美元贫困线	2006 年脆弱性		
	否	88.43%	11.57%
	是	78.08%	21.92%
	2006 年高脆弱性		
	否	87.31%	12.69%
	是	73.47%	26.53%
1.25 美元贫困线	2006 年脆弱性		
	否	85.51%	14.49%
	是	74.02%	25.98%
	2006 年高脆弱性		
	否	84.08%	15.92%
	是	66.92%	33.08%
2 美元贫困线	2006 年脆弱性		
	否	80.39%	19.61%
	是	60.21%	39.79%
	2006 年高脆弱性		
	否	74.31%	25.69%
	是	55.21%	44.79%

表 6-48 是利用 Probit 模型估计的 2006 年和 2009 年贫困决定因素的回归结果，以及利用 OLS 方法估计的 2006 年、2009 年 VEP 回归结果，因为 1 美元、1.25 美元和 2 美元的贫困线结果基本相同，只报告了贫困线中间水平 1.25 美元的回归结果。

表 6-48　2006 年、2009 年贫困及脆弱性的决定因素

变量	贫困（Probit）		脆弱性（OLS）	
	2006 年	2009 年	2006 年	2009 年
Gender	0.1253	-0.0880	0.0374***	0.0408***
Age	0.0076	-0.0505**	-0.1080***	-0.1003***

续表

变量	贫困（Probit）		脆弱性（OLS）	
	2006 年	2009 年	2006 年	2009 年
Agesqu	-0. 0001	0. 0004 ***	0. 0009 ***	0. 0008 ***
Martial	-0. 4726 ***	-0. 1329	-0. 1392 ***	-0. 0674 ***
Mid	-0. 1716 **	-0. 3627 ***	-0. 1250 ***	-0. 0933 ***
High	-0. 5301 ***	-0. 5361 ***	-0. 2139 ***	-0. 1561 ***
Colle	-1. 0700 ***	-1. 0190 ***	-0. 3011 ***	-0. 2055 ***
Work	0. 1103	0. 2520 ***	-0. 0104 ***	-0. 0126 ***
Size	0. 2771 ***	0. 2201 ***	0. 0865 ***	0. 0691 ***
Child	0. 0361	-0. 0066	-0. 0755 ***	-0. 0756 ***
Worknum	-0. 7562 ***	-0. 7038 ***	-0. 1340 ***	-0. 0926 ***
Selfnum	0. 4969 ***	0. 3647 ***	0. 0794 ***	0. 0353 ***
Area	-0. 2239 ***	-0. 3274 ***	-0. 0749 ***	-0. 0604 ***
Urban	-0. 1802 **	-0. 1242	-0. 0234 ***	-0. 0340 ***
Cons	-0. 6818	0. 5623	3. 3578 ***	3. 0367 ***
Pseudo R^2	0. 1800	0. 1500	0. 9500	0. 9100

注：括号内为标准差；***、** 分别表示在 1%、5%的水平上显著；贫困线为 1. 25 美元。

户主的性别对贫困的影响不显著，但男性对脆弱性产生了显著的正向影响，这与常识相背离，可能在于女性户主比男性户主面临更多的生产、生活不测，需要女性户主采取各种手段增加收入来减少脆弱性的产生。户主年龄对贫困、脆弱性的影响是凸性的，随着户主年龄的增加，贫困及脆弱性先减少，而后随着年龄的增长再增加，这与生命周期理论不谋而合，说明最年轻的和最年长的人比中年人更易遭受贫困、脆弱性的侵袭，当然，年龄这个因素对 2006 年的贫困并没有表现出统计显著性。户主在婚较之于非在婚者的贫困及脆弱性有减少趋势，但该变量对 2009 年的贫困影响在统计上并不显著。受教育程度的提高无一例外地对贫困、脆弱性下降起到了显著的推动作用。有工作的户主其家庭人均预测收入低于贫困线的概率相应减少，而该变量对贫困的影响没有明确的答案。家庭规模越大，陷入贫困及脆弱性的概率也越高。儿童数量对贫困没有影响，但对脆弱性有很强的负向作用，这其中的原因可能与女性户主变量对脆弱性影响背后的原因相同，是一种“责任”驱使家庭主要成员千方百计增加收入来摆脱脆弱性。家庭中工作的成员越多，其陷入贫困、脆弱性的概率越低。由于受自雇这种非正规就业渠道的收入所限，家庭中自雇成员越多，其陷入贫困、脆弱性的概率也越高。东部地区居民的贫困及脆弱性显著低于中西部地区。城市调查点的脆弱性显著低于农村，在贫困的回归中，城市贫困呈现出了比农村贫困低的趋势，但在2009年该趋势的显著性没有显现。总而言之，尽管有一些变量影响到脆弱性而没有影响到贫困，但绝大多数变量对贫困、脆弱性的影响方向呈现出了基本相同的态势。

2. 公共转移支付与贫困脆弱性

表6-49汇报了2006年、2009年以收入分位划分的接受公共转移支付比例情况。从表6-49中可以看出，无论是时间数列还是城乡分组，最穷的个体收到公共转移支付的比例都是最高的，最富的个体收到公共转移支付的比例都是最低的。2006年，在低收入分位上，较贫困的城镇居民接受公共转移支付的比例高于农村相应收入分位接受的公共转移支付，而在高收入分位上，较富裕的城镇居民接受公共转移支付的比例低于农村相应收入分位接受的公共转移支付，这说明本节定义的这种具有扶贫性质的公共转移支付在农村更易被拥有较多社会资本的富人得到，农村的公共转移支付漏损状况比城镇严重，面向农村家庭的公共转移支付分配机制还有待完善。当然，在2009年，在最高收入分位上，面向城市家庭的公共转移支付比例高于相应收入分位上的农村比例，城市公共转移支付同样也存在漏损①。

表6-49　2006年、2009年以收入分位划分的接受公共转移支付比例

	1（最穷）	2	3	4	5（最富）
2006年	6.15	4.24	2.64	1.58	0.88

① 开着豪车领取低保这种现象佐证了公共转移支付存在漏损。

续表

	1（最穷）	2	3	4	5（最富）
其中：城镇	16.36	11.60	5.30	0.91	0.41
农村	3.70	2.42	1.83	2.02	1.23
2009 年	9.87	4.58	3.17	2.11	1.58
其中：城镇	25.86	6.06	3.75	1.76	1.65
农村	5.76	4.27	2.99	2.35	1.53

除对全部样本的研究外，本节还把样本进行了如下分组分析，把在全部考察年份中都处于贫困状态的样本归为慢性贫困，在考察年份中至少经历过 1 次贫困的归为暂时性贫困，通过这样的分组来进一步研究接受公共转移支付与否对脆弱性产生的影响。另外，本研究还以 2006 年是否接受了公共转移支付为分组标志把样本分为两组，第一组为 2006 年未收到公共转移支付，第二组为 2006 年收到公共转移支付。收到公共转移支付和未收到公共转移支付组别的脆弱性及贫困发生率情况如表 6-50 所示，因为贫困线并

表 6-50　2006 年、2009 年全部样本分组的平均脆弱性及贫困发生率（1 美元贫困线）

	脆弱性（50%）		贫困发生率	
	2006 年	2009 年	2006 年	2009 年
第一组（2006 年未收到公共转移支付）	17.54%	6.69%	23.44%	12.88%
第二组（2006 年收到公共转移支付）	22.72%	14.77%	43.18%	29.54%
暂时性贫困分组的脆弱性及贫困发生率（1 美元贫困线）				
	2006 年	2009 年	2006 年	2009 年
第一组（2006 年未收到公共转移支付）	27.29%	8.90%	71.38%	28.61%
第二组（2006 年收到公共转移支付）	28.12%	18.75%	68.75%	31.25%
慢性贫困分组的脆弱性及贫困发生率（1 美元贫困线）				
	2006 年	2009 年	2006 年	2009 年
第一组（2006 年未收到公共转移支付）	36.03%	18.35%	100.00%	100.00%
第二组（2006 年收到公共转移支付）	43.75%	31.25%	100.00%	100.00%

不影响分析结果，这里只列出了贫困线为1美元的情况。另外，以高脆弱性为门槛值的分析结果与脆弱性为50%门槛值的分析结果类似，下文只汇报脆弱性为50%门槛值的分析结果。

表6-50中的数据表明，2006年和2009年，第二组（2006年收到公共转移支付）的脆弱性下降了7.95%，第一组（2006年未收到公共转移支付）的脆弱性下降了10.85%，无论是对慢性贫困还是暂时性贫困而言，2006~2009年，第二组脆弱性下降的百分比均小于第一组，可能在于没有收到公共转移支付的家庭有更高的受教育、健康水平和更高的保险市场、金融市场的可及性，应对负向冲击风险、处理风险的能力更强。表6-50中的数据表明公共转移支付对脆弱性也有一些作用，如2006年收到公共转移支付的慢性贫困组，其脆弱性从43.75%下降到31.25%，下降了12.50%，可能在于，对慢性贫困而言，公共转移支付在收入中占了较大比例，公共转移支付降低了收入的方差。另外，对全部样本而言，2006年收到公共转移支付组其贫困下降百分比较未收到公共转移支付的贫困下降百分比大，这也说明公共转移支付对减贫有一些作用。

仅仅以是否收到、收到公共转移支付的频次为基础比较计算出的脆弱性均值会受到选择性偏差的影响，因为公共转移支付在人群中的分配并非随机。实际上，我们不能假定公共转移支付瞄准的强制严格标准，那么，只是通过估计接受公共转移支付和没有接受公共转移支付之间的脆弱性差异评估公共转移支付对脆弱性的影响就会存在不足，这种脆弱性的差异可能是仅由公共转移支付接受者是被有意识挑选出来造成的。为正确评估公共转移支付的脆弱性影响，我们需要考虑到在不存在公共转移支付时结果变量会是什么即反事实状况，选择适当的控制组反映公共转移支付对包括慢性和暂时性贫困组的脆弱性影响。本节首先使用倾向值匹配（PSM）方法构造出处理组和控制组，然后利用双重差分法（Difference-in-Difference，DID）来评估公共转移支付对脆弱性的影响，双重差分法能比较控制组和处理组随时间变动的脆弱性变化。表6-51汇报了PSM方法计算出的在2009年处理效应对全部样本脆弱性的平均影响，以及使用PSM方法后的双重差分

表 6-51　2009 年处理效应对全部样本脆弱性的影响

贫困线	处理	方法	ATT	标准差	t
1 美元	第一组	Neighbor	-0.0163	0.0311	-0.5300
		Radius Caliper	0.0800	0.0214	3.7300
		Kernel	0.0151	0.0223	0.6800
	第二组	Neighbor	0.0015	0.0628	0.0200
		Radius Caliper	0.0680	0.0413	1.6500
		Kernel	-0.0017	0.0612	-0.0300
1.25 美元	第一组	Neighbor	-0.0206	0.0345	-0.6000
		Radius Caliper	0.0932	0.0237	3.9200
		Kernel	0.0167	0.0248	0.6800
	第二组	Neighbor	-0.0008	0.0693	-0.0100
		Radius Caliper	0.0810	0.0441	1.8400
		Kernel	-0.0027	0.0672	-0.0400
2 美元	第一组	Neighbor	-0.0280	0.0382	-0.7300
		Radius Caliper	0.1117	0.0265	4.2100
		Kernel	0.0187	0.0278	0.6700
	第二组	Neighbor	-0.0010	0.0754	-0.0100
		Radius Caliper	0.1053	0.0453	2.3200
		Kernel	0.0014	0.0723	0.0200
使用 PSM 方法后的双重差分计算结果					
贫困线	组别	2009 年与 2006 年的差异	双重差分		
1 美元	第二组	-0.0638	-0.0487		
	第一组	-0.0151			
1.25 美元	第二组	-0.0551	-0.0345		
	第一组	-0.0206			
2 美元	第二组	-0.0246	0.0033		
	第一组	-0.0279			

（DID）计算结果，其中，平均处理效应（ATT）分别采用 Neighbor、Radius Caliper、Kernel 方法计算。城乡分组的结论与下述的全部样本、慢性贫困样

本、暂时性贫困样本的平均处理效应的作用方向、显著性基本相同，为节省篇幅，不再汇报城乡分组的具体 ATT 结果。

ATT 估计结果显示，无论把贫困线定在何处，除 Radius Caliper 方法外，估计效应的影响均不显著。换言之，第一组、第二组各自的脆弱性与非处理组相比上升了 2%~4%，可能是福利依赖助长了懒惰进而引致劳动供给下降造成的，其他的处理效应对 2009 年的脆弱性没有显著的影响。双重差分法（DID）表明，贫困线划定为 1 美元时，2006 年收到公共转移支付的组其 2009 年的脆弱性下降约 5%，贫困线为 1.25 美元时，该组在 2009 年的脆弱性下降大约 3%，如果把贫困线划定为 2 美元，2006 年收到公共转移支付的组其 2009 年的脆弱性呈现轻微的上升态势。接下来的分析集中于对慢性贫困和暂时性贫困的研究，探讨公共转移支付是否降低了这些组的脆弱性，慢性贫困指的是在全部考察年份中都处于贫困状态，暂时性贫困是指在考察年份中至少经历过 1 次贫困，分组的估计结果分别汇报于表 6-52、表 6-53 中。

表 6-52　2009 年处理效应对暂时性贫困样本脆弱性的影响

贫困线	处理	方法	ATT	标准差	t
1 美元	第一组	Neighbor	-0.0676	0.0502	-1.3500
		Radius Caliper	0.0211	0.0353	0.6000
		Kernel	-0.0517	0.0401	-1.2900
	第二组	Neighbor	0.0883	0.1181	0.7500
		Radius Caliper	0.0684	0.0931	0.7400
		Kernel	0.1043	0.1461	0.7100
1.25 美元	第一组	Neighbor	-0.0555	0.0551	-1.0100
		Radius Caliper	0.0342	0.0357	0.9600
		Kernel	-0.0322	0.0393	-0.8200
	第二组	Neighbor	0.0645	0.1254	0.5100
		Radius Caliper	0.0368	0.0816	0.4500
		Kernel	0.1052	0.1467	0.7200

续表

贫困线	处理	方法	ATT	标准差	t
2 美元	第一组	Neighbor	-0. 0062	0. 0668	-0. 0900
		Radius Caliper	0. 0839	0. 0475	1. 7600
		Kernel	0. 0536	0. 0506	1. 0600
	第二组	Neighbor	0. 0650	0. 1351	0. 4800
		Radius Caliper	0. 0396	0. 0662	0. 6000
		Kernel	0. 2104	0. 0453	4. 6400
使用 PSM 方法后的双重差分计算					
贫困线	组别	2009 年与 2006 年的差异	双重差分		
1 美元	第二组	-0. 1154	-0. 0667		
	第一组	-0. 0487			
1. 25 美元	第二组	-0. 0655	0. 0496		
	第一组	-0. 1151			
2 美元	第二组	-0. 0103	0. 0154		
	第一组	-0. 0257			

表 6-53　2009 年处理效应对慢性贫困样本脆弱性的影响

贫困线	处理	方法	ATT	标准差	t
1 美元	第一组	Neighbor	-0. 0574	0. 0673	-0. 8500
		Radius Caliper	0. 0289	0. 0369	0. 7800
		Kernel	-0. 0413	0. 0599	-0. 6900
	第二组	Neighbor	0. 1050	0. 1251	0. 8400
		Radius Caliper	0. 0068	0. 0622	0. 1100
		Kernel	0. 0632	0. 2619	0. 2400
1. 25 美元	第一组	Neighbor	-0. 0225	0. 0567	-0. 4000
		Radius Caliper	0. 0420	0. 0369	1. 1400
		Kernel	-0. 0402	0. 0513	-0. 7800
	第二组	Neighbor	0. 1287	0. 1413	0. 9100
		Radius Caliper	0. 0612	0. 0665	0. 9200
		Kernel	0. 1085	0. 1769	0. 6100

续表

贫困线	处理	方法	ATT	标准差	t
2美元	第一组	Neighbor	-0.0196	0.0513	-0.3800
		Radius Caliper	0.0499	0.0335	1.4900
		Kernel	-0.0314	0.0417	-0.7500
	第二组	Neighbor	0.1633	0.1240	1.3200
		Radius Caliper	0.0872	0.0612	1.4200
		Kernel	0.1403	0.1245	1.1300
使用PSM方法后的双重差分计算					
贫困线	组别	2009年与2006年的差异	双重差分		
1美元	第二组	-0.0697	-0.0419		
	第一组	-0.0278			
1.25美元	第二组	-0.0361	-0.0401		
	第一组	0.0040			
2美元	第二组	-0.0416	-0.0219		
	第一组	-0.0197			

在暂时性贫困中，分别划定1美元、1.25美元、2美元贫困线时，2006年接受公共转移支付组和未接受公共转移支付对2009年的各自的脆弱性几乎都没有显著影响（除基于2美元贫困线用Kernel方法估计的ATT外），但双重差分法显示在贫困线为1美元时，那些在2006年接受了公共转移支付的个体，其在2009年的脆弱性下降了大约7%，而当把贫困线设置为1.25美元、2美元时，那些在2006年收到公共转移支付的组其在2009年的脆弱性分别上升约5%、2%。

在慢性贫困中，无论把贫困线设置在何处，也无论采用哪种匹配方法，PSM平均处理效应结果都表明，在2009年第一组、第二组的处理效应均没有表现出统计显著性。双重差分法显示在贫困线为1美元时，那些在2006年接受了公共转移支付的个体，其在2009年的脆弱性下降了大约4%，而当把贫困线设置为1.25美元、2美元时，那些在2006年收到公共转移支付的组其在2009年的脆弱性则分别下降4%、2%左右。

公共转移支付对脆弱性几乎没有任何影响，可能的原因有三点：第一，公共转移支付的覆盖面有限且水平较低，以 1 美元为例，前文分析中 2006 年贫困发生率为 24%，脆弱性为 17%，而收到公共转移支付的比例仅为 3%。人均公共转移支付数额仅占全部样本家庭人均平均收入的 15%，公共转移支付数额低于贫困线。第二，公共转移支付没能直接与劳动力市场相关联，而变化多端的工种、不稳定的就业、收入的风险等因素又直接会把非贫困个体带入贫困，或使贫困者陷入更深的贫困。第三，公共转移支付减贫的识别、瞄准机制不完善。目前还没有单一的标准来识别城市贫困人口，在什么是最合适的城市贫困线标准的问题上带有很大的不确定性，而且，流动人口没有被包括在城市部门之内。中国农村目前区域瞄准的减贫机制中虽然有区域逐渐细分到社区的机制，但面向贫困家庭的瞄准机制仍不存在，不能对真正的贫困群体进行直接有效的扶持，公共转移支付区域瞄准的减贫由于存在多层的代理链条，易导致目标瞄准偏离、公共转移支付漏损、非贫困人口享用了公共转移支付。公共转移支付项目扶贫自上而下的名额配给制度使贫困进入和退出的动态监测受阻，转移支付的效率下降。

四、小结

本节利用两轮微观调查面板数据实证检验中国公共转移支付对家庭贫困脆弱性的影响。采用 Chaudhuri（2002）提出的理论框架测度贫困脆弱性，再利用倾向值匹配得分的双重差分法纠正选择性偏误后检验公共转移支付的效应。另外，在效应分析中还对慢性贫困和暂时性贫困进行了分组讨论。结果显示，尽管贫困发生率呈现下降态势，但仍有约 1/4 的群体在某一个年份中经历了贫困，说明城乡家庭遭受脆弱性的比例不容忽视；随着贫困线标准的提高，贫困发生率与脆弱性之间的差异越来越小；受教育程度、家庭规模、就业状态、工作性质及地区变量同时同方向地影响到贫困及脆弱性；无论贫困线划定在何处，公共转移支付对慢性贫困和暂时性贫困的脆弱性基本没有任何影响。

第七章　结论与政策建议

本研究把公共转移支付、私人转移支付和城乡反贫困、特殊群体反贫困问题纳入同一个分析框架，系统地刻画了公共转移支付和私人转移支付影响贫困和不平等的内在机理，以及影响的方向、程度，这不仅对中国反贫困理论有很强的学术价值，而且对面向家庭扶贫瞄准方法的实施也有很强的实践意义。

第一节　结论

本研究的主要观点和结论如下：

一、中国城乡家庭贫困问题多样化

从中国城乡家庭贫困的总体状况来看，存在着多维剥夺、贫困陷阱、代际贫困、能源贫困等多种贫困形式。

第一，中国的多维剥夺可分为剥夺程度最轻、剥夺程度中等、剥夺程度最重三个类别，随着时间的推移，剥夺程度最轻、剥夺程度最重的比例上升，剥夺程度中等的比例下降，非收入贫困家庭接近遭受多维剥夺、遭受最重多维剥夺的比例各为1/4左右，虽然非收入贫困家庭接近遭受多维剥夺的比例下降，但非收入贫困家庭遭受最重多维剥夺的比例却在上升。农村剥夺最严重的程度是城市的4倍以上。收入贫困与多维剥夺之间有很强的相关性，两者之间彼此偏离较少、覆盖较广，无须采用不同的公共政策分别应对收入贫困与多维剥夺。慢性贫困、暂时性贫困都对多维剥夺起到了恶化作用，转移支付并没有减少多维剥夺。分解分析显示，人口特征变量、受教育程度变量等这些不同因素在城乡多维剥夺与收入贫困差异中贡献的符号、程度基本上相同，再次说明收入贫困与多维剥夺的同一性，现实中如改水、改厕、改用清洁能源等降低多维剥夺的公共政策可能并不比单独增加收入的政策更优。城乡收入贫困差异、多维剥夺差异中可解释的比重均大于不可解释的比重，另外，城乡多维剥夺差异中可解释的比重与不可解释的比重相差并不是太大，说明城乡多维剥夺差异在一定程度上是由城乡间的不同初始状态导致的。

第二，从资产贫困与贫困陷阱的关系来看，通过资产积累脱离贫困的家庭比例高于因为资产减少而滑入贫困的家庭比例，在两期均为贫困的家庭中，只有1%的家庭属于结构性贫困（收入和资产均低于贫困线），99%的家庭是随机性贫困（资产超过贫困线，但收入低于贫困线）；利用收入及消费构造的加权生计资产指数都表明农村家庭资产积累曲线呈现出凹性，收敛于一个稳态均衡点；家庭特征、地理资本等变量对家庭资产变动有显著影响；当健康冲击来临时，社区工作机会及社会资本吸收了一些健康冲击影响，可及性金融市场减缓资产积累下降速度的作用尤为明显。虽然中国农村家庭的资产积累曲线没有呈现出S形，没有证据支持农村存在着贫困陷阱，但是凹性的农村家庭资产积累曲线说明处于均衡点以下的家庭其资产积累速度较低，达到均衡点的时间可能比较漫长，因此仍需要实施提高既有资产收益的结构性变动或增加新的生计资产策略可及性的福利政策来帮助贫困户脱贫。

第三，能源贫困会对个人和家庭生活质量和健康状况产生重大影响，从家庭做饭燃料、照明、家电服务、娱乐/教育和通信五个维度的多维能源贫困指数来看，农村多维能源贫困指数均高于城市多维能源贫困指数，东部地区的多维能源贫困指数显著低于中、西部地区的多维能源贫困指数；

家庭做饭燃料、家电服务（以是否有冰箱衡量）的贡献率稳步下降，照明的贡献率在各个年份中均不足1%，娱乐/教育维度的贡献率呈现V形，通信维度的贡献率稳步上升且近年来该维度的贡献率比其他维度的贡献率大得多；家庭规模、户主年龄、性别和受教育程度，以及婚姻状况均会对能源剥夺程度造成影响。从能源贫困的福利效应来看，电力可及性对农村消费水平、收入水平提升均具有非常重要的影响，且在财富分配的不同水平和地区之间的影响程度存在着异质性，对农村个体受教育程度也存在着正向影响但不显著，对农村不健康程度的降低存在显著作用；家庭中不清洁的烹饪能源使用降低了全部地区的受教育程度，也使得全部地区的自评不健康概率上升，该类能源贫困无论对教育而言还是对健康而言没有表现出地区异质性。

第四，从家庭代际贫困来看，儿童没有经历贫困比儿童普遍经历贫困的社会福利水平更高；童年期经历贫困显著地降低了成年后的收入水平，并使得成年后陷入贫困的概率增加；教育作为中介变量在贫困代际传递中起着重要作用，儿童经历贫困引致的低教育水平占成人后收入下降效应的比例接近20%，贫困线处于较高水平时，教育中介影响占贫困上升总效应的比例也接近20%，达到高中及以上受教育程度并不能完全克服儿童期贫困的不利影响；教育中介影响存在着城乡异质性，城市贫困代际传递中教育中介效应占总效应的比值远远大于农村。

第五，城镇化对农村多种贫困问题的解决具有重要意义，城镇化增长1%，家庭人均收入增长约0.7%，家庭人均消费增长约1.1%；城镇化还对以生活饮用水水平表示的生活条件提高起到了积极作用，该积极作用并不受收入的影响，表明城镇化增加了农村家庭对饮用水质量或称生活条件知识的需求，抑或是城镇化引致了基础设施质量的提升；城镇化显著地减少了农村贫困，但其减贫的作用较小，而且随着时间的推移城镇化减贫贡献逐渐减弱；当把农村样本分成纯农村和郊区、东中西部地域、平原和非平原地区时，城镇化对每一分组样本下的人均收入、消费及贫困的效应均呈现出了异质性特点，城镇化使东中部农村、平原农村、郊区农村的转移收入显著增加，但对这些地区的消费却没有显著影响。城镇化主要减少了西部农村、非平原农村和纯农村地区的贫困。城镇化减少农村贫困的机制是农村土地渠道、非农就业渠道及技术和市场的溢出效应渠道，汇款机制调节作用有限。

二、特殊群体贫困问题突出化

通过对城市自雇者和老年家庭两类特殊贫困群体的研究，我们发现，自雇者收入不平等出现了持续上升的态势，相对贫困率也居高不下，我们把观测到的这种趋势分解为组内效应和组间效应，熟练劳动力的回报上升、地区差异及行业差异是收入不平等和相对贫困趋势变化的主要原因。进一步的分析表明，对组内不平等而言，教育和地区对收入不平等上升的贡献较大。当然，在不平等上升时期，我们也发现了组间不平等占总不平等的份额呈现上升态势的证据。随着市场化进程的稳步推进，对熟练劳动力的需求及熟练劳动力的回报都相对增加，使得熟练自雇者和非熟练自雇者的收入差距加大，收入不平等上升。自雇者多为非熟练劳动力，相对较低的回报对他们而言就意味着相对贫困，非熟练劳动力的相对贫困上升，几乎构成了自雇群体相对贫困上升的全部原因。随着东部自雇人群比例的增加，东部地区对近年来的收入不平等上升起到了至关重要的作用，中西部自雇者的相对贫困上升则是总相对贫困上升的主因。在行业分组分解中，我们还发现，服务行业的相对贫困上升构成了相对贫困上升的最主要部分。

再来看老年家庭贫困状况，首先从多维贫困角度来看，城乡老人消费维度剥夺状况均有所改善，健康维度则呈现小幅度的恶化，在信心维度上，城市老人剥夺状况改善，而农村老人的剥夺状况持续恶化。无论处于期初还是期末，农村老人消费、健康、信心贫困相较于城市老人更严重；虽然城乡老人的多维贫困呈现下降态势，但在2012年仍有35%左右的老年人存在三个维度中任意一个维度的贫困；消费维度在多维贫困中的贡献率在减少，健康和未来信心是多维贫困的重要组成部分，而且这两个维度的贡献率呈上升趋势。从贫困和经济脆弱性角度来看，老年家庭的经济脆弱性高于贫困；户主特征和家庭变量不同程度地影响到了经济脆弱性及贫困，代际间向上流动的私人转移支付对老年家庭的经济脆弱性和贫困没有作用；超过 24%的非贫困家庭是经济脆弱性家庭；期望效用的脆弱性（VEU）方法表明，不平等虽然减少了脆弱性，但其影响经济脆弱性的力量最小，不可解释的风险是最重要的因素，异质性风险和协同性风险的力量居中。

三、公共转移支付与私人转移支付相互补充、相互作用

本书对公共转移支付和私人转移支付的关系，以及两者在反贫困中的表现进行了系统研究，发现中国农村私人转移支付发出方的动机为交换动机，即私人转移支付概率随着公共转移支付的增加而增加，公共转移支付只是增加了接受私人转移支付的可能性，但未必“挤入”私人转移支付数量，因为公共转移支付对私人转移支付的数量影响不显著。这仅说明接受公共转移支付和私人转移支付之间有一定程度的“匹配”，或者说相同个体同时收到了两种转移支付。私人转移支付非单调动机的检验结果并不支持如下假说：给予贫困家庭的私人转移支付主要由利他动机驱使，而给予非贫困家庭的私人转移支付出于交换动机。把公共转移支付分为生产性和生活性转移支付后，两类公共转移支付对私人转移支付数量也没有影响，这可能是农村社区更好地维持了家庭养老的传统。

公共转移支付对农村贫困没有影响，主要在于公共转移支付覆盖的贫困人群很少，贫困人群接受的公共转移支付数量有限，而不是由于公共转移支付挤出了私人转移支付，分析发现公共转移支付并没有影响到私人转移支付，而且，接受公共转移收入的个体也没有增加消费支出；私人转移支付有效地减少了农村贫困，原因在于有相当一部分中下收入阶层收到了私人转移支付。私人转移支付使贫困发生率下降 1%～5%；公共转移支付和私人转移支付流向富裕家庭的数额都较大，但由于这两种转移支付在贫困

者和非贫困者收入中占比有较大不同，导致私人转移支付增加了不平等，而公共转移支付影响不平等的作用微弱。

四、转移支付反贫困表现与反贫困公共转移支付体系有待完善

从私人转移支付来看，向上流动的私人转移支付存在经济帮助和时间帮助两种模式，父母得到经济帮助的比例达到44.37%，父母得到时间帮助的比例达到95.31%；收入水平高的子女并没有用经济帮助来替代时间帮助，相反，收入水平较高的子女给予父母经济帮助和时间帮助的概率也都较高；离父母空间距离很远的子女同时减少了对父母的时间帮助和经济帮助概率；兄弟姐妹数量对给予父母的两种私人转移支付均无影响；两代居住在同一社区中的老人社会服务“挤入”了私人的时间帮助。在反贫困作用的发挥上，私人转移支付有效地减少了农村贫困，使贫困发生率下降1%~5%，原因在于有相当一部分中下收入阶层收到了私人转移支付，但私人转移支付流向富裕家庭的数额较大，增加了不平等，且无论将贫困线定在何处，私人转移支付对慢性贫困和暂时性贫困的脆弱性基本没有影响。

从公共转移支付来看，在税收—转移支付财政工具体系下：第一，根据CGE-MS模型模拟结果，如果增加公共转移支付的筹资方式为直接税，GDP可能会随着消费的增加而增加。直接税筹资只有很小的劳动供给减少效应，说明公共转移支付并没有对劳动决策产生太大影响。直接税筹资模拟后的不平等指标下降程度比间接税筹资模拟后的不平等指标下降程度大，原因在于直接税税负直接由比较富裕的人口承担，此税收收入成为给予穷人的公共转移支付的来源，而间接税筹资模式并不只是直接减少高收入人群的收入，而是会统一影响到所有家庭。如果增加1倍的公共转移支付的筹资方式为直接税，贫困率下降2%，则采用间接税筹资方式，贫困率下降1%。直接税筹资方式的减贫效应大于间接税筹资方式的减贫效应，原因在

于从富人那里征缴的直接税高于从穷人那里征缴的直接税，所以低收入家庭受直接税的影响较小，增加的公共转移支付把低收入人群推向贫困线以上使他们摆脱贫困陷阱；间接税对所有商品征税，对所有家庭的影响基本相同，而不仅仅是只有高收入家庭承担增加公共转移支付的绝大部分筹资责任。

第二，从税收和转移支付对再分配的贡献来看，把养老金划入政府转移支付时，城市、农村收入不平等下降的程度比把养老金划入市场时更大，农村财政前、财政后收入不平等程度均高于城市。在敏感性分析中城市的水平不平等、垂直不平等均大于农村相对应的数值，这与非敏感性分析的结论有所不同。如果税收、转移支付的实际值独立变动很小部分，在将养老金归入市场收入下，转移支付中再分配效应最大的贡献因素是低保，而将养老金划入公共转移支付时，转移支付中再分配效应最大的贡献因素则是养老金。中国90%以上的再分配效应通过公共转移支付来实现，税收和社会保障缴费在再分配中的作用不到10%。

第三，通过财政流动和减贫效率分析，我们发现转移支付和税费系统减少了农村不平等和贫困；虽然税费表现出了累退特性，但转移支付和税费系统作为一个整体而言是累进的；尽管家庭收到了公共转移支付，由于税费的原因，脆弱性家庭滑入轻度贫困的比例为0.28%、滑入中度贫困的比例为0.09%，轻度贫困家庭滑入中度贫困的比例为0.67%，中度贫困家庭滑入重度贫困的比例为0.09%；从政府转移支付的各种类来看，五保户补助、无保障老人补助、低保、特困户补助及退耕还林补助这些种类的政府转移支付对贫困的瞄准较好，其减贫效率相对较高，溢出指数也相对较小；把养老金作为公共转移支付进行敏感性分析时发现养老金亲穷人的程度较高，农业补助仍然具有亲富人的特征。

进一步地，以公共转移支付中的低保和养老金的反贫困研究为例，我们考察了公共转移支付的瞄准性和部分减贫机制。首先，从低保的瞄准性和减贫作用来看，城市中单个贫困指数以卫生间类型、电脑情况等如家庭生活条件和家庭耐用消费品的拥有状况来衡量较为有效。然而农村单个贫困指数则以户主年龄、冰箱情况等如家庭人口社会学变量和家庭耐用消费品的拥有状况来衡量较为有效。更改贫困概率门槛值会影响贫困瞄准结果，对于一个较低的贫困概率门槛值，其对应的覆盖率（覆盖贫困人口）和漏损率（非贫困人口被纳入）都比较高。当政策制定者把对覆盖贫困人口和排除非贫困人口的目标赋予同权重时，贫困概率门槛值的选取应以贫困被识别为贫困、非贫困被识别为非贫困的比率最大为目标，此时城乡贫困概率门槛值为 0.5 左右。当贫困率较低且使用与贫困率相同的瞄准率时，基于 PMT 模型的贫困瞄准较差。在贫困率给定的条件下，随着受益比率（包含率）的增加，贫困瞄准的精确性在提高。使用全覆盖所需预算的百分比下降时，覆盖率和漏损率也都呈现下降态势，贫困率逐渐上升，预算中做覆盖之用的比例上升，而预算中漏损部分的比例下降，贫困线的变动会影响覆盖率、漏损率。由于农村低保补助金水平较低，降低贫困的作用有限，其降低贫困率的幅度只有 1%左右；低保对农村家庭的食品消费、非食品消费及总消费均无显著影响。

其次，从养老金对老年家庭的影响和减贫作用来看，新农保对总消费及耐用品消费增长有正向作用，但统计不显著，对食品消费、衣着消费、保健消费、医疗消费及其他非耐用品的消费基本没有影响；老年人劳动供给决策、劳动供给时间不受新农保政策的影响；新农保对反映心理健康的抑郁指数没有任何作用；性别分组的结果也表明，男性、女性老人的劳动供给决策、劳动供给时间及抑郁指数没有因为新农保而产生变化。但是，新型农村社会养老保险和城镇居民社会养老保险不仅对老年人总的多维贫困和多维不平等没有显著的降低作用，对多维贫困和多维不平等中的单一维度的剥夺也没有任何影响。上述结果可能与这两种非强制养老保险推行时间较短有关，还可能与养老金保险覆盖面较低、保障水平不高、子女绑定的养老金缴费政策、家庭养老观念依然存在等因素有关。

最后，通过贫困脆弱性的分析，我们也发现无论贫困线划定在何处，公共转移支付对慢性贫困和暂时性贫困的脆弱性基本没有任何影响。

第二节　政策建议

解决我国多样化的贫困问题，要精准扶持慢性贫困家庭，设定政府转移支付的受益条件，消除福利依赖的习惯和条件，重构政府救助的瞄准机制以减少多维剥夺，实施提高既有资产收益的结构性变动或增加新的生计资产策略可及性的福利政策来帮助贫困户脱贫，发展普惠金融并健全农村金融市场环境、推进农村基础设施建设、增加农村社区工作机会，实现巩固拓展脱贫攻坚成果同乡村振兴有效衔接；从能源视角出发，促进农村清洁能源和能源使用技术（电气化、太阳能、沼气等）的推广，在无法优化农村能源消费结构时，实施对困难群体的适当公共政策援助（如价格补助）；剖析儿童贫困的成因，制定儿童贫困的维度和识别标准，发挥公共财政职能，为儿童提供有质量的受教育机会，平衡城乡资源，推进教育公共服务均等化也是反儿童贫困、打破贫困代际传递怪圈的题中之义；减贫与刺激城镇发展相结合并注重城乡统筹的政策可能有助于减少农村贫困和总体贫困，应注意城镇化在不同类型、地域、不同地貌农村存在减贫的异质性问题，将消费、储蓄、资产配置、工资和收入政策等跨期问题纳入其中，加快推进土地确权，在确保土地承包权长期稳定的前提下，推动土地流转，同时，围绕农业的二三产业融合发展，如农产品加工、物流交通、信息服务等，增加非农就业岗位并借助信息和技术的溢出促进农民收入的提升，让迁移到城镇的农民工享受到与城镇居民同样的公共服务以实现新型城镇化的人本目标也是题中之义。

在解决城市自雇者的相对贫困问题上，政府在为从事服务行业的自雇者提供收入支持的同时，还应提高不发达地区的经济发展水平及自雇者教育的可及性，以减少该群体的收入不平等和相对贫困。在解决老年家庭贫困问题上，不仅要关注老年人的收入贫困，更要关注老年人在健康和未来生活信心等多方面的贫困问题，反贫困政策中不仅应包括减缓当前贫困的措施，还应包括预防贫困策略，减少经济脆弱性和减少贫困的策略不应完全相同。对异质性风险应适当引入一些非正式的或市场导向的风险管理工具，如保险市场，而降低协同性风险则需要政府的干预。另外，上文经验分析中的养老金变量基本上会降低经济脆弱性和贫困，所以城乡老人都应该享受一定数量的养老金保障，减少他们未来可能遭受的贫困脆弱性。当然，解决老年家庭的经济脆弱性和贫困问题，不能仅靠一方力量来应对，需要政府、市场、社区、家庭和个人等多方面合作，提高老年家庭的福利水平。

对于公共转移支付和私人转移支付，如果只是简单地通过增加公共转移支付数量来减少贫困，其效果可能会因公共转移支付漏损到非贫困者手中而打折扣。当前，畅通家庭之间、亲朋之间或邻里之间的资金转移渠道，也是减少农村贫困的一个工具，但随着人口结构的快速变化，也不能过分强调私人转移支付的作用，公共转移支付在社会养老、机构养老方面也应该有所担当。另外，在公共转移支付项目不全是针对贫困者而设计、私人转移支付流入又处于非亲贫困的状态下，公共转移支付的效率会受到影响，两种转移支付的接受者和非接受者之间的不平等将会恶化，所以我们需要重视开发恰当的家庭瞄准机制，这样才能使扶贫惠及更多的贫困人口。在瞄准机制设计中，贫困人口的异质性问题不容回避，造成贫困是由于人力资本低下、无法从事非农工作，还是无法劳动的家庭成员的拖累，抑或是可耕作的土地有限？通过瞄准机制的改进，使公共转移支付目标更精确定位。

发挥好公共转移支付与私人转移的反贫困作用要注意以下四点：

第一，消除贫困脆弱性不能仅仅依靠代际间向上流动的私人转移支付这种非正式的制度安排，在反贫困过程中，私人转移支付不能作为公共转移支付和经济发展的替代工具。

第二，为增强税收—转移支付的再分配和减贫作用，需加强个人所得税政策对收入分配的调控作用，需要调整税基、标准扣除（补贴）等税制要素使个人所得税具有更多的累进性，与此同时，如果改变退休金的税收状态，那么财政工具对再分配的贡献可能将随之发生改变，应继续保持如特困户救助、五保户补助、低保这类针对贫弱人群的公共转移支付制度。

第三，要提高低保等公共转移支付的瞄准性，可以从上移低保瞄准的决策权、科学界定低保标准、财政支出责任上移、建立动态绩效评估系统、整合低保和农村社会保障及扶贫开发制度来提高低保的瞄准性。

第四，政府应关注老年人多维贫困、多维不平等的动态特征，并建立反贫困的动态监测系统。优化养老金方向的着力点应是消除阶层之间的不平等，在养老参保、养老缴费、养老待遇等方面不再把人群划分成“三六九等”，使养老制度与其建立宗旨相符。建立养老金调整机制，为老年人提供切实的经济安全保障，解除捆绑式的参保方式对提高农村老人的福利也有积极影响。此外，政府应当进一步营造和谐的外部环境，如以社区为依托，组建老年社团和组织，促进老年社会参与，这将有助于提升老年人的主观生活满意程度和未来信心程度，减轻老年人的被剥夺感。

参考文献

蔡秀玲：《中国城镇化历程、成就与发展趋势》，《经济研究参考》2011 年第 63 期。

曹艳春：《我国城市“低保”制度的靶向精准度实证研究》，《中央财经大学学报》2016 年第 7 期。

陈斌开、杨依山、许伟：《中国城市居民劳动收入差距演变及其原因：1990—2005》，《经济研究》2009 年第 12 期。

陈国强、罗楚亮、吴世艳：《公共转移支付的减贫效应估计：收入贫困还是多维贫困》，《数量经济技术经济研究》2018 年第 5 期。

陈华帅、曾毅：《“新农保”使谁受益：老人还是子女》，《经济研究》2013 年第 8 期。

陈欣欣、董晓媛：《社会经济地位、性别与中国老年人的家庭照料》，《世界经济》2011 年第 6 期。

陈钊、万广华、陆铭：《行业间不平等：日益重要的城市收入差距成因》，《中国社会科学》2010 年第 3 期。

程令国、张晔、刘志彪：《“新农保”改变了中国农村居民的养老模式吗?》，《经济研究》2013 年第 8 期。

都阳、Park A：《中国的城市贫困：社会救助及其效应》，《经济研究》2007 年第 12 期。

封进、刘芳、陈沁：《新型农村合作医疗对县村两级医疗价格的影响》，《经济研究》2011 年第 11 期。

顾朝林：《经济全球化与中国城市发展》，商务印书馆 1995 年版。

郭丛斌、闵维方：《中国城镇居民教育与收入代际流动关系研究》，《教育研究》2007 年第 5 期。

郭庆旺、陈志刚、温新新等：《中国政府转移性支出的收入再分配效应》，《世界经济》2016 年第 8 期。

郭熙保、周强：《长期多维贫困、不平等与致贫因素》，《经济研究》2016 年第 6 期。

国务院发展研究中心课题组：《中国城镇化前景、战略与政策》，中国发展出版社 2010 年版。

韩华为：《农村低保户瞄准中的偏误和精英俘获：基于社区瞄准机制的分析》，《经济学动态》2018 年第 2 期。

韩佳丽、王志章、王汉杰：《贫困地区劳动力流动对农户多维贫困的影响》，《经济科学》2017 年第 6 期。

何春、崔方田：《城镇化的减贫机制与效应：基于发展中经济体视角的经验研究》，《财经科学》2017 年第 4 期。

黄宏伟、展进涛、陈超：《"新农保"养老金收入对农村老年人劳动供给的影响》，《中国人口科学》2014 年第 2 期。

蒋承、赵晓军：《中国老年照料的机会成本研究》，《管理世界》2009 年第 10 期。

解垩：《"新农保"对农村老年人劳动供给及福利的影响》，《财经研究》2015 年第 8 期。

解垩：《城镇化与中国农村减贫》，《经济科学》2020 年第 3 期。

解垩：《公共预算转移支付反贫困瞄准：以低保为例的 ROC 方法分析》，《统计研究》2019 年第 10 期。

解垩：《公共转移支付对再分配及贫困的影响研究》，《经济研究》2017 年第 9 期。

解垩：《公共转移支付和私人转移支付对农村贫困、不平等的影响：反事实分析》，《财贸经济》2010 年第 12 期。

解垩：《公共转移支付与老年人的多维贫困》，《中国工业经济》2015 年第 11 期。

解垩:《农村家庭的资产与贫困陷阱》,《中国人口科学》2014 年第 6 期。

解垩:《贫困代际传递的教育中介效应分析》,《经济科学》2021 年第 1 期。

解垩:《税收和转移支付对收入再分配的贡献》,《经济研究》2018 年第 8 期。

解垩:《养老金与老年人口多维贫困和不平等研究:基于非强制养老保险城乡比较的视角》,《中国人口科学》2017 年第 5 期。

解垩:《中国多维剥夺与收入贫困》,《中国人口科学》2020 年第 6 期。

解垩:《中国老年人保障与代际间向上流动的私人转移支付:时间照料与经济帮助》,《世界经济文汇》2014 年第 5 期。

解垩:《中国农村家庭能源贫困的经济效应研究》,《华中农业大学学报》2021 年第 1 期。

解垩:《中国农村最低生活保障:瞄准效率及消费效应》,《经济管理》2016 年第 9 期。

赖德胜:《教育、劳动力市场与收入分配》,《经济研究》1998 年第 5 期。

李春玲、李实:《市场竞争还是性别歧视:收入性别差异扩大趋势及其原因解释》,《社会学研究》2008 年第 2 期。

李实、宋锦:《中国城市就业收入差距的扩大及其原因》,《经济学动态》2010 年第 10 期。

李实、魏众、丁赛:《中国居民财产分布不均等及其原因的经验分析》,《经济研究》2005 年第 6 期。

李实、佐藤宏、岳希明:《中国农村税赋的再分配效应 1995—2002》,《经济学报》2006 年第 1 期。

李世祥、李丽娟:《中国农村能源贫困区域差异及其影响因素分析》,《农林经济管理学报》2020 年第 2 期。

李晓明、杨文健:《儿童多维贫困测度与致贫机理分析:基于 CFPS 数据库》,《西北人口》2018 年第 1 期。

李艳军:《农村最低生活保障目标瞄准研究:基于代理财富审查(PMT)的方法》,《经济问题》2013 年第 2 期。

林拓、申立：《行政区优化：与国家治理同行》，《社会经济体制比较》2016 年第 4 期。

刘柏惠、寇恩惠：《政府各项转移收支对城镇居民收入再分配的影响》，《财贸经济》2014 年第 9 期。

刘穷志：《经济增长与社会公平：财政激励的理论模型与实证研究》，武汉大学出版社 2009 年版。

刘勇：《中国城镇化发展的历程、问题和趋势》，《经济与管理研究》2011 年第 3 期。

刘自敏、邓明艳、崔志伟等：《能源贫困对居民福利的影响及其机制：基于 CGSS 数据的分析》，《中国软科学》2020 年第 8 期。

卢盛峰、卢洪友：《政府救助能够帮助低收入群体走出贫困吗？基于 1989—2009 年 CHNS 数据的实证研究》，《财经研究》2013 年第 1 期。

罗国亮、刘涛：《中国西部农村地区的能源贫困与可再生能源资源利用》，《华北电力大学学报》（社会科学版）2013 年第 6 期。

聂海峰、岳希明：《间接税归宿对城乡居民收入分配影响研究》，《经济学（季刊）》2012 年第 1 期。

平新乔、梁爽、郝朝艳等：《增值税与营业税的福利效应研究》，《经济研究》2009 年第 9 期。

全国老龄工作委员会办公室：《中国人口老龄化发展趋势预测研究报告》，2006 年 2 月 24 日，http：//finance. sina. com. cn/g/20060224/16202371191. shtml。

世界银行：《从贫困地区到贫困人群：中国扶贫议程的演进》，2009 年 4 月 8 日，http：//www. worldbank. org. cn/china。

宋扬、刘建宏：《儿童时期多维贫困的长期影响：基于 CHARLS 生命历程数据的实证分析》，《中国人民大学学报》2019 年第 3 期。

苏春红、解垩：《财政流动、转移支付及其减贫效率：基于中国农村微观数据的分析》，《金融研究》2015 年第 4 期。

睢党臣、董莉、张朔婷：《对城乡居民养老保险并轨问题的思考》，《北京社会科学》2014 年第 7 期。

孙三百、黄薇、洪俊杰:《劳动力自由迁移为何如此重要?:基于代际收入流动的视角》,《经济研究》2012 年第 5 期。

万广华、潘慧、章元:《城市化、不均等与贫困》,《广西财经学院学报》2017 年第 2 期。

万广华、张茵:《中国沿海与内地贫困差异之解析:基于回归的分解方法》,《经济研究》2008 年第 12 期。

汪昊、娄峰:《中国财政再分配效应测算》,《经济研究》2017 年第 1 期。

王春超、叶琴:《中国农民工多维贫困的演进:基于收入与教育维度的考察》,《经济研究》2014 年第 12 期。

王美凤:《我国人口变动对经济发展与社会保险的影响研究:基于可计算一般均衡模型分析》,上海社会科学院博士学位论文,2015 年。

王其文、李善同:《社会核算矩阵:原理、方法和应用》,清华大学出版社 2008 年版。

王天夫、赖扬恩、李博柏:《城市性别收入差异及其演变:1995—2003》,《社会学研究》2008 年第 2 期。

王小林、Alkire S:《中国多维贫困测量:估计和政策含义》,《中国农村经济》2009 年第 12 期。

王有捐:《对城市居民最低生活保障政策执行情况的评价》,《统计研究》2006 年第 10 期。

吴晓刚:《"下海":中国城乡劳动力市场转型中的自雇活动与社会分层(1978—1996)》,《社会学研究》2006 年第 6 期。

吴愈晓、吴晓刚:《城市的职业性别隔离与收入分层》,《社会学研究》2009 年第 2 期。

夏庆杰、王大树、张延:《城市化与贫困》,《学习与探索》2017 年第 11 期。

谢杰:《汇率改革、贸易开放与中国二元经济》,光明日报出版社 2010 年版。

徐建炜、马光荣、李实：《个人所得税改善中国收入分配了吗？——基于对1997—2011年微观数据的动态评估》，《中国社会科学》2013年第6期。

杨菊华、陈志光：《老年绝对经济贫困的影响因素：一个定量和定性分析》，《人口研究》2010年第5期。

杨立雄：《中国老年贫困人口规模研究》，《人口学刊》2011年第4期。

杨沫、葛燕、王岩：《城镇化进程中农业转移人口家庭的代际职业流动性研究》，《经济科学》2019年第2期。

杨穗、高琴、李实：《中国城市低保政策的瞄准有效性和反贫困效果》，《劳动经济研究》2015年第3期。

杨文、孙蚌珠、王学龙：《中国农村家庭脆弱性的测量与分解》，《经济研究》2012年第4期。

姚建平：《中国农村能源贫困现状与问题分析》，《华北电力大学学报》（社会科学版）2013年第3期。

姚树洁、张璇玥：《中国农村持续性多维贫困特征及成因：基于能力“剥夺—阻断”框架的实证分析》，《中国人口科学》2020年第4期。

尹恒、徐琰超、朱虹：《1995—2002年中国农村税费公平性评估》，《世界经济文汇》2009年第2期。

岳希明、徐静、刘谦等：《2011年个人所得税改革的收入再分配效应》，《经济研究》2012年第9期。

张车伟：《人力资本回报率变化与收入差距：马太效应及其政策含义》，《经济研究》2006年第12期。

张川川、陈斌开：《“社会养老”能否替代“家庭养老”?：来自中国新型农村社会养老保险的证据》，《经济研究》2014年第11期。

张全红、周强：《中国多维贫困的测度与分解：1989—2009》，《数量经济技术经济研究》2014年第6期。

张世伟、万相昱：《个人所得税制度的收入分配效应》，《财经科学》2008年第2期。

张晓光:《一般均衡的理论与实用模型》，中国人民大学出版社 2009 年版。

张梓榆、舒鸿婷:《多维能源贫困与居民健康》，《山西财经大学学报》2020 年第 8 期。

赵雪雁、陈欢欢、马艳艳等:《2000—2015 年中国农村能源贫困的时空变化与影响因素》，《地理研究》2018 年第 6 期。

郑新业、魏楚:《中国家庭能源消费研究报告》，科学出版社 2016 年版。

郑玉歆、樊明太:《中国 CGE 模型及政策分析》，社会科学文献出版社 1999 年版。

朱火云:《城乡居民养老保险减贫效应评估：基于多维贫困的视角》，《北京社会科学》2017 年第 9 期。

邹薇、方迎风:《关于中国贫困的动态多维度研究》，《中国人口科学》2011 年第 3 期。

Acemoglu D and Pischke J S, "Changes in the Wage Structure, Family Income and Childrens Education", *European Economic Review*, Vol. 45, 2001, pp. 890-904.

Adato M, Carter M R and May J, "Exploring Poverty Traps and Social Exclusion in South Africa Using Qualitative and Quantitative Data", *Journal of Development Studies*, Vol. 42, No. 2, 2006, pp. 226-247.

Adelman I and Robinson S, *Income Distribution Policy in Developing Country: A Case Study of Korea*, Stanford: Stanford University Press, 1978.

Agenor P R, Izquierdo A and Fofack H, "IMMPA: A Quantitative Macroeconomic Framework for the Analysis of Poverty Reduction Strategies", *Working Paper*, 2001.

Agostini C and Brown P, "Cash Transfers and Poverty Reduction in Chile", *Working Paper*, 2007.

Albarran P and Orazio P A, "Do Public Transfers Crowd Out Private Transfers? Evidence from a Randomized Experiment in Mexico", *Working Paper*, 2002.

Aldaz-Carroll E and Moran R, "Escaping the Poverty Trap in Latin America:

The Role of Family Factors", *Working Paper*, 2001.

Alkire S and Foster J, "Counting and Multidimensional Poverty Measurement", *Journal of Public Economics*, Vol. 95, No. 7, 2011, pp. 476-487.

Alkire S and Foster J, "Counting and Multidimensional Poverty Measurement", *Working Paper*, 2007.

Alkire S and Santos M E, "Acute Multidimensional Poverty: A New Index for Developing Countries", *World Development*, Vol. 59, 2014, pp. 251-274.

Allen R, *The British Industrial Revolution in Global Perspective*, Cambridg: Cambridge University Press, 2009.

Altonji J, Hayashi F and Kotlikoff L, "The Effects of Income and Wealth on Time and Money Transfers between Parents and Children", NBER Working Paper, No. w5522, 1998.

Amare M and Waibel H, "Geographic Capital, Shocks and Asset Poverty Traps in Rural Vietnam", *Working Paper*, 2013.

Amare M, Hohfeld L, Jitsuchon S, et al., "Rural Urban Migration and Employment Quality: A Case Study from Thailand", *Asian Development Review*, Vol. 29, No. 1, 2012, pp. 57-79.

Amemiya T, "The Maximum Likelihood Estimator and the Non-linear Three Stage Least Squares Estimator in the General Nonlinear Simultaneous Equation Model", *Econometrica*, Vol. 45, 1977, pp. 955-968.

Anger S and Heineck G, "Do Smart Parents Raise Smart Children?: The Intergenerational Transmission of Cognitive Abilities", *Journal of Population Economics*, Vol. 23, 2010, pp. 1255-1282.

Anh T, Knodel J, Lam D, et al., "Family Size and Children's Education in Vietnam", *Demography*, Vol. 35, No. 1, 1998, pp. 57-70.

António G, "Inter-Household Private Transfers and Underlying Motives: Evidence for Bulgaria", *Working Paper*, 2006.

Arrondel L and Masson A, "Family Transfers Involving Three Generations",

Scandinavian Journal of Economics, Vol. 103, No. 3, 2001, pp. 415-443.

Arrow K J, "The Trade-off between Growth and Equity", Greenfield HI, Albert M, Levenson W H, et al., eds., Theory for Economic Efficiency: Essays in Honor of Abba P. Lerner. Cambridge: MIT Press, 1979.

Atika P, "Impact of Cash Grants on Multidimensional Poverty", *Working Paper*, 2016.

Atkinson A B, Rainwater L, and Smeeding T M, "Income Distribution in OECD Countries: Evidence from Luxembourg Income Study", *Working Paper*, 1995.

Atkinson A B, "On the Measurement of Inequality", *Journal of Economic Theory*, Vol. 2, No. 3, 1970, pp. 244-263.

Atkinson A B, Rainwater L and Smeeding T M, "Income Distribution in OECD Countries: Evidence from Luxembourg Income Study", *Working Paper*, 1995.

Ayala L, Jurado A and Pérez M J, "Income Poverty and Multidimensional Deprivation", *Review of Income and Wealth*, Vol. 57, 2011, pp. 40-60.

Azam J P and Gubert F, "Migrants' Remittances and the Household in Africa: A Review of Evidence", *Journal of African Economies*, Vol. 15, No. 2, 2006, pp. 426-462.

Azariadis C and Stachurski J, "Poverty traps", Aghion P and Durlauf S eds., Handbook of Economic Growth, Amsterdam: Elsevier, 2004.

Bairoch P, *Cities and Economic Development: Frow the Dawn of History to the Present*, Chicago: The University of Chicago Press, 1988.

Banerjee A and Duflo E, "The Economic Lives of the Poor", *Journal of Economic Perspectives*, Vol. 21, No. 1, 2007, pp. 141-167.

Baker D, *Mothers, Babies, and Health in Later Life*, Edinburgh: Churchill Livingstone, 1998.

Barrett C B, "Poverty Traps and Resource Dynamics in Smallholder Agrarian Systems", *Working Paper*, 2007.

Barro R J, "Are Government Bonds Net Wealth", *Journal of Political Economy*, Vol. 82, 1974, pp. 1095-1117.

Basu S and Mallick S, "When Does Growth Trickle down to the Poor? The Indian Case", *Cambridge Journal of Economics*, Vol. 32, No. 3, 2008, pp. 461-477.

Becker G and Nigel T, "An Equilibrium Theory of the Distribution of Income and Intergenerational Mobility", *Journal of Political Economy*, Vol. 87, 1979, pp. 1153-1189.

Becker G, "A Theory of Social Interactions", *Journal of Political Economy*, Vol. 82, 1974, pp. 1063-1093.

Beckerman W, "The Impact of Income Maintenance Payments on Poverty in Britain", *Economic Journal*, Vol. 89, 1979, pp: 261-279.

Bensch G, "Inside the Metrics-an Empirical Comparison of Energy Poverty Indices for Sub-Saharan Countries", *Working Papers*, 2013.

Berg M V D and Cuong N N, "Impact of Public and Private Cash Transfers on Poverty and Inequality: Evidence from Vietnam", *Development Policy Review*, Vol. 29, No. 6, 2011, pp. 689-728.

Berghman J, *Social Exclusion in Europe: Policy Context and Analytical Framework in Beyond the Threshold*, Bristol: The Policy Press, 1995.

Bernard G and Waly W, "Leakage of Public Resources in the Health Sector: An Empirical Investigation of Chad", *Journal of African Economies*, Vol. 1, 2009, pp. 52-83.

Bernheim D, Shleifer A and Summers L, "The Strategic Bequest Motive", *Journal of Political Economy*, Vol. 93, 1985, pp. 1045-1076.

Bertinelli L and Black D, "Urbanization and Growth", *Journal of Urban Economics*, Vol. 56, 2004, pp. 80-96.

Besley T and Coate S, "Understanding Welfare Stigma: Taxpayer Resentment and

Statistical Discrimination", *Journal of Public Economics*, Vol. 48, 1992, pp. 165–183.

Besley T and Kanbur R, "Food-Subsidies and Poverty Alleviation", *The Economic Journal*, Vol. 98, No. 392, 1988, pp. 701–719.

Bezu S, Barrett C B and Holden S T, "Does the Nonfarm Economy Offer Pathways for Upward Mobility? Evidence from a Panel Data Study in Ethiopia", *World Development*, Vol. 40, No. 8, 2012, pp. 1634–1646.

Biewen M and Jenkins S P, "A Framework for the Decomposition of Poverty Differences with an Application to Poverty Differences between Countries", *Empirical Economics*, Vol. 30, 2004, pp. 331–358.

Birol F, "Achieving Energy for All Will not Cost the Earth", Halff A, Sovacool K and Rozhon J, eds., *Energy Poverty: Global Challenges and Local Solutions*, Oxford: Oxford University Press, 2014.

Blanchflower D G and Oswald A J, "Well-Being Over Time in Britain and the USA", *Journal of Public Economics*, Vol. 88, No. 7, 2004, pp. 1359–1386.

Blanden J, Paul G and Lindsey M, "Accounting for Intergenerational Persistence", *Economic Journal*, Vol. 117, 2007, pp. 43–60.

Blau D, "The Effect of Income on Child Achievement", *The Review of Economics and Statistics*, Vol. 81, No. 2, 1999, pp. 261–276.

Blundell R and Mccurdy T, "A Labour Supply: A Review of Alternative Approaches", *Working Paper*, 1999.

Boardman B, *Liberalization and Fuel Poverty*, Oxford: Oxford University Press, 2010.

Bonnet C and Mahieu R, "Public Pensions in a Dynamic Microanalytic Framework: The Case of France", Mitton L, Sutherland H and Weeks M, eds., *Microsimulation Modelling for Policy Analysis: Challenges and Innovations*, Cambridge: Cambridge University Press, 2000.

Bonsang E, "How Do Middle-Aged Children Allocate Time and Money Transfers to Their Older Parents in Europe", *Empirica*, Vol. 34, 2007, pp. 171-188.

Bosch M and Guajardo, "Labor Market Impacts of Non-Contributory Pensions the Case of Argentina's Moratorium ", *Working Paper*, 2012.

Bouiyour J, Miftah A and Mouhoud E, "Education, Male Gender Preference and Migrants' Remittances: Interactions in Rural Morocco", *Economic Modelling*, Vol. 57, 2016, pp. 324-331.

Bourguignon F and Goh C, "Estimating Individual Vulnerability to Poverty with Pseudopanel Data", *Working Paper*, 2004.

Bourguignon F. "Status Quo in the Welfare Analysis of Tax Reforms", *Review of Income and Wealth* , Vol. 57, No. 4, 2011, pp. 603-621.

Brandstadter J and Grevew, "The Aging Self: Stabilizing and Protective Processes", *Developmental Review*, Vol. 14, 1994, pp. 52-80.

Bravo V, "Energy, Poverty and Social Issues in Latin American", *Project*, Vol. 74, 1979, pp. 1-2.

Breceda K, Jamele R and Jaime S, "Latin America and the Social Contract: Patterns of Social Spending and Taxation", *Working Paper*, 2008.

Bridge B, "Individual and Household-level Effects of Energy Poverty on Human Development", *Working Papers*, 2017.

Bronfman J, "Measuring Vulnerability in Chile Using the Panel National Socio Economic Characteristics Survey for 1996 - 2001 - 2006", *Working Paper*, 2010.

Buvinic M and Gupta G, "Female-Headed Households and Female-Maintained Families: Are They Worth Targeting to Reduce Poverty in Developing Countries", *Economic Development and Cultural Change*, Vol. 45, 2001, pp. 259-280.

Čok M, Urban I and Verbič M, "Income Redistribution through Taxes and Social Benefits: The Case of Slovenia and Croatia", *Panoeconomicus*, Vol. 5,

2013, pp. 667-686.

Cai F, Giles J and Meng X, "How Well Do Children Insure Parents Against Low Retirement Income? An Analysis Using Survey Data from Urban China", *Journal of Public Economics*, Vol. 90, No. 12, 2006, pp. 2229-2255.

Cali M and Menon C, "Does Urbanisation Affect Rrural Poverty? Evidence from Indian Districts", *World Bank Economic Review*, Vol. 27, No. 2, 2013, pp. 171-201.

Caliendo M and Kopeinig S, "Some Practical Guidance for the Implementation of Propensity Score Matching", *Working Paper*, 2005.

Caliendo M, Reinhard H and Thomsen S L, "The Employment Effects of Job Creation Schemes in Germany: A Microeconometric Evaluation", *Working Paper*, 2005.

Cardak B A and Wilkins R, "The Determinants of Household Risky Asset Holdings: Australian Evidence on Background Risk and other Factors", *Journal of Banking & Finance*, Vol. 33, 2009, pp. 850-860.

Carmichael F and Charles S, "The Labour Market Costs of Community Care", *Journal of Health Economics*, Vol. 17, 1998, pp. 747-765.

Carter M R and Barrett C B, "The Economics of Poverty Traps and Persistent Poverty: An Asset-Based Approach", *Journal of Development Studies*, Vol. 2, 2006, pp. 178-199.

Carter M R and Lybbert T J, "Consumption versus Asset Smoothing: Testing the Implications of Poverty Trap Theory in Burkina Faso", *Journal of Development Economics*, Vol. 99, No. 2, 2012, pp. 255-264.

Case A and Deaton A, "Large Cash Transfers to the Elderly in South Africa", *The Economic Journal*, Vol. 108, No. 450, 1998, pp. 1330-1361.

Castañeda T and Aldaz-Carroll E, "The Intergenerational Transmission of Poverty: Some Causes and Policy Implications", *Working Paper*, 1999.

Chaudhuri S, Jalan J and Suryahadi A, "Assessing Household Vulnerability to

Poverty from Cross-sectional Data: A Methodology and Estimates from Indonesia", *Working Paper*, 2002.

Chaudhuri S, "Assessing Vulnerability to Poverty: Concepts, Empirical Methods and Illustrative Examples", *Working Paper*, 2003.

Chen S H and Ravallion M, "The Developing World is Poorer than We Thought, but No Less Successful in the Fight Against Poverty", *The Quarterly Journal of Economics*, Vol. 125, No. 4, 2010, pp. 1577-1625.

Chetty R, Hendren N, Kline P, et al., "Where is the Land of Opportunity? The Geography of International Mobility in the United States", *The Quarterly Journal of Economics*, Vol. 129, 2014, pp. 1553-1623.

Christiaensen L J and Boisvert R N, "On Measuring Household Food Vulnerability: Case Evidence from Northern Mali", *Working Paper*, 2002.

Christiaensen L J and Subbarao K, "Toward an Understanding of Household Vulnerability in Rural Kenya", *Working Paper*, 2004.

Chronic Poverty Research Centre, "The Chronic Poverty Report, 2004-2005", *Working Paper*, 2005.

Clark J R and Lee D, "Government Transfers and Inequality: An Anatomy of Political Failure", *Public Finance and Management*, Vol. 2, 2008, pp. 265-301.

Clemens F, Judith N and Andreas P, "The Redistributive Effects of Tax Benefit Systems in the Enlarged EU", *Working Paper*, 2009.

Coady D and Parker S, "Targeting Performance under Self-Selection and Administrative Targeting Methods", *Economic Development and Cultural Change*, Vol. 57, No. 3, 2009, pp. 559-587.

Coady D, Grosh M and Hoddinott J, "Targeting of Transfers in Developing Countries : Review of Lessons and Experience", *Working Paper*, 2004.

Coady D, Grosh M and Hoddinott J, "Targeting Outcomes Redux", *World Bank Research Observer*, Vol. 19, No. 1, 2004, pp. 61-85.

Coady D, "Agricultural Pricing Policies in Developing Countries: An Application to Pakistan", *International Tax and Public Finance*, Vol. 4, 1997, pp. 39-57.

Cockburn J, "Trade Liberalization and Poverty in Nepal: A Computable General Equilibrium Micro-Simulation Approach", *Working Paper*, 2001.

Conger R D, "Resilience in Midwestern Families: Selected Findings from the First Decade of a Prospective, Longitudinal Study", *Journal of Marriage and Family*, Vol. 64, 2002, pp. 361-373.

Conger R D and Donnellan M B, "An Interactionist Perspective on the Socioeconomic Context of Human Development", *Annual Review of Psychology*, Vol. 58, 2007, pp. 175-199.

Conning J and Kevane M, "Community-Based Targeting Mechanisms for Social Safety Nets: A Critical Review", *World Development*, Vol. 30, No. 3, 2002, pp. 375-394.

Cox D, Hansen B and Jimenez E, "How Responsive are Private Transfers to Income? Evidence from a Laissez-Faire Economy", *Journal of Public Economics*, Vol. 88, No. 9, 2004, pp. 2193-2219.

Cox D and Jakubson G, "The Connection between Public Transfers and Private Interfamily Transfers", *Journal of Public Economics* , Vol. 1, 1995, pp. 129-167.

Cox D, "Motives for Private Income Transfers", *Journal of Political Economy*, Vol. 95, 1987, pp. 508-546.

Creedy J, "Measuring Poverty: An Introduction", *Australian Economic Review*, Vol. 31, 1998, pp. 82-89.

Cury S, Coelho A M and Pedrozo E, "The Impacts of Income Transfer Programs on Income Distribution and Poverty in Brazil: An Integrated Microsimulation and Computable General Equilibrium Analysis", *Working Paper*, 2011.

Cutler L M, "Education and Health: Evaluating Theories and Evidence", House J, Schoeni R, Kaplan G, et al., *The Effects of Social and Economic Policy on Health*, New York: Russell Sage Foundation, 2008.

Darío D and Jennifer G, "The Impact of Opportunities on Human Capital and Income Distribution in Mexico: A Top-down/Bottom-up Approach", *Journal of Policy Modeling*, Vol. 36, 2014, pp. 24-42.

Dasgupta P, "Nutritional Status, the Capacity for Work, and Poverty Traps", *Journal of Econometrics*, Vol. 77, No. 1, 1997, pp. 5-37.

Decaluwé B, Dumont J C and Savard L, "Measuring Poverty and Inequality in a Computable General Equilibrium Framework", *Working Paper*, 1999.

Deindl C and Brandt M, "Financial Support and Practical Help between Older Parents and Their Middle-Aged Children in Europe ", *Ageing & Society*, Vol. 31, 2011, pp. 645-662.

Dercon S and Hoddinott J, "Livelihoods, Growth, and Links to Market Towns in 15 Ethiopian Villages", *Working Papers*, 2005.

Dercon S and Krishnan P, "Vulnerability, Seasonality and Povertyin Ethiopia", *Journal of Development Studies*, Vol. 36, No. 6, 2000, pp. 25-53.

Dewilde C, "The Multidimensional Measurement of Poverty in Belgium and Britain: A Categorical Approach", *Social Indicators Research*, Vol. 68, 2004, pp. 331-369.

Dinkelman T, "The Effects of Rural Electrification on Employment: New Evidence from South Africa", *American Economic Review*, Vol. 101, 2011, pp. 3078-3108.

Duan N, Manning W G, Moris C, et al., "A Comparison of Alternative Models for the Demand for Medical Care", *Journal of Business & Economic Statistics*, Vol. 1, 1983, pp. 115-126.

Duclos J Y and Araar A, *Poverty and Equity Measurement Policy and Estimation with Dad*, New York: Springer, 2006.

Duclos J Y and Lambert P J, "A Normative and Statistical Approach to Measuring Classical Horizontal Inequity", *Canadian Journal of Economics*, Vol. 33,

No. 1, 2000, pp. 87–113.

Duclos J Y, Jalbert V and Araar A, "Classical Horizontal Inequity and Reranking: An Integrated Approach", *Research on Economic Inequality*, Vol. 10, 2003, pp. 65–100.

Duclos J Y, "Progressivity, Redistribution, and Equity, with Application to the British Tax and Benefit System", *Public Finance*, Vol. 48, 1993, pp. 350–365.

Duflo E, "Grandmothers and Granddaughters: Old Age Pensions and Intrahousehold Allocation in South Africa", *The World Bank Economic Review*, Vol. 17, No. 1, 2003, pp. 1–25.

Duncan G J, Brooks–Gunn J and Klebanov P K, "Economic Deprivation and Early Childhood Development", *Child Development*, Vol. 65, 1994, pp. 296–318.

Duncan G J, Brooks–Gunn J "Income Effects Across the Life Span: Integration and Interpretation", in Duncan G J and Brooks–Gunn J, eds. *Consequences of Growing Up Poor*, New York: Russell Sage Foundation, 1997.

Duncan G J, "The Volatility of Family Income Over the Life Course", In Baltes P B, Featherman D L and Lerner R M, eds. *Life–Span Development and Behavior*, Hillsdale, NJ: Lawrence Erlbaum Associates, 1988.

Duval L and Wolff F C, "Remittances Matter: Longitudinal Evidence from Albania", *Working Paper*, 2009.

Edmonds E V, Mammen K and Miller D L, "Rearranging the Family? Income Support and Elderly Living Arrangements in a Low–Income Country", *Journal of Human Resources*, Vol. 40, No. 1, 2005, pp. 186–207.

Edmonds E V, "Child labor and Schooling Responses to Anticipated Income in SouthAfrica", *Journal of Development Economics*, Vol. 81, No. 2, 2006, pp. 386–414.

Emerson P and Souza A, "Is there a Child Labor Trap? Intergenerational Persistence of Child Labor in Brazil", *Economic Development and Cultural Change*, Vol. 51, No. 2, 2003, pp. 375–398.

Emilie P, "Testing A Poverty Trap Mechanism with Tsimane' Panel Data", *Working Paper*, 2009.

Energy Sector Management Assistance Program (ESMAP), "A New Multi-Tier Approach to Measuring Energy Access", *Working Papers*, 2014.

English D, "The Extent and Consequences of Child Maltreatment", *The Future of Children*, Vol. 8, 1998, pp. 39–53.

Ermisch J, Francesconi M and Pevalin D J, "Parental Partnership and Joblessness in Childhood and their Influence on Young People's Outcomes", *Journal of the Royal Statistical Society*, Vol. 167, 2004, pp. 69–101.

Ervik R, "The Redistributive Aim of Social Policy: A Comparative Analysis of Taxes, Tax Expenditure Transfers and Direct Transfers in Eight Countries", *Working Paper*, 1998.

Fafchamps M and Wahba J, "Child Labor, Urban Proximity, and Household Composition", *Journal of Development Economics*, Vol. 79, No. 2, 2006, pp. 374–397.

Fan E, "Who Benefits from Public Old Age Pensions? Evidence from a Targeted Program", *Economic Development and Cultural Change*, Vol. 58, No. 2, 2010, pp. 297–322.

Farrington J and Slater R, "Introduction: Cash Transfers: Panacea for Poverty Reduction or Money Down the Drain?", *Development Policy Review*, Vol. 24, No. 5, 2006, pp. 499–511.

Ferreira F. "Poverty is Multidimensional. But What are We Going to Do about It", *Journal of Economic Inequality*, Vol. 9, No. 3, 2011, pp. 493–495.

Fields G S, "Income Mobility", Blume L and Durlauf S, eds., *The New Palgrave Dictionary of Economics*, New York: Palgrave Macmillan, 2008.

Filho I E C, "Old-Age Benefits and Retirement Decisions of Rural Dlderly in Brazil", *Journal of Development Economics*, Vol. 86, No. 1, 2008, pp. 129-146.

Foster J, Greer J and Thorbecke E, "A Class of Decomposable Poverty Measures", *Econometrica*, Vol. 52, 1984, pp. 761-766.

Foster V and Wodon Q, "Energy Prices, Energy Efficiency and Fuel Poverty", *Working Papers*, 2000.

Foster V, "Measuring the Impact of Energy Reform-Practical Options", *Working Papers*, 2000.

Fuente A D L, "Remittances and Vulnerability to Poverty in Rural Mexico", *World Development*, Vol. 38, No. 6, 2010, pp. 828-839.

Fujita M, Krugman P and Venables A J, *The Spatial Economy: Cities, Regions, and International Trade*, Cambridge: MIT Press, 1999.

Fάbio V S, Ribas R P and Rafael G O, "Evaluating the Impact of Brazil's Bolsa Família: Cash Transfer Programs in Comparative Perspective", *Latin American Research Review*, Vol. 45, No. 2, 2008, pp. 173-190.

Gale W G and Scholz J K, "Intergenerational Transfers and the Accumulation of Wealth", *Journal of Economic Perspectives*, Vol. 8, No. 4, 1994, pp. 145-160.

George L K and Bearon L B, *Quality of Life in Older Persons: Meaning and Measurement*, New York: Human Sciences Press, 1980.

Gibson J, Olivia S, and Rozelle S, "How Widespread are Nonlinear Crowding Out Effects? The Response of Private Transfers to Income in Four Developing Countries", *Working Paper*, 2006.

Giesbert L and Schindler K, "Assets, Shocks, and Poverty Traps in Rural Mozambique", *World Development*, Vol. 40, No. 8, 2012, pp. 1594-1609.

Gillingham K, Rapson D and Wagner G, "The Rebound Effect and Energy Efficiency Policy", *Working Papers*, 2014.

Giulia C, "Linking CGE and Microsimulation Models: A Comparison of Different

Approaches", *International Journal of Microsimulation*, Vol. 3, No. 1, 2010, pp. 72-91.

Glasgow N, "Poverty Among Rural Elders: Trends, Context and Directions for Policy", *Journal of Applied Gerontology*, Vol. 3, 1993, pp. 302-319.

Goldemberg J, "One Kilowatt Per Capita", *Bulletin of the Atomic Scientists*, Vol. 46, No. 1, 1990, pp. 12-26.

Goldstein M, Janvry D A and Sadoulet E, "Is a Friend in Need a Friend Indeed? Inclusion and Exclusion in Mutual Insurance Networks in Southern Ghana", in Dercon S, eds. *Insurance against Poverty*, Oxford: Oxford University Press, 2004.

Gomo C, "Government Social Assistance Transfers, Income Inequality and Poverty in South Africa: A Computable General Equilibrium (CGE) -Microsimulation (MS) Mode", *Working Paper*, 2015.

Goozee H, "Energy, Poverty and Development: A Primer for the Sustainable Development Goals", *Working Papers*, 2017.

Goñi E, López J H and Servén L, "Fiscal Redistribution and Income Inequality in Latin America", *World Development*, Vol. 39, No. 9, 2011, pp. 1558-1569.

Grembi V, Nannicini T and Troiano U, "Do Fiscal Rules Matter? A Difference-in-Discontinuities Design", *Working Paper*, 2011.

Grigorian D A and Melkonyan T A, "Destined to Receive: The Impact of Remittances on Household Decisions in Armenia", *Review of Development Economics*, Vol. 15, No. 1, 2011, pp. 139-153.

Grogan L and Sadanand A, "Rural Electrification and Employment in Poor Countries: Evidence from Nicaragua", *World Development*, Vol. 43, 2013, pp. 252-265.

Grosh M E and Baker J L, "Proxy Means Tests for Targeting Meehanisms for Social Programs: Simulations and Speculation", *Working Paper*, 1995a.

Gurleen K P, "Trade Liberalization and the Self-Employed in Mexico", *World Development*, Vol. 38, 2010, pp. 803-813.

Gustafsson B and Deng Q H, "Di Bao Receipt and its Importance for Combating Poverty in Urban China", *Poverty and Public Policy*, Vol. 3, No. 1, 2011, pp. 116-147.

Gustafsson B, Li S, "Economic Transformation and the Gender Earnings Gap in Urban China", *Journal of Population Economics*, Vol. 13, 2000, pp. 305-329.

Gwartney J and Stroup R, "Labor Supply and Tax Rates: A Correction of the Record", *The American Economic Review*, Vol. 73, No. 3, 1983, pp. 446-451.

Gyimah-Brempong K, "Remittances and Poverty in Ghana", *Working Paper*, 2009.

Günther I and Harttgen K, "Estimating Households Vulnerability to Idiosyncratic and Covariate Shocks: A Novel Method Applied in Adagascar", *World Development*, Vol. 37, No. 7, 2009, pp. 1222-1234.

Hagenaars J, *Categorical Longitudinal Data: Log-linearPanel Trend and Cohort Analysis*, Newbury Park: Sage Publications, 1990.

Hahn J, Todd P and Klaauw W, "Identification and Estimation of Treatment Effects with a Regression Discontinuity Design", *Econometrica*, Vol. 69, No. 1, 2001, pp. 201-209.

Halff A, Sovacool K and Rozhon J, "Introduction: The End of Energy Poverty-Pathways to Development", *Working Papers*, 2014.

Halleröd B and Larsson D, "Poverty, Welfare Problems and Social Exclusion", *International Journal of Social Welfare*, Vol. 17, No. 1, 2008, pp. 15-25.

Hank K, "Proximity and Contacts between Older Parents and Their Children: A European Comparison", *Journal of Marriage and Family*, Vol. 1, 2007, pp. 157-173.

Harris R and Todaro P, "Migration, Unemployment and Development: A Two-Sector Analysis", *The American Economic Review*, Vol. 60, No. 1, 1970, pp. 126-142.

Harrower S and Hoddinott J, "Consumption Smoothing and Vulnerability in the Zone Lacustre", *Working Paper*, 2004.

Haveman R and Wolfe B, *Succeeding Generations: On the Effects of Investments in Children*, New York: Russell Sage Foundation, 1994.

Heckman J, "Sample Selection Bias as a Specification Error", *Econometrica*, Vol. 47, 1979, pp. 153-161.

Heckman J, "Shadow Prices, Market Wages, and Labor Supply", *Econometrica*, Vol. 42, 1974, pp. 679-694.

Heckman J, Lalonde R and Smith J, "The Economics and Econometrics of Active Labor Market Programs", *Handbook of Labor Economics*, Vol. 3, 1999, pp. 1865-2097.

Heerink N, Kuiper M and Shi X, "China's New Rural Income Support Policy: Impact on Grain Production and Rural Income Inequality", *China & World Economy*, Vol. 14, No. 6, 2006, pp. 58-69.

Hentschel J, Lanjouw P and Poggi J, "Combining Census and Survey Data to Trace the Spatial Dimensions of Poverty: A Case Study of Ecuador", *World Bank Economic Review*, Vol. 14, No. 1, 2000, pp. 147-165.

Hicks A and Swank D H, "Governmental Redistribution in Rich Capitalist Democracies", *Policy Study Journal*, Vol. 13, No. 2, 1984, pp. 265-286.

Hicks R and Tingley D, "Causal Mediation Analysis", *The Stata Journal*, Vol. 11, 2011, pp. 605-619.

Hippu S K N and Lakshmikanth H, "Measuring Energy Poverty: A Households Level Analysis of India", *Working Papers*, 2018.

Hoddinott J, "A Model of Migration and Remittances Applied to Western Kenya", *Oxford Economic Papers*, Vol. 46, 1994, pp. 450-475.

Holzmann R, Sherburne-Benz L and Tesliuc E, *Social Risk Management: The World Bank's Approach to Social Protection in a Globalizing World*, Washington, D. C.: The World Band, 2003.

Howe N and Longman P, "The Next New Deal", *Atlantic Monthly*, Vol. 4, 1992, pp. 88-99.

Hungerford T L, "The Redistributive Effect of Selected Federal Transfer and Tax Provisions", *Public Finance Review*, Vol. 38, 2010, pp. 450-472.

Ichino A, Mealli F and Nannicini T, "From Temporary Help Jobs to Permanent Employment: What Can We Learn from Matching Estimators and their Sensitivity", *Journal of Applied Econometrics*, Vol. 23, 2008, pp. 305-327.

Imai K L, Keele L and Tingley D, "A General Approach to Causal Mediation Analysis", *Psychological Methods*, Vol. 15, 2010a, pp. 309-334.

Imai K L, Keele L and Yamamoto T, "Identification, Inference and Sensitivity Analysis for Causal Mediation Effects", *Statistical Science*, Vol. 25, 2010b, pp. 309-334.

Imbens G and Kalyanaraman K, "Optimal Bandwidth Choice for the Regression Discontinuity Estimator", *Working Paper*, 2009.

Imbens G and Wooldridge J, "Difference-in-Differences Estimation", *Working Paper*, 2007.

Imbens G W and Lemieux T, "Regression Discontinuity Designs: A Guide to Practice", *Journal of Econometrics*, Vol. 142, 2008, pp. 615-635.

Immervoll H, Horacio L, Christine L, et al., "Household Incomesand Redistribution in the European Union: Quantifying the Equalising Properties of Taxes and Benefits", *Working Paper*, 2005.

Immervoll H, Levy H, Nogueira J R, et al., "The Impact of Brazil's Tax-Benefit System on Inequality and Poverty", Klasen S and Nowak-Lehmann F, eds. *Poverty, Inequality, and Polioy in Latin America*, Cambridge: MIT Press, 2009.

International Energy Agency (IEA), "World Energy Outlooks", *Working Paper*, 2006.

Ioannides Y M and Kan K, "The Nature of Two-Directional Intergenerational Transfers of Money and Time: An Empirical Analysis", *Tufts University Working Papers*, No. 9917, 1999.

Jacoby H and Minten B, "On Measuring the Benefits of Lower Transport Costs", *Journal of Development Economics*, Vol. 89, 2009, pp. 28-38.

Jalan J and Ravallion M, "Geographic Poverty Traps? A Micro Model of Consumption Growth in Rural China", *Journal of Applied Econometrics*, Vol. 17, 2002, pp. 329-346.

Jensen R T, "Do Private Transfers 'Displace' the Benefits of Public Transfers? Evidence from South Africa", *Journal of Public Economics*, Vol. 88, 2003, pp. 89-112.

Jha R, Dang T and Tashrifov Y, "Economic Vulnerability and Poverty in Tajikistan", *Economic Change and Restructuring*, Vol. 43, 2010, pp. 95-112.

Jha R, Imai K and Gaiha R, "Poverty Undernutrition and Vulnerability in Rural India: Public Works Versus Food Subsidy", *Working Paper*, 2009.

Jones G, "Consequences of Rapid Fertility Decline for Old Age Security", In Leete R, eds. *Revolution in Asian Fertility: Dimensions, Causes and Implications*, Oxford: Clarendon Press, 1993.

Juarez L, "The Effect of an Old-Age Demogrant on the Labor Supply and Time Use of the Elderly and Non-Elderly in Mexico", *Journal of Economic Analysis & Policy*, Vol. 10, No. 1, 2010, pp. 1-27.

Kahneman D, Krueger A, Schkade D, et al., "Toward National Well-Being Accounts", *The American Economic Review*, Vol. 94, No. 2, 2004, pp. 429-434.

Kakwani N C, "Measurement of Tax Progressivity: An International Comparison",

The Economic Journal , Vol. 87, No. 345, 1977, pp. 71-80.

Kakwani N C, "On the Measurement of Tax Progressivity and Redistributive Effect of Taxes with Applications to Horizontal and Vertical Equity", *Advances in Econometrics*, Vol. 3, 1984, pp. 149-168.

Kalmijn M and Saraceno C, "A Comparative Perspective on Intergenerational Support: Responsiveness to Parental Needs in Individualistic and Familialistic Countries", *European Societies*, Vol. 10, No. 3, 2008, pp. 479-508.

Kanagawa M and Nakata T, "Assessment of Access to Electricity and the Socio-Economic Impactsin Rural Areas of Developing Countries", *Energy Policy*, Vol. 36, No. 6, 2008, pp. 2016-2029.

Kangas O and Ritakallio V M, *Different Methods-Different Results? Approaches to Multidimensional Poverty' in Empirical Poverty Research in Comparative Perspective*, Aldershot: Ashgate, 1998.

Karekezi S, McDade S, Boardman B, et al. , "Energy, Poverty and Development", *Working Paper*, 2014.

Keele L, Tingley D and Yamamoto T, "Identifying Mechanism behind Policy Interventions via Causal Mediation Analysis", *Journal of Policy Analysis and Management*, Vol. 34, 2015, pp. 937-963.

Kemper N, Klump R, Menkhoff L, et al. , "Financial Shock-coping in Rural Thailand and Vietnam", Klasen Sand WaibelH, eds. , *Vulnerability to Poverty-Theory, Measurement, and Determinants*, London: Palgrave Macmillan, 2013.

Kenworthy L, "Do Social-welfare Policies Reduce Poverty? A Cross-national Assessment", *Working Paper*, 1998.

Kerm P V, "Income Mobility Profiles", *Economics Letters*, Vol. 102, No. 2, 2009, pp. 93-95.

Kidd S and Wylde E, "Targeting the Poorest: An Assessment of the Proxy Means Test Methodology", *Working Paper*, 2011.

Kim J W and Choi Y J, "Does Family still Matter? Public and Private Transfers in Emerging Welfare State Systems in a Comparative Perspective", International Journal of Social Welfare, Vol. 20, No. 4, 2011, pp. 353-366.

Kim K and Lambert P, "Redistributive effect of U. S: Taxes and Public Transfers, 1994 -2004", *Public Finance Review*, Vol. 37, 2009, pp. 3-26.

Klaauw W V D, "Estimating the Effect of Financial Aid Offers on College Enrollment: A Regression-Discontinuity Approach", *International Economic Review*, Vol. 43, No. 4, 2002, pp. 1249-1287.

Klasen S, Lechtenfeld T and Povel F, "What about the Women? Female Headship, Poverty and Vulnerability in Thailand and Vietnam", *Working Paper*, 2011.

Knabe A, Rätzel S, Schöb R, et al., "Dissatisfied with Life but Having a Good Day: Time-Use and Well-Being of the Unemployed", *The Economic Journal*, Vol. 120, 2010, pp. 867-889.

Knodel J, VanLandingham M, Saengtienchai C, et al., "Older People and AIDS: Quantitative Evidence of the Impact in Thailand", *Working Paper*, 2000.

Kohler M, Rhodes B and Vermaak C, "Developing an Energy-Based Poverty Line for South Africa", *Journal of Interdisciplinary Economics*, Vol. 21, No. 2, 2009, pp. 163-195.

Korenman S, Miller J E and Sjaastad J E, "Long-Term Poverty and Child Development in the United States: Results from the NLSY", *Children and Youth Services Review*, Vol. 17, 1995, pp. 127-155.

Kotlikoff L, Hayashi F and Altonji J G, "The Effects of Earnings and Wealth on Time and Money Transfers between Parents and Children", *In Masson A and Tapinos G, eds. Sharing the Wealth: Demographic Change and Economic Transfers between Generations*, Oxford: Oxford University Press, 1996.

Krueger A and Mueller A, "The Lot of the Unemployed: A Time Use Perspective", *Journal of the European Economic Association*, Vol. 10, No. 4, 2012, pp. 765–794.

Kuhn L and Brosig S, "Social Assistance in Rural China Identifying and Supporting the Needy", *Working Paper*, 2013.

Kuznets S, "Economic Growth and Income Inequality", *The American Economic Review*, Vol. 45, No. 1, 1955, pp. 1–28.

Kwok H C, "Is Private Old–Age Support Altruistically Motivated? Evidence from the Rich and the Poor in China", *Working Papers*, 2011.

Lal D and Myint H, *The Political Economy of Poverty, Equity and Growth*, Oxford: Clarendon Press, 1996.

Lal D and Sharma A, "Private Household Transfers and Poverty Alleviation in Rural India", *The Journal of Applied Economic Research*, Vol. 3, 2004, pp. 97–112.

Lambert P, "On the Redistributive Effect of Taxes and Benefits", *Scottish Journal of Political Economy*, Vol. 32, No. 1, 1985, pp. 39–54.

Lawton M P. *Competence, Environmental Press, and the Adaptation of Older People*, New York: Springer, 1982.

Lee D R, "The Trade–off between Equality and Efficiency: Short–run Politics and Long–run Realities", *Public Choice*, Vol. 53, 1987, pp. 149–165.

Lee J and Phillips D, "Income and Poverty among Older Koreans: Relative Contributions of and Relationship between Public and Family Transfers", *Working Paper*, 2011.

Lee Y J and Xiao Z, "Children's Support for Elderly Parents in Urban and Rural China: Results from a National Survey", *Journal of Cross–Cultural Gerontology*, Vol. 13, No. 1, 1998, pp. 39–62.

Lerman R and Yitzhaki S, "Income Inequality Effects by Income Source: A New Approach and Applications to the United States", *Review of Economics and Statistics*, Vol. 67, 1985, pp. 151–156.

Lewis W A, "Economic Development with Unlimited Supplies of Labour", *The Manchester School*, Vol. 22, No. 2, 1954, pp. 139–191.

Li W, Li Xuesong, Wang Wenbo, et al., "Fiscal Policy, Regional Disparity and Poverty in China: A General Equilibrium Approach", *Working Paper*, 2010.

Liddle B, "Impact of Population, Age Structure, and Urbanization on Greenhouse Gas Emissions/Energy Consumption: Evidence from Macro-level, Cross-country Analyses", *Population and Environment* , Vol. 35, 2014, pp. 286-304.

Ligon E and Schechter L, "Evaluating Different Approaches to Estimating Vulnerability", Social Science Electronic Publishing, Vol. 1, 2010, pp. 9-13.

Ligon E and Schechter L, "Measuring Vulnerability", *Economic Journal*, Vol. 113, No. 486, 2003, pp. 95-102.

Lindbeck A, "Welfare State Disincentives with Endogenous Habits and Norms", *Working Paper*, 1994.

Lindert K, Skoufias E and Shapiro J, "Redistributing Income to the Poor and Rich: Public Transfers in Latin America and the Caribbean", *Working Paper*, 2006.

Lingsom S, "The Substitution Issue : Care Policies and their Consequences for Family Care", *Norwegian Social Research*, Vol. 16, No. 10, 1997, pp. 125-173.

Lipton M and Ravallion M, "Poverty and Policy", Behrman J and Srinivasan T, eds., *Handbook of Development Economics*, Amsterdam: North Holland, 1995.

Litwin H, "Intergenerational Exchange Patterns and their Correlates in an Aging Israeli Cohort", *Research on Aging*, Vol. 26, No. 2, 2004, pp. 202-223.

Lloyd-Sherlock P, "Simple Transfers, Complex Outcomes: The Impacts of Pensions on Poor Households in Brazil", *Development and Change*, Vol. 5, 2006, pp. 969-995.

Lofgren H, Robinson S and Elsaid M, "Poverty and Inequality Analysis in a General Equilibrium Framework: The Representative Household Approach", *Working Paper*, 2002.

Lu Y, "Urban Dibao Program: Targeting and its Effect", *Working Paper*, 2012.

Lucas R and Stark O, "Motivations to Remit: Evidence from Botswana", *Journal of Political Economy*, Vol. 5, 1985, pp. 901-918.

Luna B and Michela B, "The Long-run Effect of Childhood Poverty and the Mediating Role of Education", *Journal of the Royal Statistical Society: Series A*, Vol. 182, No. 1, 2019, pp. 37-68.

Lustig N and Higgins S, "Fiscal Incidence, Fiscal Mobility and the Poor: A New Approach", *CEQ Working Paper*, No. 4, 2012.

Lustig N, "Assessing Fiscal Incidence: How do Anonymous and Nonanonymous Measures Differ", *Working Paper*, 2011.

Lustig N, Pessino C and Scott J, "The Impact of Taxes and Social Spending on Inequality and Poverty in Argentina, Bolivia, Brazil, Mexico and Peru: An Overview", *Working Paper*, 2013.

Lustig N, "Fiscal Policy and Income Redistribution in Latin America: Challenging the Conventional Wisdom", *Working Paper*, 2011.

Lybbert T J, Barrett C B, Desta S, et al., "Stochastic Wealth Dynamics and Risk Management among a Poor Population", *The Economic Journal*, Vol. 114, 2004, pp. 750-777.

Machado C, Paulino C D and Nunes F, "Deprivation Analysis Based on Bayesian Latent Class Models", *Journal of Applied Statistics*, Vol. 36, No. 8, 2009, pp. 871-891.

Mack J and Lansley S, *Poor Britain*, London: Allen & Urwin, 1985.

Madureira N L, "Key Concepts in Energy", *Working Papers*, 2014.

Mallick S K, "Disentangling the Poverty Effects of Sectoral Output, Prices, and Policies in India", *Review of Income and Wealth*, Vol. 60, 2014, pp. 773-801.

Manning W G, Duan N and Rogers W H, "Monte Carlo Evidence on the Choice-between Sample Selection and Two-Part Models", *Journal of Econometrics*,

Vol. 35, 1987, pp. 59-82.

Mantel N and Haenszel W, "Statistical Aspects of the Analysis of Data from Retrospective Studies of Disease", *Journal of the National Cancer Institute*, Vol. 22, 1959, pp. 478-719.

Mark C D, Wang Dewen, Philip O'Keefe, et al., "China's Pension Schemes for Rural and Urban Residents", *Working Paper*, 2013.

Martinez S W, "Pensions, Poverty and Household Investments in Bolivia", *Working Paper*, 2005.

Martinez V, Panudulkitti J P and Timofeev A, "Urbanization and the Poverty Level", *Working Paper*, 2009.

Mayer S and Jencks C, "Poverty and the Distribution of Material Resources", *Journal of Human Resources*, Vol. 24, 1989, pp. 88-113.

Mayer S, *What Money Can't Buy: The Effect of Parental Income on Children's Outcomes*, Cambridge: Harvard University Press, 1997.

Mccrary J, "Manipulation of the Running Variable in the Regression Discontinuity Design: A Density Test", *Journal of Econometrics*, Vol. 142, No. 2, 2008, pp. 698-714.

Mcgarry K and Schoeni R F, "Transfer Behavior in the Health and Retirement Study: Measurement and the Distribution of Resources within the Family", *Journal Human Resoures*, Vol. 30, 1995, pp. S184-S226.

Mckenzie D and Sasin M, "Migration, Remittances, Poverty, and Human Capital: Conceptual and Empirical Challenges", *Working Paper*, 2007.

Mcleod J D and Shanahan M J, "Poverty, Parenting, and Children's Mental Health", *American Sociological Review*, Vol. 58, 1993, pp. 351-366.

Mcloyd V, "The Impact of Economic Hardship on Black Families and Children: Psychological Distress, Parenting and Socioemotional Development", *Child Development*, Vol. 61, 1990, pp. 311-346.

Mellor J and Ahmed R, 1988, *Agricultural Price Policy for Developing Countries*,

Baltimore: Johns Hopkins University Press, 1988.

Miguel A B and Marcello S, "Does a Cash Transfer Affect Elderly Labour Supply? Evidence from Age Discontinuities in Bolivia", *Working Paper*, 2013.

Miller J and Korenman S, "Poverty and Children's Nutritional Status in the United States", *American Journal of Epidemiology*, Vol. 140, No. 3, 1994, pp. 233-243.

Modi V and Goldemberg J, "Energy Services for MDGs", *Working Papers*, 2005.

Modi V, McDade S, Lallement D, et al., "Energy and the Millennium Development Goals", *Working Papers*, 2006.

Mohamed A, Adel B Y and Cuong Nguyen, "Does Urbanization Reduce Rural Poverty? Evidence from Vietnam", *Economic Modelling*, Vol. 60, 2017, pp. 253-270.

Moisio P, "A Latent Class Application to the Multidimensional Measurement of Poverty", *Quality and Quantity*, Vol. 38, 2004, pp. 703-717.

Mookherjee D and Shorrocks A F, "A Decomposition of the Trend in UK Income Inequality", *Economic Journal*, Vol. 92, 1982, pp. 886-902.

Musgrave R A, *The Theory of Public Finance*, New York: McGraw-Hill, 1959.

Myles J, "Old Age in the Welfare State: The Political Economy of Public Pensions", *The Gerontologist*, Vol. 24, No. 4, 1984, pp. 435-436.

Naschold F, "Microeconomic Determinants of Income Inequality in Rural Pakistan", *Journal of Development Studies*, Vol. 45, No. 5, 2009, pp. 746-768.

Naschold F, "The Poor Stay Poor Household Asset Poverty Traps in Rural Semi-Arid India", *World Development*, Vol. 40, No. 12, 2012, pp. 2033-2043.

Nathan H S K, "Substitutes and Complements: The Curious Case of Poverty Measure", *Working Papers*, 2018.

Nauges C and Strand J, "Water Hauling and Ggirls' School Attendance: Some New Evidence from Ghana", *Working Papers*, 2013.

Neeraj K, "How Public Pension Affects Elderly Labor Supplyand Well-being:

Evidence from India", *World Development*, Vol. 56, 2014, pp. 214-225.

Newbery D and Stern N, *The Theory and Taxation for Developing Countries*, Oxford: Clarendon Press, 1987.

Nguyen V C and Marrit V D V, "Impact of Public and Private Transfers on Poverty and Inequality: Evidence from Vietnam ", *Working Paper*, 2007.

Nguyen V C, "Do Foreign Remittances Matter to Poverty and Inequality? Evidence from Vietnam", *Economics Bulletin*, Vol. 1, 2008, pp. 1-11.

Nicolas H and Francisco A, "Recent Trends in Income Redistribution in Australia: Can Changes in The Tax-Transfer System Accountfor the Decline in Redistribution", *Working Paper*, 2014.

Nussbaumer P, Bazilian M and Modi V, "Measuring Energy Poverty: Focusing on What Matters", *Renewable and Sustainable Energy Reviews*, Vol. 16, 2012, pp. 231-243.

Ogg J and Renaut S, "The Support of Parents in Old Age by Those Born During 1945-1954: A European Perspective", *Ageing & Society*, Vol. 26, No. 5, 2006, pp. 723-743.

Oruc N, "Do Social Transfers 'Crowd-Out' Remittances: Evidence from Bosnia", *Working Paper*, 2011.

Oster E, "Unobservable Selection and Coefficient Stability: Theory and Validation", *Journal of Business Economics and Statistics*, Vol. 37, No. 2, 2019, pp. 187-204.

Otsuka K, "The Rural Industrial Transition in East Asia: Influences and Implications", Haggblade H and Reardon eds., *Transforming the Rural Nonfarm Economy*, Baltimore: Johns Hopkins University Press, 2007.

O'Donnell O, Doorslaer E V, Wagstaff A, et al., *Analyzing Health Equity Using Household Survey Data: A Guide to Techniques and Their Implementation*, Washington, D. C.: World Bank, 2008.

O'Higgins M, Schmaus G and Stephenson G, *Income Distribution and Redistribu-*

tion: A Microdata Analysis for Seven Countries, New York: Harvester Wheatsheaf, 1990.

Pachauri S, Muller A, KemmlerA, et al., "On Measuring Energy Poverty in Indian Households", *World Development*, Vol. 32, No. 12, 2004, pp. 2083-2104.

Parker S C, *The Economics of Self-Employment and Entrepreneurship*, Cambridge: Cambridge University Press, 2004.

Perozek M G, "A Reexamination of the Strategic Bequest Motive", *Journal of Political Economy*, Vol. 106, 1998, pp. 423-445.

Pirani E, "Evaluating Contemporary Social Exclusion in Europe: A Hierarchical Latent Class Approach", *Quality and Quantity*, Vol. 47, No. 2, 2013, pp. 923-941.

Plantinga A J, Lubowski R N and Stavins R N, "The Effects of Potential Land Development on Agricultural Land Prices", *Journal of Urban Economics*, Vol. 52, No. 3, 2002, pp. 561-581.

Practical Action, "Poor People's Energy Outlook", *Working Papers*, 2012.

Quisumbing A and Baulch B, "Assets and Poverty Traps in Rural Bangladesh", CPRC *Working Paper*, No. 143, 2009.

Radeny M, Berg V D and Schipper R, "Rural Poverty Dynamics in Kenya: Structural Declines and Stochastic Escapes", *World Development*, Vol. 40, No. 8, 2012, pp. 1577-1593.

Ramani K V, "Energy for Sustainable Development: Challenges for Asia and the Pacific and Lessons from UNDP Projects in the Region", *Working Papers*, 2004.

Rao V M, "Two Decompositions of Concentration Ratio", *Journal of the Royal Statistical Society*, Vol. 132, No. 3, 1969, pp. 418-425.

Ravallion M and Huppi M, "Measuring Changes in Poverty: A Methodological Case Study of Indonesia during an Adjustment Period", *The World Bank E-*

conomic Review, Vol. 5, No. 1, 1991, pp. 57–82.

Ravallion M, "Expected Poverty under Risk–Induced Welfare Variability", *Economic Journal*, Vol. 98, 1988, pp. 1171–1182.

Ravallion M, "On Multidimensional Indices of Poverty", *Journal of Economic Inequality*, Vol. 9, No. 2, 2011, pp. 235–248.

Reddy A K N, "Goals, Strategies and Policies for Rural Energy", *Economic Political Weekly*, Vol. 34, No. 49, 1999, pp. 3435–3445.

Reil–Held A, "Crowding out or Crowding in? Public and Private Transfers in Germany", *European Journal of Population*, Vol. 22, No. 3, 2006, pp. 263–280.

Renuka M and Hoang V N, "The Nexus between Poverty and Deprivation in Vietnam", *Journal of Policy Modeling*, Vol. 38, 2016, pp. 290–303.

Ringen S, "Toward a Third Stage in the Measurement of Poverty", *Acta Sociologica*, Vol. 28, No. 2, 1985, pp. 99–113.

Rippin N, "Distributional Justice and Efficiency: Integrating Inequality within and between Dimensions in Additive Poverty Indices", *Working Paper*, 2012.

Rippin N, "Multidimensional Poverty in Germany: A Capability Approach", *Working Paper*, 2015.

Rippin N, "Poverty Severity in a Multidimensional Framework: The Issue of Inequality between Dimensions", *Working Paper*, 2010.

Robano V and Stephen C S, "Multidimensional Targeting and Evaluation: A General Framework with an Application to a Poverty Program in Bangladesh", *Working Paper*, 2013.

Robert T J, "Do Private Transfers 'Displace' the Benefits of Public Transfers? Evidence from South Africa", *Journal of Public Economics*, Vol. 88, 2003, pp. 89–112.

Rosa D, Sandra F and Jose A M, "How to Escape Poverty through Education?:

Intergenerational Evidence in Spain", *Working Paper*, 2017.

Rosenbaum P R and Rubin D B, "The Central Role of the Propensity Score in Observational Studies", *Journal of Educational Psychology*, Vol. 66, 1974, pp. 688-701.

Rosenbaum P R, *Observational Studies*, New York: Springer, 2002.

Rosenzweig M R, "Risk, Implicit Contracts and the Family in Rural Areas of Low Income Countries", *Economic Journal*, Vol. 393, 1988, pp. 1148-1170.

Rosie D, Gordon W and Neil S, "Conceptualising Energy Use and Energy Poverty Using a Capabilities Framework", *Energy Policy*, Vol. 93, 2016, pp. 255-264.

Rowe D and Rodgers J, "Poverty and Behavior: Are Environmental Measures Nature and Nurture ", *Developmental Review*, Vol. 17, 1997, pp. 358-375.

Rowntree B S, *Poverty: A Study of Town Life*, London: Macmillan, 1901.

Rubin D B, "Bayesian Inference for Causal Effects: The Role of Randomization", *Annals of Statistics*, Vol. 6, 1978, pp. 34-58.

Rubin D B, "Estimating Causal Effects of Treatments in Randomized and Nonrandomized Studies", *Journal of Educational Psychology*, Vol. 66, 1974, pp. 688-701.

Sakiene H, "Governmental Transfer Payments for Individuals: Ground and after Effect Analysis", *Economics and Management*, Vol. 14, 2009, pp. 927-933.

Salditt F, Whiteford P, Adema W, "Pension Reform in China", *International Social Security Review*, Vol. 61, No. 3, 2008, pp. 47-71.

Savard L, "Poverty and Income Distribution in a CGE-Household Micro-Simulation Model: Top-Down/Bottom Up Approach", *Working Paper*, 2003.

Scaramozzino P, "Measuring Vulnerability to Food Insecurity", *Working Paper*, 2006.

Schady N R, "Picking the Poor: Indicators for Geographic Targeting in Peru",

Review of Income and Wealth, Vol. 48, No. 3, 2002, pp. 417-433.

Schoeni R F, "Does Unemployments Insurance Displace Familial Assistance", *Public Choice*, Vol. 110, 2002, pp. 99-119.

Scott J, "Redistributive Impact and Efficiency of Mexico's Fiscal System", Public Finance Review, Vol. 42, No. 3, 2014, pp. 368-390.

Sebastian G, Gertler P and Rosangela B, "Non-Contributory Pensions", *Working Paper*, 2014.

Sen A, "Poverty: An Ordinal Approach to Measurement", *Econometrica*, Vol. 44, 1976, pp. 219-231.

Sen A, *Development as Freedom*, New York: Alfred A. Knopf, Inc., 1999.

Shorrocks A F, "Decomposition Procedures for Distribution Analysis: A Unified Framework Based on the Shapely Value", *Working Paper*, 1999.

Shu X and Bian Y, "Market Transition and Gender Gap in Earnings in Urban China", *Social Forces*, Vol. 81, No. 4, 2003, pp. 107-145.

Singh I, Squire L and Strauss J, "A Survey of Agricultural Household Models: Recent Findings and Policy Implications", *The World Bank Economic Review*, Vol. 1, No. 1, 1986, pp. 149-179.

Sloan F A, Zhang H H and Wang J, "Upstream Intergenerational Transfers", *Southern Economic Journal*, Vol. 69, No. 2, 2002, pp. 363-380.

Solon G, "A Model of Intergenerational Mobility Variation Over Time and Place", Corak M, eds., *Generational IncomeMobility in North America and Europe*, Cambridge: Cambridge University Press, 2004.

Stark O and Bloom D, "The New Economics of Labor Migration", *American Economic Review*, Vol. 75, 1985, pp. 173-178.

Stark O Taylor J E and Yitzhaki S, "Remittances and Inequality", *The Economic Journal*, Vol. 96, 1986, pp. 722-740.

Stephan K and Simon, "Accuracy and Poverty Impacts of Proxy Means-Tested Transfers: An Empirical Assessment for Bolivia", *Working Paper*, 2015.

Stern S, "Estimating Family Long-Term Care Decisions in the Presence of Endogenous Child Characteristics", *Journal of Human Resources*, Vol. 30, No. 3, 1995, pp. 551-580.

Szydlik M, "Intergenerational Solidarity and Conflict", *Journal of Comparative Family Studies*, Vol. 39, No. 1, 2008, pp. 97-114.

Takayuki H and Yoshihiro H, "The Causal Effect of Urbanization on Rural Poverty Reduction Quasi-Experimental Evidence using Indonesian Urban Area Data", *Working Paper*, 2017.

Taylor J E, Mora J, Adams R, et al., "Remittances, Inequality and Poverty: Evidence from Rural Mexico", *Working Paper*, 2005.

Thanh H X, Thu Phuong D T, Thu Huong N, et al., "Urbanisation and Rural Development in Vietnam's Mekong Delta", *Working Paper*, 2008.

Thorbecke E, "A Comment on Multidimensional Poverty Indices", *Journal of Economic Inequality*, Vol. 9, No. 3, 2011, pp. 45-87.

Townsend P, *Poverty in United Kingdom*, Middlesex: Penguin, 1979.

United Nations, "World Population Prospects: The 2006 Revision Population Database", New York United Nations, Vol. 10, No. 3, 2007, pp. 147-156.

United Nations, Department of Economic and Social Affairs, *World Urbanization Prospects: The* 2014 *Revision*, New York: United Nations, 2015.

Urban I, Lambert P J, "Redistribution, Horizontal Inequity and Reranking: How to Measure Them Properly", *Public Finance Review*, Vol. 36, No. 5, 2008, pp. 563-587.

Urban I, "Contributions of Taxes and Benefits to Vertical and Horizontal Effects", *Social Choice Welfare*, Vol. 42, 2014, pp. 619-645.

Urban I, "Contributions of Taxes and Benefits to Vertical, Horizontal and Redistributive Effects", *Working Paper*, 2012.

Urban I, "Implementation Issues in the Duclos-Jalbert-Araar Decomposition of Redistributive Effect", *Public Finance Review*, Vol. 41, No. 1, 2013, pp. 121–143.

Verme P and Gigliarano C, "Optimal Targeting under Budget Constraints in a Humanitarian Context", *World Development*, Vol. 119, 2019, pp. 224–233.

Verme P, "The Poverty Reduction Capacity of Private and Public Transfers in Transition", *Working Paper*, 2010.

Vijaya R M, Lahoti R and Swaminathan H, "Moving from the Household to the Individual: Multidimensional Poverty Analysis", *World Development*, Vol. 59, 2014, pp. 70–81.

Wagstaff A, Doorslaer V E, Burg V D, et al., "Redistributive Effect Progressivity and Differential Tax Treatment: Personal Income Taxes in Twelve OECD Countries", *Journal of Public Economics*, Vol. 72, No. 1, 1999, pp. 73–98.

Wagstaff A, "Benefit-Incidence Analysis: Are Government Health Expenditures more Pro-Rich than We Think", *Health Economics*, Vol. 21, No. 4, 2012, pp. 351–366.

Walle D, "Testing Vietnam's Public Safety Net", *Journal of Comparative Economics*, Vol. 4, 2004, pp. 661–679.

Wang C and Koen C, "Disentangling Income Inequality and the Redistributive Effect of Social Transfers and Taxes in 36 LIS Countries", *Working Paper*, 2011.

Ward-Batts J, "Do Public Transfers Crowd out Private Interhousehold Transfers? Responses Among Lone-Mother Families in the UK", *Working Paper*, 2000.

Weiss J and Kahn H, *Poverty Strategies in Asia: A Growth Plus Approach*, Cheltenham: Edward Elgar Publishers, 2006.

Whelan C T and Maitre B, "Vulnerability and Multiple Deprivation Perspectives on Economic Exclusion in Europe: A Latent Class Analysis", *European Societies*, Vol. 7, No. 3, 2005, pp. 423–450.

WHO, "Fuel for Life: Household Energy and Health", *Working Papers*, 2006.

Wodon Q, "Targeting the Poor Using ROC Curves", *World Development*,

Vol. 25, No. 12, 1997, pp. 2083-2092.

Wolf D and Soldo B, "Married Women's Allocation of Time to Employment and Parental Care", *Journal of Human Resources*, Vol. 29, No. 4, 1994, pp. 1259-1276.

World Bank, "China from Poor Areas to Poor People China's Evolving Poverty Reduction Agenda of an Assessment of Poverty and Inequality in China", *Working Paper*, 2009.

Yang D, "International Migration, Remittances, and Household Investment: Evidence from Philippine Migrants' Exchange Rate Shocks", *The Economic Journal*, Vol. 118, No. 528, 2008, pp. 591-630.

Yitzhaki S, "On an Extension of the Gini Inequality Index", *International Economic Review*, Vol. 24, 1983, pp. 617-628.

Zaakirah I, "An Empirical Estimation of Energy Poverty in Poor South African Households", *Working Papers*, 2016.

Zaidi S, "Main Drivers of Income Inequality in Central European and Baltic Countries: Some Insights from Recent Household Survey Data", *Working Paper*, 2009.

Zhai F and Hertel T, "Impacts of the Doha Development Agenda on China the Role", *Working Paper*, 2005.

Zhang J S and Zhao Y H, "Economic Returns to Schooling in Urban China, 1988-1999", *Presented at the 5th Annual NBER-CCER Conference, June* 30 -*July* 2, 2002.

Zhang Y and Wan G, "Can We Predict Vulnerability to Poverty", *Working Paper*, No. 82, 2008.

Zhang Y Q, Li S and Zhou Y, "The Impacts of Economic Development on Nutrition Intake and Nutrition Status of Adults in China", *Journal of Chinese Physician*, Vol. 7, No. 8, 2005, pp. 1053-1055.

Zhao Y H, Strauss J and Yang G H, "China Health and Retirement Longitudinal

Study: 2011-2012 National Baseline Users Guide", *Working Paper*, 2013.

Zhou B, "China's Adult BMI and Waist Circumference and their Value in Predicting the Risks of Related Diseases", *Chinese Journal of Epidemiology*, Vol. 23, No. 1, 2002, pp. 5-10.

Zimmer Z and Kwong J, "Family Size and Support of Older Adults in Urban and Rural China: Current Effects and Future Implications", *Demography*, Vol. 1, 2003, pp. 23-44.

Zissimopoulos J, "Resource Transfers to the Elderly: Do Adult Children Substitute Financial Transfers for Ttime Transfers", *RAND Working Paper* 01 - 05, 2000.

索　引

A

B

C

D

E

F

G

H

J

K

L

M

N

O

P

Q

R

S

Z

后　记

本书是国家社科基金重大项目“构建以反贫困为核心的面向家庭和个人公共转移支付制度研究”（18VSJ071）、国家社科基金重大项目“解决相对贫困的扶志扶智长效机制研究”（20&ZD169）、国家社科基金重点项目“建立解决相对贫困长效机制的财税政策研究”（20AZD078）、国家自然科学基金面上项目“面向家庭和个人的公共转移支付减贫效应研究”（71673167）及国家自然科学基金面上项目“相对贫困的财税治理研究”（72073081）项目的部分研究成果。研究虽然辛苦，但是整个过程充满成就感，几年来的努力也取得了良好的社会反响，阶段性研究成果分别发表在《经济研究》《管理世界》《金融研究》《中国工业经济》《统计研究》等出版物上。本书在部分研究成果基础上整合修订，形成当前的框架和内容，最终有幸入选第十批《中国社会科学博士后文库》。

本书付梓之际，内心感慨良多，不仅仅是欣慰自己在科研道路上所付出的辛劳终获些许成果，更重要的是心中充满对所有给予我帮助的人的深深感激。

首先，要感谢科研之路的指引者——博士研究生导师樊丽明教授、博士后导师刘尚希研究员。各位导师严谨治学的精神和渊博的学术知识，时刻激励我要以更高的标准、更坚实的行动、更持久的努力从事科学研究。

其次，要感谢各位同事的帮助。本书的诸多内容是我在山东大学经济学院任职后完成的，这离不开经济学院的领导和同事的关心与帮助。此外，研究成果也离不开项目组成员的支持与协助，在此一并表示诚挚的谢意。

还要感谢我的研究生们，是他们使书稿更加完善。这些研究生分别是陈昕、李敏、高梦桃、王珍珍、马知遥、王念、陈惠佳、段慧敏、孟婷、贾鲁燕、付佳皓、苏延雨、王一帆、张千千、王莹莹。

最重要的，我要由衷地感谢我的父母、妻子和女儿，是你们无微不至的关心与鼎力支持，让我在无比幸福美满的家庭里潜心科研，本书的完稿也浸润着家人的辛劳。

书稿虽已完成，但对反贫困的研究及公共转移支付、私人转移支付的制度优化仍需更深入的探索。限于知识架构和研究能力，本书的内容与观点是我对相关问题的浅显思考，对于书中的不足之处，敬请读者不吝批评指正。

最后，感谢经济管理出版社的大力支持和宋娜、李光萌、黄章平等编辑老师们的辛勤工作。

解垩

2021 年 10 月于济南

专家推荐表

第十批《中国社会科学博士后文库》专家推荐表 1

《中国社会科学博士后文库》由中国社会科学院与全国博士后管理委员会共同设立，旨在集中推出选题立意高、成果质量高、真正反映当前我国哲学社会科学领域博士后研究最高学术水准的创新成果，充分发挥哲学社会科学优秀博士后科研成果和优秀博士后人才的引领示范作用，让《文库》著作真正成为时代的符号、学术的示范。

推荐专家姓名	李　华	电　　话	
专业技术职务	教授	研究专长	财政学
工作单位	山东大学	行政职务	无
推荐成果名称	公共转移支付、私人转移支付与反贫困		
成果作者姓名	解　垩		

（对书稿的学术创新、理论价值、现实意义、政治理论倾向及是否具有出版价值等方面做出全面评价，并指出其不足之处）

在研究方法的创新上：一是使用了潜类别模型（Latent Class Model，LCM）把多维剥夺划分成剥夺程度最轻、剥夺程度最重、剥夺程度居中三个类型；二是采用 CGE-MS 方法对公共转移支付的反贫困进行了系统分析；三是通过对贫困和不平等的分解，细致考察了税收—转移支付体系中各类细项对贫困和不平等的贡献；四是利用财政流动、指数测算等方法，首次对公共转移支付的动态减贫效应，以及垂直支出效率、溢出效率、减贫效率、贫困距效率进行了分析；五是在考察低保瞄准性中，基于 PMT 模型并通过 ROC 方法对低保扶贫瞄准进行了分析。在研究视角创新上，采取了宏微观视角相结合的方法。在多维剥夺研究中似应加入社会排斥因素。本课题研究，不仅对中国反贫困理论有很强的学术价值，而且对改进面向家庭的扶贫瞄准方法也有很强的实践意义，政治正确，具有非常强的出版价值，特此推荐。

签字：李华

2021 年 10 月 23 日

说明：该推荐表须由具有正高级专业技术职务的同行专家填写，并由推荐人亲自签字，一旦推荐，须承担个人信誉责任。如推荐书稿入选《文库》，推荐专家姓名及推荐意见将印入著作。

第十批《中国社会科学博士后文库》专家推荐表 2

《中国社会科学博士后文库》由中国社会科学院与全国博士后管理委员会共同设立，旨在集中推出选题立意高、成果质量高、真正反映当前我国哲学社会科学领域博士后研究最高学术水准的创新成果，充分发挥哲学社会科学优秀博士后科研成果和优秀博士后人才的引领示范作用，让《文库》著作真正成为时代的符号、学术的示范。

推荐专家姓名	陈　东	电　　话	
专业技术职务	教授	研究专长	财政学
工作单位	山东大学	行政职务	无
推荐成果名称	公共转移支付、私人转移支付与反贫困		
成果作者姓名	解　垩		

（对书稿的学术创新、理论价值、现实意义、政治理论倾向及是否具有出版价值等方面做出全面评价，并指出其不足之处）

在研究视角的创新上，本课题采取宏微观视角相结合的方法，把私人转移支付、公共转移支付与中国贫困、贫困脆弱性及不平等问题纳入同一个分析框架，考察转移支付对家庭和个人的贫困、贫困脆弱性及不平等的影响。在研究方法的创新上，综合运用公共经济学、社会学和计量经济学等多学科理论和方法，全面考察公共转移支付和私人转移支付对贫困、贫困脆弱性及不平等的影响。多维贫困、多维剥夺的测度需要继续完善。本课题研究，不仅对中国反贫困理论有很强的学术价值，而且对改进面向家庭的扶贫瞄准方法也有很强的实践意义，政治正确，具有非常强的出版价值，特此推荐。

签字：陈东

2021 年 10 月 22 日

说明：该推荐表须由具有正高级专业技术职务的同行专家填写，并由推荐人亲自签字，一旦推荐，须承担个人信誉责任。如推荐书稿入选《文库》，推荐专家姓名及推荐意见将印入著作。

经济管理出版社
《中国社会科学博士后文库》
成果目录

第一批《中国社会科学博士后文库》		
序号	书　名	作　者
1	《“中国式”分权的一个理论探索》	汤玉刚
2	《独立审计信用监管机制研究》	王　慧
3	《对冲基金监管制度研究》	王　刚
4	《公开与透明：国有大企业信息披露制度研究》	郭媛媛
5	《公司转型：中国公司制度改革的新视角》	安青松
6	《基于社会资本视角的创业研究》	刘兴国
7	《金融效率与中国产业发展问题研究》	余　剑
8	《进入方式、内部贸易与外资企业绩效研究》	王进猛
9	《旅游生态位理论、方法与应用研究》	向延平
10	《农村经济管理研究的新视角》	孟　涛
11	《生产性服务业与中国产业结构演变关系的量化研究》	沈家文
12	《提升企业创新能力及其组织绩效研究》	王　涛
13	《体制转轨视角下的企业家精神及其对经济增长的影响》	董　昀
14	《刑事经济性处分研究》	向　燕
15	《中国行业收入差距问题研究》	武　鹏
16	《中国土地法体系构建与制度创新研究》	吴春岐
17	《转型经济条件下中国自然垄断产业的有效竞争研究》	胡德宝

第二批《中国社会科学博士后文库》		
序号	书　名	作　者
1	《国有大型企业制度改造的理论与实践》	董仕军
2	《后福特制生产方式下的流通组织理论研究》	宋宪萍
3	《基于场景理论的我国城市择居行为及房价空间差异问题研究》	吴　迪
4	《基于能力方法的福利经济学》	汪毅霖
5	《金融发展与企业家创业》	张龙耀
6	《金融危机、影子银行与中国银行业发展研究》	郭春松
7	《经济周期、经济转型与商业银行系统性风险管理》	李关政
8	《境内企业境外上市监管问题研究》	刘　铁
9	《生态维度下土地规划管理及其法制考量》	胡耘通
10	《市场预期、利率期限结构与间接货币政策转型》	李宏瑾
11	《直线幕僚体系、异常管理决策与企业动态能力》	杜长征
12	《中国产业转移的区域福利效应研究》	孙浩进
13	《中国低碳经济发展与低碳金融机制研究》	乔海曙
14	《中国地方政府绩效管理研究》	朱衍强
15	《中国工业经济运行效益分析与评价》	张航燕
16	《中国经济增长：一个“破坏性创造”的内生增长模型》	韩忠亮
17	《中国老年收入保障体系研究》	梅　哲
18	《中国农民工的住房问题研究》	董　昕
19	《中美高管薪酬制度比较研究》	胡　玲
20	《转型与整合：跨国物流集团业务升级战略研究》	杜培枫

第三批《中国社会科学博士后文库》		
序号	书　名	作　者
1	《程序正义与人的存在》	朱　丹
2	《高技术服务业外商直接投资对东道国制造业效率影响的研究》	华广敏
3	《国际货币体系多元化与人民币汇率动态研究》	林　楠
4	《基于经常项目失衡的金融危机研究》	匡可可
5	《金融创新与监管及其宏观效应研究》	薛昊旸
6	《金融服务县域经济发展研究》	郭兴平
7	《军事供应链集成》	曾　勇
8	《科技型中小企业金融服务研究》	刘　飞
9	《农村基层医疗卫生机构运行机制研究》	张奎力
10	《农村信贷风险研究》	高雄伟
11	《评级与监管》	武　钰
12	《企业吸收能力与技术创新关系实证研究》	孙　婧
13	《统筹城乡发展背景下的农民工返乡创业研究》	唐　杰
14	《我国购买美国国债策略研究》	王　立
15	《我国行业反垄断和公共行政改革研究》	谢国旺
16	《我国农村剩余劳动力向城镇转移的制度约束研究》	王海全
17	《我国吸引和有效发挥高端人才作用的对策研究》	张　瑾
18	《系统重要性金融机构的识别与监管研究》	钟　震
19	《中国地区经济发展差距与地区生产率差距研究》	李晓萍
20	《我国国有企业对外直接投资的微观效应研究》	常玉春
21	《中国可再生能源决策支持系统中的数据、方法与模型研究》	代春艳
22	《中国劳动力素质提升对产业升级的促进作用分析》	梁泳梅
23	《中国少数民族犯罪及其对策研究》	吴大华
24	《中国西部地区优势产业发展与促进政策》	赵果庆
25	《主权财富基金监管研究》	李　虹
26	《专家对第三人责任论》	周友军

第四批《中国社会科学博士后文库》		
序号	书　名	作　者
1	《地方政府行为与中国经济波动》	李　猛
2	《东亚区域生产网络与全球经济失衡》	刘德伟
3	《互联网金融竞争力研究》	李继尊
4	《开放经济视角下中国环境污染的影响因素分析研究》	谢　锐
5	《矿业权政策性整合法律问题研究》	郗伟明
6	《老年长期照护：制度选择与国际比较》	张盈华
7	《农地征用冲突：形成机理与调适化解机制研究》	孟宏斌
8	《品牌原产地虚假对消费者购买意愿的影响研究》	南剑飞
9	《清朝旗民法律关系研究》	高中华
10	《人口结构与经济增长》	巩勋洲
11	《食用农产品战略供应关系治理研究》	陈　梅
12	《我国低碳发展的激励问题研究》	宋　蕾
13	《我国战略性海洋新兴产业发展政策研究》	仲雯雯
14	《银行集团并表管理与监管问题研究》	毛竹青
15	《中国村镇银行可持续发展研究》	常　戈
16	《中国地方政府规模与结构优化：理论、模型与实证研究》	罗　植
17	《中国服务外包发展战略及政策选择》	霍景东
18	《转变中的美联储》	黄胤英

第五批《中国社会科学博士后文库》		
序号	书　名	作　者
1	《财务灵活性对上市公司财务政策的影响机制研究》	张玮婷
2	《财政分权、地方政府行为与经济发展》	杨志宏
3	《城市化进程中的劳动力流动与犯罪：实证研究与公共政策》	陈春良
4	《公司债券融资需求、工具选择和机制设计》	李　湛
5	《互补营销研究》	周　沛
6	《基于拍卖与金融契约的地方政府自行发债机制设计研究》	王治国
7	《经济学能够成为硬科学吗?》	汪毅霖
8	《科学知识网络理论与实践》	吕鹏辉
9	《欧盟社会养老保险开放性协调机制研究》	王美桃
10	《司法体制改革进程中的控权机制研究》	武晓慧
11	《我国商业银行资产管理业务的发展趋势与生态环境研究》	姚　良
12	《异质性企业国际化路径选择研究》	李春顶
13	《中国大学技术转移与知识产权制度关系演进的案例研究》	张　寒
14	《中国垄断性行业的政府管制体系研究》	陈　林

第六批《中国社会科学博士后文库》		
序号	书　名	作　者
1	《城市化进程中土地资源配置的效率与平等》	戴媛媛
2	《高技术服务业进口对制造业效率影响研究》	华广敏
3	《环境监管中的“数字减排”困局及其成因机理研究》	董　阳
4	《基于竞争情报的战略联盟关系风险管理研究》	张　超
5	《基于劳动力迁移的城市规模增长研究》	王　宁
6	《金融支持战略性新兴产业发展研究》	余　剑
7	《粮食流通与市场整合——以乾隆时期长江中游为中心的考察》	赵伟洪
8	《文物保护绩效管理研究》	满　莉
9	《我国开放式基金绩效研究》	苏　辛
10	《医疗市场、医疗组织与激励动机研究》	方　燕
11	《中国的影子银行与股票市场：内在关联与作用机理》	李锦成
12	《中国应急预算管理与改革》	陈建华
13	《资本账户开放的金融风险及管理研究》	陈创练
14	《组织超越——企业如何克服组织惰性与实现持续成长》	白景坤

第七批《中国社会科学博士后文库》		
序号	书　名	作　者
1	《行为金融视角下的人民币汇率形成机理及最优波动区间研究》	陈　华
2	《设计、制造与互联网“三业”融合创新与制造业转型升级研究》	赖红波
3	《复杂投资行为与资本市场异象——计算实验金融研究》	隆云滔
4	《长期经济增长的趋势与动力研究：国际比较与中国实证》	楠　玉
5	《流动性过剩与宏观资产负债表研究：基于流量存量一致性框架》	邵　宇
6	《绩效视角下我国政府执行力提升研究》	王福波
7	《互联网消费信贷：模式、风险与证券化》	王晋之
8	《农业低碳生产综合评价与技术采用研究——以施肥和保护性耕作为例》	王珊珊
9	《数字金融产业创新发展、传导效应与风险监管研究》	姚　博
10	《“互联网+”时代互联网产业相关市场界定研究》	占　佳
11	《我国面向西南开放的图书馆联盟战略研究》	赵益民
12	《全球价值链背景下中国服务外包产业竞争力测算及溢出效应研究》	朱福林
13	《债务、风险与监管——实体经济债务变化与金融系统性风险监管研究》	朱太辉

第八批《中国社会科学博士后文库》		
序号	书　名	作　者
1	《分配正义的实证之维——实证社会选择的中国应用》	汪毅霖
2	《金融网络视角下的系统风险与宏观审慎政策》	贾彦东
3	《基于大数据的人口流动流量、流向新变化研究》	周晓津
4	《我国电力产业成本监管的机制设计——防范规制合谋视角》	杨菲菲
5	《货币政策、债务期限结构与企业投资行为研究》	钟　凯
6	《基层政区改革视野下的社区治理优化路径研究：以上海为例》	熊　竞
7	《大国版图：中国工业化 70 年空间格局演变》	胡　伟
8	《国家审计与预算绩效研究——基于服务国家治理的视角》	谢柳芳
9	《包容型领导对下属创造力的影响机制研究》	古银华
10	《国际传播范式的中国探索与策略重构——基于会展国际传播的研究》	郭　立
11	《唐代东都职官制度研究》	王　苗

第九批《中国社会科学博士后文库》		
序号	书　名	作　者
1	《中度偏离单位根过程前沿理论研究》	郭刚正
2	《金融监管权“三维配置”体系研究》	钟　震
3	《大股东违规减持及其治理机制研究》	吴先聪
4	《阶段性技术进步细分与技术创新效率随机变动研究》	王必好
5	《养老金融发展及政策支持研究》	娄飞鹏
6	《中等收入转型特征与路径：基于新结构经济学的理论与实证分析》	朱　兰
7	《空间视角下产业平衡充分发展：理论探索与经验分析》	董亚宁
8	《中国城市住房金融化论》	李　嘉
9	《实验宏观经济学的理论框架与政策应用研究》	付婷婷

第十批《中国社会科学博士后文库》		
序号	书　名	作　者
1	《中国服务业集聚研究：特征、成因及影响》	王　猛
2	《中国出口低加成率之谜：形成机制与优化路径》	许　明
3	《易地扶贫搬迁中的农户搬迁决策研究》	周君璧
4	《中国政府和社会资本合作发展评估》	程　哲
5	《公共转移支付、私人转移支付与反贫困》	解　垩
6	《基于知识整合的企业双元性创新平衡机制与组织实现研究》	李俊华
7	《我国流域水资源治理协同绩效及实现机制研究》	陈新明
8	《现代中央银行视角下的货币政策规则：理论基础、国际经验与中国的政策方向》	苏乃芳
9	《警察行政执法中法律规范适用的制度逻辑》	刘冰捷
10	《军事物流网络级联失效及抗毁性研究》	曾　勇
11	《基于铸牢中华民族共同体意识的苗族经济史研究》	孙　咏

《中国社会科学博士后文库》
征稿通知

为繁荣发展我国哲学社会科学领域博士后事业，打造集中展示哲学社会科学领域博士后优秀研究成果的学术平台，全国博士后管理委员会和中国社会科学院共同设立了《中国社会科学博士后文库》（以下简称《文库》），计划每年在全国范围内择优出版博士后成果。凡入选成果，将由《文库》设立单位予以资助出版，入选者同时将获得全国博士后管理委员会（省部级）颁发的“优秀博士后学术成果”证书。

《文库》现面向全国哲学社会科学领域的博士后科研流动站、工作站及广大博士后，征集代表博士后人员最高学术研究水平的相关学术著作。征稿长期有效，随时投稿，每年集中评选。征稿范围及具体要求参见《文库》征稿函。

联系人：宋　娜

联系电话：13911627532

电子邮箱：epostdoctoral@126.com

通讯地址：北京市海淀区北蜂窝8号中雅大厦A座11层经济管理出版社《中国社会科学博士后文库》编辑部

邮编：100038

经济管理出版社